sous la direction de Frédéric Cossutta

La collection **Didac-philo** est dédiée aux aspects théoriques et pratiques de l'enseignement de la philosophie. Elle porte sur les dimensions historiques, institutionnelles et méthodologiques que pose la didactique de la discipline. Elle met à la disposition des enseignants des outils utiles à la conduite de la classe. Elle offre aux étudiants, aux professeurs et à un plus large public des synthèses sur l'éducation par la philosophie et sur les transformations des pratiques scolaires ou extra-scolaires liées à cette discipline. Pluraliste, la collection fait droit, sous la responsabilité des auteurs, à la diversité des points de vue sur les questions abordées.

***http://www.didac-philo.com***

**Derniers parus**

*La Guerre des programmes (1975-2020)*, par Serge Cospérec, préface de Jacques Bouveresse.

*Perspectives didactiques en philosophie. Éclairages théoriques et historiques, pistes pratiques*, par Michel Tozzi (dir.), en collab. avec N. Frieden, F. Galichet, M. Gagnon, N. Grataloup, G. Jeanmart, M. Sasseville.

*Philosophie critique en éducation*, par Irène Pereira.

*Qui enseigne qui ? Pour une pédagogie inverse en philosophie*, par Raphaël Künstler (dir.), en collab. avec S. Charbonnier, P. Engel, C. Glorie, O. Leblond, G. Lurson, C. Point, J. Romero, A. Soltysiak, C. Verdet.

*Philosophie avec les enfants. Histoire, enjeux, courants et méthodes*, Johanna Hawken.

*Approche philosophique d'une didactique de la philosophie*, Patricia Verdeau.

*De l'écran à l'écrit. Enseigner la philosophie par le cinéma*, Frédéric Grolleau.

*La dissertation de philosophie. Histoire et enjeux*, Bruno Poucet.

**À paraitre**

*L'École de la raison. L'enseignement philosophique en France*, Jean Lefranc (1927-2015 ; textes édités par Bernard Fischer).

idac
dp
hilo

sous la direction de Frédéric Cossutta

Les séries **Notions** et **Les Notions par les textes** sont consacrées au traitement des notions inscrites au programme des Capes et Agrégations de philosophie ainsi qu'aux concours de grandes écoles. Elles offrent des ouvrages de référence sur les notions mises aux programmes de terminale. Rédigés par des professeurs de classes préparatoires ou des universités soucieux de rigueur conceptuelle, ces ouvrages montrent comment élaborer un chemin spéculatif original ou comment conduire une explication, un commentaire ou une dissertation sur texte dans le respect des complexités, de l'histoire et de la fécondité des notions abordées.

**« Notions »**

*La Théorie*, coordonné par Ph. Touchet, 2018.

*La Vérité*, coordonné par Ph. Touchet, 2019.

*Le Commun*, de M. Goëtzman et G. Durieux, 2020.

*L'Inconscient*, coordonné par A. Feron, 2020.

*Le Bonheur*, coordonné par Ph. Touchet, 2021.

*L'Esthétique*, coordonné par C. Guesde, 2021.

*Le Principe*, coordonné par A. Feron et E. Partene, 2021.

*Le Corps*, coordonné par L. Guerpillon et M. Eychenié, 2022.

*L'Humain et ses limites*, coordonné par Ch. Giolito, 2022.

*Les Sciences humaines*, coordonné par Y. Douet et A. Feron, 2022.

*L'Imagination*, coordonné par Ph. Choulet et A. Tomès, 2023.

*La Politique*, coordonné par Ch. Giolito, 2023.

*La Sensibilité*, coordonné par Ph. Touchet, 2023.

*La Métaphysique*, coordonné par L. El Hachimi et E. Partene, 2023.

**« Les Notions par les textes »**

*La Morale*, par G. Pigeard de Gurbert, 2019.

*Le Langage*, coordonné par Ph. Touchet, 2020.

*La Justice*, coordonné par Ch. Giolito et É. Zernik, 2021.

*Le Travail*, coordonné par Ph. Touchet, 2022.

*La Religion*, coordonné par P.-A. Gutkin-Guinfolleau, 2023.

ISBN PAPIER 978-2-35935-420-1

ISBN NUMERIQUE 978-2-35935-686-1

SÉRIE « NOTIONS »

sous la direction de Frédéric Cossutta

*Marion Bet, Philippe Choulet, Paula Galhardo-Cepil, Vincent Geny,
Pierre Guenancia, Camille Guigon, Jean-Pierre Guillot,
Jean-Louis Labarrière, Philippe Saltel, Xenophon Tenezakis,
Arnaud Tomès, Muriel van Vliet*

# L'imagination

*Ouvrage coordonné
par Philippe Choulet et Arnaud Tomès*

Lambert-Lucas

# Sommaire

Introduction générale : L'imagination, faculté cardinale ........ 11
Philippe Choulet et Arnaud Tomès

I
Archéologie de l'imagination

1 L'illusion est-elle toujours un mal ?
La *phantasia* dans les dialogues de Platon ........ 33
Camille Guigon

2 Nature et fonction de la *phantasia* chez Aristote ........ 44
Jean-Louis Labarrière

3 L'imagination dans les *Essais* de Montaigne ........ 59
Marion Bet

II
L'imagination face à la raison classique

4 Descartes, l'imagination avec l'entendement ........ 77
Pierre Guenancia

5 Pascal, le double jeu de l'imagination ........ 100
Pierre Guenancia

6 Le pouvoir de l'imagination malebranchienne :
comment « faire de nécessité vertu » ? ........ 115
Vincent Geny

7 Imagination, servitude et volonté chez Spinoza ........ 127
Xenophon Tenezakis

III
Imagination, sensibilité et création
aux XVIIIe et XIXe siècles

8 Hume : l'imagination comme révélatrice de la valeur
du scepticisme ........ 146
Philippe Saltel

9 Une faculté pyromane : imagination et sensibilité chez Rousseau .. 167
Jean-Pierre Guillot

10 Nietzche avec Kant : l'origine de la fabrique des formes. Schème et imagination ........ 184
Philippe Choulet

11 L'imagination créatrice, de Kant et Hegel à l'approche morphologique de Cassirer ........ 203
Muriel van Vliet

**IV**
**De l'imagination à l'imaginaire : approches contemporaines**

12 Rêve, rêverie, fantasme: de l'imagination en psychanalyse ........ 224
Paula Galhardo Cépil

13 Le triple esprit de l'imagination selon Bachelard ........ 242
Philippe Choulet

14 Sartre et l'approche phénoménologique de l'imagination ........ 261
Arnaud Tomès

15 L'imaginaire social chez Cornelius Castoriadis ........ 280
Arnaud Tomès

Bibliographie analytique ........ 299
Philippe Choulet et Arnaud Tomès

Contributrices et contributeurs ........ 309

# Introduction générale

## L'imagination, faculté cardinale

par Philippe Choulet et Arnaud Tomès

### 1 L'extravagance de l'imagination

*Extravaguer* est un verbe très inductif : c'est divaguer, aller (vaguer) hors ou loin du « bon » ou du « droit » chemin, s'égarer, vaticiner, aller dans tous les sens, comme un vagabond... On dit aussi d'un esprit qu'il « déménage » (il change de lieu intérieur de façon imprévisible et improbable), qu'il « bat la campagne » ou « la breloque ». Ici s'annonce par contraste un tout autre caractère que celui du voyageur cartésien, perdu dans la forêt, qui doit aller tout droit pour s'en sortir.

Peuvent être dits *extravagants* tout art, toute œuvre, tout créateur dont les effets paraissent erratiques, étranges, bizarres, « originaux », insaisissables, absolument surprenants car imprévisibles. Même la Nature semble avoir une imagination débordante – ne serait-elle pas la *Grande Artiste* ? –, pour produire l'ornithorynque, la baleine, l'éléphant, le phasme, la mante religieuse, la pieuvre[1], ou même le corps humain. En tout cas, si la réalité biologique / anatomique dépasse parfois la fiction, parce que certains donnés de nature sont « inimaginables », reconnaissons que la fiction est tout aussi « incroyable », comme l'est d'ailleurs la vérité quand elle se dévoile, quand elle se révèle. Il n'y a en ce sens pas de véritable rivalité entre le réel et le fictionnel, comme tendent à le penser les philosophies idéalistes, puisque c'est ainsi qu'elles posent le problème, par le conflit : il y a, à mieux y regarder, une coopération, un dialogue et même une complémentarité entre le réel et l'irréel imaginé – certes, une complémentarité critique comme avec les modèles utopiques

1 Pensons aux ouvrages que Roger Caillois consacre à ce qu'il appelle des « sciences diagonales » : *Méduse et Cie*, Paris, Gallimard, 1960 ; *Le mimétisme animal*, Paris, Hachette, 1963 ; *Au cœur du fantastique*, Paris, Gallimard, 1965 ; *Cases d'un échiquier*, Paris, Gallimard, 1970 ; *La Pieuvre : Essai sur la logique de l'imaginaire*, Paris, La Table ronde, « La mémoire », 1973 ; *Cohérences aventureuses*, Paris, Gallimard, 1976. Voir aussi Paul Valéry, *L'homme et la coquille*, dans *Variété V*, 1937, réédition Paris, Gallimard, « Folio essais », 2002. Le livre *princeps* de toutes ces méditations est celui, extraordinaire, de Darcy Thompson, *Forme et croissance* (*On Growth and Form*, 1917 puis 1942), réédition Paris, Éd. du Seuil, 2009.

entendant rectifier le réel effectif[2], ou avec la création artistique en guise de surréel.

Cette puissance d'invention des formes se condense en un nom, le *baroque*. À son plus haut régime, l'imagination assume son essence baroque en tant que c'est l'expression, le témoignage et la preuve de l'extrême complexité de l'esprit humain, au point que l'on peut bien dire que nul ne sait ce que peut une âme, tant les trésors d'énergie qu'elle peut déployer en la circonstance semblent inépuisables. Le baroque se définit certes par l'art de la déformation et de la métamorphose, avec le culte de l'irrégularité, du capricieux, du bizarre, du contourné (le rococo), du monstrueux ; mais aussi par celui de « l'émeute de détails » (Baudelaire), avec l'ornementation, la surcharge, le touffu, le foisonnant, le luxuriant ; ou encore par le désir de l'errance, de l'école buissonnière, du vagabondage, du nomadisme, histoire de chercher et d'explorer en aimant se perdre pour mieux se retrouver, par l'improvisation et la fantaisie – car le baroque est vraiment l'expression de l'imagination comme tête chercheuse, avec sa fonction heuristique et ses expérimentations de l'ordre du « comme si ».

Tout cela convient bien à la définition de l'homme comme animal de désir conçu comme principe de l'excès, de la démesure, du luxe et de la dépense[3], à des années-lumière de celle de l'*homo œconomicus* comme animal de la mesure, du calcul rationnel de l'intérêt bien compris et de l'épargne, qui est une des fables imaginaires du libéralisme. L'homme n'est pas un animal rationnel, contrairement à ce que dit souvent la tradition philosophique, mais bien plutôt un animal imaginant. Mais que faut-il alors entendre exactement par imagination ? Y a-t-il une imagination ou de multiples formes d'imaginations ? Et s'agit-il bien d'une faculté, ou de la condition de possibilité et d'effectivité de toutes les facultés de l'esprit humain ?

## 2 Approche conceptuelle de l'imagination

### 2.1 Les définitions de l'imagination

C'est peut-être cette extravagance de l'imagination qui a conduit nombre de penseurs à s'en méfier. La capacité d'imaginer apparaît d'emblée comme difficile à déterminer, à l'instar de toutes les facultés médianes et hybrides : elle est quelque part entre l'entendement et la sensibilité, entre la perception et la mémoire, entre la fiction et la réalité. Mais où la situer exactement ? Et comment la définir ?

2 Pensons à l'utopie de Charles Fourier, entendant ruiner la Civilisation par l'Harmonie. Voir Charles Fourier, *Le nouveau monde amoureux*, Paris, Stock, 1999 [1816].

3 Voir Georges Bataille, *La notion de dépense*, Nouvelles éditions Lignes, 2011 [1933] ; *La part maudite*, Paris, Minuit, 1949.

L'étymologie peut nous fournir quelques indices. Le mot vient du latin *imaginatio* (image, vision), qui se dit d'abord de l'image du rêve. Le terme grec que l'on traduit généralement par *imagination* est le mot *phantasia*, qui signifie d'abord « image qui se donne à l'esprit » et qui appartient à la famille de *phainein* (apparaître) ou *phenomenon* (l'apparence), autant de termes qui dérivent de *phos* : la lumière. Ce n'est que par extension que le mot va désigner, à partir d'Aristote et de ses commentateurs scolastiques une certaine faculté, un pouvoir de l'esprit, sens qu'il a encore dans la langue actuelle.

On peut distinguer, avec le dictionnaire, trois grandes définitions du terme *imagination*, prise comme une capacité de l'esprit :

(1) Faculté que possède l'esprit de se représenter des images.

Cette première définition se caractérise par sa grande généralité : elle établit certes un lien immédiat, et qui semble aller de soi, entre imagination et image ; mais elle ne nous indique pas quel est ce lien. En outre, de quelles images est-il question ici ? Des images physiques, mentales ? Des images que l'imagination forge ou de celles qu'elle reçoit du monde ? Et pourquoi l'imagination se limiterait-elle aux images ? Ne peut-on pas imaginer des formes, des concepts, des symboles, voire des mondes ?

(2) Faculté d'évoquer les images des objets que l'on a déjà perçus.

Dans cette seconde acception, le mot *imagination* est utilisé en un sens plus restreint. Il renvoie à une définition classique, que l'on va trouver à partir d'Aristote et qui va perdurer jusqu'à Kant : l'imagination, ainsi conçue, ne peut rien créer, mais permet seulement de se représenter des choses en leur absence. Elle se contente ainsi de rappeler à l'esprit l'image des choses dont on a déjà fait l'expérience et qui se maintiennent sous forme de traces psychiques. Le problème vient de ce qu'on a du mal alors à distinguer imagination et mémoire : il semble que la frontière entre ces deux facultés soit extrêmement ténue.

(3) Faculté de former des images d'objets qu'on n'a pas perçus ou de faire des combinaisons nouvelles d'images.

Il s'agit ici d'une définition différente ou bien d'une autre forme d'imagination, que l'on peut qualifier d'imagination combinatoire voire productrice. Elle renvoie à ce que les Anglais appellent *fancy*, par opposition à *imagination* ; ou à ce que les Allemands appellent *Phantasie*, par opposition à l'*Einbildungskraft*.

C'est là aussi un sens courant de l'imagination, qui est supposée capable de produire des représentations nouvelles, et même des créatures totalement imaginaires (licornes, chimères...). Toutefois, là aussi, un problème se pose : l'imagination est-elle réellement capable de produire (voire de créer) quoi que ce soit ? Ne vaut-il pas mieux en rester à l'idée plus raisonnable d'une imagination qui assemble de manière originale des morceaux du réel ? On songe ici à ce que dit Descartes dans sa première méditation métaphysique :

> Car de vrai, les peintres, lors même qu'ils s'étudient avec le plus d'artifice à représenter des sirènes et des satyres par des formes bizarres et extraordinaires, ne leur peuvent pas toutefois attribuer des formes et des natures entièrement nouvelles, mais font seulement un certain mélange et composition des membres de divers animaux ; ou bien si peut-être leur imagination est assez extravagante pour inventer quelque chose de si nouveau que jamais nous n'avons rien vu de semblable, certes à tout le moins les couleurs dont ils le composent doivent-elles être véritables. [4]

On constate par conséquent l'extraordinaire pluralité et ambiguïté du terme *imagination*. Notons que le dictionnaire ne semble pas faire place à une imagination créatrice, capable d'inventer quelque chose *ex nihilo*, ou alors de donner forme à une matière indéterminée : c'est pourtant souvent la représentation que nous nous faisons de l'imagination, cette faculté active, créative, capable de bâtir des châteaux en Espagne. Descartes lui-même le concède, l'imagination peut aussi être une action de l'âme :

> Lorsque notre âme s'applique à imaginer quelque chose qui n'est point, comme à se représenter un palais enchanté ou une chimère ; et aussi lorsqu'elle s'applique à considérer quelque chose qui est seulement intelligible et non point imaginable, par exemple à considérer sa propre nature, les perceptions qu'elle a de ces choses dépendent principalement de la volonté qui fait qu'elle les aperçoit, c'est pourquoi on a coutume de les considérer comme des actions plutôt que comme des passions. [5]

## 2.2 Imagination, perception, mémoire et raison

L'imagination est donc considérée tantôt comme une faculté liée à la sensation, qui reproduit ou évoque les expériences sensibles que nous avons déjà eues, tantôt comme une faculté combinatoire, tantôt comme une faculté qui permet de dépasser le sensible pour produire des représentations nouvelles, qui ne doivent rien à la perception. Dans les deux premiers cas, l'imagination est subordonnée au réel, qu'elle reproduit ou dont elle compose les parties autrement ; dans le second cas, elle semble au contraire nous libérer du réel, et peut en ce sens être définie comme une « fonction de l'irréel », selon l'expression de Bachelard.

En général, l'imagination est opposée à trois autres facultés de l'esprit : la perception, la mémoire et la raison.

4 René Descartes, *Méditations métaphysiques*, trad. du duc de Luynes, Paris, GF, 2009, p. 83.

5 René Descartes, *Les Passions de l'âme*, art. 20, Paris, Le Livre de Poche, 1990, p. 52.

• **La perception**. Comme l'explique bien Christophe Bouriau dans *Qu'est-ce que l'imagination ?*, dans une grande partie de la tradition philosophique, l'imagination « apparaît comme une perception affaiblie qui, comme telle, voile l'objet qu'elle prétend montrer » [6]. Et il cite le fameux texte d'Alain sur les colonnes du Panthéon :

> Beaucoup ont, comme ils disent, dans leur mémoire, l'image du Panthéon et la font aisément paraître, à ce qu'il leur semble. Je leur demande de bien vouloir compter les colonnes qui portent le fronton ; or, non seulement ils ne peuvent pas les compter, mais ils ne peuvent même pas l'essayer. Or, cette opération est la plus simple du monde, dès qu'ils ont le Panthéon réel devant les yeux. Que voient-ils donc, lorsqu'ils imaginent le Panthéon ? Voient-ils quelque chose ? [7]

Contrairement à la perception qui nous fait effectivement percevoir l'objet, qui nous met en sa présence, l'imagination nous trompe, en prétendant nous faire *voir* mentalement l'objet en son absence même : certes, il est sans doute excessif de dire, comme Alain, que l'image mentale n'existe pas, mais elle semble toujours indécise et confuse, comparée à la netteté de la perception première. On fait ici de l'imagination une pâle copie de la perception première. C'est d'ailleurs contre ce genre de théorie que Sartre construira ses analyses de *L'Imaginaire*, tout en continuant à opposer perception et imagination.

• **La mémoire**. Si l'imagination a pu être confondue avec la mémoire, sans doute en raison d'une mauvaise compréhension d'Aristote [8], toute une partie de la tradition philosophique a insisté sur la différence entre imagination et mémoire, en soulignant que, contrairement à la mémoire, l'imagination ne reconnaît pas le souvenir qu'elle évoque comme appartenant au passé. Elle est donc plus proche d'une réminiscence trompeuse que de la faculté de se souvenir. Certes, comme le remarque encore Christophe Bouriau,

> la mémoire peut se tromper, confondre les dates et les lieux d'un événement dont elle se remémore pourtant la teneur propre. Cependant, lorsqu'elle ne se trompe pas, elle réussit à retrouver très précisément l'objet qu'elle recherchait. [9]

C'est pourquoi Clément Rosset, dans un article intitulé « Mémoire et imagination » [10] soutient que, contrairement à l'imagination, « la mé-

6 Christophe Bouriau, *Qu'est-ce que l'imagination ?*, Paris, Vrin, 2003, p. 10.

7 Alain, *Système des beaux-arts*, Paris, Gallimard, 1953, p. 345.

8 On lira ici même le chapitre 2, « Nature et fonction de la *phantasia* chez Aristote » de Jean-Louis Labarrière, qui met bien en évidence toutes les erreurs d'interprétation du *De anima*.

9 Christophe Bouriau, *Qu'est-ce que l'imagination ?* p. 37.

10 Clément Rosset, « Mémoire et imagination », dans *Philosopher. Les interrogations*

moire est à certains égards une fonction infaillible » : soit elle assure qu'elle est parvenue à situer exactement un souvenir dans le temps, soit elle avoue ne pas y être parvenue. Si on me demande la date de ma première communion, je vais hésiter tant que je n'aurai pas retrouvé le document ou les personnes qui pourraient me donner l'information, je ne vais pas essayer d'imaginer ce que je ne retrouve pas.

Aussi l'imagination est-elle, selon Clément Rosset, toujours trompeuse : aussi vive soit-elle, elle ne retrouve jamais complètement l'objet qu'elle cherche, sauf à être en sa présence. C'est ce que Bouriau appelle « la condition tragique de l'imagination » : sauf à laisser place à la perception, elle est condamnée à n'atteindre jamais ce qu'elle vise. On voit évidemment le lien que l'on peut faire ici avec la thématique de l'illusion.

• **La raison**. L'imagination s'oppose enfin généralement à la raison ou à l'entendement, bref aux facultés intellectuelles de notre esprit. Ce qui s'explique par le rapport essentiel que l'imagination entretient avec le sensible : il semble qu'on ne puisse imaginer que quelque chose de sensible, ou n'imaginer quelque chose d'abstrait que si on lui prête des caractères sensibles. Si j'imagine la justice, c'est toujours sous la forme d'un certain symbole, par exemple celui d'une balance, ou la liberté sous la forme de cette femme représentée par Delacroix dans le tableau *La liberté guidant le peuple*. Cela n'a rien à voir avec le fait de *penser* le concept de liberté.

Entre le concept et l'imaginé, il y a la différence de l'universel et du singulier. On imagine toujours quelque chose de singulier, mais on pense dans le cadre du général ou de l'universel. Comme le remarque Rousseau dans la première partie du *Discours sur l'origine et les fondements de l'inégalité parmi les hommes*,

> Toute idée générale est purement intellectuelle ; pour peu que l'imagination s'en mêle, l'idée devient aussitôt particulière. Essayez de vous tracer l'image d'un arbre en général, jamais vous n'en viendrez à bout, malgré vous il faut le voir petit ou grand, rare ou touffu, clair ou foncé, et s'il dépendait de vous de n'y voir que ce qui se trouve en tout arbre, cette image ne ressemblerait plus à un arbre. [11]

C'est pourquoi l'imagination peut paraître bien plus limitée que la raison : pour citer un exemple célèbre de Descartes, emprunté à la *Sixième méditation*, si nous essayons de nous imaginer un chiliogone, c'est-à-dire un polygone à mille côtés, nous ne pourrons pas le faire, alors que nous pouvons parfaitement décrire ses propriétés géométriques, c'est-à-dire

*contemporaines*, collectif dirigé par C. Delacampagne et R. Maggiori, Paris, Fayard, 1980, p. 121-127.

11 Jean-Jacques Rousseau, *Discours sur l'origine et les fondements de l'inégalité parmi les hommes*, Paris, GF, 1971, p. 192.

rationnelles. Là encore, on pourra se demander si une telle conception de l'imagination, qui la fait dépendre de la sensibilité, ne fait pas injure à ses capacités propres, bref à son extravagance.

Mais toutes ces distinctions conceptuelles ne négligent-elles pas une chose essentielle ? À savoir que l'imagination n'est pas une faculté parmi les autres, mais bien plutôt une faculté universelle, celle qui synthétise toutes les autres et constitue en un certain sens leur condition de possibilité.

## 3 L'imagination, un universel de fait

### 3.1 La reine des facultés

Que l'imagination soit une faculté universelle, c'est ce que montre son premier régime de fonctionnement, le régime sensible et empirique, celui de la représentation, de la reproduction, du reflet, de la copie. Nul besoin d'une fondation en droit (*quid juris ?*) pour révéler et reconnaître la vérité de cet universel. C'est pourquoi, dans un texte célèbre[12], Baudelaire en fait la « reine des facultés » puisqu'« elle touche à toutes les autres », donc à la sensibilité, à l'entendement et à la raison. Mieux, « elle leur ressemble quelquefois au point de se confondre avec elles, et cependant elle est toujours bien elle-même », ce qui signifie qu'elle a sa fonction, son action, son processus de production propres. Elle est active en effet dans tous les domaines humains, et elle pourrait s'autoriser de la formule de Térence (« rien d'humain ne m'est étranger ») simplement parce qu'elle est toujours requise pour résoudre certains problèmes et dissoudre certains obstacles : *il faut* bien de l'imagination, qu'elle soit volontaire ou involontaire, passive ou active, individuelle ou collective, pour inventer les formes humaines du lien social, les échanges, les croyances, les opinions, les illusions[13], les formes de la vie psychique intérieure ou intime (rêves, fantasmes, projections, passions – haine et énamoration[14] –, obsessions, hallucinations), les formes de fabrication et de production exigeant de la ruse (outre le sens de l'observation et des méthodes, comme dans le bricolage, l'artisanat, la chasse, la pêche, l'agriculture, l'industrie, les techniques), les formes de doctrines et de théories (en morale, en art, en politique, en philosophie, en métaphysique, en religion, comme dans les formes de la superstition…), les systèmes et les modèles politiques (lois, constitutions, utopies) – et donc

12 Charles Baudelaire, *Salon de 1859*, III, « La reine des facultés », dans *Œuvres complètes*, Paris, Robert Laffont, « Bouquins », 1980, p. 750-752. Voir aussi IV, « Le gouvernement de l'imagination », *ibid.*, p. 753-755.

13 Blaise Pascal, *Pensées*, L 44 / B 82 (ici même chapitre 5).

14 Pour l'amour, voir Stendhal, *De l'amour*, Paris, GF, 2013 Pour la haine, voir Honoré de Balzac, *La cousine Bette*, Paris, Le Livre de Poche, 1975.

elle n'est pas seulement présente en art (avec les exigences d'invention / création, et les contraintes des règles, des styles et des genres).

Cette omniprésence de l'imagination invite volontiers à lui attribuer une forme d'*équipotentialité*, c'est-à-dire la puissance d'être un organe à produire ou inventer des organes, une faculté à engendrer des facultés. Ainsi, même si elle semble d'abord ne faire que la « reproduire » en représentation, elle détermine profondément la teneur de la sensibilité, elle la développe, la rend extensible et aventureuse. Citons encore une fois Baudelaire :

> Elle est la sensibilité, et pourtant il y a des personnes très sensibles, trop sensibles peut-être, qui en sont privées. C'est l'imagination qui a enseigné à l'homme le sens moral de la couleur, du contour, du son et du parfum. [15]

Même chose pour l'entendement : les figures géométriques, même fausses, servent d'appui sensible au raisonnement (pensons aux démonstrations que Socrate propose au petit esclave en dessinant sur le sable dans le *Ménon*), elles sont, dit Husserl, des *analogon* des concepts, outre que son schématisme transcendantal, précisera Kant, se révèle indispensable à la conception symbolique des formes abstraites, qu'elles relèvent des mathématiques, des sciences de la nature [16] ou des idées morales (l'idée de Justice par exemple [17]). Et pour Spinoza, la genèse mentale de l'image vraie d'une sphère se fait par la rotation du demi-cercle autour de son diamètre...

Il en va de même pour la raison pure : qui nous dit que sans l'imagination, la raison aurait inventé l'ontologie, la métaphysique, et même la théologie rationnelle, bref, tous ces domaines et toutes ces disciplines idéalistes qui, voisinant avec certaines formes de superstition et de *Schwärmerei*, traitent d'objets et d'êtres dont l'existence est problématique, sinon douteuse ? Pour Borges, les systèmes philosophiques de la théologie et de la métaphysique appartiennent à la littérature fantastique : le Dieu de Spinoza est aussi fantastique que des nouvelles d'Edgar

15 Charles Baudelaire, *Œuvres complètes*, p. 750.

16 L'imagination technologique est ici quasiment permanente, sans limite et d'une efficacité redoutable, puisque les machines sont devenues, par la puissance des images de synthèse et des simulacres électroniques, de véritables instruments d'optique et d'écoute. Évidemment, la conception antique des simulacres en aura été d'autant invalidée. On lira sur ce sujet Philippe Quéau, *Éloge de la simulation, De la vie des langages à la synthèse des images*, Seyssel, Champ Vallon, 1986 ; *METAXU, Théorie de l'art intermédiaire*, Seyssel, Champ Vallon, 1989 ; *Le Virtuel - vertus et vertiges*, Seyssel, Champ Vallon, 1993.

17 Voir Emmanuel Kant, *Critique de la faculté de juger*, traduction A. Renaut, Paris, GF, 1995, § 59, p. 341.

Poe[18]... Hume ne dit-il pas, à la fin du *Traité de la nature humaine*, que si l'on met la métaphysique au feu, le monde ne s'en portera pas plus mal ?

## 3.2 Imagination et pensée

Penser les événements de l'esprit à partir du rôle central et crucial de l'imagination produit une transformation du concept de pensée, et pas seulement celui de la représentation. Imaginer la justice sous la forme de cette femme aux yeux bandés, portant à une main un glaive, à l'autre une balance à fléau, ou imaginer la liberté sous la forme de l'allégorie de Delacroix, c'est très différent de la conception rationnelle du concept ou de l'idée de liberté. Mais dans le symbole, la pensée est encore présente bien que tout autre, par présentation dynamique et ascensionnelle de l'Idée de Justice ou de Liberté par le signe-symbole, car ce dernier, dit Kant, *donne à penser*[19].

Autrement dit, l'imagination dispose d'une très énergique puissance de « dynamisation », elle renforce, accélère, stimule et augmente les esprits. Citons une nouvelle fois Baudelaire :

> elle les excite, elle les envoie au combat, et les hommes qu'elle n'agite pas sont facilement reconnaissables à je ne sais quelle malédiction qui dessèche leurs productions comme le figuier de l'Évangile.[20]

On le voit : l'imagination est cruciale pour l'exercice du jugement, pour analyser et formuler les problèmes rencontrés et leur apporter une solution en anticipant, et cela dans quelque domaine que ce soit.

Nous pouvons retenir à cet égard le conseil éthique de Spinoza : ne pas maudire, ni calomnier, mais comprendre. Mieux encore, sans doute : admirer, s'étonner, s'émerveiller devant tant de richesses et de prodiges[21], de révélations de formes de vérité et de formes du réel, qui sont de vrais *Cabinets de curiosités* (*Wunderkammer*) et qui donnent raison à

18 Jorge Luis Borges, *Entretiens avec J. de Milleret*, Paris, Belfond, 1967, p. 144-145.

19 Voir Emmanuel Kant, *Critique de la faculté de juger*, § 49, « Des facultés de l'esprit qui constituent le génie » et § 59, « De la beauté comme symbole de la moralité ». Cette idée a été creusée et amplifiée par Ricœur dans sa lecture de la psychanalyse, v. *De l'interprétation, Essai sur Freud*, Paris, Éd. du Seuil, 1965 (notamment dans le Livre I) et *Le conflit des interprétations, Essais d'herméneutique*, Paris, Éd. du Seuil, 1969.

20 Charles Baudelaire, *Œuvres complètes*, p. 751.

21 Nous renvoyons à l'œuvre extraordinaire de Jurgis Baltrusaitis, *Aberrations, Essai sur la légende des formes. Les perspectives dépravées*, Paris, Flammarion, 1983 ; *Anamorphoses, ou thaumaturgus opticus*, Paris, Flammarion, 1984 ; *Le Moyen Âge fantastique, Antiquité et exotismes dans l'art gothique*, Paris, Flammarion, 1981 ; *Réveils et prodiges : le Gothique fantastique*, Paris, Armand Colin, 1960 ; *Essai sur une légende scientifique : Le Miroir, révélations, science-fiction et fallacies*, Paris, Elmayan et Éd. du Seuil, 1978.

Baudelaire : « L'imagination est la reine du vrai, et le *possible* est une des provinces du vrai. Elle est *positivement apparentée avec l'infini* »[22]. Mais en quel sens l'est-elle ?

### 3.3 Imagination et infini

Certes, si elle n'est pas la faculté de connaissance ou de pensée de l'infini (selon Spinoza, c'est la raison[23]), l'imagination développe, amplifie, multiplie des thèses et des thèmes qui sont en nombre fini, et cette démultiplication se fait aussi d'une part de façon *finie* – au double sens du terme : au sens de déterminé (qui a un terme dans le dénombrement de la série) et au sens de parfait, excellent, accompli –, et d'autre part de façon *indéfinie*, parce que si le nombre de variations est également fini, il est inconnaissable, innombrable, indénombrable, sauf sans doute par l'entendement divin. Cela fut théorisé par Lévi-Strauss dans le domaine de l'anthropologie structurale, pour montrer combien et comment l'imagination collective et anonyme des « peuples premiers » était limitée, ou plutôt, s'auto-limitait, puisque l'originalité à tout prix n'a pas de sens : ce sont les matrices et les modèles d'arrangement qui comptent[24]. Queneau précise d'ailleurs que son ouvrage, *Cent Mille Milliards de poèmes*, est une « sorte de machine à fabriquer des poèmes, mais en nombre limité », et « que ce nombre, quoique limité, fournit de la lecture pour près de deux cents millions d'années »[25]. Leibniz, quant à lui, rappelait que, selon le principe des indiscernables, il n'y a pas deux choses identiques dans la Nature, et que seul Dieu connaît exactement le nombre de ces choses différentes et originales.

Par où l'on voit que l'imagination, au besoin, se plie volontiers à certains types de contraintes, qu'elle s'impose d'ailleurs à elle-même : elle sait, comme dit Nietzsche pour le poème homérique, « danser dans les chaînes »[26], comme s'il n'était pas bon d'être trop nécessité ni n'être trop libre, pour paraphraser une formule de Pascal. La combinatoire qu'elle fait vivre, qu'elle irrigue, est analogue à un jeu, qui a ses règles, sa logique de déplacement des pièces et sa temporalité. La modélisation de ces opérations de l'imagination a été livrée pour la première fois par

22 Charles Baudelaire, *Œuvres complètes*, p. 751.

23 Baruch Spinoza, « Lettre XII à Louis Meyer » dans *Œuvres*, IV, *Traité politique, Lettres*, Paris, GF, 1966, p. 156-162.

24 Voir Claude Lévi-Strauss, *Anthropologie structurale deux*, Paris, Plon, 1973, Partie « Mythologie et rituel », et chap. XVI, « Critères scientifiques dans les disciplines sociales et humaines » ; *La Pensée sauvage*, Paris, Plon, 1962, chap. I-VII.

25 Raymond Queneau, « Mode d'emploi », *Cent Mille Milliards de poèmes*, Paris, Gallimard, 1961, non paginé.

26 Friedrich Nietzsche, *Œuvres, Humain, trop humain*, II, « Le Voyageur et son ombre », § 140, Paris, Robert Laffont, « Bouquins », I, p. 883-884.

Ferdinand de Saussure dans le *Cours de linguistique générale*, qui compare la langue à un jeu d'échecs. Elle aura une grande fortune, aussi bien en psychanalyse (Lacan), en anthropologie structurale (Lévi-Strauss) qu'en poésie. Pour Borges, la littérature n'est qu'une série de variations sur quelques thèmes en nombre limité, comme le prouve l'*Odyssée* d'Homère inspirant, entre autres, l'*Ulysse* de Joyce ; il y a en effet, dit-il, des métaphores *essentielles* : la vie et les rêves, la mort et le sommeil, les étoiles et les yeux, le temps et le fleuve, les femmes et les fleurs, et « ces métaphores suffisent. Chaque génération doit les dire dans un certain dialecte, avec une certaine cadence que l'on ne connaissait pas auparavant. Toute la poésie consiste à raconter encore et toujours la même histoire, avec de légères et précieuses variations »[27]. Certes, l'imagination répète, mais ce qui fait qu'elle échappe à l'objection cartésienne d'une faculté limitée, c'est que cette répétition innove, car elle est l'occasion tantôt d'une légère modification, comme en un *clinamen*, tantôt d'une originalité profonde.

Comment expliquer alors toutes les critiques – philosophiques comme théologiques – de l'imagination ? Pourquoi tant se méfier de cette faculté, si elle est la condition d'effectivité et même de fécondité des autres ?

## 4 La raison des critiques de l'imagination

### 4.1 Les critiques religieuses et philosophiques

Si l'on appelle de façon raisonnable à neutraliser les formes du mépris (condamnations, malédictions, diabolisations) de l'imagination, il convient d'être attentif aux critiques venues d'en haut. « En haut », ce sont les discours philosophiques et les discours religieux. La liste est longue, de la critique sceptique à l'iconoclastie la plus vive : l'exposition par le Chancelier Francis Bacon des nombreuses et puissantes idoles collectives (les idoles de la tribu, du marché, de la caverne et du théâtre), la révélation par Platon de la sophistique comme art consommé des simulacres destinés à convaincre, à séduire et à tromper, l'assignation par Malebranche de l'imagination à son rôle de « folle du logis ». Mais il est vrai que d'autres philosophes, toujours réservés quant à la puissance de l'imagination, ont été davantage sensibles à l'ambivalence de cette faculté, en reconnaissant avec réalisme sa dimension nécessaire, voire fatale, dans la mesure où elle est un des destins de l'esprit, même si elle n'en est pas la destination.

Ainsi, l'invalidation pascalienne de la peinture contraste avec sa compréhension réaliste du rôle social et institutionnel de l'imagination ; Spinoza insiste sur le fait qu'elle répond aux situations d'ignorance et de détresse

27 Jorge Luis Borges, *Entretiens sur la poésie et la littérature*, Paris, Gallimard, « Essais », 1990, p. 23.

de l'humanité, certes illusoirement et fallacieusement, mais il ne s'agit pas moins d'une nécessité « vitale », un « fond » de l'esprit, même dans la servitude ; Aristote, tout en renvoyant les présocratiques et les platoniciens à leurs rêveries ontologiques, a su reconnaître le rôle essentiel de l'imagination dans l'invention personnelle des rêves et dans la création artistique de la tragédie… Et Platon lui-même finit par asservir l'imagination à une fonction philosophique, celle du « principe de raison », puisque la fable du récit mythique sert à « rendre raison » (*logon didonai*) de la logique des choses, de leur origine, de leur « raison d'être » et de leur finalité possible[28] – ce qui constitue pour elle, dans une certaine mesure, une véritable relève dialectique, une *sublimation*, et ce même si elle sert ici aux « basses œuvres » de la croyance politique.

On voit donc que la raison profonde des critiques de l'imagination vient du fait qu'elle est toujours mobilisée par le *besoin de croire* et surtout de *faire croire*. De Platon à Althusser (et ses fameux *appareils idéologiques d'État*), en passant par Lucrèce, Machiavel, Pascal, Spinoza, Feuerbach et Marx, il s'agit bien de produire de l'assujettissement, conformément à la formule de Rousseau : « Nul n'est assez fort pour être toujours le maître s'il ne transforme sa force en droit et l'obéissance en devoir »[29]. L'imagination sert à transformer, justement. Comme dit Pascal : « L'imagination fait croire, douter, nier la raison »[30]. L'imagination demeure la « servante du logis », au service de l'entendement ou de la raison, et surtout au service de l'ordre dominant, du « fait accompli ». Elle demeure en ce sens fixée à son statut de faculté douteuse (d'autant plus trompeuse qu'elle ne l'est pas toujours, dit encore Pascal), secondaire et subalterne. Dans ce contexte religieux et politique, il n'est donc pas question qu'elle devienne une faculté libre, comme elle pourra le devenir avec la modernité artistique (abstraction, expressionnisme, surréalisme, tachisme, lettrisme, etc.).

L'étrangeté du retard à considérer l'imagination comme il se doit, c'est-à-dire comme une faculté cardinale, peut être levée par des considérations historiques : si l'apologie véritable date de la doctrine kantienne du schématisme de l'imagination transcendantale, suivie par les audaces schopenhauériennes et nietzschéennes, c'est parce que l'on a peu à peu compris que la fonction imaginaire de l'âme humaine prenait racine dans la sensibilité générale du vivant humain. Que Kant et Baudelaire, à quelque quatre-vingts années de distance, situent l'imagination *dans les profondeurs de l'âme* est révélateur de l'*épistémè* en train de s'ouvrir à

28 Voir Platon, *Phèdre*, *La République* II et X, *Gorgias*, *Phédon*, *Le Politique*, *Le Banquet*, etc. Voir Jean-François Pradeau, *Les Mythes de Platon*, Paris, GF, 2004.

29 Jean-Jacques Rousseau, *Du Contrat social*, I, 3, Paris, GF, 2001, p. 49.

30 Blaise Pascal, *Pensées*, L 44 / B 82.

cette époque. La pensée nietzschéenne de la vie comme volonté de puissance imprimant sa marque dans le monde par des formes violemment injectées sera la continuation et la réalisation par d'autres moyens du principe du schématisme formel posé par Kant[31]. Il faut donc revenir à Kant : chez l'homme, il n'y a pas d'intuition intellectuelle, d'*intuitus originarius* ou *archetypus*, mais seulement un *intuitus derivativus*, *ectypus*, déterminé par la sensibilité et l'imagination : le *schème*. Nietzsche approfondit cette idée si remarquable : même la sensibilité et le langage relèvent de l'activité abstraite du schème – l'abstraction reprochée à l'imagination[32] est en réalité le secret de sa richesse et de sa puissance.

La véritable révolution copernicienne n'est donc pas tant d'entendement (une fois les comptes de la raison pure à peu près soldés et épurés) que d'imagination, car si l'ordre de la Nature est l'ordre que nous mettons dans la Nature, cet ordre n'est pas seulement un ordre d'entendement (les « lois » de la Nature), c'est aussi et finalement surtout un ordre imaginaire, qui nourrit nos jugements sensibles et esthétiques (le Beau et le Sublime) et nos jugements téléologiques à propos des fins de la Nature et de la destination de l'humanité.

En fait, les diatribes moralisatrices contre l'imagination doivent beaucoup :

(1) aux présupposés religieux. Les courants iconoclastes expriment une haine féroce des images, et pas seulement anthropomorphiques, même s'ils varient en intensité et en violence : les autodafés, inspirés par l'image du feu purificateur, témoignent toujours d'une intolérance qui se justifie par une certaine *image* des images : c'est qu'il faut beaucoup d'imagination pour voir le diable dans l'« ennemi ». Des Cathares aux destructions talibanes en passant par la destruction des ouvrages de Rousseau sur la place publique et par les bûchers nazis, la liste est longue, interminable, et peut-être infinie… Hélène Védrine rappelle que si les philosophes se sont défiés de l'imagination, c'est en raison de son ambivalence, parce qu'elle « participe du corps et de l'âme », qu'elle est « un mixte introuvable : illusionniste, ondoyante, fantomatique, elle sent le soufre »[33]. Le fonds ascétique de la tradition philosophique constitue donc un obstacle éthique et pathologique de première envergure ;

(2) aux conceptions idéalistes et essentialistes de l'homme, dont l'essence serait la raison, pure hypothèse démentie par la réflexion généalogique sur la « nature humaine », sur la question de l'essence de

31 Voir ici même chapitre 10.

32 C'est la rançon de la conception de l'imagination comme perception affaiblie qui substitue au phénomène une image tronquée, allégée, schématique.

33 Hélène Védrine, *Les Grandes Conceptions de l'imaginaire*, Paris, Le Livre de Poche, « Biblio essais », 1990, p. 5.

l'homme, avec Nietzsche et l'existentialisme. Mais l'inflexion de la réflexion est ancienne, en particulier quand certaines pensées (Machiavel, Spinoza, Diderot, Rousseau), en effectuant un pas de côté vis-à-vis de l'idéalisme et du rationalisme classique, ont commencé à indexer avec raison la question de l'imagination à celle du désir, et d'un désir suffisamment puissant et impératif pour déterminer la faculté de juger et de concevoir.

### 4.2 L'imagination comme refoulé de l'histoire de la philosophie

Cela nous permet sans doute de comprendre pourquoi la question de l'imagination constitue un refoulé de l'histoire de la philosophie. Ainsi, pour Cornelius Castoriadis[34], alors que la faculté d'imagination a été formalisée pour la première fois comme telle par Aristote (dans *De l'âme*), et malgré quelques apparitions (les Stoïciens, Damascius, les empiristes anglais), elle a dû attendre la modernité pour avoir vraiment sa place dans la théorie de la subjectivité. On peut faire la même remarque pour l'imaginaire social des institutions[35]. Castoriadis comprend cet « oubli » comme étant l'effet d'une double surdétermination :

(1) Aristote lui-même ne lie pas étroitement *phantasia* et *poiesis* : « La *poiesis* est pour lui *techné*, et la *techné* imite la nature, même dans le cas le plus noble, celui de la *techné poiétiké* »[36]. Et l'idéalisme allemand suit le même schéma : après la relève kantienne de l'imagination dans la 1re édition de la *Critique de la raison pure* – immédiatement relativisée dans la 2e édition –, Hegel réduit l'imagination à la mémoire (conformément à sa conception de la pensée comme *Erinnerung*), et la phénoménologie procèdera à une semblable occultation ;

(2) Dans la grandeur sublime de ses commencements, la pensée philosophique s'est définie comme recherche d'une vérité (*aléthéia*) opposée à l'opinion (*doxa*) vue comme source d'erreur et d'illusion, avec Parménide et Platon. La vérité fut donc d'emblée liée au *Noûs* et au *Logos,* donc à l'être, jamais à la *doxa, à l'apparaître* (*phainestai*) *du phénomène et de l'apparence*. Or, si, au lieu de chercher à penser l'être à partir de la chose (quelque chose de stable, qui fait l'unité des différentes apparences), les philosophes étaient partis de l'analyse d'un rêve ou d'une œuvre d'art, qui *sont* tout autant que la chose, mais supposent une tout autre vision de l'être et de la pensée, ils auraient remarqué le caractère instituant de l'imagination, qui ne dérive pas seulement de la perception ou de la mémoire, mais qui pose elle aussi certaines significations, signes ou

34 Nous renvoyons au chapitre 15.

35 Cornelius Castoriadis, « Imaginaire, imagination, réflexion », dans *Fait et à faire*, Paris, Éd. du Seuil, 1997, p. 227.

36 *Ibid.*, p. 230.

symboles. Il convient donc de repenser l'être à partir de l'imagination, de proposer une nouvelle ontologie fondée sur le primat de l'imaginaire.

Insistons, avec Hélène Védrine : l'imagination a peut-être été l'impensé de la tradition idéaliste et rationaliste, ou de l'onto-théologie. Mais en réalité elle travaille en sous-main, de l'intérieur, tous les systèmes et elle les contraint à affiner leurs concepts, qu'il s'agisse du symbolique, de l'esthétique, de la connaissance, de l'éthique et de la politique… Même méconnue et refoulée, elle est donc toujours au centre de tous les dispositifs de savoir [37].

Les diatribes moralisantes ont ainsi perdu peu à peu leur raison d'être et leur force de persuasion, et ce à partir du milieu du XVIIIe siècle (avec le socle des Lumières, Montesquieu, Diderot, Voltaire et Kant), en raison d'une perte progressive de toutes ces croyances fondamentales, de la montée en puissance de croyances adverses (scepticisme, matérialisme, pragmatisme, agnosticisme et athéisme), mais aussi à cause des découvertes et des révélations de tout autres visions du monde, à la suite des progrès de l'ethnographie et de l'ethnologie : l'imagination collective des « peuples premiers » devient alors trop déroutante pour la raison occidentale [38].

Comme dit si bien Nietzsche, « nous avons changé de principes » [39]. Le « déclin des absolus » (formule du mathématicien Charles Bouligand, citée par Bachelard) libère de l'espace à la sensibilité et à l'imagination pour venir aux premiers plans de l'activité inventive / créatrice de l'esprit humain, comme cela se voit avec le développement extraordinaire des pensées autour de l'esthétique, du symbole, de la prospective, des modèles de recherche [40], etc.

En ce sens, quelques philosophes du XXe siècle – Sartre, Merleau-Ponty, Bachelard, Simondon, Castoriadis, Deleuze – ont enregistré les dettes que l'entendement et la raison peuvent avoir envers l'imagination puisque celle-ci est une de leurs sources principales, ce qui permet alors de rapprocher le philosophe de l'artiste, aussi bien en ce qui concerne l'écriture que la genèse des idées – « miracle » réservé autrefois au génie et à certaines humeurs comme la mélancolie. La position de Bachelard est à cet égard révélatrice : l'imagination de l'esprit préscientifique, comme relais intuitif et discursif de l'ignorance et des formes spontanées de la croyance, devient *démiurge* d'une poétique de la matérialité et des

37 Hélène Védrine, *Les grandes conceptions…*, p. 5-6.

38 C'est un point souvent soulevé par Mircea Eliade, par exemple dans l'Avant-propos de *Méphistophélès et l'androgyne*, Paris, Gallimard, 1962.

39 Friedrich Nietzsche, *Antéchrist*, trad. Eric Blondel, Paris, GF, 1994, § 14, p. 60-61.

40 Nous pensons aux œuvres de Cassirer, de Valéry, d'Adorno, de Benjamin, d'Ernst Bloch, de Caillois, de Lévi-Strauss, de Lacan et de Ricœur…

quatre éléments. En ce sens, à suivre Nietzsche, on peut bien dire que de nombreuses critiques philosophiques relèvent d'une certaine moralisation (la *moraline*), et même d'une forme d'hypocrisie religieuse. Or, à nos yeux, les négations pourraient bien, finalement, relever aussi de la mauvaise foi : mieux encore, ces objections se muent en arguments et plaidoyers, puisque c'est encore imaginer que d'inventer des raisons contre l'imagination, et puisque les facultés supérieures invoquées ne sont jamais exemptes d'imaginaire. À la formule de Pascal : « Quelle vanité que la peinture... », Valéry répond sèchement : « Oui, la peinture est vanité, et il faut qu'elle soit vanité. Que serait-elle si elle servait à quelque chose ? Pascal oubliait que les neuf dixièmes de la géométrie ne servent absolument à rien »[41].

Ne faut-il pas alors, plutôt que de rejeter l'imagination, distinguer chez elle deux régimes ? Et montrer que, si l'un de ces régimes représente en effet potentiellement une forme de danger, il est un autre régime sans lequel il n'y aurait ni art, ni science, ni pensée ?

## 5 Les deux régimes de l'imagination

### 5.1 Le régime faible de l'imagination

Certes, comme toutes les autres facultés (sensibilité, entendement et raison), l'imagination opère sur deux régimes, un régime commun, ordinaire, « normal », *de sens faible*, et un régime supérieur, plus exceptionnel, *de sens fort*.

Le régime faible, ce « bas régime », c'est son régime *empirique* : la copie, l'imitation, la reproduction, la répétition, le reflet et l'écho...

On voit le danger, signalé déjà par Platon : le reflet, par la multiplication fallacieuse et mensongère de l'original, signale une perte sur le plan gnoséologique (le passage du phénomène au simulacre) et sur le plan ontologique (l'indice d'une Chute originelle...). *Le Sophiste* aura inauguré la critique de ce qui deviendra cette *diabolique* logique des miroirs, en particulier dans le monde chrétien (voir sur ce point Tertullien, *La toilette des femmes*) – *diabolique* parce que c'est le Diable qui vient couper le monde en deux[42]. Pire, il se métamorphose en « double »[43], il se dégrade en plagiat du phénomène, comme par mirage des images (l'imaginaire miraginaire cher à Lacan...). L'imagination, par le fait de se détacher du réel sensible et de s'émanciper des contrôles rationnels, devient alors

41 Paul Valéry, *Cours de poétique*, I, « Le corps et l'esprit », 1937-1940, Paris, Gallimard, 2022, p. 166.

42 Le thème sera développé à satiété par le poète argentin J. L. Borges.

43 Sur le double et sa dimension fantastique, voir Dostoïevski, *Le Double* ; Maupassant, *Le Horla* ; Pessoa, *Le Livre de l'intranquillité* ; mais aussi toute l'œuvre de Borges et de Kafka.

*fonction d'irréel et d'irréalité*, donc *factrice d'illusion*, « maîtresse d'erreur et de fausseté », dit Pascal[44].

Il nous semble qu'il y a là un malentendu : si on dit, avec Clément Rosset, que l'imagination ne peut jamais se représenter ce qu'elle vise, on se trompe. En effet, pourquoi exiger de l'imagination une exactitude que la mémoire elle-même, contrairement à ce que dit Rosset dans le même article, n'atteint jamais – il suffit de lire Proust pour s'en convaincre ? Pascal disait lui-même qu'elle ne trompe pas *toujours*... Nous parlerions plutôt d'une *condition dramatique de l'imagination*. Qui dit imagination dit nécessairement dérivation (Kant), donc changement, déplacement, abstraction, déformation, transformation, etc.

À nos yeux, donc, réduire l'imagination à une puissance nocive et toxique d'illusion ne constitue pas une objection radicale, définitive et absolue, puisque :

(1) tout esprit commence par imaginer, au sens de l'imagination empirique qui imite, et cela peut être une tâche élémentaire et noble. Jorge Luis Borges l'affirme : « Moi aussi, j'ai le devoir d'imiter. C'est un devoir pour tout humaniste traditionnel, l'imitation »[45]. Mieux encore, il convient d'assumer la fonction de fiction, puisque sans elle, il n'y a ni représentation, ni rêve, ni rêverie, ni invention, ni art : « l'irréalité est la condition de l'art »[46] ;

(2) tous ces processus font le socle commun des flux de conscience : l'imagination a en nous une action « diffluente » (qui se répand et s'écoule dans diverses directions imprévisibles, comme par improvisation involontaires et immaîtrisées). Leibniz parle à ce propos des *fliegende Gedanken*, les « pensées volantes » et flottantes[47], qui sont la « basse continue » du psychisme, par association, métaphore et analogie. Si nous

44 Blaise Pascal, *Pensées*, L 44 / B 82.

45 Jorge Luis Borges, *Entretiens sur la poésie et la littérature*, III, p. 90.

46 Jorge Luis Borges, *Fictions*, Paris, Gallimard, « Folio », p. 167.

47 « Il nous vient des pensées involontaires, en partie de dehors par les objets qui frappent nos sens, et en partie au-dedans à cause des impressions (souvent insensibles) qui restent des perceptions précédentes qui continuent leur action et qui se mêlent avec ce qui vient de nouveau. Nous sommes passifs à cet égard, et même quand on veille, des images (sous lesquelles je comprends non seulement les représentations des figures, mais aussi celles des sons et d'autres qualités sensibles), nous viennent, comme dans les songes, sans être appelées. La langue allemande les nomme *fliegende Gedanken*, comme qui dirait des pensées volantes, qui ne sont pas en notre pouvoir et où il y a parfois bien des absurdités qui donnent des scrupules aux gens de bien et de l'exercice aux casuistes et directeurs des consciences. C'est comme dans une lanterne magique qui fait paraître des figures sur la muraille à mesure qu'on tourne quelque chose au-dedans. » (G.W.F Leibniz, *Nouveaux Essais sur l'entendement humain*, L. II, chap. XXI, § 12, Paris, GF, 1966, p. 150-151)

croyons agir par l'imagination, en réalité c'est elle qui *agit* en nous sans cesse, elle nous *agite*, agitée et irriguée elle-même par l'appétit et le désir… C'est par l'imagination que les sensations et perceptions sont *dérivées* dans un autre monde, celui de ce que Hume appelle des *impressions de réflexion*, ce qui fait de l'imagination une faculté cardinale du travail de l'esprit. C'est par l'imagination encore que se tisse la trame de la pensée intérieure, et que l'écrivain entend restituer fictivement par le *monologue intérieur*[48], au prix sans doute de la véracité du témoignage : la fiction dépasse la réalité, puisqu'elle change de régime, privilégiant l'immatériel du discours sur la (pseudo) matérialité de l'expérience.

## 5.2 Le régime fort de l'imagination

Il y a cependant aussi un haut régime de l'imagination. C'est celui du *poieïn* (produire, engendrer, créer) et du *poïétès* (artisan, artiste, poète), avec ce paradoxe d'une puissance d'irréel qui a des effets de réel surpuissants et décisifs, preuve que l'imagination est une faculté *effective*, puisqu'elle invente des mondes et des formes qu'on n'a pas / jamais perçus, puisqu'elle permet de fabriquer des combinaisons nouvelles d'images à partir d'images déjà perçues.

Cette imagination peut être dite *combinatoire*, car elle ne fait la plupart du temps qu'assembler et composer autrement, déplacer, déformer, transformer, métamorphoser un donné figuratif sensible – ce que Coleridge, appelle *fancy*, à la différence d'*imagination*[49].

Elle peut sans doute aussi dans certains cas être qualifiée de *créatrice*, car elle fait surgir le sens à partir du non-sens, le cosmos à partir du chaos. Cela est vrai de l'art, mais déjà de la technique, comme le souligne Castoriadis :

> Une roue autour d'un axe, une décoction bouillie, un piano, des signes écrits, la transformation d'un mouvement de rotation en mouvement linéaire alterné ou la transformation inverse, aussi bien qu'un filet de pêcheur, sont des « créations absolues ». Il n'y a pas dans la nature d'équivalent proche ou lointain de la poulie, de l'étrier, de la roue de potier, de la locomotive ou de l'ordinateur ; un ordinateur n'imite pas le système nerveux central, il est construit sur d'autres principes.[50]

On peut dresser un petit inventaire des différentes manifestations de ce régime fort de l'imagination :

48 Voir entre autres Édouard Dujardin, *Les Lauriers sont coupés* ; James Joyce, *Ulysse* ; Albert Cohen, *Belle du Seigneur.*

49 Samuel Taylor Coleridge, *Biographia Literaria*, chap. XIII, Edinburgh U. P., 2014.

50 Cornelius Castoriadis, « Technique », dans *Les Carrefours du labyrinthe*, Paris, Éd. du Seuil, 1978, p. 230.

• L'imaginaire de l'inconscient : rêves, représentants de pulsions, fantasmes sexuels (y compris par *auto-affection*, dès lors qu'une scénographie intime mène à la jouissance), mais aussi les projections passionnelles de l'amour ou de la haine, et les actes *en effigie*, comme pour le meurtre du père [51].

• La sublimation et la métamorphose de l'expérience matérielle, puisque le sensible a une vraie puissance inductive déterminant de fructueuses révélations, sur soi et sur le monde. Pensons à l'imagination matérielle, physique, du technicien, de l'artisan, du mécanicien [52] ; pensons à l'imagination matérielle des quatre éléments selon Bachelard.

• L'invention et la recherche : l'imagination a une fonction heuristique éminente : technique, projections, variations, expérimentations mentales : pensons au « petit voyage du point au pays de Meilleure Connaissance » selon Paul Klee [53].

• La composition, le collage et le montage des images tirées des idées *adventices*, des idées « venues du dehors », des idées empiriques. C'est par exemple la thèse de Descartes à propos de la fabrique des images de monstres par les idées factices de l'imagination ; et les opérations de montage et de collage ont une fécondité évidente, en peinture [54], en poésie, en photographie, en cinéma et en musique (pensons aux artifices d'enregistrement des studios).

• L'artifice fictionnel rationnel de la modélisation scientifique, ce que Descartes appelle l'idée factice de l'entendement, comme, par exemple, l'image scientifique du soleil ; mais on peut penser au si controversé modèle atomique de Niels Bohr.

• L'anticipation, dans le domaine de la prospective, certes, mais aussi dans celui de la modélisation utopique [55]. L'utopie est ambivalente, car elle peut être inquiétante quand elle entend jouer le rôle d'idéal déterminant et constitutif, à réaliser de force, donc psychorigide et violente (*L'Utopie* de Thomas More, 1516), mais elle peut être riche en

51 « Je puis tuer le roi sous mon bonnet », écrit Cervantès dans la traduction d'A. Schulman, *Don Quichotte*, Paris, Éd. du Seuil, « Points », 1977, T. I, p. 38.

52 Voir Matthew Crawford, *Éloge du carburateur, Essai sur le sens et la valeur du travail*, Paris, La Découverte, 2010 ; *Contact, comment nous avons perdu le monde et comment le retrouver*, Paris, La Découverte, 2016 ; Richard Sennett, *Ce que sait la main, la culture de l'artisanat*, Paris, Albin Michel, 2010.

53 Paul Klee, *Théorie de l'art moderne*, chap. 3, « Credo du créateur », Paris, Denoël-Gonthier, 1980, p. 35-36.

54 Louis Aragon, *Les Collages*, Paris, Hermann, 2003.

55 Voir Raymond Ruyer, *L'Utopie et les utopies*, Paris, Gérard Monfort, 1991 ; Ernst Bloch, *Le principe espérance*, Paris, Gallimard, 1976-1991 [1954-1959] ; *L'esprit de l'utopie*, Paris, Gallimard, 1977 [1918].

expérimentations mentales, donc avoir une vraie force heuristique et ludique, ce que Ruyer appelle une « proposition sur des possibles latéraux », et ce quand elle se contente d'être un idéal réfléchissant et régulateur (Rabelais, *Gargantua*, 1534, chap. 57 : l'abbaye de Thélème ; Samuel Butler, *Erewhon, ou De l'autre côté des montagnes*, 1872)...

• La production d'autres mondes fictifs par des histoires, des récits, des contes, des fables, des légendes et des mythes – ceux des « peuples premiers » ou ceux de la raison philosophique, comme chez Platon –, sans parler de l'écriture de l'histoire[56] et même de la *réécriture* de cette histoire, comme avec le *storytelling* rétrospectif[57] ;

• La puissance de délire, avec le délire ironique, satirique, humoristique ou caricatural, mais aussi le délire pathologique (les hallucinations visuelles, auditives, scénographiques...) du schizophrène ou du paranoïaque...

Il nous faut donc réhabiliter cette *Einbildungskraft*, ce pouvoir de former, de concevoir des images en tant que formes mentales, qui n'est certes pas *sui generis*, puisqu'elle s'enracine dans les données de la sensibilité, mais qui manifeste une « volonté » d'indépendance et d'autonomie extraordinaire... Par quoi elle nous semble exprimer bien plutôt la grandeur et le sublime de l'homme que sa misère et sa détresse. Comme tout *pharmakon*, l'imagination est remède et poison, et c'est à l'honneur de l'humanité que d'en nourrir la source, dans le bien comme dans le mal, dans le danger comme dans la solution. En tout cas, on voit l'importance de l'inscrire plus vigoureusement dans une *anthropologie générale*.

## 6 Plan de l'ouvrage

L'imagination ne s'est pas d'emblée donnée dans son essence : elle s'est d'abord fait connaître par ses productions (les mythes, les fantasmes, les œuvres d'art...), et avant même de la connaître, d'en mettre en évidence tous les pouvoirs, la philosophie, comme nous l'avons souligné, l'a d'abord combattue. Mais à travers même le rejet dont elle est l'objet, l'imagination révèle toujours quelque chose de son essence, ou plutôt de son existence en perpétuelle métamorphose.

L'ouvrage mettra en évidence cette progressive découverte de l'imagination à travers quatre moments décisifs de l'histoire philosophique du concept d'imagination.

Dans une première partie, nous procèderons à une archéologie de l'imagination. Nous partirons ainsi en quête de la manière dont l'imagination

56. Voir Michel de Certeau, *L'Écriture de l'histoire*, Paris, Gallimard, 1975 ; Georges Duby, *Le Dimanche de Bouvines*, Paris, Gallimard, 1973 ; Paul Veyne, *Comment on écrit l'histoire*, Paris, Le Seuil, 1971.

57. Lire sur ce point Christian Salmon, *Storytelling, La machine à fabriquer des histoires et à formater les esprits*, Paris, 2007, La Découverte.

a été thématisée par la philosophie antique, tout d'abord chez Platon, dont la position à l'égard de l'imagination (*phantasia, eikasia*) est bien plus ambivalente qu'on ne le croit généralement, puis chez Aristote, qui dans son traité *De l'âme*, pose les fondements de la manière dont l'imagination a été pensée durant tout le Moyen Âge, au risque de certaines transformations et simplifications. L'enquête se poursuivra à la Renaissance, et plus précisément dans les *Essais* de Montaigne, qui procèdent à une transformation considérable du concept d'imagination, dont les pouvoirs et les sortilèges sont remarquablement mis en valeur : l'imagination devient alors force motrice comme force sociale, et même puissance de dynamitage et de dynamisation des catégories traditionnelles de la pensée.

La seconde partie s'intéressera plus particulièrement à ce moment-charnière que constitue la période classique, au cours de laquelle l'imagination se trouve confrontée à l'idéal de rationalité, d'ordre et de clarté propre au XVIIe siècle. Siècle dont il ne faut pas oublier qu'il fut aussi baroque. Nous verrons alors que le rapport que les philosophes qu'on a coutume de nommer *cartésiens* (à commencer par Descartes lui-même, puis Malebranche et Spinoza) entretiennent avec l'imagination est lui aussi d'une grande complexité. Il faudra revenir sur ce préjugé – conforté par Michel Foucault dans son *Histoire de la folie à l'âge classique* – selon lequel le XVIIe siècle serait seulement le siècle au cours duquel la raison s'efforce d'exclure son autre, pour mieux mettre en évidence l'ambiguïté de la situation : si la philosophie oppose imagination et entendement, elle veut aussi conjoindre l'imagination avec l'entendement ; si elle oppose la liberté de l'esprit au pouvoir de fascination de l'imagination, racine de toutes les superstitions, elle peut montrer qu'il y a d'autres usages possibles de l'imagination, qui fortifient l'homme et sa vertu, voire l'ouvrent à l'ordre du mystère (Pascal).

Une troisième partie portera sur ce moment de transition que constituent les XVIIIe et XIXe siècles, ce moment où « nous avons changé de principes », selon la forte formule de Nietzsche. Par l'une de ces transformations de la sensibilité et de l'imaginaire qu'étudient si bien les sociologues et les historiens contemporains – de Norbert Elias à Georges Vigarello –, l'imagination se voit progressivement reconnue comme cette faculté cardinale qu'elle n'a en réalité jamais cessée d'être. C'est d'abord l'empirisme de Hume, qui, parce qu'il place la sensibilité au centre de son anthropologie, de sa philosophie de la connaissance et de sa morale, met en exergue le rôle de l'imagination. Puis la philosophie de Rousseau, qui découvre l'importance de l'imagination dans la formation de l'espèce humaine comme de l'individu. Kant et l'idéalisme allemand découvrent le caractère schématisant de l'imagination, allant jusqu'à la poser comme cette force formatrice (*Einbildungskraft*) et même créatrice de mondes (Nietzsche), dont l'approche morphologique de Cassirer se veut l'achèvement.

Une dernière partie étudiera plus spécifiquement les métamorphoses de l'imagination au cours du xx^e^ siècle, qui voit progressivement l'étude de l'imagination comme faculté céder la place à l'intérêt pour l'imaginaire et ses productions [58]. Les méthodes et les approches pour circonscrire et étudier les imaginaires individuels comme sociaux se sont alors considérablement développés, que ce soit en philosophie, en psychologie et dans les autres sciences humaines, notamment l'anthropologie [59]. En ce qui concerne les sciences humaines, nous nous concentrerons plus spécifiquement sur l'importance de l'imagination en psychanalyse (le *Phantasieren* freudien), celle-ci devenant en quelque sorte la clé de lecture non seulement de la *psyché*, mais aussi en partie de l'évolution des sociétés humaines. En ce qui concerne la philosophie, nous nous limiterons – car il faudrait parler de presque toute la philosophie contemporaine, si nous voulions y étudier les usages de l'imaginaire, de l'École de Francfort [60] jusqu'à Jean-François Lyotard et Gilles Deleuze – à l'approche phénoménologique de l'imagination telle que nous la trouvons chez Jean-Paul Sartre, et à cette approche très singulière qui est celle de Gaston Bachelard, avec son imagination matérielle. Et nous finirons – si tant est qu'il soit possible d'en finir, avec une faculté infinie comme l'imagination – sur la tentative originale qui fut celle de Castoriadis, avec son effort de penser les imaginaires sociaux, dans leur double dimension instituante et instituée.

Une bibliographie analytique fait l'objet de l'annexe placée en fin de volume, pages 299-308.

58. Voir à ce propos Jean-Jacques Wunenberger, *L'Imaginaire*, Paris, PUF, 2003, p. 6 : « Le succès croissant du mot [imaginaire] au xx^e^ siècle peut être attribué à la désaffection à l'égard du terme d'imagination, entendue comme faculté psychologique. [...] Avec le déclin d'une certaine psychologie philosophique (au milieu du xx^e^ siècle) et sous la pression des sciences humaines, l'étude des productions imagées, de leurs propriétés et de leurs effets, à savoir l'imaginaire, a progressivement supplanté la question classique de l'imagination. »

59. Nous renvoyons ici au volume coordonné par Yohann Douhet et Alexandre Feron, *Les Sciences humaines*, Limoges, Lambert-Lucas, 2022.

60. Sur l'École de Francfort, v. l'ouvrage de Stephen Jay, *L'Imagination dialectique*, Paris, Payot, « Critique de la politique », 1989.

Première Partie

# Archéologie de l'imagination

## Chapitre 1

## L'illusion est-elle toujours un mal ? La *phantasia* dans les dialogues platoniciens

par Camille Guigon

### Introduction

Dans le *Sophiste*, Platon définit la *phantasia* comme une pensée qui apparaît en l'âme par l'intermédiaire d'une sensation[1]. Plus précisément, la *phantasia* est un mélange de sensation et d'opinion (*doxa*)[2] :

> La *doxa*, à l'instar du *logos*, porte toujours sur un quelque chose, et elle ne peut pas faire autrement, dans le cas de la *phantasia*, que de prendre en compte les exigences de la sensation. C'est pour cette raison que la *phantasia* est un "mélange de *doxa* et de sensation" et pas seulement une *doxa* qui s'exprime par l'intermédiaire de la sensation.[3]

La *doxa* est présentée dans *Le Sophiste* comme un discours en l'âme qui affirme ou nie[4]. La particularité de la *doxa* et de la *phantasia* est qu'elles reposent sur la sensation, même si la *doxa* peut faire intervenir la raison[5].

1 Platon, *Le Sophiste*, 264a4 - 6, trad. Nestor Cordero, Paris, GF, 1993, p. 198.

2 *Ibid*., 264a8 - b3.

3 Bernard Collette, « Phantasia et phantasma chez Platon », *Les Études philosophiques*, vol. 76, n° 1, 2006, p. 97-98.

4 Platon, *Le Sophiste*, 263e12 - 264a2, p. 198.

5 Platon, *La République*, X, 603a1 - 2, trad. Georges Leroux, Paris, GF, 2004, p. 494. Sur l'analyse des termes de ce passage du *Sophiste*, voir Noburu Notomi, *The Unity*

Puisque la *phantasia* est issue d'un jugement et est donc affiliée à la pensée, au discours de l'âme avec elle-même, elle peut être vraie ou fausse [6]. Elle risque en particulier d'être erronée si elle n'est pas examinée par la raison.

Cet état définitionnel renvoie à l'ambivalence de la *phantasia*, de l'illusion, qui est à la fois un chemin vers la vérité et un risque d'erreur. Si Platon ne fait pas de la *phantasia* une faculté à part entière de l'âme, sa fonction épistémologique et ontologique est loin d'être secondaire [7].

Nous nous proposons de montrer ici que si Platon paraît déprécier la *phantasia* dans certains dialogues, il en fait pourtant un moyen nécessaire à la remontée de l'âme vers l'intelligible. Comment justifier un tel paradoxe ? Comment la *phantasia* peut-elle nous permettre de connaître les Idées si elle n'est qu'un jugement porté sur la sensation ?

## 1 Ontologie de l'illusion

### 1.1 Le *phantasma* et la négation de l'être

Le fonctionnement de la *phantasia* n'est pas un problème en soi pour Platon. Elle n'est pas une faculté autonome de l'âme, comme le *logos*, le *thumos* et l'*épithumia*. Son principal problème est son objet, le *phantasma,* pour des raisons d'abord ontologiques. Platon distingue bien le *phantasma* de l'être réel [8]. Plus précisément, le *phantasma* est au troisième rang par rapport à l'être réel. Le premier rang est bien sûr le rang de l'Idée. Le deuxième est occupé par l'objet sensible, dont le principal défaut est d'être toujours particulier et pluriel par rapport à l'Idée, qui est quant à elle universelle et unique [9]. De ce fait, l'objet sensible ressemble à l'être en soi, mais n'est pas l'être, en tout cas de manière absolue. Cependant, il est tout de même issu directement de la forme intelligible, dont il est la manifestation sensible, là où le *phantasma*, le troisième rang, n'est que le simulacre de l'objet sensible [10]. En d'autres termes, ceux qui produisent les simulacres, comme les peintres, les poètes et les

*of Plato's Sophist. Between the Sophist and the Philosopher*, Cambridge, Cambridge University Press, 1999, p. 254-261.

6 Pour la pensée comme discours de l'âme avec elle-même, voir Platon, *Le Sophiste*, 264a9. Sur la *phantasia* comme jugement, voir aussi Bernard Collette, *op. cit.*, p. 96-97 ; Noburu Notomi, *op. cit.*, p. 253, et Gerard Watson, *Phantasia in Classical Thought*, Galway, Galway University Press, 1988, p. 3-4.

7 C'est à Aristote que l'on doit la première description de l'imagination comme faculté de l'âme. Sur la perception de la *phantasia* platonicienne par Aristote, lire Kimon Lycos, "Aristotle and Plato on 'Appearing'", *Mind*, n° 292, 1964, p. 496-514.

8 Platon, *La République*, X, 597d1, p. 485.

9 *Ibid.*, 597d2, p. 485.

10 *Ibid.*, 597e3 - 4, p. 485.

sophistes, le font sans se référer à l'Idée[11]. Le *phantasma* a donc un degré ontologique très faible.

Cette faiblesse ontologique est intimement liée, chez Platon, à l'illusion du savoir. Même si les producteurs du *phantasma* n'ont pas de connaissance des Idées, cela ne les empêche pas de donner l'impression qu'ils ont tout de même accès à la science, voire à toutes les sciences possibles[12]. En cela, ils se différencient du technicien, qu'il soit artisan ou homme politique, qui produit en accord avec la contemplation d'une Idée universelle[13]. Mais surtout, celui qui produit le *phantasma* utilise l'ignorance de son public pour se faire passer pour savant[14]. Seul celui qui a la science peut identifier la supercherie :

> L'ÉTRANGER. Et alors ? Ce qui a l'apparence de ressembler à ce qui est beau, tout simplement parce qu'il est contemplé selon une mauvaise perspective, mais qui, s'il était regardé par quelqu'un ayant la capacité de le voir nettement, perdrait cette apparence, cette image, comment doit-elle être appelée ? Si elle a l'apparence d'une copie, sans y être semblable, n'est-elle pas une illusion ? — THÉÉTÈTE. Bien sûr.[15]

En d'autres termes, le *phantasma* n'est même pas une copie de l'être, comme l'est l'objet sensible. Il n'en a que l'apparence, en tout cas pour celui qui n'a aucune connaissance de la vérité. Le principal problème posé par le *phantasma* est l'utilisation qu'en fait le sophiste, dont le but est de produire en notre âme des illusions, c'est-à-dire de nous faire adhérer à des affirmations fausses, en nous poussant à considérer comme être ce qui est en réalité non-être[16]. Pour le dire autrement, le sophiste ment et utilise des techniques rhétoriques pour nous faire croire à son mensonge. C'est la raison pour laquelle la *phantasia* est particulièrement sensible à la persuasion, qui elle-même s'oppose à la réflexion[17]. La persuasion est un des aspects de la rhétorique sophistique, qui usurpe le nom de *techné*, alors qu'elle ne délivre aucun savoir véritable et aucun bien[18]. Elle n'est qu'au service de l'avidité de celui qui

11 *Ibid.*, 597e6 - 598a3, p. 485 ; *Le Sophiste*, 260c9, p. 189.

12 Platon, *La République*, X, 598b6 - c4, p. 486.

13 *Ibid.*, X, 596b4 - 8, p. 486.

14 Allan Silverman, "Plato on 'Phantasia'", *Classical Antiquity*, vol. 10, issue 1, 1991, p. 141.

15 Platon, *Le Sophiste*, 235e3 - 236b8, p. 121.

16 *Ibid.*, 260e4, p. 189 ; 268c7 - d4, p. 210. Lire aussi l'analyse de la définition du sophiste par Monique Dixsaut, « La dernière définition du sophiste (*Le Sophiste*, 265b - 268d) », dans *Platon et la question de la pensée*, Paris, Vrin, 2000, p. 307-309.

17 Platon, *Timée*, 51d4, trad. Luc Brisson, Paris, GF, 2017.

18 Platon, *Gorgias*, 456b1 - c2 ; 462c6, trad. Monique Canto-Sperber, Paris, GF, 2007, p. 145-159.

l'utilise, qui se transforme alors en chasseur pour qui les âmes sont des proies[19].

Le tableau que nous venons de dresser du *phantasma* est donc bien négatif. Il paraît condamner la *phantasia* à être le point faible de l'âme. Nourrie exclusivement par la sensation, la *phantasia* est enfermée dans le point de vue particulier de chacun et ne peut donc pas atteindre l'universalité de l'Idée. Pourtant, nous allons à présent constater que le statut platonicien de l'illusion est plus ambigu qu'il n'y parait à la première approche.

## 1.2 Le *phantasma*, fruit de l'intelligible

En effet, le terme de *phantasma* est aussi utilisé par Platon pour qualifier la manifestation sensible des Idées[20]. Par exemple, c'est le cas dans *La République* :

> Alors, je pense que c'est seulement au terme de cela qu'il serait enfin capable de discerner le soleil, non pas dans ses manifestations [*phantasmata*] sur les eaux ou dans un lieu qui lui est étranger, mais lui-même en lui-même, dans son espace propre, et de le contempler tel qu'il est.[21]

Dans ce passage de l'allégorie de la caverne, Platon explique que le philosophe peut regarder le soleil directement, c'est-à-dire l'Idée du Bien, sans avoir à se référer à ses réflexions, aux objets intelligibles qui en sont issus, comme les formes géométriques dont l'abstraction est la première étape dans la remontée intelligible[22]. Une idée similaire apparaît dans le *Sophiste* :

> L'ÉTRANGER. Nous-mêmes, j'imagine, ainsi que les autres animaux et leurs composants - le feu, l'eau et les matières semblables - tout cela est, nous le savons, l'œuvre d'un dieu. N'est-ce pas ? — THÉÉTÈTE. C'est ainsi. — L'ÉTRANGER. Viennent ensuite des images - non des réalités - de chacune de ces choses, produites, encore une fois, par un artifice divin. — THÉÉTÈTE. Lesquelles ? — L'ÉTRANGER. Celles des rêves, ainsi que toutes les illusions [*phantasmata*] qui surgissent, comme on dit, spontanément pendant le jour.[23]

19 Platon, *Le Sophiste*, 223b1 - 7, p. 90.

20 Sur la place du *phantasma* dans le vocabulaire platonicien de l'image, voir Anca Vasiliu, « Dire l'image ou la parole visible chez Platon (sur *Le Sophiste*, 216a-241e) », *Dionysius*, 2011, p. 75-112.

21 Platon, *La République*, VII, 516b4 - 6, p. 361.

22 *Ibid.*, VI, 511a4 - b1, p. 356.

23 Platon, *Le Sophiste*, 266b2 - 10, p. 204.

Cette fois, le *phantasma* est considéré comme un message divin, ce qui fait écho aux inspirations prophétiques, mais aussi à celles de Socrate, qui affirme être guidé par un dieu qui l'empêche de mal agir. Dans *Timée*, le mot *phantasma* est employé pour qualifier l'image qui se manifeste à la surface de la *chōra* :

> Une image, en effet, du moment que ne lui appartient pas cela même dont elle est l'image, et qu'elle est le fantôme [*phantasma*] toujours fugitif de quelque chose d'autre, ne peut pour ces raisons que venir à l'être en quelque chose d'autre et acquérir ainsi une existence quelconque, sous peine de n'être rien du tout.[24]

Les images qui apparaissent sur la *chōra* ne sont rien d'autre que les objets sensibles qui sont les reflets des Idées. Ils possèdent donc une forme d'être, qui les distingue des illusions produites par les peintres ou les sophistes.

Tous ces exemples montrent que le mot de *phantasma* peut être utilisé par Platon dans des passages qui traitent des manifestations sensibles des Idées. On est donc très loin de l'illusion trompeuse étudiée auparavant.

Il y a donc bien une ambivalence de la notion de *phantasma* et, par conséquent, de la notion de *phantasia*. Nous allons donc à présent nous pencher sur le rôle négatif de la *phantasia* tel qu'il est mis en lumière par Platon.

## 2 *Phantasia* et tromperie

Nous avons vu que le *phantasma* était l'outil favori des sophistes, qui l'emploient pour capturer des âmes et asseoir leur emprise. Même chose pour les poètes et les peintres. Tous profitent de l'ignorance de leur public, même si eux-mêmes sont incapables de contempler les Idées. D'où le résultat : une imitation sans valeur ontologique. Mais si tout le monde ne produit pas des *phantasmata*, toutes les âmes utilisent la *phantasia*. Celle-ci, aux yeux de Platon, représente une difficulté épistémologique, dans le sens où elle ne tire son contenu de connaissance que de la sensation[25]. Il n'y a pas, par exemple, de *phantasia* des Idées. D'où le fait que la *phantasia* ne soit pas capable d'accéder à l'universalité intelligible :

> SOCRATE. Et cet “il apparaît” se confond bien avec en avoir la sensation ? — THÉÉTÈTE. C'est bien cela. — SOCRATE. Par conséquent,

24 Platon, *Timée*, 52c2 - 5, p. 58. Voir sur ce passage l'étude de Mireille Armisen-Marchetti, « La notion d'imagination chez les anciens I : Les philosophes », *Pallas. Revue d'études antiques*, t. 26, fasc. 3, 1979, p. 22.

25 Sur la faiblesse de la *phantasia*, v. Mireille Armisen-Marchetti, *op.cit.*, p. 19-20.

> apparence et sensation sont la même chose dans les questions de chaleur et tous les cas semblables. C'est un fait : telles chacun sent les choses, telles, pour chacun, elles ont chance aussi d'être.[26]

La sensation étant toujours différente selon chacun, la *phantasia* ne connaît le monde qui nous entoure que de façon particulière. De ce fait, elle est étrangère à l'idée de science, ce que le *Théétète* veut notamment démontrer[27]. La science reposant sur la contemplation des Idées universelles[28], la *phantasia* semble être sans intérêt de ce point de vue, d'où la critique de Socrate : « Car examiner et mettre à l'épreuve de la réfutation les représentations et opinions des uns et des autres – représentations et opinions qui, du fait qu'elles sont propres à chacun, sont justes –, n'est-ce pas du bavardage ? »[29]. La philosophie s'oppose nettement à la sophistique sur ce partage entre le particulier et l'universel. La philosophie cherche à poser une définition universelle pour que tous les interlocuteurs soient d'accord sur le sens de la notion dont ils traitent. Sans cela, le dialogue devient impossible[30]. Puisque les sophistes, comme Protagoras, ne considèrent pas que la définition objective et universelle est la condition *sine qua non* de la discussion, ils s'excluent de l'accès à la vérité. De ce fait, en se reposant uniquement sur la *phantasia,* ils se condamnent à des élucubrations sans valeur.

À cause de cette incapacité à atteindre l'universel, la *phantasia* devient facilement victime de l'erreur, ce qui fait d'ailleurs d'elle un instrument convoité par les sophistes. Le but de la sophistique est en effet de provoquer la persuasion en l'âme, en obtenant son adhésion grâce au jeu des émotions. La *phantasia* n'étant pas capable de raisonnement, il est relativement simple de la manipuler. Pour Platon, la rhétorique repose sur la psychagogie, c'est-à-dire sur la capacité d'adapter un type de discours à une catégorie d'âme[31] :

> Puisque la puissance du discours se trouve être celle d'avoir une influence sur les âmes, celui qui se propose de devenir orateur doit savoir combien il y a de genres d'âme. Or, il y en a tel et tel nombre de telle et telle qualité ; par suite, les hommes ont telle ou telle personnalité. Une fois ces distinctions faites, on passe aux discours : les genres en sont de tel et tel nombre, et chacun a tel et tel caractère.

26 Platon, *Théétète*, 152b11 - c3, trad. Michel Narcy, Paris, GF, 1995, p. 154-155.

27 Sur les enjeux pour la philosophie de la *phantasia*, voir Bernard Collette, *op. cit.*, p. 92.

28 Platon, *La République*, X, 596a5 - 8, p. 482.

29 Platon, *Théétète*, trad. retouchée, 161e7 - 162a1, p. 179.

30 Platon, *Phèdre*, 237b6-c2, trad. Luc Brisson, Paris, GF, 2012, p. 93.

31 Pour une analyse de la psychagogie dans *Phèdre*, lire Alain Petit, « L'art de parler dans le *Phèdre* de Platon », *Hermès*, t. 15, fasc. 1, 1995, p. 31-40.

> Dès lors, tels hommes, sous l'action de tels discours et en vertu de cette cause-ci se laisseront facilement persuader de telles choses, alors que tels autres hommes, pour cette même raison, ne se laisseront pas facilement persuader. [...] Or, lorsqu'on est à même de dire par quels discours est persuadé tel homme, lorsque, l'ayant à ses côtés, on est capable de voir clair en lui et de se faire la leçon voulue : « Voici l'homme, voilà la nature dont jadis il était question dans les cours ; maintenant que cette nature est réellement devant moi, il me faut lui appliquer les discours que voici, pour faire naître la persuasion que voilà », – du moment, dis-je, qu'on est en possession de toutes ces données, qu'on sait en outre quand il est opportun de parler ou de se taire, qu'on sait encore quand il est opportun et quand il n'est pas opportun de faire usage du « style concis », du « style apitoyant », du « style véhément » et de tous les genres de discours qu'on a appris, alors l'art atteint la beauté et la perfection de son achèvement, pas avant. [32]

Même si le terme de *phantasia* n'apparaît pas dans cet extrait de *Phèdre*, Platon est clair sur le fait que la persuasion produit l'opinion, celle-ci étant un des aspects de la *phantasia*, avec la sensation. Lorsque l'orateur choisit un style particulier de discours, son but est de provoquer une émotion chez l'interlocuteur, émotion qui change selon les âmes. Ce n'est donc pas la raison qui est ici visée, mais bien la *phantasia*, qui réagit à la persuasion et donc à l'émotion. C'est ce lien entre *phantasia* et discours qui explique qu'elle soit visée à la fois par le sophiste et le philosophe.

Car c'est là qu'intervient la nuance instaurée par Platon : le problème n'est pas la *phantasia* en elle-même, mais l'usage que l'on veut en faire. De la même façon que la *phantasia* est le point faible de l'âme visé par le sophiste, elle peut aussi devenir un moteur de la philosophie, comme nous allons à présent le démontrer.

## 3 Du bon usage de l'illusion

Nous avons en effet évoqué le fait que le terme de *phantasma* était employé par Platon pour traiter du reflet des formes intelligibles, donc comme un synonyme d'objet sensible. À cela s'ajoute le rôle joué par la sensation, qui, à première vue, déprécie la *phantasia*. Cependant, il faut souligner que malgré son caractère particulier, la sensation constitue le point de départ de la remontée vers l'intelligible, comme on le voit dans le *Phèdre* : « Il faut en effet que l'homme arrive à saisir ce qu'on appelle "forme intelligible", en allant d'une pluralité de sensations vers l'unité qu'on embrasse au terme d'un raisonnement » [33]. Platon explique ici de

32 Platon, *Phèdre*, 271c10 - b4, p. 159.

33 *Ibid.*, 249b6 - c1, p. 114.

façon claire que l'unité de la forme intelligible ne peut être atteinte qu'en réunissant tous les éléments éparpillés par cette même forme dans le monde sensible. Ces éléments peuvent être accessibles à la sensation, comme le montre l'exemple du beau corps [34]. En émettant un jugement sur la sensation, la *phantasia* devient alors la première étape de la remontée vers l'intelligible. Tout le problème n'est donc plus le *phantasma* et la *phantasia* en eux-mêmes, mais l'usage que l'on peut en faire.

Les textes du *Banquet* et de *Phèdre* sont les plus éloquents de ce point de vue. Si l'illusion sert bien de point de départ à la remontée, on ne doit pas s'arrêter à elle [35]. Le désir sexuel et son éventuelle satisfaction sont la preuve que l'illusion n'est pas comprise comme telle, mais qu'elle est confondue avec un être véritable. L'âme dominée par l'*épithumia*, l'âme tyrannique, n'a pas les moyens d'identifier l'illusion comme ce qu'elle est : un manque d'être, qui n'est que la lointaine manifestation de l'intelligible. D'une certaine façon, l'âme tyrannique, du fait de sa contemplation défaillante des Idées, n'est pas capable d'employer la *phantasia* de la bonne façon [36].

En revanche, le philosophe a les moyens de le faire. L'émotion qu'il ressent face à la beauté n'est que le résultat de sa contemplation passée, lorsque son âme était encore dans le monde intelligible. Malgré cela, il doit apprendre à lutter contre la redoutable *épithumia*. Et c'est dans ce contexte que la *phantasia* joue un rôle fondamental. Pour comprendre comment la raison peut lutter contre l'appétit qui l'attire sans cesse vers le corps et le sensible, il faut se référer au *Timée* et à sa description du foie. Selon Platon, la surface du foie permet la réception de *phantasmata*, dont le but est de tenir l'*épithumia* sous le contrôle de la raison :

> Pourtant, les aides du démiurge savaient que cette espèce [l'*épithumia*] n'allait pas entendre raison, que, dût-elle avoir quelque sentiment de ce qui est raisonnable, il ne serait pas dans sa nature de prendre garde à des raisonnements, mais que, de nuit comme de jour, elle serait plutôt séduite surtout par des images et par des simulacres [*phantasmatōn*]. C'est en considération de cela qu'un dieu médita un plan à son intention ; il constitua le foie et l'établit dans l'espace réservé à l'espèce désirante, le faisant épais, lisse, brillant et contenant douceur et amertume, afin que, en lui comme en un miroir qui reçoit des impressions et qui donne à voir des images, la puissance des pensées venues de l'intellect l'effrayât. [37]

34 *Ibid.*, 250c7 - e1, p. 116.

35 Voir la description de l'élévation dialectique par Diotime dans *Le Banquet*, 210a4 - e1.

36 Platon, *Phèdre*, 250a1 - 4, p. 116.

37 Platon, *Timée*, 71a3 - c2, p. 80.

Comme on le voit, l'*épithumia* est la faculté de l'âme la plus sensible à l'illusion, à l'opposé bien sûr de la raison, qui écoute plutôt les argumentations que l'on peut lui faire, mais qui est aussi tournée vers l'opinion, qui lui permet de connaître les informations issues de la sensation. Mais surtout, l'*épithumia* est incapable de comprendre un quelconque raisonnement [38]. Le *Phèdre* en donne une image saisissante : l'appétit est totalement sourd à tous les raisonnements que livre le *logos* pour éviter le rapport sexuel avec le jeune homme [39]. Puisqu'il est sensible à l'illusion, la raison donne donc ses ordres à l'*épithumia* par la production de *phantasmata*. À chaque fois que l'appétit refuse d'obéir au *logos*, celui-ci ne lui adresse pas des reproches raisonnés, mais suscite des images terrifiantes, le but étant de contraindre l'*épithumia* à obéir par la peur. À l'inverse, quand l'appétit finit par se soumettre du fait de sa terreur, le *logos* transmet des *phantasmata* rassurants et réjouissants. Mieux encore, une *épithumia* apaisée est capable de réceptionner, grâce au foie encore, des images divinatoires, ce qui fait là aussi écho à la valeur de vérité possible du *phantasma*, quand il reflète les formes intelligibles [40].

Ce contrôle de l'*épithumia* est fondamental à la remontée de l'âme vers l'intelligible, comme le montrent le *Phèdre* et sa description de l'attelage ailé. Plus l'*épithumia* est puissante, plus elle empêche le *logos* de se détacher du sensible. Quand le beau jeune homme apparaît, un conflit naît en l'âme entre la raison qui ressent la manifestation de l'Idée du Beau et l'appétit qui cherche uniquement la satisfaction d'un désir sexuel. Par la répétition de *phantasmata* terrifiants, la raison parvient à prendre enfin le contrôle de l'*épithumia* et à la faire taire, pour pouvoir remonter progressivement vers la Beauté intelligible universelle :

> Or, quand, traitée plusieurs fois de la même façon, la bête vicieuse a renoncé à la démesure, elle suit désormais, l'échine basse, la décision réfléchie du cocher ; et, lorsqu'elle aperçoit le bel objet, elle meurt d'effroi. Il en résulte que l'âme de l'amoureux est, dès lors, remplie de réserve autant que de crainte, lorsqu'elle suit le garçon. [41]

38 Sur les capacités épistémiques de l'*épithumia*, voir James Wilberding, "Curbing one's appetites in Plato's 'Republic'", in R. Barney, T. Brennan, and C. Brittain (Eds.), *Plato and the Divided Self*, Cambridge, Cambridge University Press, 2012, p. 147, note 16.

39 Platon, *Phèdre*, 250d6 - 251a1, p. 116.

40 Platon, *Timée*, 71c2 - d4. Pour le détail de l'interaction entre la raison et l'appétit dans *Timée*, voir Camille Guigon, "Psychology and violence in Plato's *Phaedrus, Republic,* and *Timaeus*", *Philosophical Journal of Conflict and Violence*, vol. 5, issue 2, 2021, p. 19-33. Sur la divination de l'*épithumia*, v. Mireille Armisen-Marchetti, *op. cit.*, p. 21.

41 Platon, *Phèdre*, 254e5 - 8, p. 122.

L'image de l'âme employée ici par Platon est la métaphore de l'attelage ailé. La « bête vicieuse » est le cheval noir, le représentant de l'*épithumia*, là où le cocher correspond bien sûr à la raison. Lorsque le beau jeune homme est aperçu par le philosophe la première fois, la réaction de l'*épithumia* est la possession d'ordre sexuel, et le *logos* doit user de toute sa force pour pouvoir éviter la commission de l'acte [42]. Seule la répétition de la violence contre l'*épithumia* permet à la raison de prendre définitivement le contrôle, afin de pouvoir faire du beau jeune homme le moteur vers le souvenir de l'Idée du Beau, et non l'objet d'une satisfaction uniquement physique.

Si le *Phèdre* n'approfondit pas le mécanisme de la violence contre l'*épithumia*, le *Timée*, comme nous l'avons dit, est plus disert à ce sujet. La *phantasia* devient l'instrument de l'amélioration de soi, puisqu'elle permet non seulement la domination de la raison sur l'appétit, mais aussi la reconnaissance par l'*épithumia* de la supériorité du *logos*. En d'autres termes, c'est par la *phantasia* que la justice et la tempérance peuvent s'installer en l'âme [43].

## Conclusion

La *phantasia* est symbolique de la place ambiguë du sensible dans la pensée platonicienne. D'un côté, elle participe à la difficulté que nos âmes ont de pouvoir aller vers l'universel, puisqu'elle ne repose que sur la sensation qui est toujours particulière. De ce fait, elle paraît assez insignifiante d'un point de vue épistémologique, sa relation à la sensation ne lui permettant pas d'accéder à la science. Pire encore, elle est la proie facile des illusions produites par les sophistes et les artistes, qui profitent ainsi de l'ignorance de leur public pour renforcer leur emprise.

Mais déprécier le monde sensible, c'est aussi déprécier son origine intelligible. Car les objets autour de nous ne sont rien d'autre que les *phantasmata* des Idées. Même l'âme la plus philosophe ne peut pas revenir aux Idées par son propre effort, sans s'appuyer sur la multiplicité sensible. L'âme doit donc s'appuyer sur la *phantasia*, qui devient alors un moteur philosophique. L'illusion peut même être produite par le philosophe lui-même, afin qu'il puisse prendre le contrôle de sa faculté appétitive pour se libérer de son influence et donc pouvoir remonter vers son origine intelligible.

Même si Platon ne théorise pas la *phantasia* comme le fera Aristote et ne lui donne pas la même importance d'un point de vue psychologique, elle

42 Platon, *Phèdre*, 253e5 - 254a7, p. 121.

43 Platon, *La République*, IV, 430e4 - 432b1, p. 233-235 ; 433a1 - e8, p. 237. Voir aussi Monique Dixsaut, *op. cit.*, p. 304-307.

est cependant symbolique de la valeur qu'il accorde au sensible, qui n'est pas tant une illusion sans valeur que le *phantasma* de l'intelligible lui-même.

## Travaux cités


Mireille Armisen-Marchetti, « La notion d'imagination chez les anciens I : Les philosophes », *Pallas. Revue d'études antiques*, t. 26, fasc. 3, 1979, p. 11-51.

Bernard Collette, « Phantasia et phantasma chez Platon », *Les Études philosophiques*, t. 76, fasc. 1, 2006, p. 89-106.

Monique Dixsaut, « La dernière définition du sophiste (*Le Sophiste*, 265b - 268d) », dans *Platon et la question de la pensée*, Paris, Vrin, 2000, p. 271-309.

Camille Guigon, "Psychology and violence in Plato's *Phaedrus*, *Republic* and *Timaeus*", *Philosophical Journal of Conflict and Violence*, vol. 5, issue 2, 2021, p. 19-33.

Kimon Lycos, "Aristotle and Plato on 'Appearing'", *Mind*, n° 292, 1964, p. 496-514.

Noburu Notomi, *The Unity of Plato's Sophist. Between the Sophist and the Philosopher*, Cambridge, Cambridge University Press, 1999.

Alain Petit, « L'art de parler dans *Phèdre* de Platon », *Hermès*, t. 15, fasc. 1, 1995, p. 31-40.

Platon *Gorgias*, trad. Monique Canto-Sperber, Paris, GF, 2007.

Platon, *La République*, trad. Georges Leroux, Paris, GF, 2016.

Platon, *Théétète*, trad. Michel Narcy, Paris, GF, 2016.

Platon, *Timée*, trad. Luc Brisson, Paris, GF, 2002.

Platon, *Le Sophiste*, trad. Nestor-Luis Cordero, Paris, GF, 1993.

Allan Silverman, "Plato on 'Phantasia'", *Classical Antiquity*, vol. 10, issue 1, 1991, p. 123-147.

Anca Vasiliu, « Dire l'image ou la parole visible chez Platon (sur *Le Sophiste*, 216a - 241e) », *Dionysius*, 2011, p. 75-112.

Gerard Watson, *Phantasia in Classical Thought*, Galway, Galway University Press, 1988.

James Wilberding, "Curbing one's appetites in Plato's 'Republic'", in R. Barney, T. Brennan, and C. Brittain (Eds.), *Plato and the Divided Self*, Cambridge, Cambridge University Press, 2012, p. 141-162.

# Chapitre 2

## Nature et fonction de la *phantasia* chez Aristote[1]

## par Jean-Louis Labarrière

### Introduction

Définir la nature et la fonction de la *phantasia* chez Aristote est une tâche ardue, ne serait-ce que parce que l'on ne sait trop comment traduire cette difficile notion. Longtemps traduit par « imagination », traduction qui renvoyait aussi bien à la « sensation en voie de dégradation » (*decaying sense*) de Hobbes qu'à la « maîtresse d'erreur et de fausseté » de Pascal ou à la « folle du logis » de Malebranche, le terme *phantasia* est aujourd'hui plus volontiers traduit par « représentation, apparition, *appearance* ». Premier indice de la difficulté : que signifient ces nouvelles traductions et pourquoi semblent-elles généralement préférables aux spécialistes de la question ?

La difficulté n'en est pas moindre dès qu'on se tourne vers la définition d'Aristote la plus connue : la *phantasia* est un « mouvement produit par la sensation en acte »[2], ce qu'Aristote s'efforce d'expliquer par un jeu de mots étymologique : « puisque la vue est le sens par excellence, la *phantasia* a tiré son nom de "lumière" (*phaos*), car sans lumière il est impossible de voir »[3]. La difficulté s'accroît encore si l'on tient que la *phantasia* est une « sensation affaiblie » (*aisthêsis tis asthenês*), comme Aristote le dit dans *La Rhétorique*[4], en oubliant d'ailleurs au passage qu'Aristote dit *aisthêsis tis asthenês* et non simplement *aisthêsis asthenês*. Autrement dit, il s'agit moins d'une définition posant la *phantasia* comme une « sensation affaiblie » que d'un énoncé posant qu'on peut la tenir pour « une sorte de sensation affaiblie », pour « quelque chose comme une sensation affaiblie ». D'où il résulte que nous ne devons point y voir d'emblée

1 Précédemment paru dans Danielle Lories et Laura Rizzerio, *De la* phantasia *à l'imagination*, Louvain, Peeters, 2003, p. 15-30.

2 Aristote, *De l'âme* [désormais *DA*], III, 3, 429a 1-2, trad. J. Tricot revue par l'auteur, Paris, Vrin, 2010, p. 198.

3 *Ibid.*, III, 3, 429a2 - 4, p. 198.

4 *La Rhétorique*, I, 11, 1370a28 - 29, trad. Pierre Chiron, Paris, GF, 2007, p. 215.

et sans autre forme de procès la simple trace évanescente de la sensation, trace qui serait génératrice d'illusions précisément parce que simple trace évanescente. En effet, si tel était le cas, comment comprendre alors qu'Aristote puisse soutenir que « jamais l'âme ne pense sans phantasme » [5], forte proposition qui implique que la *phantasia* puisse être droite, vérace.

On ne s'en sortira pas non plus si l'on tient Aristote pour l'« inventeur » de la conception de l'imagination comme capacité à se représenter quelque chose en l'absence de l'objet, en l'absence de toute sensation présente. Et l'on s'en sortira encore moins si l'on cherche à rabattre la totalité de ce que peut recouvrir la notion de *phantasia* sur cette capacité à se représenter quelque chose en l'absence de toute sensation présente. En effet, que cette dimension soit présente chez Aristote n'autorise en rien à voir essentiellement cela dans la *phantasia*. Là aussi, si tel était le cas, comment comprendre alors que l'un des tout premiers exemples donnés par Aristote pour distinguer la *phantasia* de la sensation implique précisément la présence de l'objet ? « Nous ne disons pas, lorsque notre activité sensorielle s'exerce avec exactitude sur l'objet sensible : cela nous paraît être un homme » [6], énoncé qui est très certainement une réminiscence du *Philèbe* de Platon, où la même situation est décrite [7], et qui met clairement l'accent sur ce fait que la *phantasia* semble bien en tout premier lieu renvoyer à ce en fonction de quoi quelque objet *x* apparaît comme *x* ou *y* à un sujet Z.

Enfin, dernière difficulté et non des moindres, la tradition des commentateurs anciens et médiévaux semble s'être acharnée à oblitérer les textes consacrés par Aristote à la *phantasia*. Nombre d'énoncés légués par la tradition ont été portés au compte d'Aristote alors qu'ils traduisent bien plutôt les soucis des différents commentateurs anciens ou médiévaux. À commencer par ce trait commun aux commentateurs alexandrins qui, du fait que la *phantasia* appartient aussi aux autres animaux chez Aristote [8], consiste à placer la *phantasia* au sommet de l'âme irrationnelle

5 *DA*, III, 7, 431a16 - 17 ; 8, 432a8.

6 *Ibid.*, III, 3, 428a12 - 14, p. 193.

7 Voir à cet égard cet extrait de Platon, *Philèbe*, 38c-d, trad. A. Diès, Paris, Les Belles Lettres, 1941 : « — SOCRATE. Un homme qui aperçoit de loin des objets sans les voir très nettement sera porté, tu en conviens, à vouloir distinguer ce qu'il aperçoit ? — PROTARQUE. J'en conviens. — SOCRATE. Ne se posera-t-il pas alors une question comme celle-ci ? — PROTARQUE. Laquelle ? — SOCRATE. « Que peut donc bien être, ce qui m'apparaît derrière ce roc, debout sous un arbre ? » N'est-ce pas ce que se demandera quelqu'un aux yeux de qui s'offrent éventuellement de telles apparences ? — PROTARQUE. Sans aucun doute. — SOCRATE. Après quoi, se répondant à lui-même, il pourra dire : "C'est un homme", et tombera juste ? ».

8 Je laisserai ici de côté l'épineuse question de savoir si Aristote accorde ou non la *phantasia* à tous les animaux indistinctement, ou de façon plus restrictive, seule-

également partagée par les autres animaux. Ces commentateurs donnaient ainsi un rôle charnière, mais dangereux, à la *phantasia* : en la situant en un tel lieu, ils en faisaient certes le sommet auquel peuvent prétendre les autres animaux, mais ils l'enfermaient aussi dans le monde de la sensibilité et du désir, monde dans lequel la *phantasia* risque bien de ramener l'homme alors que son monde devrait être celui de la raison, le monde d'en haut et non le monde d'en bas. On comparera en ce sens Aristote et Thémistius, pourtant le moins néoplatonicien des commentateurs anciens. Alors que le Philosophe soutient que si l'on divise l'âme en une partie rationnelle et une partie irrationnelle, « on ne saurait dire sans grande difficulté à quelle partie la faculté phantastique (*to phantastikon*) se ramène et de laquelle elle se distingue » [9], son commentateur s'écrie : « si l'intellect était assez puissant pour ne pas avoir à désirer et à éviter, il n'aurait pas besoin de *phantasia* » [10]. Voilà qui conduira Avicenne, qui ignorait que la théologie d'Aristote qu'il lisait était en fait une compilation de Plotin, à faire des facultés formatrice, imaginative et appréhensive des dérivés du sens commun appartenant en propre à l'âme animale, partagée par l'homme et les autres animaux, et non à l'âme humaine en tant que telle. D'où une nouvelle fois le risque que l'homme, puisqu'il doit bien agir, soit tiré vers ce bas monde et non vers le haut qui est son propre lieu puisque c'est celui de la connaissance.

Je prendrai enfin pour preuve de cette oblitération le fait que Thomas d'Aquin, lorsqu'il aborde le chapitre consacré à la *phantasia* dans son commentaire du traité *De l'âme*, écrive :

> Comme on a montré que l'intellection est autre que la sensation, et que l'opinion relève de la première, tandis que la *phantasia*, de la seconde, il nous faut donc conclure sur la *phantasia* au terme de notre étude des sens, afin d'aborder ensuite l'opinion avec l'intelligence. [11]

À en croire le Docteur Angélique, Aristote conclurait donc son étude des sens par celle de la *phantasia*, terme qu'avec la plus extrême prudence il ne traduisait pas mais déclinait en latin, suivant en cela le parti pris adopté dans la traduction de Guillaume de Moerbecke qu'il avait sous les yeux.

## 1 La *phantasia* ouvre l'étude de la pensée

Il est vraiment dommage que la même prudence n'ait pas conduit Thomas d'Aquin à être plus circonspect. Un rapide coup d'œil sur l'enchaînement des actuels chapitres 2 et 3 du Livre III du traité *De l'âme* suffira

ment à ceux qui se meuvent au moins en quelque façon.

9 *DA*, III, 9, 432b2 - 3, p. 228.

10 Thémistius, *Commentaire du Traité de l'âme d'Aristote*, 113, 14-31.

11 Thomas d'Aquin, *Commentaire du Traité de l'âme d'Aristote*, § 637.

pour nous en convaincre. À la fin du traité *De l'Âme*, III, 2, Aristote écrit : « Sur le principe auquel nous attribuons la sensibilité de l'animal, bornons là notre traité » [12] . Si donc nous pensons, appliquant ici un sain principe de charité, qu'Aristote savait ce qu'il disait en écrivant, il devrait en résulter qu'il considère en avoir alors fini avec l'étude de la sensation, laquelle inclut bien celle de la « sensation commune » (III, 1-2) [13], mais non celle de la *phantasia*, qui ne débutera, de façon au demeurant abrupte, qu'une fois le chapitre 3 déjà bien lancé. Cette conséquence est d'autant plus inévitable que ce qui commence en III, 3, c'est l'étude de la pensée et de l'intelligence (*to noein kai to phronein*, 427a18 - 19), qu'il s'agit en premier lieu de distinguer, contre les Anciens, de la sensation. Selon Aristote, les Anciens ont en effet commis la suprême erreur consistant à assimiler la pensée et la sensation, ce qui les rend incapables d'expliquer le phénomène de l'erreur. Il faut donc radicalement distinguer la pensée de la sensation pour pouvoir expliquer le phénomène de l'erreur et faire la part entre ce qui est commun aux hommes et aux autres animaux – la sensation et une certaine forme d'intelligence pratique – et ce qui est propre aux seuls humains, la pensée, qui peut être aussi bien vraie que fausse et qui n'est donnée qu'à ceux qui possèdent le *logos*.

L'étude de la pensée, *noein*, est donc bien lancée quand s'introduit quasi subrepticement la *phantasia* : la *phantasia*, en effet, est autre chose que la sensation et que la réflexion (*dianoias*) : elle n'existe pas sans sensation et sans elle il n'y a pas de croyance (*hupolêpsis*) [14]. « Que la pensée (*noêsis*) ne soit pas la même chose que la croyance, c'est clair. » [15]

En laissant ici de côté le caractère abrupt de cette intrusion de la *phantasia* dans l'étude de la pensée, on remarquera que si la sensation est certes une condition nécessaire pour qu'existe la *phantasia* (mais pas nécessairement suffisante : rien n'assure qu'il suffise d'être doué de sensation pour être *ipso facto* doué de *phantasia*), elle est à son tour une condition nécessaire pour qu'existe la « croyance » (mais là aussi pas nécessairement suffisante : les animaux doués de *phantasia* ne sont pas

12 *DA*, III, 427a15 - 16, p. 188.

13 Il est préférable de traduire *koinê aisthêsis*, au féminin en grec, par « sensation commune » plutôt que par « sens commun » afin d'éviter toute contamination par les doctrines du sens commun, doctrines radicalement étrangères à Aristote en la matière.

14 Le terme *hupolêpsis*, qui désigne étymologiquement quelque chose comme la saisie par dessous, est difficile à traduire et je me rallie à sa traduction traditionnelle par « croyance », mais en y entendant un peu ce qu'on appelle ainsi aujourd'hui dans les sciences cognitives : il s'agit d'une représentation, d'un état mental, d'une certaine forme de jugement.

15 *DA*, III, 3, 427b14 - 17, p. 190-191.

tous doués de croyance, seuls le sont ceux qui sont doués de *logos*, à savoir les humains). Cette singulière situation entraîne que l'on considère souvent la *phantasia* comme une faculté intermédiaire entre la sensation et la pensée, ce qui à vrai dire ne signifie pas grand-chose et est assez peu descriptif. Bien plus instructif, en revanche, est le fait qu'Aristote va d'emblée chercher à la distinguer de la croyance en la distinguant tout d'abord de l'opinion, *doxa* :

> Car cette affection (*pathos*) dépend de nous (*eph'hêmin*), quand nous le souhaitons (on peut en effet se mettre devant les yeux des objets, comme font ceux qui, dans les exercices de mnémotechnique, posent et construisent des images), tandis que se faire une opinion (*doxazein*) ne dépend pas de nous ; car c'est nécessairement être dans le faux ou dans le vrai. De plus, quand nous nous formons l'opinion qu'une chose est terrible ou effrayante, nous en éprouvons aussitôt l'émotion, et il en va de même si la chose est rassurante ; mais, selon la *phantasia*, nous sommes comme si nous contemplions ces choses terribles ou rassurantes en peinture. [16]

Avant même de nous interroger sur la portée des deux arguments ici mis en avant par Aristote – la *phantasia* dépend de nous et n'entraîne pas les mêmes émotions que l'opinion – demandons-nous pourquoi le Stagirite commence par là. En effet, si la *phantasia* était à ce point dépendante de la sensation, au point de pouvoir presque se confondre avec elle, quel besoin y aurait-il de tout d'abord chercher à la distinguer de l'opinion, qui, elle, relève manifestement de la pensée et ne saurait, selon Aristote, se confondre avec la sensation ? Aussi, malgré la définition la plus connue de la *phantasia* comme « mouvement produit par la sensation en acte », c'est cette question qui doit tout d'abord nous aider à conduire l'enquête. Nous avons en quelque façon la réponse « devant les yeux » : s'il y a lieu de commencer par distinguer la *phantasia* de l'opinion, c'est, indépendamment même de l'erronée définition donnée par Platon de la *phantasia* comme « mixte de sensation et d'opinion », parce qu'on pourrait bien les confondre. Et pourquoi pourrait-on les confondre ? Tout simplement, peut-on dire, parce que ce sont deux formes de « représentation » et qu'à partir de là on pourrait être tenté d'assimiler la *phantasia* à la pensée. D'où la volonté d'Aristote, évidente dans la suite de ce chapitre, de faire fermement dépendre la *phantasia* de la sensation [17], tout en l'en distinguant pourtant tout aussi fermement [18], ce qu'on tend parfois à un peu trop oublier.

D'où aussi le fait que le texte des manuscrits n'est peut-être pas aussi incompréhensible qu'il y paraît quand, après voir mis la *phantasia* sous la

16 *Ibid.*, III, 3, 427b17 - 24, p. 191-192.

17 *Ibid.*, III, 3, 428b 10 *ad finem*.

18 *Ibid.*, III, 3, 428a 5-16, p. 193-194.

dépendance de la sensation et la croyance sous celle de la *phantasia*, ce même texte dit : « que la pensée (*noêsis*) ne soit pas la même chose que la croyance, c'est évident » [19], avant d'enchaîner en distinguant la *phantasia* de la *doxa*. En effet, si nous comprenons qu'il y va de deux formes de représentation et que la représentation que j'appellerai « phantasmatique » peut être assimilée à quelque chose comme de la pensée, alors il n'est pas interdit de penser qu'Aristote se soit laissé aller à écrire que la « pensée » n'est pas la même chose que la croyance puisque ce qu'il avait alors en tête, c'était, semble-t-il, de parvenir à faire comprendre qu'au sein de nos états mentaux, qu'on peut bien appeler « pensée » en un sens vague et psychologique, il fallait distinguer la représentation « phantasmatique » de la représentation « doxique ». C'est bien pourquoi, après avoir présenté deux des traits essentiels de cette distinction, Aristote pourra dire :

> Quant à la pensée (*noein*), puisqu'elle diffère de la sensation, mais qu'elle semble (*dokei*) être d'un côté *phantasia* et de l'autre croyance, il faut d'abord préciser ce qu'il en est de la *phantasia* pour en venir ensuite à celle-ci. [20]

La progression de l'argument implique qu'Aristote fasse au moins comme si la pensée comprenait la *phantasia* et la croyance. Elle n'implique pas pour autant qu'il le pense réellement. D'un côté, en effet, Aristote ne rechigne pas à ranger la *phantasia* du côté de la pensée du fait même que c'est une représentation. Il fait ainsi droit aux apparences. Mais, d'un autre côté, sa doctrine implique que, malgré les apparences, il ne faille pas ranger la *phantasia* du côté de la pensée : cette dernière implique le *logos*, tandis que tel n'est pas le cas de la *phantasia*. Aristote peut donc fort bien dire que la *phantasia* a quelque chose à voir avec la pensée – ce qui lui permettra de dire, abordant l'étude de la faculté motrice, qu'on peut la poser « comme une sorte de pensée pratique » [21] – sans pour autant penser qu'elle est, au sens fort, une forme ou une sorte de pensée. Pouvoir être considérée « comme une sorte de » implique précisément de ne « pas être comme ».

Qu'Aristote pense effectivement ou non que la pensée comprenne la *phantasia* et la croyance – tout dépend de la valeur qu'on donne au *dokei* et de la manière dont on comprend cette division/rassemblement – ne change rien à sa démarche : l'étude de la pensée doit commencer par celle de la *phantasia* afin de déminer le terrain en vue de l'étude de la pensée proprement dite.

Ce travail de déminage se fera donc en deux temps :

19 *Ibid.*, III, 3, 427b 16-17, p. 191.

20 *Ibid.*, III, 3, 427b 27-29, p. 192.

21 *Ibid.*, III, 10, 433a 10-17, p. 231-232.

(1) détermination négative de la *phantasia* : elle n'est ni sensation, ni opinion, ni mixte de sensation et d'opinion, et encore moins intellection ou science [22].

(2) détermination positive de la *phantasia* : c'est « un mouvement produit par la sensation en acte » [23].

De ce qui précède, et quel que soit le sens à donner à la définition à laquelle aboutira ce chapitre, il résulte donc que la *phantasia* ne saurait être rangée sans autre forme de procès du côté de la sensation et qu'elle s'apparente bien plutôt à la pensée du fait que c'est une certaine sorte de représentation.

De ce qui va suivre, il résultera en revanche que bien que la *phantasia* soit une certaine sorte de représentation, elle n'est pas pensée, mais peut éventuellement en tenir lieu, notamment quand il s'agit de se mouvoir ou d'agir, ce qui est toujours le cas chez les autres animaux que l'homme et ce qui l'est parfois chez les humains.

## 2 La représentation phantasmatique

Repartons, afin de bien cadrer les choses, de la distinction entre la *phantasia* et la *doxa*, qui est donnée par Aristote en guise de hors-d'œuvre aux difficultés qui nous attendent puisque le véritable examen de la *phantasia* commence après la présentation de cette distinction. Relisons préalablement ces quelques lignes :

> Cette affection (*pathos*) dépend de nous (*eph'hêmin*), quand nous le souhaitons (on peut en effet se mettre devant les yeux des objets (*pro ommatôn esti poiêsasthai*), comme font ceux qui, dans les exercices de mnémotechnique, posent et construisent des images), tandis que se faire une opinion (*doxazein*) ne dépend pas de nous ; car c'est nécessairement être dans le faux ou dans le vrai. De plus, quand nous nous formons l'opinion qu'une chose est terrible ou effrayante, nous en éprouvons aussitôt l'émotion, et il en va de même si la chose est rassurante ; mais, selon la *phantasia*, nous sommes comme si nous contemplions ces choses terribles ou rassurantes en peinture. [24]

Que la *phantasia* dépende de nous, soit soumise à notre vouloir, ne doit pas abuser : il n'est ici nullement question d'une quelconque imagination créatrice et, de plus, l'opinion, tout comme la pensée en général, dépend aussi de nous, la seule chose qui n'en dépende pas étant à vrai dire la sensation puisque celle-ci est sous la dépendance des objets extérieurs et

22 *Ibid.*, 428a1 - 428b10, p. 192-196.

23 *Ibid.*, 428b10 *ad finem.*

24 *Ibid.*, III, 427b17 - 24, p. 191-192.

individuels qui existent indépendamment de nous [25]. Ce que veut donc dire Aristote, c'est que la *phantasia* est libre de tout rapport nécessaire au vrai et au faux : on peut « phantasmer » librement car nous ne sommes pas alors dans une situation qui implique d'être nécessairement dans le vrai ou le faux, contrairement à ce qu'il en est dans le cas de l'opinion. En effet, dès lors que j'ai une opinion, qui est une forme de jugement, elle est soit vraie, soit fausse, et j'y adhère. C'est d'ailleurs bien pourquoi l'opinion entraîne *ipso facto* l'émotion correspondante : si je crois qu'un lion va surgir dans cette salle à l'instant, alors j'ai peur, quelle que sera ma façon d'agir en ce cas, fuir, combattre ou ruser. En revanche, si je m'« imagine » qu'un lion est tapi derrière cette même porte et que je me forme mentalement l'« image » de ce lion, rien ne m'oblige à croire à cette représentation. De ce point de vue, comme on dit en français dans le parler enfant, c'est « pour de faux » que je me figure ce que je me figure.

Ce faisant, Aristote prend le risque de grever lourdement ses analyses à venir : la tentation sera grande de comprendre la *phantasia* comme essentiellement trompeuse. Elle le sera d'autant plus que ce sera l'un des traits les plus insistants par lesquels il distinguera la *phantasia* de la sensation : « les sensations sont toujours vraies, tandis que les images [*phantasiai*] sont le plus souvent fausses » [26]. Mais, quelque essentielle que soit cette différence, qui permet aussi d'expliquer les images oniriques, l'arbre ne doit pas cacher la forêt : si les « images » produites par la *phantasia* étaient le plus souvent fausses, alors on ne comprendrait plus, sauf à prendre les autres animaux pour des bêtes brutes imbéciles, qu'ils se guident sur elles pour conduire leurs actions [27], actions qu'Aristote est volontiers prêt à reconnaître pour « intelligentes » dans sa zoologie. De même, on ne comprendrait pas non plus qu'en ce qui concerne les humains la *phantasia* soit à ce point indispensable pour penser. Aussi, si nous devons prêter à Aristote quelque cohérence, il faut trouver autre chose.

Or, cette autre chose me semble résider dans ce qui constitue la nature même de la *phantasia* et qui est posée dans la première définition de la *phantasia*, encore conditionnelle car son examen n'a pas encore été conduit à bien :

> Si donc la *phantasia* est ce d'après quoi nous disons qu'un certain *phantasma* se produit en nous et si cela n'est pas dit par métaphore… [28]

25 *Ibid.*, II, 5, 417a24 - 28, p. 121-122.

26 *Ibid.*, III, 3, 428a11 - 12, p. 193.

27 *Ibid.*, III, 3, 429a4 - 6, p. 198.

28 *Ibid.*, III, 3, 428a1 - 2, p. 192.

Que nous dit en effet cette définition, que je tiens pour essentielle, malgré la difficulté à comprendre ce qu'Aristote entend par sens métaphorique et par sens non métaphorique ? Tout simplement, que la *phantasia*, conformément à l'étymologie réelle du terme (*phainesthai / phainetai*), est ce en fonction de quoi quelque chose devient visible et nous apparaît comme ceci ou cela. De ce point de vue, que l'apparition (*phantasma*) soit vraie ou fausse et qu'elle implique ou non la présence d'un objet extérieur sont des choses que malgré leur importance nous devons considérer comme secondaires. Et si Aristote prend la peine de souligner qu'il ne faut pas entendre de façon métaphorique que la *phantasia* est ce en fonction de quoi un certain *phantasma* se produit en nous, c'est précisément parce qu'il entend mettre l'accent sur le fait que *phainetai*, « il apparaît », doit s'entendre au sens propre et non au sens figuré, comme lorsque nous disons que quelque chose nous apparaît être tel ou tel en fonction de nos sensations ou de nos opinions. L'apparaître doit donc se prendre au sens propre, au risque de l'apparence, et c'est là ce qui explique que ce qui nous apparaît comme ceci ou comme cela puisse être illusoire ou trompeur. La théorie du mouvement, voire de l'action, montre d'ailleurs qu'Aristote court ce risque jusqu'au bout en affirmant que, en ce qui concerne la mise en mouvement des facultés nécessaires au mouvement, peu importe que le bien poursuivi qui me met en mouvement soit « apparent » ou « réel », l'important étant, du point de vue du mécanisme, que ce bien m'apparaisse comme un bien afin que je désire le poursuivre [29].

## 3 De la nature (*ti esti*) et de la cause (*dia ti esti*) de la *phantasia De l'âme* (429a9 - 10)

Si telle est bien la nature de la *phantasia*, ce qui permet par ailleurs de rendre compte de la largeur du spectre des *phantasmata* – de ceux en jeu dans le mouvement local à ceux qui apparaissent dans les rêves ou dans les hallucinations –, alors on peut comprendre qu'il puisse être nécessaire de distinguer ce qui relève de sa nature – c'est une représentation, mieux une apparition – de ce qui relève de sa cause : c'est un « mouvement produit par la sensation en acte ». En effet, « si la *phantasia* est ce en vertu de quoi nous disons qu'un certain *phantasma* se produit en nous » et si cela signifie, conformément à la langue grecque et à la direction donnée par Platon, que quelque chose apparaît à X comme *x* ou *y*, alors il n'est pas nécessaire de faire de cette sorte de « représentation » quelque chose comme une pensée. Il le faut d'autant moins que d'autres animaux que l'homme doivent pouvoir en être dotés ; or ils sont par définition dépourvus de tout *logos*.

29 *Ibid.*, III, 10, 433a27 - 30, p. 232-233.

Mais, du fait que la *phantasia* va se trouver définie comme un « mouvement produit par la sensation en acte », on pourrait croire qu'elle n'a plus rien d'une « représentation » tant il est impérieux que sa « cause » se trouve du côté de la sensation si l'on veut que les autres animaux puissent en être doués. C'est bien pourquoi, afin de sortir de cette apparente difficulté, il ne faut pas confondre la nature de la *phantasia* – un certain mouvement en vertu duquel un *phantasma* se produit – avec sa cause – un mouvement qui se produit sous l'effet de la sensation en acte : rien n'empêche *a priori* ce mouvement second, second parce qu'il est lui-même produit par ce mouvement qu'est la sensation en acte, d'être une « représentation » et son utilisation un « réveil ». Autrement dit, si la sensation en acte « produit » bien ce mouvement qu'est la *phantasia*, et si, comme dans le cas des rêves par exemple, des *phantasmata* peuvent se produire sans que la sensation soit en acte, alors il faut distinguer ce qui relève de sa formation ou de son engendrement, soit ce qui relève de sa « cause », de ce qui relève de son utilisation ou de sa fonction, soit ce qui relève de sa « nature ». Dans le premier cas, nous nous trouvons dans la même situation que dans celle où l'être sentant est engendré, mais dans le second cas, puisque la *phantasia* est maintenant engendrée, nous nous trouvons dans une situation qui serait plutôt celle de ses effets. En distinguant ainsi sa nature de sa cause, j'entends donc attirer l'attention sur ce fait que c'est une chose de dire que la *phantasia* est produite par le mouvement de la sensation en acte, production qui requiert sa propre explication, et que c'en est une autre de dire que ce mouvement qu'est la *phantasia* permet à ceux chez qui il a été produit d'exercer et de subir des actions très diverses.

Rappelant qu'une chose en mouvement peut en mouvoir une autre, Aristote finit donc par dire que la *phantasia* est « un mouvement produit par la sensation en acte » [30]. Le premier mouvement, ou mouvement source, étant la sensation en acte, il en résulte que le mouvement qu'elle produit ne saurait appartenir qu'aux êtres doués de sensation, ce qu'il fallait bien établir afin de pouvoir en doter les animaux autres que l'homme, mais il en résulte aussi, conséquemment, que ce mouvement portera nécessairement sur les mêmes choses que ce dont il y a sensation (on voit mal en effet qu'il puisse en être autrement si les animaux doivent en être doués). Nous avons donc ici affaire à une explication se situant en premier lieu sur le terrain de la physique ou de la physiologie puisqu'on ne saurait expliquer la sensation en acte indépendamment de ce qui se passe dans le corps, ainsi que le montrent abondamment les divers traités des *Parva naturalia*. Or, ce sont les mouvements qui se transmettent des organes sensoriels au siège de la sensation qui engendrent les *phantasmata* et ceux-ci sont eux-mêmes des mouvements auxquels nous

30 *Ibid.*, III, 3, 429a1 - 2, p. 198.

sommes ou non attentifs, que nous suivons ou non. C'est pourquoi Aristote peut dire qu'il y a « des mouvements phantastiques dans les organes sensoriels »[31].

On comprend ainsi que la *phantasia* puisse se définir comme un « mouvement produit par la sensation en acte ». Mais on voit aussi qu'il y a bien lieu de distinguer sa « cause » de sa « nature » : son origine, qui implique une sensation en acte, explique que ce soit un mouvement, qui en tant que tel doit pouvoir être décrit physiologiquement, mais les circonstances de son « apparition » exigent de distinguer le simple *aisthêma*, l'impression sensible, du *phantasma* : si ce dernier y ressemble bien, même légèrement, il peut se produire en l'absence de toute sensation en acte, comme il est évident dans le rêve puisqu'il n'y a de rêve que quand l'on dort, en tant que l'on dort. De ce dernier point de vue, si la *phantasia*, ou le *phantasma*, peu importe ici, est bien un mouvement et un mouvement ayant son origine dans la sensation en acte, son « apparition » ne saurait plus être décrite à proprement parler comme « un mouvement produit par la sensation en acte » puisque ce mouvement peut avoir lieu sans qu'il y ait de sensation en acte. Voilà qui implique que lorsqu'ils ont été « produits » par la sensation en acte, les « phantasmes » n'aient pas été nécessairement actifs à ce moment-là, mais aient été conservés. Et voilà qui implique aussi que lorsqu'ils sont en acte, les « phantasmes » ne le sont pas en vertu de la sensation en acte, mais en vertu de quelque chose d'autre que nous ne pouvons qu'appeler *phantasia* et qui est responsable de l'apparition des *phantasmata*.

## 4 Qu'on peut se fier aux traces

D'où cette conséquence qui, depuis l'Antiquité, a été abondamment commentée : le *phantasma* semble bien être quelque chose comme une trace, un reste (*hupoleimma*)[32]. De ce qui fut une impression sensible en acte puisqu'une fois celle-ci disparue quelque chose demeure (*enesti*)[33]. Aristote définit donc bien la « nature » du *phantasma* en fonction de sa « cause », mais il soutient du même mouvement, comme il le rappelle en tirant les conséquences de la définition canonique de la *phantasia*[34], que ce reste, résidu ou trace, comme l'on voudra, « ressemble » à une sensation. Il faut alors observer que nous nous trouvons ainsi au point de passage entre la physiologie et la psychologie : si ce reste d'un *aisthêma* qu'est le *phantasma* demeure certes dans les organes sensoriels, ce qui

31 *Des rêves* 3, 462a8-9, dans *Petits Traités d'histoire naturelle*, Paris, Les Belles Lettres, 2010, p. 86.

32 *Ibid.*, 461b21, p. 85.

33 *Ibid.*, 461b23, p. 85.

34 *DA*, III, 3, 429 a 5, p. 198.

explique que ce soit bien un mouvement devant se comprendre d'après le schéma du passage de la puissance à l'acte, il demeure aussi dans le siège de la sensibilité puisque c'est « un *pathos* de la sensation commune » [35].

En règle générale, les commentateurs, qu'il s'agisse des anciens ou des modernes, lient cette caractérisation du *phantasma* comme trace ou résidu avec le célèbre énoncé de la *Rhétorique*, d'après lequel la *phantasia* est une *aisthêsis tis asthenês*, « une sorte de sensation affaiblie » [36], et il faut bien avouer qu'il est fort tentant de le faire. Mais je rappellerai une nouvelle fois que le *tis* de cet énoncé devrait inciter à la plus grande prudence, afin d'en bien faire ressortir la teneur ; il serait d'ailleurs sans doute plus juste de traduire cet énoncé par « quelque chose comme une sensation affaiblie ». Évitons donc de faire de ces trois mots une définition *stricto sensu*. Force est cependant de constater que tel n'a bien souvent pas été le cas et qu'on s'est au contraire servi de ce rapprochement pour faire endosser à Aristote la théorie selon laquelle l'imagination est, ainsi que la caractérise Hobbes, une « sensation en voie de dégradation » (*decaying sense*) [37]. En effet, en assimilant la caractérisation du *phantasma* comme trace ou résidu d'une sensation et ce que l'on tient pour être une définition de la *phantasia*, à savoir qu'elle est une sensation affaiblie, on risque d'aboutir à une bien singulière compréhension de la théorie canonique de la *phantasia* comme « mouvement produit par la sensation en acte ». Tout d'abord, si le *phantasma* est un résidu et si la *phantasia* doit se comprendre comme une sensation affaiblie, alors le risque est grand que cette assimilation conduise à comprendre la *phantasia* comme cette « maîtresse d'erreur et de fausseté » chère à Pascal, ce que somme toute chercherait à expliquer Aristote. Ensuite, puisque le *phantasma*-résidu « ressemble » aux sensations, on tend à le comprendre comme une « image picturale », mais alors, et c'est la troisième conséquence de ce type d'interprétation, en quoi cette image différera-t-elle du souvenir ?

Ces trois conséquences ne sont cependant pas organiquement liées et elles le sont même si peu qu'elles tendent à se contredire, surtout en ce qui concerne la première et la troisième, car si l'on devait admettre que l'imagination et la mémoire se confondent, on comprendrait alors mal que les images-copies qui définissent la seconde soient le plus souvent fallacieuses comme le demande, croit-on, la première. Si les « images » sont en effet nécessaires pour penser et pour agir, peut-on alors admettre que ces « images » comme « sensations affaiblies » soient falla-

35 « De la mémoire et de la réminiscence », 1, 450 a 10-11 dans *Petits Traités d'histoire naturelle*, p. 54.

36 *La Rhétorique*, I, 11, 1370a28 - 29.

37 Thomas Hobbes, *Léviathan*, chap. II, trad. F. Tricaud, Paris, Sirey, 1971, p. 15.

cieuses ? Certes on peut bien accuser Aristote d'être incohérent, mais n'est-il pas préférable et plus économique de tout simplement penser que la théorie canonique de la *phantasia* n'a guère à voir avec la compréhension de l'imagination comme « *decaying sense* » ? Tâchons donc de remettre en place, pour conclure, les pièces du puzzle.

Remettre en place ces pièces implique tout d'abord de bien se remémorer les termes de notre question. Aristote définit la *phantasia* comme « un mouvement produit par la sensation en acte » et se sert ensuite de cette définition « canonique » pour expliquer comment les animaux agissent : puisque les phantasmes persistent et ressemblent aux sensations, les animaux agissent en se laissant guider par eux. Notre question porte donc sur la nature du *phantasma*, ou de la *phantasia* définie comme un mouvement produit par la sensation en acte. Nous savons maintenant que ce mouvement produit quelque chose comme un résidu, mais qu'est-ce à dire exactement ? Ce résidu doit-il se comprendre comme une « sensation affaiblie », et si oui, qu'est-ce à dire exactement ? Une bonne partie des difficultés inhérentes à ces questions tient à ce que trop souvent on n'a pas bien distingué ce qui était à distinguer, à savoir les divers plans théoriques sur lesquels se situait le Stagirite. En effet, s'il est indéniable qu'un des axes du traité *De l'âme*, III, 3, est gouverné par les problèmes de l'illusion et de l'erreur, problèmes que l'on retrouve dans le traité *Des rêves* dont on se sert pour comprendre la définition de la *phantasia* comme « mouvement produit par la sensation en acte », rien n'oblige pour autant à reverser mécaniquement sur la définition canonique de la *phantasia* tout ce que l'on trouve dans ce petit traité. En d'autres termes, ce n'est pas parce que cette dernière définition doit aussi pouvoir expliquer en quoi la *phantasia* peut être trompeuse qu'il faut finir par y voir une définition rendant quasi exclusivement compte de ce dernier caractère, comme y conduit bien souvent le couplage du *phantasma* comme résidu avec la *phantasia* comme sensation affaiblie, cette dernière étant alors comprise comme trompeuse parce que faible, faiblesse qui s'accentuerait avec le temps.

Distinguons donc la fonction du reste ou du résidu dans les rêves et hallucinations de sa fonction dans le mouvement et dans l'action : tout ce que demande en effet l'action, c'est que le *phantasma*, conformément à la définition canonique de la *phantasia*, soit bien quelque chose qui ait été produit par une sensation en acte, et non pas que ce quelque chose soit trompeur ou évanescent. Ne confondons donc pas le procès physiologique de la cause du *phantasma* avec ce que l'on pourrait appeler les effets psychologiques de son apparition, lesquels ne sont pas nécessairement trompeurs. Or, à ne pas distinguer ce qui doit être distingué, on en vient à pervertir notablement la portée du traité *De l'âme*, III, 3, et à ne plus pouvoir rendre compte de façon satisfaisante de ce qui y est dit à la fin concernant le mouvement des animaux, le cas de ces derniers constituant en ce chapitre un axe d'analyse au moins aussi important que celui de l'illusion puisqu'il permet de dégager le terrain en vue de l'étude de la pensée proprement humaine, tout ce qui est accordé aux animaux étant par définition retiré au propre de l'homme.

De façon paradoxale pour les tenants de la *phantasia* comme *decaying sense*, l'analyse de l'énoncé de la *Rhétorique* selon lequel la *phantasia* est « une sorte de sensation affaiblie » va nous permettre de confirmer les analyses précédentes. En effet, pas plus que l'usage du traité des *Rêves* pour expliquer la définition canonique de la *phantasia* ne devrait conduire à la comprendre comme une *sensation en voie de dégradation*, avec tout ce que cela implique de suspect à l'égard de la *phantasia*, la mise en parallèle du *phantasma* comme résidu et de la *phantasia* comme sensation affaiblie ne devrait pas non plus conduire à de telles conséquences, bien au contraire.

Ici aussi distinguons les objectifs de nos deux traités et commençons donc par ne pas isoler cet énoncé de la *Rhétorique* de son contexte, lequel est celui du discours judiciaire, du plaidoyer (*dikanikon*) [38]. Du fait que nous désirons ce qui nous apparaît comme agréable, il faut, dans la recherche des causes intérieures de l'action, prendre en considération le bon et l'agréable, qu'ils soient réels ou apparents, et par conséquent le plaisir. Or le plaisir ne se borne pas à la seule sensation présente, mais il accompagne aussi les choses passées et les choses futures. C'est alors qu'Aristote en vient à dire de la *phantasia* qu'elle est « quelque chose comme une sensation affaiblie ». Il lui faut en effet expliquer que si la mémoire et l'espoir ou anticipation (*elpis*) ne s'accompagnent pas d'une sensation en laquelle réside le plaisir puisque celle-ci ne porte que sur le présent, ils s'accompagnent de quelque chose pouvant en *tenir lieu* : la *phantasia* de ce qu'on se rappelle ou de ce qu'on espère (ou anticipe) puisqu'il n'y a d'*aisthêsis* ni du passé, ni du futur. Que la *phantasia* soit alors « définie » comme une « sorte de sensation affaiblie » n'a rien de bien étonnant puisqu'elle ne renvoie pas à une sensation donnant un plaisir actuel, mais à ce qui permet de se souvenir d'un plaisir ou d'en attendre un et d'accompagner de plaisir ce dont on se souvient ou ce que l'on espère. Aussi, si cette « sensation affaiblie » est certes physiologiquement issue de la trace qu'a laissée la sensation, elle renvoie moins au caractère dégradé et trompeur de cette trace, qu'à ce qui peut tenir lieu de sensation en acte et qui n'est pas à proprement parler une sensation, mais qui est « quelque chose comme une sensation », un quelque chose que l'on peut bien qualifier de « sensation faible » ou de « sensation affaiblie » puisque, quand bien même ça y ressemblerait, ce n'en serait pas une. Il ne serait en ce sens pas faux de dire qu'il y a plus dans l'effet que dans la cause. Loin donc de devoir renvoyer au dépérissement d'une

38 *La Rhétorique*, I, 10-15, p. 204-256.

trace, cet énoncé de la *Rhétorique* renvoie bien plutôt à ce qui permet d'expliquer la genèse d'une action quand la sensation en acte fait défaut. Or, une nouvelle fois, si ce type d'explication peut certes rendre compte du fait que nous nous trompions, fait qui pourrait expliquer que nous commettions des actes injustes, tel n'est cependant pas son objet, qui est avant tout de donner pour fondement à nos actions autre chose que la seule sensation présente de l'agréable.

## Conclusion

Au terme de ce parcours, « il apparaît » donc, en usant ici du sens métaphorique de la locution *phainetai*, que la *phantasia* se comprend mieux comme « représentation » ou « apparition » que comme « imagination ». Voilà qui peut d'une certaine façon justifier qu'on puisse l'apparenter à quelque chose comme de la pensée et explique que son examen inaugure dans le traité *De l'âme* l'étude de la pensée.

Mais on ne doit pas pour autant tenir ce vague apparentement, qui tient au fait même que la *phantasia* n'est pas une simple sensation, pour définitoire : contrairement à ce qui relève de la pensée, ce n'est pas un jugement, mais bien plutôt une impression, ce que vient assurer sa définition comme « mouvement produit par la sensation en acte ». En effet, puisque c'est ce en fonction de quoi nous disons qu'un *phantasma* se produit en nous, la *phantasia* « gouverne » tout ce qui nous apparaît, cette fois au sens propre, comme ceci ou comme cela, qu'il s'agisse des cordons de mes rideaux qui dans mes crises de *delirium tremens* m'apparaissent comme des serpents, ou qu'il s'agisse de ce qui m'apparaît comme digne d'être poursuivi, et qui peut être un bien réel ou apparent ... comme de savoir ce qu'il en est de la *phantasia* chez Aristote !

## Travaux cités

### Ouvrages d'Aristote

*De l'Âme*, trad. J. Tricot, Paris, Vrin, 1988.

*Petits Traités d'histoire naturelle*, trad. R. Mugnier, Paris, Les Belles Lettres, 2010.

*Rhétorique*, trad. P. Chiron, Paris, GF, 2007.

### Commentaires du traité *De l'âme*

Thémistius, *Commentaire sur le* Traité de l'âme *d'Aristote*, édition Béatrice-Nauwelærts, Paris, 1957.

Thomas d'Aquin, *Commentaire du traité* De l'âme *d'Aristote*, Paris, Vrin, 2000.

Chapitre 3

# L'imagination dans les *Essais* de Montaigne

par Marion Bet

## Introduction

L'imagination se révèle être une faculté centrale dans les *Essais*. Cette centralité, toutefois, doit composer avec l'ambivalence qui caractérise son usage par Montaigne. Si l'on se fie à une première lecture, l'imagination peut apparaître dépréciée dans les *Essais* : capacité mentale par laquelle nous anticipons les événements et décuplons nos affects, elle nous *estrange* à nous-mêmes, nous propulse dans une temporalité virtuelle et un hors-soi qui désancrent l'homme de son présent, et déstabilise notre « assiette ». Par l'imagination, écrit Montaigne, « [B] nous ne sommes jamais chez nous, nous sommes tousjours au-delà » [1].

Pourtant, cette première lecture ne fait pas justice à la richesse notionnelle de l'imagination dans les *Essais*. Le fait est que le propos montaignien semble à maints égards entreprendre une vaste réhabilitation de l'imagination, faculté dont la sensorialité – l'imagination est une faculté médiatrice entre les données sensibles et la raison – et la licence éveillent traditionnellement la méfiance des philosophes. Un siècle après Montaigne, Pascal qualifiera l'imagination de « maîtresse d'erreur et de fausseté », quand Malebranche la définira à son tour comme cette « folle qui se plaît à faire la folle ». Mésestimée, appréhendée comme faculté secondaire, au mieux comme une fonction ancillaire de la connaissance (Descartes, Leibniz), au pire comme une productrice de chimères, de faussetés et d'illusions, l'imagination n'a pas bonne presse auprès des philosophes [2]. Ne faisant que représenter de nouveau l'existant, mais sur un mode affaibli, elle subit une disqualification au long cours de la part de la philosophie classique.

Ce n'est pourtant pas le cas de Montaigne, qui accorde à l'imagination un rôle de premier plan dans ses *Essais*. Il n'est pas anodin que cette faculté

1 Michel de Montaigne, *Les Essais*, éd. Villey-Saulnier, Paris, PUF, Quadrige, 2004, L. I, chap. 3, p. 15.

2 Cette tradition philosophique est évoquée à regret par Cornelius Castoriadis, comme le rappelle Nicolas Poirier. Voir Nicolas Poirier, « Cornelius Castoriadis. L'imaginaire radical », *Revue du MAUSS*, n° 21, 2003, p. 383-404, p. 390.

préside au projet essayistique en son entier : Montaigne constate ainsi que l'esprit, soumis à l'œuvre de la fantaisie débridée, « enfante tant de chimeres et monstres fantasques les uns sur les autres, sans ordre et sans propos » que pour en contempler « l'ineptie et l'estrangeté », il doit commencer « de les mettre en rolle, esperant avec le temps luy en faire honte à luy mesmes »[3]. L'exubérance de l'imagination impose le projet réflexif des *Essais*. Cette corrélation est confirmée au Livre II :

> Aux fins de renger ma fantasie à resver mesme par quelque ordre et projet, et la garder de se perdre et extravaguer au vent, il n'est que de donner corps et mettre en registre tant de menues pensées qui se presentent à elle.[4]

Précisons d'emblée que les concepts de fantaisie (ou *fantasie*, sous la plume de Montaigne) et d'imagination sont quasiment interchangeables dans les *Essais*. Pour Nicola Panichi, la variété polysémique de l'un s'applique aisément aux usages récurrents de l'autre[5]. Pour John O'Brien néanmoins, une nuance sémantique peut être apportée pour distinguer les deux termes : l'imagination serait davantage une faculté que la fantaisie, raison pour laquelle Montaigne écrit régulièrement « j'imagine », alors qu'il n'écrit jamais « je fantasie »[6]. Leur différenciation, toutefois, ne peut s'approfondir davantage[7].

Nous souhaitons montrer que l'imagination connaît un traitement philosophique d'autant plus singulier dans les *Essais* qu'elle manifeste sa fécondité à trois niveaux : non seulement l'imagination montaignienne apparaît comme le concept central d'une anthropologie renouvelée (1), mais elle demeure par ailleurs à la source de la construction identitaire du sujet (2) et se découvre porteuse d'une nouvelle éthique existentielle, de type relationnel et social (3).

## 1 L'imagination : un concept montaignien au cœur d'une anthropologie nouvelle

### 1.1 Une définition sensorielle de l'homme : l'anti-rationalisme montaignien

La faculté imaginative est d'autant plus centrale dans les *Essais* qu'elle offre à Montaigne la possibilité d'élaborer une définition de l'homme en

3 I, 8, p. 33.

4 II, 18, p. 665.

5 Nicola Panichi, « Chapitre 1. Pour une polysémie de l'imagination : épistémologie, éthique, histoire », dans *Les Liens à renouer. Scepticisme, possibilité, imagination politique chez Montaigne*, Paris, Classiques Garnier, 2008, p. 257-292, p. 258.

6 John O'Brien, article « Imagination », dans Philippe Desan (dir.), *Dictionnaire de Michel de Montaigne*, Paris, Classiques Garnier, 2007, p. 569-575, p. 569.

7 Voir également l'ouvrage d'Olivier Guerrier pour un approfondissement du concept de *fantasie* chez Montaigne : Olivier Guerrier, *« Quand les poètes feignent » : « fantasie » et fiction dans les* Essais *de Montaigne*, Paris, Honoré Champion, 2002.

rupture tant avec l'anthropologie antique d'une part (notamment celle du platonisme et, à la Renaissance, du néoplatonisme), qu'avec une compréhension strictement rationaliste de l'homme appelée à s'approfondir à partir du XVII<sup>e</sup> siècle en Occident.

Présentée par Montaigne comme consubstantielle à l'homme, l'imagination discrédite par anticipation les compréhensions de l'individu comme créature rationnelle, purement réflexive et autonome : capacité sensorielle qu'il est malaisé d'endiguer, l'imagination témoigne d'une force qui ne fait que mettre en évidence la part sensible de l'homme. Dans les *Essais*, elle ne constitue même plus une interface entre la chose représentée et l'affect, elle est directement vision, sensation, impression :

> L'imagination m'en rend la veue, mesme du dehors, desplaisante. [8]
>
> Je suis de ceux qui sentent tres-grand effort de l'imagination. Chacun en est hurté, mais aucuns en sont renversez. Son impression me perse. [9]

L'individu montaignien apparaît alors gouverné par ses sens, sans qu'une telle caractérisation prenne la forme d'une condamnation morale de la part de Montaigne. Refusant à l'homme le statut de créature rationnelle différenciée des animaux, l'auteur des *Essais* nous rappelle à notre condition d'être corporel – comme il ramène, par un effet de symétrie, les animaux à leur condition d'êtres spirituels – sans que cette assignation soit appréciée comme peccamineuse et tragique. Au rebours, les atermoiements de notre imagination manifestent certes un désordre auquel Montaigne souhaite en partie remédier, mais ces errements constituent la promesse de notre inscription dans la nature, par définition sensorielle et corporelle :

> C'est tousjours à l'homme que nous avons affaire, duquel la condition est merveilleusement corporelle. [10]

Par ailleurs, Montaigne ne cesse de montrer la puissance de notre capacité imaginative, de manière à la figurer comme une force admirable et captivante. Alors que la taxinomie aristotélicienne des facultés distinguait strictement la sensation, l'imagination et l'intellect, l'essayiste aime par exemple à montrer combien l'imagination, véritable puissance alchimique, excelle à convertir ses images en sensations effectives. La virtualité imaginative n'a aucun mal à s'actualiser matériellement, et s'avère performative :

> La veue des angoisses d'autruy m'angoisse materiellement, et a mon sentiment souvent usurpé le sentiment d'un tiers. [11]

8 III, 13, p. 1072.

9 I, 20, p. 97.

10 III, 8, p. 930.

11 « De la force de l'imagination », I, 21, p. 97.

Autre fait remarquable, l'imagination tend à se faire passer pour raison – la raison elle-même se trouvant régulièrement thématisée comme un affect dans les *Essais*[12]. Il n'y a pas de différence de nature ou de capacité entre notre « faculté rationnelle », dont Montaigne nie précisément le statut de faculté, d'avec les rêveries les plus fantasmastiques qui peuplent notre esprit :

> J'appelle raison nos resveries et nos songes [...].[13]
>
> Je ravassois presentement, comme je faicts souvant, sur ce, combien l'humaine raison est un instrument libre et vague.[14]

Les *Essais* proposent ainsi une anthropologie caractérisée par le monisme imaginatif : rien n'est raison stricte ou pur intellect, tout est fantaisie et chimère issue d'une intériorité débridée. Il n'est pas dénué de signification que le substantif apparaisse 131 fois dans les *Essais*, celui de *fantasie* 81 fois. Cette prééminence accordée à l'imagination dans la structuration de l'esprit humain procède ainsi plus largement d'une disqualification de la raison humaine, dont Montaigne va jusqu'à souligner « l'imbecillité »[15].

## 1.2 Destituer la volonté

Une telle disqualification, dans les *Essais*, va de pair avec la critique de notre volonté, faculté que Montaigne juge indûment surestimée. L'impuissance de cette dernière se manifeste en effet par son incapacité à contenir le dérèglement fantasmatique de notre esprit, qui nous soumet aux impulsions les plus imprévisibles et aux désirs les plus ardents, comme le relate « Sur des vers de Virgile ». Dans le rapport de force sensibilité *vs* volonté, épanouissement des sens *vs* hégémonie de l'intellect, c'est toujours le premier qui triomphe :

> Mais nostre volonté, [...] combien plus vraysemblablement la pouvons-nous marquer de rebellion et sedition par son desreglement et desobeissance ![16]
>
> Ne veut-elle pas souvent ce que nous luy prohibons de vouloir : et à nostre evident dommage ? Se laisse elle non plus mener aux conclusions de nostre raison ?[17]

Faut-il le déplorer ? Nullement, dans la perspective des *Essais*, car Montaigne estime davantage l'enseignement des sens et de notre expérience que nos facultés illusoirement délibératrices et raisonnables :

12 Voir Frédéric Brahami, *Le Scepticisme de Montaigne*, Paris, PUF, 1997.

13 II, 12, p. 523.

14 III, 11, p. 1026.

15 II, 12, p. 545.

16 I, 21, p. 103.

17 *Ibid.*, p. 105.

> Je trouve [...] ma concupiscence moins desbauchée que ma raison.[18]

Raison pour laquelle l'imagination s'avère bien plus curative que le savoir érudit des médecins :

> Il s'est trouvé des hommes à qui la seule veüe de la Medecine faisoit l'operation.

L'imagination montaignienne témoigne ainsi d'un pouvoir merveilleux de transformation à double sens : elle virtualise les pathologies, devenues guérissables par une simple vision, comme elle pathologise les pensées, qui deviennent des affects véritablement éprouvés.

### 1.3 Le refus du dualisme âme-corps

Cette réhabilitation de notre composante sensorielle et de l'imagination en général conduit Montaigne à réfuter tout dualisme trop strict entre l'âme et le corps. La toute-puissance de l'imagination ne fait finalement qu'attester la liaison indéfectible entre nos déterminations organiques et nos facultés mentales, signifiant cette « estroite couture de l'esprit et du corps s'entre-communiquants leurs fortunes »[19]. Dans cette perspective, le propos montaignien tranche radicalement avec les théories philosophiques accordant une prééminence absolue à l'entité animique. Preuve en est la puissance performative qu'il accorde aux fantaisies : les images que se représentent l'esprit ne sont plus des spectres évanescents des sensations, elles deviennent les sensations elles-mêmes – réciproquement, les sensations elles-mêmes sont des imaginations – et conduisent le corps à prendre son autonomie à l'égard de l'âme. Cela concerne certes le « membre indocile » dont Montaigne aime à relater les déclarations capricieuses, pour peu qu'un phénomène ait stimulé l'imagination désirante, mais une telle versatilité s'applique en réalité à toute composante anatomique, dont les *Essais* relatent régulièrement l'indiscipline et les interventions inopinées :

> Elles[20] ont chacune des passions propres, qui les esveillent et endorment, sans nostre congé.[21]
>
> On a raison de remarquer l'indocile liberté de ce membre[22], s'ingerant si importunement, lors que nous n'en avons que faire, et defaillant si importunement, lors que nous en avons le plus affaire, et contestant de l'authorite si imperieusement avec nostre volonté [...].[23]

18 II, 11, p. 428.

19 I, 21, p. 104.

20 Les différentes parties du corps.

21 I, 21, p. 102.

22 Le membre viril.

23 I, 21, p. 102.

Il est à cet égard symptomatique que le chapitre « De la force de l'imagination », initialement conçu pour illustrer les effets multiples et les pouvoirs de notre fantaisie, en vienne à énumérer les prodiges corporels qui échappent à notre contrôle :

> Nous ne commandons pas à nos cheveux de se herisser, et à nostre peau de fremir de desir ou de crainte. La main se porte souvent où nous ne l'envoyons pas. La langue se transit, et la voix se fige à son heure.[24]

Le corps apparaît ainsi fragmenté, et néanmoins doté d'une personnalité et d'une vie propres, capables de concurrencer celles de l'esprit, selon un modèle qui croit en la possibilité d'un autogouvernement de la matière par elle-même, et qui affaiblit la volonté : guidé par l'imagination, le corps fonde sa propre rationalité agissante.

> Les utils qui servent à descharger le ventre, ont leurs propres dilatations et compressions, outre et contre nostre advis, comme ceux destinez à descharger nos roignons.[25]

En ce sens, Montaigne rompt avec une doxa théologique qui condamne les épanchements sensibles et la concupiscence, blâme d'autant plus stérile aux yeux de l'essayiste que l'invitation à l'ascétisme et l'insensibilité est condamnée à échouer : il est impossible de lutter contre les passions corporelles, puisque celles-ci composent notre identité et notre condition en propre.

> Ceux mesme d'entre nous qui ont essayé d'en venir à bout ont assez avoué quelle difficulté ou plustost impossibilité il y avoit, usant de remedes materiels, à mater, affoiblir et refroidir le corps.[26]

### 1.4 Naturaliser l'homme par l'imagination

Ceci permet ultimement à Montaigne de rappeler l'homme à sa condition naturelle première : l'imagination fonctionne alors comme un vecteur de naturalisation. L'auteur des *Essais* élabore en effet une philosophie qui, parce qu'elle éclaire la dimension corporelle de notre existence et de notre identité, et parce qu'elle accorde aux animaux une inventivité, une sensibilité et une capacité de sociabilité inédites (voir l'« Apologie de Raimond Sebond »), rompt avec l'ontologie naturaliste qui commence alors de s'établir en Occident[27]. En effet, le naturalisme occidental se fonde au moins sur trois principes : il conçoit la nature comme une instance inerte, offerte à l'objectivation illimitée de l'homme qui souhaite

24 II, 17, p. 650.

25 I, 21, p. 102.

26 III, 5, p. 855.

27 Voir Philippe Descola, *Par-delà nature et culture*, Paris, Gallimard, 2005.

l'assujettir par l'artifice scientifique et technique ; il repose donc sur un dualisme strict entre nature et culture ; enfin il appréhende l'homme comme un individu à part dans la « Création », en partie dénaturalisé parce que cultivé et culturel, le seul doté d'un esprit instruit par la raison et d'une conscience.

Il se trouve que Montaigne destitue ces trois arguments, et que l'imagination occupe une place centrale dans sa critique des thèses naturalistes. En effet, l'imagination fonctionne chez Montaigne comme un concept et une faculté qui nous égalent aux animaux et remédient à nos prétentions sécessionnistes. Comme nous, les chiens, les chevaux, les brebis, les lièvres, sont sujets aux épanchements de leur sensorialité, manifestant dans leurs rêves et leurs jeux la force de leurs fantaisies :

> Les bestes mesmes se voyent comme nous subjectes à la force de l'imagination. Tesmoing les chiens, qui se laissent mourir de dueil de la perte de leurs maistres. Nous les voyons aussi japper et tremousser en songe, hannir les chevaux et se débattre. [28]

Montaigne pousse la comparaison égalisatrice jusqu'à dupliquer une anecdote, dans « De la force de l'imagination », en la transposant dans le registre animal : alors que le début du chapitre mobilisait les exemples de condamnés à mort qui expirent avant même que la main de l'exécuteur ne les ait effleurés, il insère un peu plus loin le récit d'un oiseau précipitant malgré lui sa propre fin à la vue du chat qui menace de le prendre :

> Il y en a qui, par frayeur, anticipent la main du bourreau. Et celuy qu'on debandoit pour luy lire sa grace, se trouva roide mort sur l'eschafaut du seul coup de son imagination. [29]
>
> On vit dernierement chez moy un chat guestant un oyseau au haut d'un arbre, et, s'estans fichez la veuuë ferme l'un contre l'autre quelque espace de temps, l'oyseau s'estre laissé choir comme mort entre les pates du chat, ou ennyvré par sa propre imagination, ou attiré par quelque force atractive du chat. [30]

Ainsi l'imagination permet-elle non seulement de déployer une nouvelle anthropologie, mais elle élabore par ailleurs un nouveau concept de nature, qu'il ne s'agit plus d'opposer à la culture et à l'humanité, mais qui englobe l'individu humain au même titre que les règnes animal et végétal. À ce titre, la conception de Montaigne est unifiante et défait toute pensée classificatrice :

> Il y a quelque difference, il y a des ordres et des degrez : mais c'est soubs le visage d'une mesme nature. [31]

28 I, 21, p. 104.

29 I, 21, p. 98.

30 I, 21, p. 105.

31 II, 12, p. 481.

## 1.5 La socialisation de l'homme : l'imagination comme inconscient collectif

Le discours montaignien sur l'imagination enrichit d'autant plus l'anthropologie des *Essais* qu'il déploie implicitement une définition sociale de l'homme. En effet, l'exposition des individus et leur sujétion à leurs tendances imaginatives révèlent combien ceux-ci sont poreux à une forme de spiritualité sociale, composée de peurs collectives et de superstitions. À travers sa conceptualisation de l'imagination, Montaigne définit l'homme comme un animal rituel qui s'intègre et reproduit, à sa propre échelle, les craintes qu'une société environnante a élaborées au long cours. En ce sens, « les imaginations », substantivation plurielle que Montaigne effectue régulièrement, sont en réalité des représentations sociales – raison pour laquelle il a si souvent recours à l'expression « imaginations communes ». Par ce terme, l'auteur des *Essais* désigne un corpus de croyances immémoriales, morales et culturelles qui infuse la société et lui sert de mentalité collective, de *doxa* :

> Et les communes imaginations, que nous trouvons en credit autour de nous, [...] il semble que ce soyent les generalles et naturelles.[32]
>
> Or je n'apporte icy rien de nouvel apprentissage. Ce sont imaginations communes [...].[33]

Chez Montaigne, l'intériorité ne se résume pas à un vécu personnel. Les fantaisies, les projections, les craintes, sont autant de pénétrations de la *psychè* humaine par des croyances collectives environnantes. Le discours sur l'imagination, dans les *Essais*, rompt ainsi le dualisme intériorité *vs* extériorité, individualité *vs* société, puisqu'il érige cette faculté en interface entre les représentations collectives et les tendances individuelles de l'esprit, et révèle l'incrustation incessante des premières dans les secondes.

Cela vient en partie de la capacité circulatoire et extensive de l'imagination : une représentation, une appréhension n'a aucun mal à se propager d'un patient à un autre. L'imagination montaignienne crée et illustre d'autant mieux le lien social qu'elle permet une diffusion interpersonnelle d'affects et de perceptions, qui acquièrent une portée collective :

> C'est autre chose que l'imagination agisse quelque fois, non contre son corps seulement, mais contre le corps d'autruy. Et tout ainsi qu'un corps rejette son mal à son voisin, comme il se voit en la peste, en la verolle et au mal des yeux, qui se chargent[34] de l'un à l'autre [...].[35]

32 I, 23, p. 115-116.

33 III, 9, p. 962.

34 Se communiquent.

35 I, 21, p. 104.

> Ses imaginations eslancent les miennes.[36]

De même, la puissance imaginative des martyrs ou des amateurs de miracles ne fait qu'attester combien l'institution religieuse a consolidé son emprise sur les consciences individuelles, rapport de force et d'imprégnation que Montaigne critique implicitement à travers un pronom impersonnel et collectif : *on*. *On* a tant saisi l'esprit des hommes, écrit Montaigne, qu'ils ont perdu tout discernement, et se fient aux hallucinations que produit la fantaisie de l'institution :

> [A] Il est vraysemblable que le principal credit des miracles, des visions, des enchantemens et de tels effects extraordinaires, viennent de la puissance de l'imagination agissant principalement contre les ames du vulgaire, plus molles. On leur a si fort saisi la creance, qu'ils pensent voir ce qu'ils ne voyent pas.[37]

À travers cette désignation vague mais accusatoire, Montaigne figure l'Église comme puissance manipulatrice insidieuse, qui force la conscience et les représentations des individus pour mieux asseoir son emprise. D'une façon générale, le chapitre « De la force de l'imagination », mêlant sans embarras des anecdotes religieuses, des récits grivois et la description de rites polythéistes, détonne par sa dimension polémique.

La teneur sociale de l'imagination se manifeste avec plus de malice encore lorsque Montaigne aborde le sujet des « nouements d'aiguillettes », d'autant plus fréquents qu'ils sont redoutés et alimentent les conversations communes :

> Je suis encore de cette opinion, que ces plaisantes liaisons[38], dequoy nostre monde se voit si entravé, qu'il ne se parle d'autre chose, ce sont volontiers des impressions de l'apprehension et de la crainte.[39]

La parole crée une fascination collective autour de la dysfonction érectile, muée en véritable inquiétude collective parce qu'elle nuit à la réputation individuelle et entre en contradiction avec les valeurs sociales de puissance sexuelle mâle. Témoin cet ami de Montaigne qui, averti qu'une défaillance de ce type était survenue à une connaissance, s'en trouva également frappé par contamination imaginative[40] : la simple mention de l'événement accède au statut de récit performatif.

La teneur sociale de nos imaginations est également suggérée par le fait qu'elles sont frappées du même paradoxe que nos mœurs : comme ces dernières, leur solidité vient du caractère arbitraire et infondé de leur

36 III, 8, p. 922.

37 I, 21, p. 99.

38 Les nouements d'aiguillettes.

39 I, 21, p. 99.

40 Voir I, 21, p. 100.

institution. De la même manière qu'une coutume exerce d'autant mieux son effet que son (faible) fondement demeure inaperçu, la ritualisation superstitieuse persuade d'autant plus l'imagination humaine qu'elle exige des cérémoniels inconsistants, davantage révérés s'ils sont incompris :

> Ces singeries sont le principal de l'effect ; nostre pensée ne se pouvant desmeler que moyens si estranges ne viennent de quelqu'abstruse science. Leur inanité leur donne poids et reverence. [41]

C'est encore l'imagination qui stimule et nourrit nos désirs d'épargne et de thésaurisation, et nous représente une accumulation infinie de richesses désirables. En ce sens, l'imagination est cette faculté qui accroît nos convoitises sociales les plus pléonexiques, et éveille notre vanité avaricieuse. Pis, elle nous détourne de la valeur pratique et strictement usuelle de l'argent pour nous verser dans une fétichisation de la possession abstraite – tendance d'une nouvelle société marchande qui prise davantage le profit :

> [...] depuis que vous estes accoustumé et avez planté vostre fantasie sur certain monceau, il n'est plus à vostre service : [C] vous n'oseriez l'escorner. [...] Mais le danger estoit, que mal ayséement peut-on establir bornes certaines à ce desir [...] [B] et arrester un poinct à l'espargne. On va tousjours grossissant cet amas et l'augmentant d'un nombre à autre, jusques à se priver vilainement de la jouyssance de ses propres biens, et l'establir toute en la garde et à n'en user point. [42]

En figurant l'imagination comme une faculté socialisée et comme un vecteur d'incorporation des normes collectives, Montaigne transforme radicalement la conception traditionnelle de l'être humain – notamment celle sur laquelle se fonde la théologie – puisque, brouillant la frontière entre l'extériorité des mœurs et l'intériorité des êtres, il n'effectue plus de dissociation entre l'individu et la société. Avec l'imagination, le collectif et ses normes se trouvent *intégrés* à la personnalité. C'est dire que dans les *Essais*, la société se trouve implicitement définie comme un plan d'être immanent à ses membres, plutôt que comme une entité abstraite à laquelle s'opposeraient ses composantes. Comme le formule Paul Fauconnet, suivant la conception moderne de l'individu :

> Ce qui vient de la vie sociale se surajoute peu à peu à ce qui est d'origine organico-psychique pour le modifier. La spiritualisation des notions morales et religieuses exprime cette pénétration réelle de l'individuel par le social. [43]

41 I, 21, p. 101.

42 I, 14, p. 65.

43 Paul Fauconnet, *La Responsabilité. Étude de sociologie*, éd. et préface de Sacha Lévy-Bruhl, Paris, PUF, 2023, p. 400.

Dans l'univers montaignien, c'est la faculté imaginative qui fonctionne comme ce cheval de Troie des valeurs morales, et permet leur spiritualisation par l'individu.

Pour toutes ces raisons, l'imagination apparaît mobilisée par Montaigne comme une capacité et un moyen conceptuel d'enrichissement anthropologique : faculté maîtresse, c'est elle qui nous rappelle, doublement, à notre origine naturelle et à notre condition sociale, comme elle défait les conceptions strictement rationalistes de l'homme qui nient sa sensorialité. En cela, le discours des *Essais* est profondément original, parce qu'il crée une rupture décisive avec la compréhension théologique de l'humanité qui prévaut au XVIe siècle, comme elle déconstruit par avance l'approche cartésienne de ce que signifie *être humain*.

## 2 L'imagination montaignienne : un concept central dans la construction et la démultiplication identitaires du sujet

L'imagination montaignienne ne se contente pas de renouveler l'anthropologie dominante. Plus singulièrement encore, elle est figurée comme cette faculté décisive dans la construction identitaire du sujet, parce qu'elle offre à ce dernier de revêtir une pluralité d'individualités et de statuts.

En effet, l'imagination est investie par Montaigne comme une force alchimique qui crée le plein à partir du vide. Capable de faire *effectivement* advenir ce qui n'était que représenté et « songé », elle conduit à défaire tout dualisme entre le virtuel et le réalisé. Ainsi s'explique qu'elle puisse créer, à partir d'une simple figuration mentale, de véritables pathologies organiques, comme elle peut convertir les choses et les propriétés en leur contraire. À propos des hommes dont l'imagination les conduit à redouter l'impuissance sexuelle et, partant, à l'expérimenter réellement, Montaigne conclut à l'inverse que le manque crée finalement la capacité :

> J'en sçay [...] qui par l'aage se trouve moins impuissant de ce qu'il est moins puissant. [44]

Dans cette perspective, l'imagination déjoue les présupposés les plus élémentaires de l'ontologie, qui oppose l'être et le non-être, comme elle défait la distinction aristotélicienne entre l'actualisation et la puissance. Loin d'être ineffectif et indéterminé, le virtuel acquiert tant de précision imaginative en l'esprit humain qu'il crée la réalité à partir de l'illusion psychique.

De même, l'imagination est cette force figuratrice par laquelle l'inanité se convertit en valeur, et qui dupe d'autant mieux qu'elle brouille l'origine de ses productions mentales. Nous avons déjà cité ce propos montai-

44 I, 21, p. 100.

gnien : « Leur inanité leur donne poids et reverence »[45]. Ce qui frappe donc dans les *Essais*, c'est la créativité et l'éventail de potentialités d'être que déploie l'imagination. Celle-ci peut même inverser l'attribution des sexes, remettant en question le dualisme homme *vs* femme et la logique taxinomique qui consiste à classer les individus en fonction de leur genre :

> [B] Passant à Victry le Françoys, je peuz voir un homme que l'Evesque de Soissons avoit nommé Germain en confirmation, lequel tous les habitants de là ont congneu et veu fille, jusque à l'aage de vingt deux ans, nommée Marie. Il estoit à cett'heure-là fort barbu, et vieil, et point marié. Faisant, dict-il, quelque effort en sautant, ses membres virils se produisirent. [46]
>
> Ce n'est pas tant de merveille, que cette sorte d'accident [de changement de sexe] se rencontre fréquent : car si l'imagination peut en telles choses, elle est si continuellement et si vigoureusement attachée à ce subject, que, pour n'avoir si souvent à rechoir en mesme pensée et aspreté de desir, elle a meilleur compte d'incorporer, une fois pour toutes, cette virile partie aux filles. [47]

L'imagination est ainsi vue comme une faculté de transformation et d'incorporation des attributs, qui brouille toute frontière entre le virtuel et l'effectif, entre la projection et l'être-soi réel, comme elle réalise les désirs identitaires les plus intimes. Capacité de refaçonnement continu de soi, la fantaisie offre une plasticité qui remédie à tout fixisme définitionnel de l'individu :

> Et ce qu'il fantaisoit, il l'estoit. [48]

L'imagination apparaît d'autant plus comme une faculté d'augmentation qu'elle fournit et crée des exemples *ex nihilo*, de la véracité desquels Montaigne se préoccupe peu : l'essentiel réside en l'utilité argumentative du matériau mobilisé. Dans cette perspective, un conte fictif peut apporter un soutien rhétorique et philosophique au même titre qu'une anecdote réelle ou un support savant :

> Les discours sont à moy, et se tienent par la preuve de la raison, non de l'expérience : chacun y peut joindre ses exemples : [...] non advenu, à Paris ou à Rome, à Jean ou à Pierre, c'est toujours un tour de l'humaine capacite, duquel je suis utilement advisé par ce recit. Je le voy et en fay mon profit egalement en umbre qu'en corps. [49]

45 I, 21, p. 101.

46 I, 21, p. 99.

47 I, 21, p. 99.

48 III, 11, p. 1032.

49 I, 21, p. 105.

Le fait est que nos catégories du vrai et du faux, aux yeux de Montaigne, sont vaines et infondées : « C'est folie de rapporter le vrai et le faux à notre suffisance », donne-t-il pour titre à l'un de ses chapitres. Croire que nous pouvons établir des vérités avec certitude relève d'une présomption proprement humaine, inattentive à l'instabilité fondamentale du monde (celui-ci n'est qu'une *branloire pérenne*), à la duperie des sens, aux tromperies de la mémoire, et à la porosité entre l'invraisemblable et le crédible. Face à cela, l'imagination constitue une alternative créative par laquelle l'homme conserve le pouvoir de la parole et de l'argumentation – le sujet montaignien n'encourt jamais le risque de l'aphasie – mais maintient une distance salutaire par rapport à l'idéal inatteignable de vérité. Sous la plume de l'essayiste, les anecdotes prolifèrent, les récits merveilleux s'accumulent : ils structurent le propos en lui donnant des assises et des illustrations, sans que le critère de vraisemblance soit jamais mobilisé. En d'autres termes, le virtuel a autant de valeur que l'effectif, puisque l'effectif est jugé hors d'atteinte. Dans cette perspective, l'imagination apparaît nécessairement comme une faculté maîtresse, qui décuple les ressources de l'essai.

Plus audacieux encore, l'imagination défait sans peine la frontière entre homme et animal, et remédie à tout ce qui faisait le particularisme humain ou fondait sa place à part au sein de la Création :

> L'evenement de Cyppus, Roy d'Italie, est memorable, lequel pour avoir assisté le jour avec grande affection au combat des taureaux, et avoir eu en songe toute la nuict des cornes en la teste, les produisit en son front par la force de l'imagination. [50]

Par le travail imaginatif, l'homme se voit ainsi conférer le pouvoir de réactualiser autrement son identité la plus constitutive. Rétif à déployer une définition essentialiste et constante de l'être-soi, l'auteur des *Essais* examine toutes les puissances humaines et sociales qui offrent de soumettre l'identité au devenir, instabilité qui demeure en réalité une chance et une force. La faculté d'ondoyer, de se multiplier, se transformer et renaître, d'évoluer en syntonie avec les normes changeantes d'une société, permet à l'homme de s'insérer efficacement dans un tissu social et collectif, comme elle lui offre d'élaborer sa manière d'être différenciée et ainsi d'accéder à une forme d'autonomie identitaire. Une telle philosophie de l'être-soi, dans les *Essais*, s'ouvre enfin sur la redéfinition d'une éthique propice au bonheur de l'homme.

50 I, 21, p. 98.

## 3 L'imagination dans les *Essais* : une faculté propice à l'élaboration d'une nouvelle éthique relationnelle et socialisée

### 3.1 L'imagination comme faculté empathique et sociale

Pour Montaigne, l'imagination est envisagée comme une capacité fondamentalement éthique, par laquelle tout un chacun peut se figurer un mode de vie autre, ou accéder à la mentalité d'un tiers. L'imagination garantit donc que de multiples points de vue, au sein d'un collectif, peuvent malgré tout trouver une forme de concorde, puisque la vision de l'étranger, dès lors qu'elle est comprise et représentée à soi, devient du même coup acceptable. C'est dire que dans les *Essais*, l'imagination est loin d'avoir la valeur de créativité strictement individuelle et personnelle que les poètes romantiques et symboliques lui confèreront au XIX^e siècle. Pour Montaigne, l'imagination est une faculté au fondement de l'empathie sociale et de la tolérance, quand bien même ce mot n'apparaît jamais sous la plume de Montaigne au sens moderne.

L'imagination est par ailleurs doublement définie par Montaigne comme cette capacité à *entrer dans les vues* d'autrui, et comme disposition à se défaire provisoirement des siennes, selon l'idée que la déconstruction partielle de soi offre de comprendre l'individu dissemblable, qu'elle offre d'être, par simple expérience de décentrement, celui ou celle qu'on n'est point.

> Je n'ay point cette erreur commune de juger d'un autre selon que je suis. J'en croy aysément des choses diverses à moy. Pour me sentir engagé à une forme, je n'y oblige pas le monde, comme chascun fait ; et croy, et conçois mille contraires façons de vie ; et, au rebours du commun, reçoy plus facilement la difference que la ressemblance en nous. Je descharge tant qu'on veut un autre estre de mes conditions et principes, et le considere simplement en luy-mesme, sans relation, l'estoffant sur son propre modelle. [51]

L'imagination permet littéralement une intrusion dans l'optique de l'autre :

> Pour n'estre continent, je ne laisse d'advouer sincerement la continence des Feuillans et des Capuchins, et de bien trouver l'air de leur train : je m'insinue, par imagination, fort bien en leur place. Et si les ayme et les honore d'autant plus qu'ils sont autres que moy. [52]

C'est dire l'importance éthique, politique, sociale mais également épistémologique d'une telle faculté, qui permet incessamment, par l'échappée hors de soi, de comprendre la perception de l'autre, de refaire son identité, de se transposer en l'autre ; en d'autres termes, *d'échanger sa place*, comme le formule Panichi, phénomène d'inversion et de transhumance

51 I, 37, p. 229.

52 I, 37, p. 229.

spirituelle qui demeure également inspirant sur le plan politique et social. En effet, la mobilité des points de vue revient à suggérer que les statuts sociaux ne sont pas fixes, et qu'ils n'ont aucune portée essentialiste. Raison pour laquelle Montaigne nous met en garde contre les confusions entre l'identitaire et le statutaire, entre la *peau* et la *chemise* :

> Du masque et de l'apparence il n'en faut pas faire une essence réelle, ny de l'estranger le propre. Nous ne sçavons pas distinguer la peau de la chemise. C'est assés de s'enfariner le visage, sans s'enfariner la poictrine. J'en vois qui [...] se prelatent jusques au foye et aux intestins, et entreinent leur office jusques en leur garderobe. Je ne puis leur apprendre à distinguer les bonnetades qui les regardent de celles qui regardent leur commission, ou leur suite, ou leur mule. [53]

Une telle conception de l'imagination revient également, comme on l'a vu, à décupler les potentialités identitaires. Elle permet, comme l'écrit encore Nicola Panichi, paraphrasant Bloch, « de dessiner la vie comme ensemble et centre propulseur de possibles – d'"étant en possibilité" » [54].

## 3.2 L'introduction d'une éthique relationnelle

Par ailleurs, cette définition de l'imagination promeut une éthique et un rapport à autrui fondés sur la *relation*, et découvre notre capacité à entrer en connexion avec d'autres vivants, quand bien même ceux-ci ne seraient pas issus de la même espèce ou de la même classe sociale. Parce qu'elle constitue un accès empathique à l'intériorité d'autrui, et parce qu'elle offre la possibilité constante à chacun de se convertir en son contraire (une femme devient homme, un homme devient taureau, etc.), l'imagination est la faculté montaignienne qui consacre l'individu comme créature relationnelle et sociale, ne pouvant faire l'économie de ses interactions avec le reste du monde.

Ainsi l'« Apologie de Raimond Sebond », chapitre majeur du Livre II, ne vise qu'à nous aider à concevoir la « parité et ressemblance » qui nous unit aux bêtes, et la réciprocité qui structure le lien homme/animal :

> Il nous faut remarquer la parité qui est entre nous : Nous avons quelque moyenne intelligence de leurs sens, aussi ont les bestes des nostres, environ à mesme mesure. Elles nous flattent, nous menassent, et nous requierent : et nous elles. [55]

Réfutant un à un les arguments de la doctrine théologique selon laquelle l'homme, en tant qu'être rationnel et conscient, occuperait une place à part dans la Création et se distinguerait des animaux et des végétaux, Montaigne ne cesse de suggérer la proximité que nous avons avec ces derniers, et réinsère l'être humain dans le tissu naturel qui est le sien :

53 III, 10, p. 1012.

54 Nicola Panichi, *op. cit.*, p. 284.

55 II, 12, p. 453.

> Quand je me jouë à ma chatte, qui sçait, si elle passe son temps de moy plus que je ne fay d'elle ? Nous nous entretenons de singeries reciproques. Si j'ay mon heure de commencer ou de refuser, aussi a elle la sienne.[56]

Voilà qui permet finalement à Montaigne de distinguer les mauvaises tendances de l'imagination – qui, nourrissant notre présomption, nous persuadent que nous sommes infiniment supérieurs à tout autre forme de vie – d'une modalité éthique de l'imagination, celle qui nous apprend à projeter une intelligence et une sensibilité internes aux animaux, quand bien même nous ne saurions nous figurer exactement leur conscience :

> La presomption est nostre maladie naturelle et originelle. La plus calamiteuse et fragile de toutes les creatures c'est l'homme, et quant et quant, la plus orgueilleuse. Elle se [...] va plantant par imagination au dessus du cercle de la Lune, et ramenant le ciel soubs ses pieds. C'est par la vanité de ceste mesme imagination qu'il s'egale à Dieu, qu'il s'attribue les conditions divines, qu'il se trie soy-mesme et separe de la presse des autres creatures, taille les parts aux animaux ses confreres et compagnons, et leur distribue telle portion de facultez et de forces, que bon luy semble. Comment cognoist il par l'effort de son intelligence, les branles internes et secrets des animaux ? par quelle comparaison d'eux à nous conclud il la bestise qu'il leur attribue ?[57]

Ce que permet l'imagination montaignienne, c'est un décentrement par lequel nous remédions à notre compréhension anthropocentrique du monde, au profit d'une figuration qui entrevoit l'existence de liaisons et de ressemblances inter-espèces. Le renversement de perspectives, dans les *Essais*, nous enjoint à redéfinir le « silence » et l'aphasie des animaux plutôt comme une limite théorique de notre connaissance – et non comme une lacune des autres espèces – laquelle peut néanmoins être résolue par une capacité imaginative : nous devons envisager, quoique très abstraitement, que les animaux aient une forme d'ingéniosité et de « pensement ». Ainsi la déficience se trouve-t-elle resituée par Montaigne en l'esprit humain, et la ressemblance homme/animal réaffirmée avec force :

> Ce defaut qui empesche la communication d'entre elles [les bestes] et nous, pourquoy n'est il aussi bien à nous qu'à elles ? C'est à deviner à qui est la faute de ne nous entendre point : car nous ne les entendons non plus qu'elles nous. Par ceste mesme raison elles nous peuvent estimer bestes, comme nous les estimons. Ce n'est pas grand mer-

56 II, 12, p. 452.

57 II, 12, p. 452.

> veille, si nous ne les entendons pas, aussi ne faisons nous les Basques et les Troglodytes. [58]
>
> Pourquoy espessit l'araignée sa toile en un endroit, et relasche en un autre ? se sert à ceste heure de ceste sorte de neud, tantost de celle-là, si elle n'a et deliberation, et pensement, et conclusion ? [59]

L'imagination est donc appréhendée par Montaigne comme cette maîtresse faculté par laquelle nous pouvons remédier à nos dualismes ruineux (homme / animal ; homme / femme ; nature / culture ; être-soi / autrui ; individu / société, etc.) et défaire les pensées séparatrices, qui répartissent les êtres dans des catégories distinctes sans liaison communicative. C'est dire la portée éthique et sociale de l'imagination montaignienne, qui devient le fondement de notre vie commune, enfin réconciliée avec toutes les formes d'existence environnantes. Aptes à concevoir l'intériorité d'autrui, nous développons la faculté d'accepter l'autre dans sa différence, laquelle pourrait bien devenir une propriété nôtre, et décuplons nos capacités à *faire lien* par-delà la diversité des formes dans lesquelles hommes, femmes, animaux et végétaux sont incarnés. Une communion et une ressemblance deviennent soudainement possibles, non seulement entre l'humanité et l'animalité, mais entre les individus les plus communs et les marginaux d'une société [60].

## Conclusion

D'une certaine manière, l'imagination est, chez Montaigne aussi, « reine des facultés » : la reconnaissance de cette capacité importe d'autant plus à l'essayiste qu'elle lui offre de réhabiliter notre condition corporelle (et ainsi de re-naturaliser l'homme), de décupler nos potentialités identitaires, et d'inaugurer une forme d'éthique qui soit à la fois relationnelle, empathique et collective. L'originalité la plus remarquable des *Essais*, sans doute, consiste à présenter l'imagination comme faculté sociale : plutôt que de la figurer comme une disposition interne par laquelle l'individu fantasme et se singularise jusqu'à la sécession hors du monde, Montaigne conçoit l'imagination comme cet inconscient collectif, acquis par éducation et sédimentations successives, par lequel nous intégrons les valeurs et les normes communes de nos « polices ». C'est dire combien l'auteur des *Essais*, trois siècles avant leur apparition en Occident,

58 II, 12, p. 453.

59 II, 12, p. 455.

60 Comme les sorciers : « L'ancienneté a tenu de certaines femmes en Scythie, qu'animées et courroussées contre quelqu'un, elles le tuoient du seul regard. Les tortues et les autruches couvent leurs œufs de la seule veuë, signe qu'ils y ont quelque vertu ejaculatrice. Et quant aux sorciers, on les dit avoir des yeux offensifs et nuisans. » (I, 21, p. 105).

fournit une source d'inspiration décisive pour les sciences sociales modernes.

## Travaux cités

### Édition de référence

Michel de Montaigne, *Les Essais*, éd. Villey-Saulnier, Paris, Puf, Quadrige, 2004.

### Littérature critique

Frédéric Brahami, *Le Scepticisme de Montaigne*, Paris, Puf, 1997.

Raffaele Carbone (dir.), *Imagination, coutume, pouvoir : XVIe-XVIIe siècles*, Paris, Éd. de la Sorbonne, 2015.

Olivier Guerrier, *« Quand les poètes feignent » : « fantasie » et fiction dans les* Essais *de Montaigne*, Paris, Honoré Champion, 2002.

John O'Brien, article « Imagination », dans Philippe Desan (dir.), *Dictionnaire de Michel de Montaigne*, Paris, Classiques Garnier, 2007, p. 569-575.

Nicola Panichi, *Les Liens à renouer. Scepticisme, possibilité, imagination politique chez Montaigne*, Paris, Classiques Garnier, 2008.

### Autres références

Philippe Descola, *Par-delà nature et culture*, Paris, Gallimard, 2005.

Paul Fauconnet, *La Responsabilité. Étude de sociologie*, éd. et préface de Sacha Lévy-Bruhl, Paris, Puf, 2023.

Deuxième Partie

# L'imagination face à la raison

Chapitre 4

# Descartes, l'imagination avec l'entendement

par Pierre Guenancia

## Introduction

La conception cartésienne de l'imagination paraît à première vue suivre deux voies contraires. D'un côté Descartes souligne la nécessité de l'imagination en mathématiques, c'est elle qui nous permet de forger dans notre esprit et de considérer les figures des choses et de raisonner sur des objets aussi simples, raison pour laquelle les mathématiques sont la seule science jusque là trouvée et pratiquée par les hommes. Cette conception très positive de l'imagination est exposée clairement dans le premier ouvrage (inachevé) de Descartes : les *Règles pour la direction de l'esprit*, notamment dans les règles XII et XIV. Nous l'examinerons dans un premier temps et tâcherons d'en déceler le prolongement dans les passages célèbres des *Méditations métaphysiques*. Mais la positivité de l'imagination et la nécessité de la figuration ne sont-elles pas limitées au champ clos de l'imagination géométrique ? Hors de la géométrie et de ses figures, y a-t-il un usage positif de cette faculté de l'esprit ?

Car, d'un autre côté l'imagination, sans être la folle du logis ni cette maitresse d'erreur et d'illusion qu'elle est pour Malebranche et Pascal, désigne une façon de considérer et d'estimer les objets de désir et de plaisir qui égare la volonté en lui faisant miroiter de fausses apparences, en donnant à certains objets plus d'importance qu'ils ne devraient avoir selon la droite raison. Mais, même ainsi vue, l'imagination n'est pourtant pas, en elle-même, pas plus d'ailleurs que les sens, la marque de la corruption de l'esprit de l'homme, impuissant à suivre la raison parce que captif d'une imagination déréglée et trompeuse.

Du côté des figures géométriques l'imagination fait contrepoids à l'entendement seul ou à l'entendement pur qui de lui-même aurait tendance à distinguer la figure de la chose figurée, le nombre de la chose nombrée, bref de forger des êtres abstraits, alors que l'imagination, paradoxalement, a le sens de la réalité et fixe l'esprit sur des êtres réels et non sur des abstractions. Inversement, au regard de la conduite à tenir dans la vie, l'imagination aurait tendance à déformer et grossir la réalité, et même à nous faire prendre des êtres fictifs pour des êtres réels. Il est alors nécessaire de faire appel à l'entendement seul pour rétablir la vérité en nous faisant connaître la vraie valeur des choses.

De l'un à l'autre de ces deux aspects de la même faculté il semble qu'il y ait un renversement total de sa valeur et de son utilité en passant d'un domaine, celui de la géométrie ou de la *mathesis*, à un autre, celui de la morale au sens large.

## 1 Les figures géométriques : l'imagination avec l'entendement dans les *Regulae*

Dans la règle IV, Descartes présente son projet de constituer une mathématique universelle qui s'appliquerait à toutes sortes de sujets et pas seulement aux nombres comme l'arithmétique ou aux figures comme la géométrie : une science de l'ordre et de la mesure en général. Pourquoi dépasser les mathématiques ordinaires ? Parce que, dit Descartes,

> rien n'est plus vain que de s'occuper de nombres tout nus et de figures imaginaires [...] et de se pencher sur ces démonstrations superficielles que le hasard fait trouver plus souvent que l'art, et qui relèvent des yeux et de l'imagination davantage que de l'entendement, au point de nous déshabituer en quelque sorte de l'usage de la raison.[1]

Comment alors comprendre que dans le même ouvrage il soit fait appel à l'imagination comme aide ou comme auxiliaire de l'entendement afin justement de figurer toutes les grandeurs, continues ou discontinues, qui sont l'objet des mathématiques ? Le projet de Descartes est, comme il le réalisera seulement dans *La Géométrie* de 1637, de trouver une science générale, qui n'est assignée à aucune matière en particulier, des rapports et des proportions. Cette généralité ne peut être postulée et trouvée que par l'entendement seul parce qu'il extrait les grandeurs en général des

1 René Descartes, *Œuvres complètes*, I, Paris, Gallimard, « Tel », 2016, p. 349. Les références à ce texte renvoient au tome I de la nouvelle édition des *Œuvres complètes* de Descartes sous la direction de Jean-Marie Beyssade et Denis Kambouchner (notée BK). Le texte latin et la traduction se trouvent aux pages 325 à 497. Pour les autres textes de Descartes, nous renvoyons aux *Œuvres* de Descartes, édition Adam et Tannery (Vrin et CNRS) notée AT, et édition Ferdinand Alquié notée FA (Classiques Garnier, 3 volumes).

choses dans lesquelles elles se trouvent. Le concept de grandeur, détaché de toute chose particulière, est un concept pur de l'entendement. Il est l'objet d'une intellection pure ou, ce qui revient au même, d'une intuition ou « conception de l'esprit pur et attentif » [2] (règle III). Autrement dit, intuition et conception ( ou intellection) désignent le même acte de l'esprit, acte le plus simple, acte instantané, acte que tout esprit humain effectue, et qui consiste dans la saisie intuitive d'une chose simple et par conséquent certaine :

> ainsi chacun peut voir par une intuition de l'esprit qu'il existe, qu'il pense, qu'un triangle est limité par trois lignes seulement, une sphère par une surface unique, et choses semblables, qui sont bien plus nombreuses que ne le remarquent la plupart des gens... [3]

Ce qui caractérise ces choses simples qui, en tant que simples, sont identiques (peu importe que ce soit une vérité métaphysique ou géométrique, comme on le voit dans les exemples donnés par Descartes), c'est qu'elles sont toutes comprises sans qu'il soit besoin de recourir à une illustration de l'esprit, à une image, à une figure, à une comparaison avec une autre chose. Intuition et conception ou intellection désignent donc le même acte de l'esprit. Autrement dit encore, l'intuition n'est pas aveugle ni le concept vide car il s'agit d'une intuition pure, non sensible, intellectuelle, par conséquent identique à une conception. Savoir que j'existe ou que je pense ne nécessite pas le secours de l'imagination ou des sens, au contraire même : ces choses ne sont connues certainement que si elles ne sont pas représentées par une image ou une figure qui sont toujours image ou figure d'une chose particulière. On voit donc déjà en quoi diffèrent entendement et imagination, en quoi l'acte de l'esprit pur et attentif diffère de l'acte d'imaginer. Le premier atteint, apparemment sans effort, naturellement pour ainsi dire, une généralité ou une universalité dégagée de toute matière particulière (le « j'existe » ou le « je pense » est indépendant de moi qui existe ou qui pense), alors que le second requiert un effort pour transcrire une idée en image ou figure, pour l'illustrer, ou, comme on voudra dire, pour l'incarner. L'imagination requiert le concours du corps, aussi bien des corps extérieurs que de mon propre corps, alors que l'entendement seul aperçoit sans image ni figure la chose simple qui est déjà présente à l'esprit mais qui, le plus souvent, n'est pas aperçue comme telle.

Une fois réparties les fonctions propres à chaque faculté de l'esprit, qui est un et toujours le même, comme le souligne Descartes aux premières lignes de ce premier ouvrage, il est possible de voir comment elles coopèrent et s'aident mutuellement, sans pour autant se confondre, car,

2 *Ibid.*, p. 339.

3 *Ibid.*

ainsi que le stipule le titre de la grande règle XII, un des sommets du livre,

> il faut user de tous les secours de l'entendement, de l'imagination, du sens et de la mémoire [...] de façon qu'aucune partie de l'industrie humaine ne soit négligée. [4]

La distinction des actes propres de ces deux facultés est donc la condition de leur coopération et non de leur divorce. C'est pourquoi à partir de la règle XII et surtout dans la règle XIV, il est constamment fait appel à l'imagination, non pas pour la substituer à l'entendement, mais pour aider celui-ci à acquérir la science universelle que recherche Descartes depuis la règle IV sous le nom ancien de *mathesis universalis*. Car seul l'entendement, et l'entendement seul, est capable de science (règle VIII, et aussi règle XII : « seul l'entendement est capable de percevoir la vérité » [5]). C'est comme correctif à la lenteur de l'esprit et pour en accroître la capacité cognitive que l'imagination intervient (règle VII) [6]. Son rôle et son utilité sont ceux d'un instrument capable, s'il est bien dirigé, de suppléer l'entendement lorsqu'il a affaire non plus à ces choses simples saisies par l'intuition mais à ces opérations qui se déroulent dans le temps et consistent en un mouvement de la pensée, comme dans la déduction ou l'énumération, où il ne s'agit pas simplement de distinguer une à une les choses connues mais de passer de l'une à l'autre par un mouvement continu de la pensée qui opère la synthèse de ces données séparées. L'imagination a une fonction ou un pouvoir synthétique, aussi peut-elle confondre des choses différentes et nous exposer à l'erreur, par prévention et précipitation, mais aussi, lorsqu'elle est bien dirigée, étendre et unifier le champ de la connaissance. Descartes va chercher à montrer sur des exemples mathématiques la force de l'imagination qui n'est pas celle d'une puissance rivale de la raison, mais au contraire celle d'un appui indispensable de l'entendement lorsqu'il s'exerce sur des objets qui participent de l'étendue. Or les corps, quels qu'ils soient, sont d'abord et avant tout des choses étendues, et réciproquement la notion d'étendue n'est pas séparable, sauf par abstraction de l'esprit, de celle du corps : pas de corps sans étendue, pas d'étendue sans un corps. L'idée du corps, chose étendue, est une idée claire et distincte de l'entendement. Mais la connaissance des corps implique l'activité de l'imagination car « rien ne tombe sous l'imagination qui ne soit en quelque manière étendu » et « par un être

4 *Ibid.*, p. 407.

5 *Ibid.*, p. 407.

6 *Ibid.*, p. 369 : « il faut assister la faiblesse de la mémoire par une sorte de mouvement continu de la pensée » ... « par une sorte de mouvement continu de l'imagination... on corrige la lenteur de l'esprit et l'on étend dans une certaine mesure sa capacité » (voir aussi règle XI, p. 403).

étendu on entend communément quelque chose qui tombe sous l'imagination », comme le rappellera plus tard Descartes à Morus qui paraît se faire une idée purement intellectuelle de l'étendue. En soutenant fermement qu'« il n'y a d'étendue que dans les choses qui tombent sous l'imagination, comme ayant des parties extérieures les unes aux autres, et qui sont d'une grandeur et d'une figure déterminées »[7], Descartes résume l'apport, décisif pour la science cartésienne comme pour la métaphysique, des règles XII et XIV et de l'usage qu'il y fait de deux notions capitales pour comprendre la façon d'agir de l'imagination : (a) le concept de figure, (b) le concept de grandeur.

### 1.1 Le concept de figure

> Rien ne tombe plus facilement sous le sens que la figure : on la touche en effet et on la voit (*tangitur enim et videtur*). [8] (règle XII)
>
> Le concept de la figure est si commun et si simple que tout sensible l'enveloppe. [9]
>
> Il est certain que la multitude infinie des figures est suffisante pour exprimer toutes les différences des choses sensibles. [10]

Ces quelques phrases extraites de la règle XII montrent non seulement que la figure est une nature simple, nécessairement présente dans toute idée du corps, quel qu'il soit, mais aussi que cette notion n'est pas purement intellectuelle et ne peut donc pas être saisie par l'entendement seul, mais par l'entendement aidé par l'imagination. Côté cerveau, l'imagination est comme un tableau sur lequel les sens externes dessinent la figure des choses sensibles ; sur ce tableau comme avec de la craie la force cognitive ou bien aussi le sens commun tracent les figures des choses. L'esprit, ici compris comme *ingenium,* peut alors se tourner vers ce tableau et distinguer les figures des choses, les composer entre elles, les comparer, les faire varier comme en géométrie. Cette science qui a pour objet les corps en général n'en retient que les figures sur lesquelles elle fait toutes sortes d'opérations. La nécessité de figurer ou de se représenter aussi bien matériellement que mentalement les corps est prescrite par l'entendement qui ne peut par lui-même se donner les images des choses mais qui les reçoit de l'imagination, qui les grave ou les imprime dans le sens commun, considéré ici comme une partie du cerveau :

7 Lettre à Morus du 5 février 1649, trad. FA 3, p. 877- 878 / AT V, p. 269.

8 René Descartes, *Œuvres complètes*, I, BK, p. 412.

9 *Ibid.*, p. 411.

10 *Ibid.*

> le sens commun joue le rôle d'un cachet pour former dans la fantaisie ou imagination, comme dans de la cire, ces figures ou idées qui lui viennent pures, et sans aucun corps, des sens externes. [11]

La nouvelle science cartésienne ne connaît pas de genres ou de catégories de choses, ni de formes substantielles propres à chaque genre de choses, elle ne connaît ou ne reconnaît que la figure, notion présente en tout type de choses, inséparable de l'idée d'étendue, caractère essentiel et commun à tous les corps matériels. Une figure est distincte des autres figures tout en étant comparable aux autres, ce qui rend possible l'institution d'un ordre entre des choses différentes selon leur genre d'êtres mais comparables en tant que figures diverses ou modes de l'étendue. Une figure est l'objet d'une imagination distincte, ce qui est d'un précieux secours pour l'entendement qui, tout en ayant par lui-même une idée claire et distincte du corps, chose étendue, se représente mieux ces corps dans leur diversité quand l'imagination trace leurs figures dans le sens commun car « c'est par elles seules [les figures] qu'on peut former des idées de toutes choses » [12] (règle XIV). Comme Descartes l'établira remarquablement dans le discours quatrième de la *Dioptrique*, une image ne retient pas la ressemblance des choses, elle communique à l'esprit, par l'intermédiaire du cerveau, des traits ou les figures schématiques des choses grâce auxquels l'esprit peut se les représenter, c'est-à-dire en concevoir leurs idées.

Pour comprendre l'importance de l'imagination dans la science il faut rappeler la théorie cartésienne de la perception élaborée dans la *Dioptrique* (la nature des images, représentation et non ressemblance). En ce sens la brève et fulgurante théorie des images comparées aux tailles-douces donne une explication et une justification physique à l'imagination des corps comme figures géométriques. La distinction des trois notions primitives dans les deux lettres de mai et de juin 1643 à la princesse Elisabeth fonde épistémologiquement cette fois l'usage de l'imagination dans la connaissance des corps :

> Le corps, c'est-à-dire l'extension, les figures et les mouvements, se peut aussi connaître par l'entendement seul, mais beaucoup mieux par l'entendement aidé de l'imagination. [13]

L'entendement a affaire à des natures simples, immédiatement saisies par l'intuition pure. L'imagination a, elle, affaire à de vraies choses, à des choses réelles ou existantes dont elle imprime « certaines figures abrégées (*compendiosae figurae*) de ces choses » [14] (règle XII) dans le sens

11 *Ibid.*, p. 413.

12 *Ibid.*, p. 467.

13 René Descartes, Lettre du 28 juin 1643, dans FA III, p. 44.

14 René Descartes, *Œuvres complètes*, I, BK, p. 417.

commun, qui est une sorte de mémoire corporelle. En ce sens l'imagination a une activité propre, elle n'est pas cette faculté reproductrice d'un donné soit sensible soit intellectuel. Sans être créatrice au sens moderne du mot, elle constitue son objet comme objet réel. Ainsi, elle seule est capable de corriger l'abstraction intellectuelle de l'entendement et de réunir (par synthèse) les « natures » que l'entendement distingue afin de les percevoir le plus nettement possible :

> si par exemple nous considérons un corps étendu et figuré, nous avouerons certes qu'il est *a parte rei* quelque chose d'un et de simple : en ce sens en effet on ne saurait le dire composé de nature corporelle, d'étendue et de figure, puisque ces parties n'ont jamais existé distinctement les unes des autres ; mais au regard de notre entendement (*intellectus*), nous l'appelons un composé de ces trois natures, parce que nous les avons comprises chacune séparément avant de pouvoir juger que les trois se rencontrent ensemble dans un seul et même sujet. [15]

Cette conception de l'imagination esquissée dans la règle XII et développée admirablement dans la sixième méditation est en étroite liaison avec la pensée géométrique de Descartes. Il peut même paraître étrange que l'inventeur de la géométrie algébrique, c.-à-d. d'un procédé général pour substituer à la construction de courbes dans l'espace l'écriture neutre et uniforme d'équations algébriques, ait donné à l'imagination une sorte de légitimité épistémologique et même, dans le prolongement de cette reconnaissance, un usage et une utilité pratiques permettant de la penser comme une véritable et indispensable activité de l'esprit (*ingenium* plus qu'*intellectus*). Il n'y a rien que notre imagination perçoive plus facilement que l'étendue, ou bien ce qui a longueur, largeur et profondeur. L'étendue cartésienne n'est pas une étendue intelligible, au sens de Malebranche. C'est une étendue recouverte de figures actuelles ou possibles et, même si nous pouvons concevoir l'étendue sans la figure, elle est rendue manifeste par les figures qui la déterminent, de la même manière que la pensée n'est rendue manifeste que par les diverses pensées qui se produisent dans l'âme. Par conséquent une étendue indivisée, à plus forte raison indivisible, ne présenterait pas de caractère qui la rendrait connaissable ; un tel être est une pure abstraction, à l'inverse de l'étendue véritable qui est l'attribut essentiel des corps matériels et qui est essentiellement imaginable.

## 1.2 Le concept de grandeur

La règle XIV consacre l'accord entre l'entendement et l'imagination qui paraît être l'un des objectifs de Descartes dans les *Regulae* :

15 *Ibid.*, p. 417-419.

> La question doit être transférée à l'étendue réelle des corps et proposée tout entière à l'imagination au moyen de figures nues : l'entendement en effet la percevra ainsi beaucoup plus distinctement. [16]

Pourquoi faut-il utiliser les secours de l'imagination (début de la règle) ? Non pas, bien sûr, pour restreindre la pensée ou la connaissance aux choses sensibles seules, qui peuvent être imaginées à la différence des êtres intellectuels qui dépassent l'entendement parce qu'ils ne sont pas imaginables. D'un bout à l'autre de son œuvre Descartes a critiqué et rejeté le sensualisme de l'École et son axiome : il n'y a rien dans l'entendement qui n'ait été d'abord dans les sens. Dans cette perspective critiquée, notamment dans l'analyse célèbre du morceau de cire (deuxième méditation) où il est établi que les corps ne sont connus que par l'entendement seul et non par les sens ou l'imagination, les mathématiques sont une discipline abstraite et la physique une science concrète, portant sur des choses réelles et non sur des abstractions, comme les nombres et les figures. Or dans les *Regulae*, et particulièrement dans cette règle XIV, Descartes veut montrer que l'étendue (et par conséquent les figures, les grandeurs qui sont les objets propres des mathématiques) est une chose réelle parce qu'elle est l'attribut essentiel du corps étendu (pléonasme car l'étendue est l'essence des corps comme la pensée est l'essence de l'âme). Certes l'étendue considérée isolément des corps étendus comme le fait l'entendement seul, sans le secours de l'imagination, est une abstraction de l'esprit (mais légitime à condition de le savoir), mais l'étendue comme représentation de l'entendement « aidé par les espèces dépeintes en la fantaisie », donc de l'entendement avec l'imagination, est quelque chose de tout à fait réel :

> on ne désigne pas par *étendue* quelque chose de distinct et de séparé du sujet lui-même, et de façon générale nous ne reconnaissons pas d'êtres philosophiques de ce genre, lesquels en effet ne tombent pas sous l'imagination. [17]

Autre formulation :

> jamais pourtant ces êtres abstraits ne se forment dans l'imagination à part de leurs sujets. [18]

Conséquence (non encore tirée dans les *Regulae*) : une physique mathématique est non seulement possible, mais elle constitue la seule connaissance scientifique des choses matérielles, quelles qu'elles soient. Seule l'imagination est à même de recevoir les idées des choses corporelles que l'on peut abréger en : idées corporelles, comme sont celles de figure

16 *Ibid.*, p. 449.

17 *Ibid.*, p. 455.

18 *Ibid.*, p. 457.

et de grandeur. C'est sur ce donné (que l'entendement ne peut trouver en lui-même ou par lui-même) que l'entendement va pouvoir juger des rapports et des proportions entre les figures et les grandeurs, car c'est l'entendement seul qui a le pouvoir de juger. Mais, règle générale de l'épistémologie cartésienne :

> la pensée d'un chacun, c'est-à-dire la perception ou la connaissance qu'il a d'une chose, doit être pour lui la règle de la vérité de cette chose, c'est-à-dire que tous les jugements qu'il en fait doivent être conformes à cette perception pour être bons [...]. Ainsi, c'est l'erreur la plus absurde et la plus exorbitante qu'un philosophe puisse admettre, que de vouloir faire des jugements qui ne se rapportent pas aux perceptions qu'il a des choses. [19]

L'imagination est à la pratique mathématique ce que la perception est à la connaissance ordinaire des choses : elle procure un donné à l'entendement pour qu'il puisse juger des choses présentes aux sens. Comme le jugement naturel s'appuie sur nos perceptions, la géométrie, science d'entendement, repose sur les figures dépeintes en la fantaisie. En ce sens, l'imagination « sert de garde-fou pour l'entendement » [20], elle l'empêche de créer des êtres abstraits, produits de la distinction entre deux choses qui ne sont pas séparées dans la réalité, comme le corps et l'étendue, comme la figure et le corps, comme la grandeur et les choses qui ont des dimensions. Pas plus que la figure, la grandeur n'est quelque chose de réel, mais, comme la figure, la grandeur est la dimension sous laquelle une chose réelle apparaît à l'entendement. De même que la science des figures ou géométrie est *ipso facto* la science des corps de différentes figures, ainsi la science des grandeurs, ou *mathesis universalis*, ne porte pas sur des abstractions mais sur les choses physiques ou matérielles dont la grandeur (nombre, poids, vitesse qui sont autant de dimensions de la grandeur, celle « qui se peindra dans notre imagination le plus facilement et le plus distinctement de toutes ») est ce par quoi elles sont toutes mesurables, donc commensurables, et donc connaissables.

L'imagination n'est donc pas seulement une aide pour l'entendement, mais une façon d'être active de l'esprit. L'imagination (il ne s'agit bien sûr pas de cette partie du cerveau dans laquelle se forment les images ou les figures matérielles des choses [21]) n'est pas une affection de l'âme par

19 René Descartes, Lettre à Clerselier sur les instances..., AT IX, p. 844 / FA 2, p. 844)

20 René Descartes, *Œuvres complètes*, I, BK, p. 723, note 332.

21 « C'est en un autre sens que j'enferme les imaginations en la définition de *cogitatio* ou de la pensée, et en un autre que je les en exclus, à savoir (*Descartes écrit en latin ce qui suit*) : Les formes ou espèces corporelles, qui doivent être dans le cerveau pour que nous imaginions quelque chose, ne sont pas des pensées ; mais l'opération de l'esprit qui imagine, c'est-à-dire qui se tourne vers ces

son corps ou par les choses extérieures, c'est beaucoup plus une façon de se rendre ces choses et même ce corps présents. En imaginant, c'est-à-dire en voulant imaginer, l'esprit affecte cette partie du cerveau apte à recevoir des images ou des traces et y détermine les figures des choses auxquelles il pense ou qu'il conçoit. On peut citer deux exemples de l'*action* de l'imagination. Dans la lettre à Elisabeth du 6 octobre 1645 Descartes écrit :

> lorsqu'elle [l'âme] use de sa volonté pour se déterminer à quelque pensée qui n'est pas seulement intelligible, mais imaginable, cette pensée fait une nouvelle impression dans le cerveau, cela n'est pas en elle une passion, mais une action, qui se nomme proprement imagination [22]

et un peu plus loin :

> il faut que l'âme fasse ce jugement ou bien, sans juger, qu'elle conçoive au moins le danger et en imprime l'image dans le cerveau (ce qui se fait par une autre action qu'on nomme imaginer)... [23]

## 2 Imagination : la présence du corps dans l'esprit (sixième méditation)

« J'ai besoin, écrit Descartes, d'une particulière contention d'esprit (le latin dit : *nova animi contentio*) pour imaginer, de laquelle je ne me sers point pour concevoir », et quelques lignes plus haut à propos du triangle :

> je considère ces trois lignes comme présentes par la force et l'application intérieure de mon esprit (*acie mentis intueor*) ; et c'est proprement ce que j'appelle imaginer). [24]

L'existence des corps ne peut pas être connue comme l'est leur essence en tant qu'elle est l'objet des géomètres. Il y a dans les corps extérieurs d'autres qualités ou propriétés que celles qui constituent les modes propres de la chose étendue (figures, grandeurs, mouvements), ce sont les qualités sensibles (dont il a déjà été question dans la deuxième et la troisième méditation). Celles-ci ne peuvent pas être connues comme celles-là, à partir de l'idée claire et distincte de la substance étendue. Les modes de la substance étendue ne peuvent pas être séparés de cette substance : ils en font partie, ce sont eux qui la font connaître. Mais les qualités sensibles ne font pas partie de l'idée de corps matériel, au con-

espèces, est une pensée », Lettre à Mersenne du 21 avril 1641, AT III, p. 361 / FA 2, p. 326-327.

22 FA 3, p. 615.

23 *Ibid.*, p. 616.

24 Sixième méditation, AT IX-1, p. 57 (AT VII, p. 72) ; FA 2, p. 481 (texte latin *ibid.*, p. 221).

traire même : on sait depuis *Le Monde* que les sentiments correspondent à des mouvements dans le corps, mais n'ont d'existence que dans l'esprit de celui qui sent. Il faut donc une autre connaissance que celle du corps par idée claire et distincte (conception ou intellection) pour que ces qualités sensibles apparaissent comme signes d'une communication entre les corps extérieurs et l'esprit via les sens. Il faut montrer la spécificité du sensible par rapport au corps considéré, comme dans la géométrie, comme chose étendue. C'est pour cela que Descartes commence cette méditation par une comparaison entre la connaissance purement intellectuelle des corps géométriques (conception ou intellection) et une connaissance qui s'appuie sur l'imagination. Ce problème est loin d'être nouveau, il apparaît dans la Ire Partie de la règle XII, dans des termes d'ailleurs très semblables à ceux de cette méditation :

La *vis cognoscens* (une première formulation de la *res cogitans* ?) est tantôt passive tantôt active :

> C'est cette seule et même force qui, si elle s'applique avec l'imagination au sens commun, est dite voir, toucher, etc. ; qui, si elle s'applique à la seule imagination, en tant que revêtue de diverses figures, est dite se souvenir ; qui, si elle s'y applique pour forger de nouvelles figures, est dite imaginer ou concevoir ; qui enfin, si elle agit seule, est dite entendre [...]. Aussi cette même force est-elle appelée, selon ces diverses fonctions, entendement pur, imagination, mémoire ou sens ; mais elle s'appelle à proprement parler, esprit (*ingenium*) quand elle forme dans la fantaisie des idées nouvelles, ou bien quand elle se penche sur des idées déjà faites. [...] Si l'entendement se propose d'examiner quelque chose qui puisse être rapporté au corps, il faut en former l'idée dans l'imagination, avec autant de distinction qu'il se pourra... [25]

Imaginer c'est appliquer son esprit aux figures dont l'imagination est couverte : imaginer c'est comme voir, c'est se re-présenter des choses en leur absence. Ce qui intéresse ici Descartes c'est que l'acte d'imaginer une chose (une figure, c'est le seul exemple) est plus clair, plus distinct, plus sensible que celui de concevoir. C'est pour cela qu'il demande un effort particulier qui n'est nullement nécessaire lorsque l'esprit ne fait que concevoir une figure comme celle du triangle, celle du pentagone ou celle d'une figure à mille côtés (un chiliogone).

Mais cet effort de l'esprit, cette contention d'esprit, quand il imagine, est l'indice qu'on est en présence d'une chose différente de la pensée. Lorsque la pensée ne fait que concevoir, elle ne fait pas d'effort, elle ne rencontre pas de résistance, seulement une limite comme avec l'infini. Il y a effort parce qu'il y a altérité et nécessité d'accommoder la pensée, ma

25 René Descartes, *Œuvres complètes*, I, BK, p. 417-418.

pensée ou mon esprit avec une chose qui est d'une nature différente de celle de la pensée. Il faut bien voir que « le corps qui lui est intimement présent » n'est pourtant pas la même chose que la pensée ou l'esprit. L'union intime, étroite n'est jamais confusion des deux natures qui demeurent distinctes même dans l'union. Descartes parle de mélange (*permixtio*), plus tard il recommandera d'attribuer à l'âme l'extension qui est pourtant l'attribut essentiel du corps, mais ce mélange n'empêche pas l'esprit de reconnaître une différence d'origine entre ce qui appartient en propre à l'âme et ce qui appartient en propre au corps. Sinon on ne pourrait pas expliquer les passions comme phénomènes mixtes, modifications de l'âme par des mouvements corporels.

La conception ou intellection pure correspond ici à la compréhension de la signification du mot : on sait sans difficulté ce que c'est qu'une figure de mille côtés. Mais on ne peut pas l'imaginer, c'est-à-dire en tracer la figure dans l'esprit considéré non pas seulement comme une chose qui conçoit mais aussi comme une chose capable d'imaginer. Il faut un support matériel à l'exercice de l'esprit qui imagine.

D'où l'indice que constitue l'imagination en tant que faculté de l'esprit distincte de celle de concevoir. C'est une application de l'esprit au corps qui lui est joint. La présence à l'esprit de ce corps ne fait pas problème, depuis le début des *Méditations* d'ailleurs. Mais ce n'est pas parce que mon corps est présent à ma pensée, qu'il lui est joint et intimement lié, qu'il y a hors de ma pensée un corps matériel qui soit comme la réalité formelle de ce corps dont j'ai l'idée en moi, idée dont je ne peux pas me séparer, mais qui ne prouve pas qu'il existe réellement hors de moi un corps dont j'ai seulement l'idée en moi. Dans ce premier moment qui porte sur l'imagination, l'existence de mon corps, dont la signification est certes bien différente de celle du corps matériel et surtout extérieur, est en suspens, comme celle de l'existence des corps en général : « Je conçois aisément que l'imagination se peut faire de cette sorte, *s'il est vrai qu'il y ait des corps* »[26]. L'existence de mon corps ne fait pas exception à l'existence des corps en général, même si sa signification est totalement différente parce que ce corps, mon corps, est uni à mon esprit et qu'en ce sens ce n'est pas un corps extérieur à moi, ni un corps purement physique, comme Descartes l'établira dans les *Passions de l'âme*, à l'article 30, qui complète très utilement ce passage, ainsi que dans la lettre à Mesland du 9 février 1645.

Si elle ne peut s'exercer qu'au contact d'un corps, sur lequel les figures sont inscrites comme sur un tableau, l'imagination est l'indice de l'existence d'un corps auquel l'esprit est joint. L'imagination déborde la simple capacité de l'esprit à concevoir les choses corporelles, elle dénote une

26 AT IX, p. 58.

certaine application de l'esprit à quelque chose qui n'est pas lui. Cette contention d'esprit qui caractérise et accompagne l'acte d'imaginer montre que l'esprit s'applique à autre chose que lui-même, sinon pourquoi cet acte serait-il un effort, ce que n'est pas l'intellection, simple perception d'un rapport, et surtout pourquoi cet effort est-il limité à quelques figures, celle du triangle, la plus simple, celle du pentagone, à la limite ? Mais au-delà l'effort pour voir les figures comme présentes « avec les yeux de mon esprit » échoue : cette limitation de l'imagination est le signe que l'esprit n'est pas seul lorsqu'il imagine. Sinon il n'éprouverait pas de la peine à se représenter son objet. En imaginant, dit Descartes au tout début, l'esprit se tourne vers le corps « qui lui est intimement présent, et partant qui existe ».

Veut-il dire que ce corps auquel je suis uni existe, à la différence des autres corps, les corps matériels et extérieurs dont je peux douter ? Si c'est le cas, pourquoi par la suite chercher à prouver l'union de mon esprit avec un corps en particulier que par un certain droit particulier j'appelle mien ? Reste que Descartes dit bien à la fin de ce premier paragraphe : « et partant qui existe (*ac proinde existens*) » : si imaginer c'est appliquer la faculté de connaissance au corps présent, ce corps, par définition, existe, mais c'est l'implication qui est nécessaire, ce n'est pas le deuxième terme considéré isolément. Je ne peux pas douter que j'imagine puisqu'imaginer c'est penser, je comprends que l'imagination implique cette application de l'esprit à un corps présent, mais de cela je ne peux pas déduire avec certitude (mais seulement probablement) que ce corps présent existe, si je puis dire, indépendamment de mon esprit. La pensée de voir ou de sentir n'a pas besoin d'un autre corps qu'un corps pensé, mais imaginer ou sentir (et non la pensée d'imaginer ou de sentir) font signe vers quelque chose de réel et d'indépendant de la pensée. Toute la preuve de l'union tient à cela : l'extériorité ou du moins l'altérité de ce corps auquel je suis uni, et qui est au moins en partie indépendant de ma pensée, c'est-à-dire de ma volonté. C'est pourquoi la pensée d'imaginer (ou l'imagination comme un des modes du *cogito*) ou la pensée de sentir ne suffit pas, il faut que l'opération d'imaginer et de sentir apporte la preuve que le *cogito* n'est pas seul, qu'il est affecté par une autre chose que lui, ou par une chose d'une autre nature que celle de la chose pensante, et que ce corps qui lui est intimement présent existe véritablement, ce qui ne peut être prouvé que si ce corps produit dans mon âme une affection qu'elle seule n'a pas le pouvoir de causer. C'est pourquoi les deux moments (imaginer et sentir) ne prouvent encore rien concernant ce corps qui est mien et auquel je suis intimement uni : il faut que soit montrée l'altérité de ce corps à l'esprit, son pouvoir causal, en tant qu'il diffère de celui de l'esprit et de la volonté. Bref, en des termes non cartésiens, le problème ici est celui de la distinction entre le volontaire et l'involontaire (comme dit Ricœur).

D'une certaine manière, cette confrontation entre imaginer et concevoir montre que l'imagination est « plus » que la seule conception, qu'elle ajoute quelque chose à la simple intellection au lieu de la corrompre ou l'obscurcir. L'imagination est indispensable et d'un grand secours là où l'esprit a affaire à des corps ou choses matérielles en général, comme en géométrie. Il n'y a qu'en métaphysique (dont les objets sont des choses immatérielles) que l'imagination est un obstacle (vouloir forger une image de Dieu, de l'âme, chercher à se figurer un être qui est sans figure). Mais partout ailleurs, la connaissance ne peut progresser qu'avec l'imagination, en construisant des modèles comme le corps machine, en établissant des comparaisons, etc. C'est un point qui est souvent sous-estimé ou même méconnu, cette fonction d'auxiliaire de l'entendement que Descartes accorde depuis le début de son œuvre à l'imagination.

## 3 Deux exemples de relation dynamique entre l'imagination et l'entendement[27]

La question de l'imagination, toujours envisagée d'un point de vue fonctionnel mais sur un tout autre plan que celui de la figuration géométrique, est évoquée par Descartes dans deux lettres, l'une à Elisabeth de mai ou juin 1645[28], l'autre à Chanut du 1er février 1647[29].

Dans la première de ces deux lettres, Descartes, en réponse à la princesse qui lui faisait part des maux que lui causaient sans doute ses soucis et malheurs et qui lui rappelait aussi sa volonté de lui « guérir le corps avec l'âme »[30], formule à nouveau la différence qu'il y a entre l'entendement et l'imagination, comme dans la sixième méditation, mais sur un tout autre plan. Il compare deux situations symétriques, mais inverses l'une de l'autre en ce qui concerne le rapport entre l'entendement et l'imagination.

La première serait celle (car il s'agit d'une expérience de pensée)

> d'une personne qui aurait toute sorte de sujets d'être contente mais qui verrait continuellement représenter devant soi des tragédies [...] et qui ne s'occuperait qu'à considérer des objets de tristesse et de pitié qu'elle sût être feints et fabuleux, en sorte qu'ils ne fissent que tirer des larmes de ses yeux, et émouvoir son imagination sans toucher son entendement...

27 Je reprends en le modifiant un passage de mon étude sur « La critique cartésienne des critiques de l'imagination », parue dans le volume collectif *Imagination, imaginaire, imaginal*, Paris, PUF, « Débats », 2006.

28 AT IV, p. 219-221 / FA 3, p. 571-573.

29 AT IV, p. 601 et suiv. / FA 3, p. 709 et suiv.

30 Lettre d'Elisabeth à Descartes du 24 mai 1645, AT IV, p. 208.

Descartes pronostique alors une altération de la santé et en décrit même le processus physiologique.

La seconde serait, à l'inverse, celle

> d'une personne qui aurait une infinité de véritables sujets de déplaisir, mais qui s'étudierait avec tant de soin à en détourner son imagination, et qu'elle employât tout le reste de son temps à ne considérer que des objets qui lui pussent apporter du contentement et de la joie.

Cela seul, selon Descartes, serait capable de la remettre en santé. On peut supposer que la première personne est au départ en bonne santé, à l'inverse de la seconde qui, du fait de la tristesse causée par ses malheurs, souffre au contraire de maux semblables à ceux d'Elisabeth.

### 3.1 La lettre à Elisabeth du 24 mai 1645

Cette lettre apporte une précision importante relative à la différence entre l'imagination et l'entendement sur le plan de la répercussion des événements sur l'âme. En un sens c'est l'inverse de la lettre du 18 mai 1645 où Descartes recommandait de ne pas considérer les événements de la fortune comme ceux des comédies [31]. Ici, le spectacle, même connu comme tel, peut nuire à la santé en rendant le spectateur véritablement triste, bien qu'il sache que les événements représentés sont faux : fictifs, joués, imaginaires. La présence de l'âme au corps est telle que ces représentations morbides sont capables de provoquer une altération corporelle. L'intérêt de ce contre-exemple est de montrer que la relation imagination / entendement peut se lire dans les deux sens et produire deux effets contraires : au théâtre, l'imagination joue librement mais dans les limites que l'entendement lui assigne. Elle peut bien se donner libre cours, le spectateur peut bien ressentir les plus vives passions, il restera conscient de lui-même, il ne se laissera pas emporter par le jeu devenu réalité, à la faveur du désarrimage de l'imagination, comme c'est le cas dans l'exemple de l'homme bien à l'aise dans sa vie (réelle) mais tellement obnubilé par les images qui assaillent ses yeux et son imagination qu'il les subit comme si elles étaient vraies. On pourrait en tirer quelques enseignements aujourd'hui où le rapport entre le monde virtuel et le monde réel tend à s'inverser, le virtuel étant plus réel que le réel du fait de l'intensité des affects qu'il produit chez le spectateur— mais en est-il un ? C'est pourquoi (situation inverse) l'homme sage qui prend le parti inverse et qui, bien qu'ayant de véritables sujets de déplaisir, en détournerait son imagination pour ne pas en être affecté dans son corps, s'en sortirait mieux que celui qui est comme ensorcelé par les images qui défilent devant lui.

L'entendement est la faculté de distinguer le vrai du faux grâce à la perception claire de l'objet. Mais est-ce le même entendement ou du

31 FA 3, p. 566.

moins la même fonction de l'entendement qui tantôt s'appuie, tantôt s'oppose à l'imagination ? L'entendement ici est synonyme de raison ou de bon sens, et non d'*ingenium* comme dans les *Regulae*. La relation entre les deux facultés paraît inversée : l'entendement est ce qui est capable de connaître la vérité ou la réalité, alors que l'imagination détourne l'esprit de la réalité, d'où l'illusion, la tristesse, etc. Il ne s'agit pas d'une inversion mais d'une orientation différente de l'entendement et de l'imagination.

Par le doute, il est possible de suspendre le jugement concernant la réalité de l'objet mais il n'est pas possible de le voir autrement qu'on le voit lorsque cette perception est claire et distincte. Autrement dit, on ne peut pas réellement penser (mais seulement feindre) que ce qu'on tient pour vrai soit faux. Mais l'imagination, dont la fonction est de se représenter des objets en leur absence, ou d'en inventer de nouveaux, est plus ou moins forte et vive à proportion de l'attention portée par l'esprit aux choses imaginées. C'est la façon dont l'âme se rend présents des objets, ce n'est pas la connaissance de quelque chose. Une connaissance peut être dans l'esprit sans qu'elle lui soit présente, c'est-à-dire sans agir sur lui comme font les objets des sens ou ceux qu'il imagine quelquefois si vivement ou fortement qu'ils agissent sur lui comme le feraient des objets réels. En ces cas, la connaissance qu'a l'esprit de l'irréalité de l'objet présent dans l'imagination ne diminue pas la force de cette représentation, sa présence à l'esprit. L'imagination n'a pas le pouvoir de rendre vrai l'objet seulement représenté en elle, l'entendement n'a pas le pouvoir d'affaiblir ou de détruire la représentation d'un objet qu'il sait n'être qu'imaginé, et non pas vrai (au sens de réel, d'existant). On a beau savoir « qu'on se fait des idées », comme on dit vulgairement (mais très bien !), cela ne suffit pas à s'en délivrer et à ne plus y penser.

Ce n'est donc pas une lutte entre des représentations vraies ou rationnelles et des représentations fausses ou imaginaires qui se produit dans l'esprit soumis à une sorte de guerre des dieux en lui, ni même une tension entre ce qu'il sait d'un côté et ce qu'il ressent de l'autre. Mais l'esprit, qui ici n'est pas divisé, est occupé, et même entièrement occupé, par ces objets qui se présentent indistinctement à l'imagination et aux sens et n'a pas la capacité d'en détourner son regard (*acies mentis*). Du coup, si ces objets sont « efficaces », tout en étant « feints et fabuleux » comme les événements joués sur la scène du théâtre, ils vont causer de la tristesse dans l'âme et, du fait de son union étroite avec le corps dans lequel s'inscrivent les effets de l'imagination, des indispositions dans le corps. Rejoint-on alors les analyses pascaliennes du conditionnement et du divertissement ? Oui, si l'on pense à la description du mal réel causé par l'imagination. Mais la différence tient dans le fait que l'imagination cartésienne est caractérisée par la mobilité du regard de l'esprit alors que dans les célèbres analyses pascaliennes, l'imagination semble envelopper une fascination de l'esprit par l'objet et du coup une aliénation de l'esprit dans ses propres représentations [32]. C'est pourquoi le remède cartésien – car l'objectif de Descartes est de trouver des remèdes à des situations, et non de chercher à déchiffrer leur sens caché – consiste dans l'exercice du détournement du regard et dans le changement de direction de l'attention vers d'autres objets que ceux qui sont d'autant plus présents à l'âme qu'ils sont représentés par l'imagination, c'est-à-dire rendus présents par une sorte d'attention involontaire.

Les deux situations mettent donc, chacune à sa manière, en évidence la force de l'imagination, qui consiste dans son indépendance (relative) à l'égard de l'entendement et non dans sa supériorité sur lui ; il ne peut y avoir de concurrence entre deux fonctions aussi différentes que celle qui consiste à savoir et celle qui consiste à se représenter des choses, à figurer des objets, des situations, des événements. C'est pourquoi on ne remplace pas des représentations par des vérités, mais par d'autres représentations qui peuvent être plus conformes que les premières à la vérité mais qui n'en demeurent pas moins des représentations, et non des conceptions ou intellections pures. « Détourner son imagination » ne veut donc pas dire tarir l'imagination, ni même la rendre « pure », comme le demande Malebranche, mais se déprendre progressivement de ce qui bouche la vue pour pouvoir à nouveau regarder d'autres choses, au besoin des choses insignifiantes comme celles dont parle Descartes à la fin de ce passage : la verdeur d'un bois, les couleurs d'une fleur, le vol d'un oiseau... Diversion plus que divertissement. Libérer l'esprit des objets captateurs d'attention, lourds, trop lourds de sens, plutôt que chercher à s'occuper à tout prix. Ce ne sont pas forcément des stratégies antagonistes, du moins tant qu'elles sont pensées comme des stratégies, mais dans l'une la question de l'imagination est une question qui porte sur son essence tandis que, dans l'autre, c'est surtout une question d'usage, la seule qui importe vraiment aux yeux de Descartes. Si l'imagination peut passer de la considération d'objets funestes à celle d'objets de joie et de contentement, c'est que son action consiste dans le fait de se porter sur un donné sensible ou intellectuel et de l'éclairer, un peu comme un projecteur éclaire une scène. Le danger est de ne voir que ce qui est ainsi dans la lumière, mais le remède est dans la possibilité de tourner le rayon lumineux vers d'autres choses et de découvrir par là même que les choses se donnent à nous toujours par « un biais », qu'imaginer est une façon de voir et de se rendre présent ce qu'on voit, et non (en tout cas, pas nécessairement) une espèce de folie ou un désordre de l'esprit. C'est pourquoi on peut avoir des « sujets de déplaisir » et le savoir, et porter le regard de son esprit sur des choses

32 Voir ici même chapitre 5, « Pascal, le double jeu de l'imagination ».

susceptibles de donner de la joie. Ici ce n'est pas l'imagination qui trompe, ce serait plutôt l'esprit, le bon sens qui tromperait l'imagination, montrant par là que pour la conduire il faut savoir jouer avec elle : il faut y voir un jeu de l'esprit avec lui-même. C'est dans cette perspective, semble-t-il, que s'engage aussi Descartes dans la lettre à Chanut du 1er février 1647, lorsqu'en réponse aux questions de son ami sur la possibilité pour l'homme, aidé seulement de la lumière naturelle, d'aimer Dieu, il évoque, comme en passant, le rôle de l'imagination.

### 3.2 La lettre à Chanut du 1er février 1647

À la question posée par Chanut sur la possibilité d'aimer Dieu, Descartes répond d'abord qu'il y a « deux fortes raisons » qui font douter de la possibilité d'un tel amour :

> la première est que les attributs de Dieu [...] sont si relevés au-dessus de nous, que nous ne concevons en aucune façon qu'ils nous puissent être convenables, ce qui est cause que nous ne nous joignons point à eux de volonté ; la seconde est qu'il n'y a rien en Dieu qui soit imaginable, ce qui fait qu'encore qu'on aurait pour lui quelque amour intellectuelle, il ne semble pas qu'on en puisse avoir aucune sensitive, à cause qu'elle [l'amour] devrait passer par l'imagination pour venir de l'entendement dans le sens. [33]

Ces raisons étant posées (et maintenues par la suite), il est alors possible de dire pourquoi, malgré les vrais arguments qu'elles font valoir contre la possibilité d'un amour « naturel » de Dieu, nous pouvons « véritablement aimer Dieu par la seule force de notre nature ».

En réponse à la première raison, Descartes fait observer (ce qui, à ma connaissance, est la seule fois) que Dieu est un esprit, ou une chose qui pense, et que de ce point de vue « la nature de notre âme a quelque ressemblance avec la sienne ». Suit une longue suite de remarques qui soulignent, comme pour atténuer la portée de cette « ressemblance » et empêcher qu'elle ne devienne identité, la distance entre Dieu et nous, la différence de taille entre les deux parties de ce tout que l'on aspire à former avec Dieu en voulant l'aimer. Laissons, à regret, ces profondes remarques pour nous en tenir à la question qui nous occupe ici. La considération de Dieu comme chose qui pense constitue-t-elle l'un des attributs contenus dans l'idée de Dieu, comme la souveraine bonté, la toute-puissance, la souveraine intelligence, etc., ou désigne-t-elle l'être même de Dieu, comme l'appellation de *res cogitans* dans la deuxième méditation qualifie l'être même de celui qui pense, et non l'un de ses attributs ? Cette détermination vise l'être même ou le sujet à qui des propriétés peuvent être attribuées, comme l'a vu indirectement Hobbes,

33 AT IV, p. 607 / FA 3, p. 715.

qui demande à Descartes si la chose qui pense n'est pas un corps, désignant par là une position dans l'existence, et non une propriété essentielle. Faut-il alors parler d'une sorte d'appropriation analogique de l'être de Dieu par l'homme qui se reconnaîtrait en lui, ou, pour parler comme Husserl, d'une apprésentation de l'être de Dieu par l'homme ? Ce serait tout de même bien surprenant de la part de Descartes.

Il ne nous paraît pas possible de tenir la qualification de Dieu comme chose qui pense pour une détermination ontologique, mais seulement comme une représentation destinée à faciliter le transport intentionnel d'un être dans un autre. Sur le plan des déterminations conceptuelles de l'être de Dieu et de l'être de l'homme, la distance est trop grande pour qu'une union de volonté soit même concevable. On peut admirer la transcendance absolue de Dieu, mais pour aimer Dieu, il faut pouvoir s'en rapprocher, même si l'on sait qu'un tel rapprochement ne réduit pas les distances ou les disproportions conceptuelles. Or ce qui rapproche les choses éloignées les unes des autres, ce qui réduit les distances sans les abolir, c'est l'imagination. Selon notre hypothèse, lorsque Descartes écrit qu'il faut considérer que Dieu est un esprit ou une chose qui pense, il ne rappelle pas une vérité métaphysique déjà connue, il cherche le moyen de rendre possible un amour de Dieu par l'homme et il s'aide d'un raccourci imaginatif. Mais, loin que cette sorte de figuration de l'être de Dieu trahisse une méconnaissance de la transcendance absolue de Dieu, elle en serait plutôt la conscience la plus lucide, justement parce qu'elle ne prétend pas être une détermination de l'entendement. L'esprit ne fait qu'imaginer, il cherche à se rendre présent quelque chose, il ne légifère pas sur la nature de cette chose. Il nous semble qu'en répondant à la deuxième objection (il n'y a rien en Dieu qui soit imaginable), Descartes fait un pas de plus dans cette direction :

> Il est vrai qu'il faut que l'âme se détache fort du commerce des sens, pour se représenter les vérités qui excitent en elle cette amour ; d'où vient qu'il ne semble pas qu'elle puisse la communiquer à la faculté imaginative pour en faire une passion. [34]

C'est la deuxième fois dans cette lettre que Descartes en appelle à l'imagination comme à une instance médiatrice entre l'entendement (ou l'âme) et le sens. Par exemple, pour qu'une idée de l'entendement, intellection pure comme l'idée de Dieu, devienne une passion de l'âme, un amour sensitif et pas seulement un amour intellectuel, il semble qu'elle doive passer par l'imagination qui transforme ou convertit cette idée purement intellectuelle en émotion sensible accompagnée, comme toute passion, de modifications corporelles. L'âme doit se figurer l'objet aimé pour qu'il lui soit présent et qu'elle s'unisse alors avec lui, corps et âme.

34 AT IV, p. 609-610 / FA 3, p. 717.

Descartes semble bien ici entrevoir ce que Kant nommera le schématisme de l'imagination, cette fonction « aveugle » de l'âme par laquelle est possible une application des catégories au donné sensible. Or c'est cette fonction schématisante que méconnaissent les critiques de l'imagination en en parlant comme d'une sorte d'automatisme mental échappant au contrôle du sujet, en en faisant une sorte de cheval de Troie de l'esprit humain. Si on voit dans l'imagination une faculté qui rapproche deux instances hétérogènes et sans laquelle il ne serait pas possible de se représenter l'objet que l'on veut aimer, par exemple, on lui reconnaît une fonction et une activité propres qui, sans dépendre de façon étroitement volontariste du sujet, procèdent tout de même de sa liberté et ressortissent au champ de sa pensée. Or cette fonction est essentielle, non seulement sur le plan de la géométrisation du réel et de la science en général, mais aussi, comme dans ces textes, en relation avec ce que l'on nomme l'affectivité. Dans ces deux directions, l'imagination ne retire pas mais ajoute quelque chose à l'entendement.

Comme « particulière contention d'esprit », l'imagination donne à considérer quelque chose de plus que la simple conception. L'imagination ne se substitue jamais à l'entendement, elle ne lui enlève rien, mais dans certains cas (peu nombreux) elle rend l'objet conçu comme présent aux yeux de l'esprit, elle apporte un complément à l'intellection. Dans le cas de l'amour de Dieu, l'imagination ne se fait pas un Dieu à sa mesure pour pouvoir l'aimer et, du même coup, s'aimer à travers lui. Mais elle aménage la possibilité d'un tel amour en relayant l'entendement, en le secondant et non en se substituant à lui. Car il manquerait quelque chose à un amour de Dieu qui serait seulement « intellectuel ». L'amour que Descartes nomme « sensitif » n'est donc pas l'opposé de l'amour intellectuel, il en serait plutôt le complément indispensable en cette vie, et, pourquoi ne pas le dire, l'accomplissement. Aussi, pour rendre sensible (ou présent à l'âme) cet amour, pour le faire « descendre » jusque dans le cœur où il y excite de la chaleur, la chaleur caractéristique de l'amour selon Descartes, il faut que l'imagination suscite une représentation qui va engendrer une émotion dans l'âme.

Pour Descartes, comme en témoigne la fulgurante théorie des émotions intérieures exposée dans les *Passions de l'âme* (art. 147 et 148), l'âme peut être à la source des émotions qu'elle ressent, à la fois cause et effet, active et réceptive. Mais elle ne l'est pas sous le même rapport. Elle a la force et la liberté de considérer des choses purement intellectuelles, elle a aussi la capacité d'en être émue. Mais elle ne s'affecte pas elle-même par un acte de la volonté : c'est en considérant, avec toute la concentration ou l'attention dont elle est capable, l'idée qu'elle vise, qu'elle parvient à se rendre comme présent l'objet de cette idée, à l'imaginer. Et c'est cette imagination qui va produire dans le corps les modifications causées la plupart du temps par les objets des passions, c'est-à-dire des émotions, comme font toutes les passions, mais des émotions intérieures circonscrivant dans l'âme la sphère de son autonomie ou même de son autarcie affective. La complémentarité et presque la complicité de l'entendement et de l'imagination s'expriment concrètement dans le fait que l'entendement, en donnant le relais à l'imagination, acquiert une sorte d'efficacité ou de pouvoir sensible (l'idée touche l'âme émue par cette représentation), et que l'imagination, soutenue par l'entendement, peut alors s'exercer à plein comme pouvoir de figuration, comme faculté de présentifier l'objet. Ainsi en lisant un roman d'aventures, diverses émotions s'offrent à notre imagination, mais comme nous savons avoir affaire à de la fiction, nous éprouvons librement le plaisir d'être ainsi touché par ce que nous lisons, plaisir qui est, dit Descartes, « une joie intellectuelle » (art. 148). Dans le cas de l'amour de Dieu, l'imagination est circonscrite à son pouvoir de figuration ou de présentification, et non pas mise à la porte par un entendement bien décidé à rester seul maître à bord. À défaut d'imaginer Dieu, qui n'est pas imaginable mais seulement concevable, dit Descartes dans cette grande Lettre à Chanut,

> Nous pouvons imaginer notre amour même, qui consiste en ce que nous voulons nous unir à quelque objet, c'est-à-dire au regard de Dieu, nous considérer comme une très petite partie de toute l'immensité des choses qu'il a créées [...] ; et la seule idée de cette union suffit pour exciter de la chaleur autour du cœur, et causer une très violente passion.[35]

Ne faut-il pas dire même : nous *devons* imaginer notre amour, si nous voulons en ressentir la passion et non pas seulement savoir que nous formons un tout avec Dieu ? Davantage : est-il possible de le savoir sans le ressentir dans notre être tout entier, indivisé ? Au début de cette lettre, Descartes distingue les pensées raisonnables des passions, l'amour purement intellectuel ou raisonnable de l'amour passion. Mais aussitôt faite, cette distinction se révèle être plus conceptuelle que réelle et Descartes avoue, bien volontiers dirait-on, que ces deux amours « se trouvent ensemble », ou que l'un accompagne ordinairement l'autre. Il ne s'agit pas du tout de faire la part de l'humain, du charnel, de la concupiscence, etc., comme si la pesanteur terrestre empêchait l'homme de demeurer au contact des idées. Si ces deux amours vont ensemble, c'est parce que l'entendement peut affecter l'imagination et que même certaines de ses idées, celles qui sont sans doute le plus clairement conçues ou pensées, répandent leur lumière sur l'imagination et produisent des effets sensibles dans le corps tout entier uni avec l'âme. L'imagination, faculté médiatrice par excellence, n'est donc pas alimentée seulement par le donné sensible dont elle assurerait la synthèse et la permanence dans l'esprit, elle possède aussi une source

35 AT IV, p. 610 / FA 3, p. 717.

interne qui est l'entendement et ses idées. Certaines de ces idées, celles dont les objets sont les plus élevés, produisent dans l'esprit de celui qui les conçoit bien une telle joie qu'elles forcent la porte de l'imagination et cherchent à se rendre plus totalement présentes à l'homme. Elles restent des idées, elles ne deviennent pas des « images », comme les lieux où l'on est passé ou les gens qu'on a vus, mais elles frappent l'imagination qui se figure le rapport de l'homme avec ces idées, par exemple le tout que l'homme forme avec Dieu, l'homme comme une petite partie de ce tout, etc. Ce schème spatial du rapport des parties au tout figurant l'inclusion intentionnelle d'un être dans un autre montre peut-être que l'imagination, ne pouvant pas franchir les limites de ce qui est seulement intelligible, ne peut que figurer les rapports possibles de l'homme avec les principaux objets de sa pensée, et qu'elle est la seule faculté de l'âme à pouvoir opérer des rapprochements entre des choses qui par ailleurs demeurent distinctes. Ou encore : qu'elle est le nom qu'on donne à la capacité qu'a l'âme, de par sa nature propre, de changer la direction de l'esprit.

## Conclusion

Au terme de cette enquête sur les fonctions de l'imagination dans les principaux textes du *corpus* cartésien, nous pouvons répondre à la question posée au début : y a-t-il conflit entre la conception positive de l'imagination comme auxiliaire de l'entendement dans la *mathesis*, et la critique de l'imagination dans la morale et principalement dans le rapport à soi ? De tels dilemmes ne sont pas cartésiens, on ne trouverait pas dans la pensée de Descartes une dualité qui serait un conflit irréductible entre deux réalités, deux substances, deux facultés, deux modes de connaissance, deux types d'hommes, etc. Tout dans cette philosophie, l'une de celles qui sont le plus attachées à respecter les nuances et à distinguer les choses les unes des autres, tout est une question d'usage. En quoi consiste le bon usage du libre arbitre, clé de toutes les vertus ? Principalement à garder la maîtrise de notre esprit quel que soit le domaine auquel il s'applique. Descartes ne voit pas dans l'imagination, ni dans les sens ni dans les passions, la marque de la domination de puissances étrangères sur l'esprit de l'homme, mais des facultés dont on peut faire un bon comme un mauvais usage. Lorsque l'esprit se sert de l'imagination pour concevoir des figures en géométrie, faire des suppositions en physique, quand il exerce sa liberté de feindre comme en métaphysique, il se détermine par lui-même à imaginer, il forge librement des fictions, il étend le champ du possible ou du concevable. Mais quand il se laisse porter par des imaginations qui l'assiègent, l'obsèdent, le subjuguent, il perd sa liberté de penser, comme lorsqu'il se laisse emporter par des passions et en devient l'esclave : dans de telles situations il ne sait même pas que ce sont des imaginations ou des passions. Il croit que ce sont de vraies pensées et s'aliène dans ces fausses et imaginaires représentations. Comme effort ou contention de l'esprit, mais aussi comme délassement de l'esprit, l'imagination est toujours bonne et utile parce qu'elle est une application de notre volonté. Le seul danger des imaginations et des passions est dans le risque d'un assujettissement de l'esprit à de fausses représentations.

## Travaux cités

René Descartes, *Œuvres complètes*, I, Paris, Gallimard, « Tel », 2016.

René Descartes, *Œuvres philosophiques de Descartes* par Ferdinand Alquié, 3 vol., Paris, Classiques Garnier, 1963-1973, rééditées et augmentées d'une préface de P.-F. Moreau, Paris, Classique Garnier, 2010.

René Descartes, *Œuvres de Descartes,* éd. par C. Adam et P. Tannery, Paris, Vrin CNRS, 1964-1974 (édition reprise en 11 volumes au format de poche, Paris, Vrin, 1996).

Outre les textes de Descartes cités en notes, on pourra se reporter utilement à une étude récente portant sur la *mathesis* et le rôle de l'imagination dans la science :

Frédéric de Buzon, *La Science cartésienne et son objet, Mathesis et phénomène*, Paris, Honoré Champion, 2013.

# Chapitre 5

# Pascal, le double jeu de l'imagination

par Pierre Guenancia

## Introduction

À la différence de Descartes, Pascal n'a pas cherché à montrer le rôle et l'utilité de l'imagination dans la géométrie, mais c'est aussi parce qu'il ne l'a pas considérée comme une fonction naturelle de l'esprit de l'homme, âme et corps confondus. Et pourtant la question de l'imagination est omniprésente dans les *Pensées*, mais en tant qu'indice du dérèglement et de la corruption de l'homme dominé et abusé par cette puissance de l'âme humaine bien plus forte que la raison, impuissante à soustraire l'homme à son joug.

Pascal ne fait pas que reprendre les arguments sceptiques sur la force de l'imagination et les illusions qu'elle engendre et entretient dans l'esprit des hommes, à la manière de Montaigne dont il reproduit presque littéralement les célèbres propos sur la force de l'imagination sur l'esprit des hommes. Car pour lui ces dysfonctionnements ne sont pas naturels, ils ne font pas partie de la nature de l'homme, ou seulement de sa nature déchue dont elle est le signe le plus certain, au même titre que la concupiscence de la chair dont elle est une des formes visibles. La constatation du dérèglement causé dans l'âme par l'imagination n'est pourtant que le premier moment d'une théorie générale de l'imagination qui met en évidence sa fonction ou son utilité sociale et politique. En ce sens l'imagination chez Pascal a, *mutatis mutandis,* le rôle et la fonction de l'idéologie dans la conception marxiste de l'aliénation. Le dérèglement apparent de l'imagination n'est donc que l'aspect visible d'une raison qui doit demeurer cachée pour produire ses effets. Les aberrations, erreurs, illusions, tromperies de l'imagination sont comme un brouillage destiné à protéger le fonctionnement secret, souterrain, silencieux de la machine sociale qui conditionne à leur insu le comportement des hommes dans des sociétés fondées sur l'injustice et l'usurpation.

En ce sens, la théorie pascalienne de l'imagination ne ressortit ni à l'épistémologie ni à la physiologie mais à la politique. Elle peut même être tenue pour la seule et véritable théorie pascalienne de la politique, fondée sur la nécessité de l'illusion et de la tromperie afin de maintenir un semblant d'ordre et de paix dans les relations en elles-mêmes hostiles entre les hommes. C'est comme mirage que l'imagination, qui serait mieux nommée l'imaginaire, est nécessaire et utile. Les « habiles » savent que l'imagination est maîtresse d'erreur et d'illusion mais ils savent aussi qu'elle est irremplaçable et qu'il est nécessaire d'être trompés. Ils le savent par cette « pensée de derrière » (L91, B336) [1] qui leur permet de parler comme le peuple bien qu'ils jugent tout autrement que lui. Le peuple ne sait pas qu'il est la dupe de l'imagination qu'il prend pour la vérité. Celui que Pascal appelle le demi-habile a pris conscience de la puissance de l'imagination et de l'illusion qu'elle produit, notamment dans les rapports sociaux, mais, n'en comprenant pas la nécessité, il croit qu'en la critiquant et en dénonçant l'imposture il s'en libère et en libère ceux qu'elle abuse. Celui-là ne comprend pas « la raison des effets », il ne dispose pas de la clé qui permet de déchiffrer le sens de ce qui paraît absurde.

Pascal ne cherche donc pas à situer et à évaluer l'imagination dans le cadre d'une théorie de la connaissance, il s'y réfère comme à un réseau de signes de la corruption irréversible de la nature humaine, comme si les hommes avaient mérité d'être humiliés et dominés par cette puissance souveraine (l'imagination n'est-elle pas pour lui « la reine du monde » ?). C'est donc cette signification anthropologique qu'il faut d'abord prendre pour guide et principe d'ordre à travers les fragments des *Pensées* sur l'imagination.

Notre point de départ sera tout naturellement le frag. L 44 / B 82, le plus connu et surtout le plus critique sur l'imagination, présentée de façon rhétorique plus que philosophique comme un envoûtement ou un ensorcellement de l'esprit de l'homme (§ 1). Mais ce procès de l'imagination n'est qu'un premier moment suivi et complété par le frag. L 828 / B 304 sur les cordes de l'imagination, qui montre par une fiction la fonction si ce n'est positive du moins nécessaire de l'imagination dans l'établissement et la reproduction des rapports de pouvoir dans la société humaine (§ 2). Mais, plus intéressante encore, est la fonction de l'imagination dans la théorie pascalienne des figuratifs (Liasse XIX : Loi figurative, L 245 / B 647 et suiv.) qui montre que le langage de l'imagination est crypté mais non absurde, que ce qui est dit en figures ne peut pas être dit sans figures, que l'imagination a ainsi une fonction cognitive en trouvant un sens que l'on ne peut apercevoir par la raison seule ou par les sens (§ 3).

## 1 L'imagination « maîtresse d'erreur et de fausseté »

Le frag. L 44 / B 82 intitulé *Imagination* est construit comme un inventaire des effets néfastes de l'imagination sur l'homme. Ce n'est pas une analyse du fonctionnement de l'imagination à la manière de Malebranche,

1 Blaise Pascal, *Œuvres complètes*, édition L. Lafuma (L), Éd. du Seuil, « L'intégrale », 1963. B renvoie à l'édition Brunschvicg.

mais la liste non exhaustive des faits à charge qui tendent, par l'effet de leur accumulation, à rendre dérisoire la prétention de l'homme à la sagesse, à la raison, à la connaissance de la vérité. Il n'est pas fait mention d'un contre-pouvoir possible, qui s'opposerait à la puissance de l'imagination, à celle de l'erreur en général. La puissance de l'imagination est en elle-même l'impuissance de l'homme (impuissance de la volonté et de la raison en l'homme). Pascal ne fait pas non plus de considérations « physiologiques » sur le fonctionnement de l'imagination comme Malebranche et Descartes avant lui, peut-être parce que la neutralité du corps d'où viendraient les images gravées dans le cerveau pourrait faire croire qu'elle est naturelle à l'homme, alors que Pascal cherche à souligner le dérèglement qu'elle introduit dans un esprit censé être gouverné par la raison. Pour lui l'imagination n'est pas tant une faculté de l'âme que le nom donné au dérèglement de l'esprit. L'imagination est en elle-même pathologique, elle témoigne de la rébellion de l'homme envers son créateur. Si l'imagination dépendait du corps (traces, impressions dans le cerveau, fibres...), si elle témoignait de la présence du corps et de son action sur l'esprit, elle témoignerait aussi de l'union de l'âme et du corps et serait, en partie du moins, justifiée (par sa finalité vitale, comme les passions). Dans ce fragment au contraire, l'imagination paraît occuper la place qui devrait être celle de la raison : c'est donc bien l'esprit de l'homme en tant que tel qu'investit et occupe l'imagination, produisant ainsi un état d'aliénation (au sens philosophique comme au sens psychologique). Non seulement elle n'a pas de finalité naturelle, mais elle inverse et pervertit la finalité naturelle de la raison. En creux, cet état d'aliénation de l'esprit produit par l'imagination montre aussi que l'état naturel ou normal est celui où la raison domine une imagination qui accepte cette soumission, et que par conséquent l'état de domination de la raison par l'imagination est le résultat d'une dénaturation de l'homme. Comme dans toute l'anthropologie pascalienne, le rapport entre les facultés (qu'il vaut mieux appeler puissances) est un rapport de force ou de domination (de l'imagination, du désir, des passions sur la raison). Ce ne sont pas des fonctionnalités distinctes mais des puissances ennemies. Il y a la guerre dans l'homme. L'imagination est donc considérée non pas sous l'angle de la psycho-physique, ou sous l'angle épistémologique, mais dans une perspective anthropologique. Elle induit une lecture, un déchiffrement de la condition de l'homme. On a affaire ici à une herméneutique de l'imagination.

Cette perspective anthropologique et sociale permet sans doute aussi de comprendre la spécificité des analyses pascaliennes par rapport à celles des philosophes de son temps : ce sont les effets sociaux de l'imagination que Pascal considère et rapporte (dans leur diversité) à la puissance mystificatrice de l'imagination : déformation, inversion, monde à l'envers. On pense aux analyses de Marx sur le fétichisme de la marchandise au début du livre I du *Capital* et à leur « actualisation » par Guy Debord dans *La*

*Société du spectacle* : « un abandon mystique à la transcendance de la marchandise »[2]. Ces indications sur la force de l'imagination suffisent à montrer que c'est sur elle principalement que repose la vie sociale, que c'est elle (et non la raison, le calcul, l'intérêt, la sympathie) qui tisse le lien social : ni calcul ni intérêt, mais illusion, imposture, duperie, artifice. Comme tout le monde marche la tête en bas dans ce monde d'apparence et de duperie, on tient ce monde pour normal – telle est la fonction de l'idéologie, qui est le nom marxiste de l'imagination. Mais Pascal n'invite pas à le renverser pour le remettre à l'endroit. Il ne peut s'agir pour lui de changer un monde qui a besoin d'illusion, mais de montrer la nécessité pour l'homme et plus encore pour la vie sociale de demeurer soumis à l'ordre de l'imagination. Ni le juste ni le vrai ne pouvant être le fondement de la vie sociale, il ne reste que la coutume, fondement mystique de l'autorité (L 60 / B 294, L 66 / B 326, L 103 / B 298). Ce n'est pas parce qu'elles sont justes que l'on obéit aux lois, c'est parce qu'on y obéit (ou qu'on les croit justes) qu'elles sont justes. D'où la nécessité de l'apparence, du déguisement, de la grimace, de l'ostentation du pouvoir : il se montre d'autant plus visiblement qu'il n'a pas d'être véritable. C'est l'apparence du pouvoir qui frappe l'imagination des gens et qui plie la machine à la révérence et à l'obéissance. Tout cela ne passe pas par la conscience, mais se marque dans le corps. Pascal souligne l'importance des gestes, des cérémonies, de la mise en scène du pouvoir : autant d'images fortes qui frappent l'esprit et entraînent des comportements machinaux de la part des gens.

Pascal ajoute sa touche à la fascination exercée sur l'esprit des savants et des philosophes par les automates. Le corps, la nature, l'animal, les montres et les horloges. La société aussi, en tant qu'elle consiste dans la disposition des uns vis-à-vis des autres, dans le fait (si important dans une société) de savoir trouver sa place et s'y tenir. L'imagination du pouvoir joue le rôle d'une force centrifuge : par elle-même elle repousse les gens, le peuple, dans la partie dominée de la société, d'autant plus dominée que cette partie ne cherche pas à se libérer, à se rebeller, simplement parce qu'elle croit juste ce pouvoir qui se présente (aveuglement du visible) à elle comme grand, éloigné, supérieur, intouchable. Si le pouvoir ne se mettait pas en scène (et du même coup assignait aux gens la place du spectateur), s'il s'exerçait banalement, comme une autre activité, s'il ne s'entourait pas de pompe, les gens le verraient nu, comme dans le conte d'Andersen.

L'apparaître est nécessaire ici parce qu'il n'y a pas d'être. Si les médecins savaient soigner et les juges juger et les gouvernants gouverner, ils n'auraient pas besoin de devenir autres, de revêtir les habits qui les

2 Guy Debord, *La société du spectacle*, Paris, Gallimard, 1967, réédition Folio essais, 1992, p. 62.

distinguent des autres et les rendent si respectables. « On ne choisit pas pour gouverner [c'est-à-dire conduire] un vaisseau celui des voyageurs qui est de la meilleure maison » (L 30 / B 320). Dans la plupart des métiers on sait quels sont les gens compétents et on le voit à l'usage. Chacun fait par lui-même la preuve de sa compétence. Alors que le métier de roi ou celui de noble (les Grands) est une charge transmise de père en fils, il ne dépend pas de la valeur de celui qui l'exerce. Preuve que ce n'est pas un métier ou un art mais une tradition, une coutume, qui repose seulement sur la croyance que c'est naturel, parce qu'il en a toujours été ainsi. Il y a donc un net partage entre les métiers qui reposent sur la compétence visible de ceux qui les exercent et les métiers, fonctions ou titres qui reposent sur la croyance que ceux qui les exercent ou les possèdent doivent avoir une compétence qui est comme incorporée à leur être. Les images du pouvoir (royal, médical, judiciaire) anesthésient le sens critique de ceux qui voudraient chercher des preuves de la compétence de ceux qui l'exercent. Comme quoi l'imaginaire (à qui s'adressent ces images, « cette montre si visible », cette pompe) ne peut pas coexister avec la perception sensible ou intellectuelle : l'un ne peut parler que si l'autre se tait. Les données évidentes du sens commun ne peuvent rien contre les fantasmes, surtout lorsqu'ils sont partagés par tout un peuple. Et d'ailleurs, mais cette question dépasse les limites de cette étude, y aurait-il des peuples différents s'il n'y avait pas un imaginaire propre à chacun d'eux ?

Habits, costumes / habitudes, coutumes : la réflexion de Pascal dans ce fragment tend à rapprocher ces termes identiques mais relevant de registres différents. L'habit est un marqueur d'identité : on reconnaît la fonction ou le métier à l'habit de celui qui l'exerce. La reconnaissance (au double sens du terme) devient une habitude, un pli (prendre le pli) :

> la coutume de voir les rois accompagnés de gardes, de tambours, d'officiers et de toutes les choses qui ploient la machine vers le respect et la terreur… Et le monde qui ne sait pas que cet effet vient de cette coutume croit qu'il vient d'une force naturelle (L 25 / B 308)

Fragment auquel répond L 821 / B 252 qui commence par ces mots célèbres : « Car il ne faut pas se méconnaître, nous sommes automates autant qu'esprit ».

À certains moments Pascal semble anticiper les théories modernes de l'aliénation et de l'idéologie : la force du pouvoir tient à l'illusion que son seul apparaître produit dans les esprits des hommes, c'est la force des cordes de l'imagination. Mais à d'autres moments il paraît avoir fait sienne l'idée typiquement cartésienne de l'action réciproque du corps sur l'esprit et de l'esprit sur le corps, et donc, seul (avec Arnauld bien sûr) de tous les grands postcartésiens, avoir compris et validé la théorie de l'union de l'âme et du corps. Les fragments sur la coutume, l'automate, la croyance prolongent et appliquent à un domaine particulier la théorie cartésienne des passions de l'âme. Mais Descartes s'arrête aux goûts, aversions, inclinations secrètes, plis dans le cerveau, alors que Pascal intègre les croyances dans la liste des effets produits par le corps dans l'esprit. De même Descartes circonscrit la valeur analogique de la machine (et de l'automate) à la seule structure corporelle, à l'assemblage d'organes. Pascal étend le modèle machinique au comportement humain, au lieu de le restreindre comme Descartes aux seules actions machinales ou aux réflexes. Car c'est bien du comportement social et même religieux qu'il s'agit lorsqu'il invoque, avec la brièveté fulgurante qui est la sienne, « La machine ». Tout se passe comme s'il y avait une raison du corps (y compris du corps social) que la raison ne connaît pas... mais sans laquelle elle ne peut qu'ignorer le sens non intentionnel de ce qu'elle prend soit pour des actions sous le contrôle de l'esprit et de la volonté, soit pour des actions purement machinales et privées de sens. Les outils conceptuels dont il dispose ne lui permettent pas de formuler l'idée qu'il semble bien avoir conçue d'une incorporation des consignes et des règles sociales grâce à laquelle une société marche toute seule, tend à devenir automate et donc naturelle. Cette pré-conception qui n'est pas encore un concept pourrait être l'analogue de ce que P. Bourdieu, plus pascalien que marxiste, appellera le sens pratique [3]. En commentant avec une grande empathie ces fragments sur la coutume, la machine et l'automate, Bourdieu avance l'idée, aux antipodes de l'épistémè classique, d'une « connaissance par corps assumant une compréhension pratique du monde » [4]. Mais alors la critique de la crédulité du peuple qui se fait duper par une « montre si authentique » des attributs du pouvoir et non pas du pouvoir lui-même (pur arbitraire qui se fait passer pour légitime) se fait intelligence de la nécessité de cette duperie et de l'automate qui ne la rend pas légitime mais naturelle, normale, complètement intériorisée dans le corps des sujets et, par le corps, dans l'esprit :

> C'est la coutume qui nous [en] persuade [...]. Il faut acquérir une créance plus facile qui est celle de l'habitude qui sans violence, sans art, sans argument nous fait croire les choses et incline toutes nos puissances à cette croyance, en sorte que notre âme y tombe naturellement. (L 821 / B 252)

La raison des effets du frag. 44, à savoir l'imagination maîtresse d'erreur et de fausseté, seule capable de mettre « le prix aux choses », et de nous faire admirer et craindre les images du pouvoir, cette raison a encore une raison au-dessus d'elle dont elle est comme l'effet : la machine comme l'autre de l'esprit et seule capable de l'incliner dans le « bon » sens. Après

3 « Le sens pratique est ce qui permet d'agir comme il faut (*ôs dei*, disait Aristote) sans poser ni exécuter un "il faut", une règle de conduite », Pierre Bourdieu, *Méditations pascaliennes*, Paris, Éd. du Seuil, 1997, chap. 4, p. 166.

4 *Ibid*. p. 163.

nous avoir fait honte d'être si bêtes et de nous faire avoir par les images publicitaires, Pascal nous montre la nécessité et le bon usage de l'abêtissement.

## 2 Les cordes d'imagination

> Les cordes qui attachent le respect des uns envers les autres en général sont cordes de nécessité ; car il faut qu'il y ait différents degrés, tous les hommes voulant dominer et tous ne le pouvant pas, mais quelques-uns le pouvant.
>
> Figurons-nous donc que nous les voyons commencer à se former. Il est sans doute qu'ils se battront jusqu'à ce que la plus forte partie opprime la plus faible, et qu'enfin il y ait un parti dominant. Mais quand cela est une fois déterminé alors les maîtres qui ne veulent pas que la guerre continue, ordonnent que la force qui est entre leurs mains succédera comme il leur plaît : les uns le remettent à l'élection des peuples, les autres à la succession de naissance, etc.
>
> Et c'est là où l'imagination commence à jouer son rôle. Jusque-là la pure force l'a fait. Ici c'est la force qui se tient par l'imagination en un certain parti, en France des gentilshommes, en Suisse des roturiers, etc.
>
> Or ces cordes qui attachent donc le respect à tel et à tel en particulier sont des cordes d'imagination. (L 828 / B 304) [5]

Ce fragment intégralement cité esquisse comme une épure de « ce commencement des voies de la justice » [6] évoqué dans la quatorzième *Provinciale*, mais dans un autre sens car il ne s'agit pas ici de la justice dans les rapports entre les personnes particulières, mais de la « justice », c'est-à-dire du droit institué à l'issue de la lutte entre les partis pour le pouvoir, ou encore de cet ordre qui « n'est fondé que sur la seule volonté des législateurs » [7] (*Discours sur la condition des Grands*, 1^er^ discours). Comme il y a des « degrés » dans la force, c'est-à-dire que certains sont plus puissants que d'autres (ce qui n'en fait pas des êtres supérieurs aux autres), les plus forts opprimeront les plus faibles et formeront alors un parti, celui des forts, des dominants. Évidemment Pascal ne se réfère pas à un moment de l'histoire des hommes, pas plus que Rousseau dont la démarche génétique n'est pas sans ressemblance avec celle de Pascal. Cette régression vers l'origine n'a pas de sens historique, elle aurait plutôt une signification transcendantale, celle d'une condition présupposée par le cours de l'histoire, de quelque manière qu'on le considère. L'origine est ici cette présupposition qui éclaire à tout moment le devenir

5 Pour une analyse plus complète de ce fragment voir mon livre *Divertissements pascaliens*, Hermann, 2012, notamment le chap. 2.

6 Blaise Pascal, *Œuvres complètes*, p. 439, col. g.

7 *Ibid.*, p. 366.

historique qui, de façon assez circulaire, nous y reconduit toujours. Ce qui se passe actuellement n'est que la continuation de l'origine ou un perpétuel commencement. Ce n'est pas une suite d'événements en raccourci que Pascal demande de se figurer, ce serait plutôt la nécessité inflexible à laquelle est soumis l'état civil qui sous ses formes diverses répète le passage de la force à la justice ou au droit. Il en sera toujours ainsi, les forts opprimeront les faibles qui, lorsqu'ils seront à leur tour forts opprimeront les anciens forts ou les nouveaux faibles. Aussi vaut-il bien mieux, infiniment mieux, rendre stable la domination des uns sur les autres, convertir cet état de fait en institution (tel est le sens de « l'établissement »), plutôt que laisser s'installer une lutte permanente pour le pouvoir. Les « maîtres » (entendons : ceux qui le sont devenus par l'excès de leur puissance sur celle des autres, devenus esclaves ou sujets) « ne veulent pas que la guerre continue » dit Pascal dans ce fragment, parce que là où il y a guerre, il n'y a plus d'état civil, car la guerre même si elle dure longtemps ne constitue pas un état ou un ordre, elle place les hommes dans l'attente indéfinie d'une issue, alors qu'une institution rend le présent durable et permet de s'y installer. Ceux qui ont conquis par la force le pouvoir cherchent alors à empêcher le retour de la guerre en prolongeant indéfiniment leur domination par des règles de la transmission du pouvoir. La domination devient dynastique et de ce fait stable au lieu d'être personnelle et éphémère.

Les « cordes d'imagination » sans lesquelles se rompraient les cordes de nécessité, sont – les mots de Pascal sont ici admirablement précis –, celles qui « attachent le respect à tel ou tel en particulier ». Pascal aperçoit ce qu'il faudrait appeler la fonction transcendantale de l'imagination, son pouvoir d'association et de reproduction indéfinie du même ou du semblable[8]. La force de l'imagination (car il s'agit de cordes) est qu'elle maintient liés dans l'esprit ce qui est distinct et différent en dehors de lui. C'est l'imagination qui fait qu'en voyant un Grand (d'établissement) je le prends pour un homme par lui-même supérieur aux autres. Le respect ici tient dans le fait que je me fais petit devant les Grands et que, loin de chercher à rivaliser avec eux ou à prendre leur place, je les reconnais comme Grands, sans passer par la lutte et sans exiger d'eux qu'ils montrent leurs titres de grandeur. L'imagination particularise la force, elle lui donne des habits particuliers selon les époques et les régions du monde. La force est la puissance d'imposer une domination sur les hommes, elle est toujours reconnaissable et identique par tout dans le

8 Voir le frag. L 25 / B 308 où se trouve décrit (sans le concept bien sûr) ce qu'on serait tenté d'appeler des synthèses passives, à propos de l'impression de respect et de terreur produite sur notre « machine » par la vue de la majesté royale. C'est la reproduction de l'association en l'absence d'un des termes joints ensemble par la coutume que l'on pourrait tenir comme fonction de l'imagination transcendantale.

monde. Pascal pense (comme Hobbes) sans doute que le pouvoir est le même quelle que soit la dénomination (monarchie, république, aristocratie) qu'on lui donne. Mais le pouvoir (c'est ici qu'intervient l'imagination) doit revêtir des formes ou des habits particuliers, habits qui font la force de l'habitude, qui consiste à rendre « naturelle » une tradition ininterrompue. La force de l'imagination n'est donc pas la force pure et simple, celle qui est aisément reconnaissable sans signes ni habits, la force nue en quelque sorte. La force de l'imagination est la force de l'habitude. Mais sans cette force calme et souterraine, la force nue ne pourrait pas rendre durable la domination des forts sur les faibles qui est la structure commune à tous les régimes politiques. En un sens le droit civil n'est, pour paraphraser la parole célèbre de Spinoza, que la continuation du droit naturel[9].

En montrant que l'imagination intériorise et reproduit les rapports de pouvoir entre les hommes, Pascal en montre aussi l'importance vitale dans la vie sociale car c'est elle seule qui met fin à la guerre et installe un ordre dans la durée. Elle est donc utile et même nécessaire pour déguiser la force qui est tout ce qu'il y a de plus réel, qui se présente à tout le monde sans masque ni dissimulation, en justice qui, pour imaginaire qu'elle soit, n'en est pas moins tenue pour la vraie justice par le peuple qu'il ne faut pas détromper.

Dans ce texte Pascal demande que l'on se figure le commencement de l'état civil à l'exemple de Hobbes dont Pascal est souvent très proche. Pourquoi « figurons-nous » ? Que signifie ici « se figurer » ? Autre exemple tiré des *Écrits sur la Grâce* (troisième écrit) : « figurons-nous un homme... » [10] (trois fois) puis : « Voilà en quelque sorte une image des deux libertés. Cette comparaison explique à peu près son état mais non pas parfaitement... » [11]. N'y a-t-il pas ici un sens et une fonction de l'image différents de ceux que nous avons pu voir jusque-là ?

Pour répondre à cette question nous devons nous tourner vers la liasse XIX des *Pensées* : Loi figurative, et aux fragments sur « les figuratifs », véritable centre de la pensée de Pascal. Y a-t-il un acte commun de l'imagination qui pallie l'ignorance de l'origine historique de la société humaine en recourant à une fiction, et qui éclaire la lettre, en elle-même absurde pour Pascal, des récits et des événements rapportés dans l'Ancien Testament en y voyant ou plutôt en y déchiffrant des figures de ce qui est dit et annoncé dans le Nouveau ?

9 Baruch Spinoza, *Lettre L*, à Jelles : « je maintiens toujours le droit naturel et je n'accorde dans une cité quelconque de droit au souverain sur les sujets que dans la mesure où, par la puissance, il l'emporte sur eux ; c'est la continuation de l'état de nature », dans *Œuvres* 4, traduction C. Appuhn, Paris, GF, 1966, p. 283.

10 Blaise Pascal, *Œuvres complètes*, p. 332.

11 *Ibid.*, p. 333.

## 3 Les figures

La conception pascalienne de la figure ou des figuratifs tient une place centrale dans les *Pensées*. C'est surtout – mais pas seulement – à propos de l'Ancien Testament que Pascal utilise les termes de figure et de figuratif :

> Que la loi était figurative. (L 245 / B 647)
>
> Si on prend la loi, les sacrifices et le royaume pour réalités, on ne peut accorder tous les passages ; il faut donc par nécessité qu'ils ne soient que figures. (L 257 / B 684).
>
> Si la loi et les sacrifices sont la vérité, il faut qu'elle plaise à Dieu et qu'elle ne lui déplaise point. S'ils sont figures, il faut qu'ils plaisent et déplaisent. (L 258 / B 728).
>
> Un portrait porte absence et présence, plaisir et déplaisir. La réalité exclut absence et déplaisir. (L 260 / B 678).
>
> Figure porte absence et présence, plaisir et déplaisir. (L 265 / B 677)

D'où l'on peut conclure à la synonymie des termes de figure et de portrait. Personne ne prend le portrait d'un homme pour cet homme lui-même mais les charnels sont aveugles au sens figuré, ils comprennent littéralement « les sacrifices et les cérémonies » rapportés dans l'Ancien Testament. Il faut donc leur faire voir ces choses comme ils voient les portraits d'hommes absents, comme une image ou une figure et non comme une réalité.

Pascal recourt tout naturellement à la comparaison avec la peinture et spécialement au portrait pour expliquer la notion de figure parce que l'essence de la peinture consiste dans la représentation des choses considérées comme originaux : « quelle vanité que la peinture qui attire l'admiration par la ressemblance des choses dont on n'admire point les originaux » (L 40 / B 134). Cette célèbre phrase si souvent commentée ne cache pourtant pas de mystère : elle signifie que les choses que l'on donne à voir et admirer accaparent et usurpent en raison de leur exposition ou exhibition l'attention, alors que le regard glisse le plus souvent sur les choses qui ne sont pas faites pour être vues et seulement vues. Dans un portrait on voit la chose figurée : c'est ainsi qu'il faudrait voir les sacrifices, la terre promise, les cérémonies, les commandements…, comme des figures de ce qui ne peut pas être présent en personne et qu'il faut dès lors imaginer pour se libérer de l'obnubilation par le visible ou, ce qui revient au même, par la lettre – car « la lettre tue » (L 268 / B 683).

L'Ancien Testament est écrit en figures, ce qui signifie qu'il doit être déchiffré si l'on veut y trouver un sens. C'est seulement à cette condition que les passages qui sont contraires et inconciliables *littéralement* acquièrent un sens – lorsqu'on les considère comme annonçant par des figures les événements qui composent le Nouveau Testament. Comme tout véritable processus historique, l'Ancien Testament n'est intelligible qu'éclairé rétrospectivement par la fin de l'histoire. Il faut, il fallait atteindre cette fin pour que se découvrît le vrai sens de l'Ancien Testament qui est de figurer ou préfigurer le nouveau, de l'annoncer mais sous forme de figures, c'est-à-dire d'expressions voilées, indirectes, et de signes à interpréter. Le caractère voilé de l'expression n'est pas une imperfection de l'expression, il est au contraire constitutif de l'expression qui se fait par des figures et ne pourrait se faire sans elles.

On peut tirer de ces rappels cet enseignement important : ce qui est dit en figures ne peut pas, ne pourrait pas être dit sans figures. Une figure (en ce sens elle est tout à fait distincte des figures de rhétorique) n'est pas une façon de dire ou d'exprimer une idée qui pourrait être conçue sans cette médiation, une manière de lui donner de la vie et des couleurs, mais *c'est la seule façon de représenter ce qui ne peut être soi-même présent*.

N'est-ce pas la fonction principale de l'imagination ? À côté d'une imagination proche du souvenir lorsque, par exemple, nous évoquons une personne absente et que nous l'imaginons telle que nous l'avons vue, il y a une imagination qui saute par-dessus le présent et considère la chose présente autrement qu'en en reproduisant l'image, en la modifiant, en la dépassant en direction d'une autre réalité que celle qui est présente. Imaginer est ici synonyme de se représenter une chose comme ceci ou cela au lieu d'en reproduire l'image comme dans le souvenir. C'est bien l'imagination qui effectue ce transfert d'une chose présente à une chose absente dont la première n'est que la figure, c'est-à-dire le représentant de la chose absente, ce qui redirige le regard vers une réalité absente.

Être présent sous forme de figure revient donc à ne pas être réellement présent. C'est au terme de réalité que s'oppose le terme de figure dans la plupart des fragments pascaliens (voir par ex. la seizième *Provinciale* : « Les bienheureux possèdent J-C réellement, sans figures et sans voiles »[12]). Comme un portrait, la figure porte absence et présence, alors que la réalité exclut l'absence (ou l'attente). Une figure ne dit pas ce qu'est une chose, elle n'est pas le caractère d'une chose, mais c'est la façon dont une chose (cachée, absente) se signifie à travers une autre— les choses spirituelles à travers les corporelles. La figure est la façon de lier, de mettre en rapport et peut-être même en accord les deux ordres de choses qui sur le plan ontologique s'opposent et s'excluent. Dans l'importante lettre à Madame Perrier du 1er avril 1648, Pascal dit que « les choses corporelles ne sont qu'une image des spirituelles, et Dieu a représenté les choses invisibles dans les visibles (Rom.,1,20) ». Un peu plus bas : « les moindres choses et les plus petites et les plus viles parties du monde représentent au moins par leur unité la parfaite unité qui ne

12 *Ibid.*, p. 450.

se trouve qu'en Dieu »[13]. Mais dès lors que les moindres choses représentent la parfaite unité, sont-elles encore perçues comme des moindres, petites ou viles choses ? Dès lors que les choses corporelles sont vues comme des images des spirituelles, sont-elles encore pensées ou conçues comme corporelles ? En d'autres termes, une chose peut-elle être considérée à la fois comme chose réelle et comme figure d'autre chose (absente) ? Considérer une chose comme figure revient à la *déréaliser*, ce que ne font pas, ne peuvent pas faire les « charnels » à qui les choses réelles sont trop présentes comme réelles pour qu'ils puissent les considérer comme des figures de réalités plus essentielles, mais non présentes elles-mêmes. En un sens nous sommes tous charnels lorsque nous croyons à la réalité de ce qui nous impressionne par son apparence, sa majesté, sa solennité : la figure du roi, celles du magistrat et du médecin, comme dans les exemples du frag. 44. Nous ne prenons pas ces apparences pour les figures de réalités absentes, nous les tenons pour tout ce qu'il y a de réel et de vrai. N'est-ce pas cela la puissance de l'imagination ? Faire croire à la réalité substantielle de ce qui se donne à voir et seulement à voir, prendre le spectacle, ce que Pascal appelle « une montre si authentique », pour la réalité.

À cette pente de l'esprit de l'homme à réifier les images, s'oppose, en sens contraire, la finesse de l'esprit qui déchiffre dans ce qui se donne pour réel et vrai la figure d'une autre chose, bien plus réelle et véritable que celle qui n'en est que la figure, par exemple en voyant dans les choses corporelles une image des spirituelles. Lorsque nous voyons un portrait nous ne voyons pas mais nous imaginons la personne dont c'est le portrait. Certes le tableau accroché au mur est une chose réelle, physique, mais ce qui y est figuré (le portrait d'un homme) est quelque chose qui est à la fois présent (l'image) et absent (celui dont c'est seulement l'image). Être la figure d'une autre chose c'est, en quelque sorte, être ce qu'on n'est pas et ne pas être ce qu'on est. La chose figurante et présente est l'index de la chose figurée et absente. Mais l'une des principales fonctions de l'imagination n'est-elle pas de rendre présente une chose absente, non pas comme chose passée mais comme chose irréelle ? Comme l'a bien montré Sartre dans *L'imaginaire,* la conscience en imaginant prend du recul par rapport à la réalité, elle tient le réel à distance, elle s'en affranchit[14]. Ainsi au lieu d'être aveuglés comme les charnels par la pleine présence d'une chose ou d'un événement, ou par le sens littéral d'un récit, l'homme spirituel aperçoit la chose absente derrière celle qui est présente et qui, de ce fait, l'est moins car,

13 *Ibid.*, p. 273.

14 Jean-Paul Sartre, *L'imaginaire*, Paris, Gallimard, « Idées », 1940, p. 352. Il faudrait rappeler aussi et d'abord la remarquable analyse du portrait – « de la conscience neutre de l'objet-portrait » – par Husserl dans *Idées directrices pour une phénoménologie*, trad. fr. P. Ricœur, Paris, Gallimard, 1950, § 111, p. 370.

comme un geste, elle s'efface devant ce qu'elle indique. Il faut se tenir hors du monde et de ce qui s'y manifeste comme réel ou vrai pour « réduire » les choses visibles en figures de celles que l'on ne peut voir avec les mêmes yeux. Ce que l'on aimerait appeler la conscience d'image, ou conscience imageante, libère l'esprit de la fascination pour le visible. L'image conçue comme renvoi ne peut alors être prise pour une chose réelle et imprimer sa marque dans l'esprit, comme une idole, elle laisse la place à ce dont il n'y a pas d'image mais qui sans l'image ne serait pas aperçu, demeurerait ignoré et non pas invisible, caché, comme ce Dieu qui se cache afin que les hommes le cherchent au lieu de croire qu'il est là, à la disposition de l'esprit comme sont les choses connues. Comme l'a bien dit H. Gouhier, « c'est à la fois pour voiler et exprimer ce sens spirituel que la lettre se fait figurative »[15].

Seule la charité (et ce qui y conduit) est réelle, c'est-à-dire ne renvoie pas à un sens caché. Tout ce qui n'est pas charité est figuratif, c'est-à-dire n'a pas son sens en soi-même, n'est pas vrai, réel : non pas faux et illusoire mais incomplet, lacunaire, et de ce fait inintelligible par soi-même. Avec le concept de figure Pascal a trouvé le moyen de dépasser les oppositions et les contradictions entre des genres ou plutôt des ordres de choses en eux-mêmes incommunicables.

Car un ordre n'est pas seulement l'opposé d'un autre, il en est aussi la figure : « la distance infinie des corps aux esprits figure la distance infiniment plus infinie des esprits à la charité, car elle est surnaturelle » (L 308 / B 793). Même la grâce, qui relève du troisième ordre, celui de la charité ou du cœur, n'est que la figure de la gloire. Figurée par la loi, elle figure à son tour la gloire, comme si la relation entre figure et réalité décrivait une spirale ou une cycloïde, cette figure à laquelle le jeune Pascal a consacré un traité.

Ce qui est contraire ontologiquement est conciliable figurativement. Grâce au concept de figure la pensée peut glisser du plan ontologique ou du plan des choses au plan des rapports de connotation, au plan des signes. La disproportion entre le fini et l'infini, fil conducteur de toute la pensée de Pascal, en cela expression de l'*épistémè* classique, n'est plus alors une opposition statique, comme dans le frag. sur les deux infinis (L 199 / B 72), elle devient en quelque sorte dialogique, permettant la communication entre des choses aussi éloignées, et cela grâce au passage de l'image-chose à l'image-signe.

## Conclusion

Les deux grands aspects de l'imagination que nous avons distingués sont-ils aussi opposés et contraires qu'il le paraît à s'en tenir à la lettre de la critique de l'imagination ? Ils le sont si, tel un demi-habile ou un

15 Henri Gouhier, *Blaise Pascal. Commentaires*, 3e éd., Paris, Vrin, 1984, p. 201.

charnel, on ne voit que ce qui se voit : les habits et les bonnets carrés ou bien la lettre de la loi. On ne peut que plaindre ces gens fascinés par des images fixes, soumis à une imagination associative et répétitive. Mais à celui qui possède la « clef du chiffre » (L 249 / B 681) se découvre le sens sous l'apparent non-sens, comme un langage non pas propre mais figuré, figures dans lesquelles il faut voir ou plutôt imaginer la raison cachée. Les figures sont multiples et diverses, la vérité est une. Nous devons imaginer parce que nous recherchons la diversité, et donc nous ouvrons, nous essayons des voies multiples dans l'espoir d'atteindre l'unité, l'unique précepte, la charité, « l'unique objet de l'Écriture » (L 270 / B 670).

De plus, le fait de savoir que l'on a affaire à une représentation ou figure d'une chose ou d'un événement absents, instaure une situation d'attente car ce que l'on voit n'est qu'une image de ce que l'on ne peut pas voir, parce que c'est une chose cachée ou un événement à venir. Comme dans l'exemple de la lettre importante où l'on trouve un sens clair où il est dit néanmoins qu'il est caché, on verra cette lettre sans la voir et on l'entendra sans l'entendre (L 260 / B 678), celui qui voit dans la Loi et les sacrifices des figures et non des réalités, les verra sans les voir elles-mêmes mais sans voir pour autant la réalité dont elles ne sont que les figures. Croire ou espérer (« car la foi n'est pas des choses qui se voient »), attendre, prolongent alors et limitent le voir et l'entendre.

Jésus, dit Pascal dans cette même pensée L 260, « a rompu le voile et a découvert l'esprit ». En étant la réalité des figures qui annoncent son avènement, le Christ lève le voile et découvre la vraie réalité, la réalité sans figures qui, à l'inverse des choses figurées ou représentées, ne porte que liaison significative, *présence et plaisir* : « Les chrétiens possèdent J-C dans l'Eucharistie véritablement et réellement, mais encore couvert de voiles... Les bienheureux possèdent JC réellement, sans figures et sans voiles » [16] (Seizième provinciale).

N'y a-t-il pas là comme une première esquisse d'une philosophie de l'histoire ou – mais n'est-ce pas la même chose ? – d'une théologie sécularisée ? De même que c'est la charité, « qui n'est pas un précepte figuratif », qui permet d'apercevoir dans les événements de l'histoire sainte des figures et non des réalités, de même c'est la fin de l'histoire humaine qui donne un sens, une direction à ce qui semble absurde, décousu, vain : « c'est seulement à partir de la fin de l'histoire qu'on peut comprendre de façon définitive le sens de son cours » [17] ; « la volonté de se cacher donne sa signification à l'histoire et au monde qui est le théâtre de cette histoire » [18].

16 Blaise Pascal, *Œuvres complètes*, p. 450.

17 Rudolf Bultmann, *Foi et compréhension*, tome 2, Paris, Éd. du Seuil, p. 387.

18 Henri Gouhier, *Blaise Pascal. Commentaires*, p. 188.

## Travaux cités


### De Blaise Pascal

*Œuvres complètes*, éd. L. Lafuma, Paris, Éd. du Seuil, « L'intégrale », 1963.

### Commentaires

Pierre Bourdieu, *Méditations pascaliennes*, Paris, Éd. du Seuil, 1997.

Rudolf Bultmann, *Foi et compréhension*, Paris, Éd. du Seuil, 1969.

Guy Debord, *La Société du spectacle*, Paris, Gallimard, rééd. « Folio essais », 1992.

Henri Gouhier, *Blaise Pascal. Commentaires*, 3e éd., Paris, Vrin, 1984.

Pierre Guenancia, *Divertissements pascaliens*, Paris, Hermann, 2012.

Jean-Paul Sartre, *L'Imaginaire*, Paris, Gallimard, « Idées », 1940.

## Chapitre 6

# Les pouvoirs de l'imagination malebranchienne : comment « faire de nécessité vertu » ?

par Vincent Geny

## Introduction

On pense souvent, à tort, que Malebranche aurait comparé l'imagination à une « folle du logis »[1]. Il est vrai que la structure de la *Recherche de la vérité* paraît témoigner du peu d'estime que celui-ci a de cette faculté. L'oratorien y envisage, en effet, « la nature de la connaissance humaine, considérée à partir des causes des erreurs des sens (dans le Livre I), de l'imagination (dans le Livre II), de l'entendement (dans le Livre III), des inclinations (dans le Livre IV), des passions (dans le Livre V) et de la recherche des remèdes que l'on peut apporter à l'esprit pour l'en délivrer »[2]. On ne saurait toutefois minorer l'importance que ce philosophe accorde à l'imagination. Certains chapitres du Livre II de la *Recherche* vont jusqu'à proposer une *psychologie* et même une *sociologie* de l'imagination. Son pouvoir explicatif est, par ailleurs, étonnant. Le Livre VI, consacré à la méthode, insiste également sur le rôle de l'imagination *dans la science elle-même*. Ce court chapitre se propose donc

1 Dans ses notes, Geneviève Rodis-Lewis rappelle que cette expression (« folle du logis ») est « faussement référée parfois au Livre II de la *Recherche de la vérité*. Elle vient de Voltaire : "Défions-nous des écarts de l'imagination, que Malebranche appelait *la folle du logis*" (*Questions sur l'Encyclopédie*, 1770, II^e Partie) ; repris dans le *Dictionnaire philosophique*, à l'article « Apparitions » (t. I), à partir de l'édition de Kehl des *Œuvres complètes*, t. XXXVII, 1784. Malebranche, *Œuvres*, éditées par Geneviève Rodis-Lewis, t. II, Paris, Gallimard, « Bibliothèque de la Pléiade », 1992, p. 1225. Dans le premier entretien des *Entretiens sur la métaphysique et sur la religion, Entretiens sur la mort*, on trouve, en revanche, l'expression suivante : « L'imagination est une folle qui se plaît à faire la folle » (*Entretiens sur la métaphysique et sur la religion, Entretiens sur la mort, Entretien I*, OC XII, p. 30). Les références aux œuvres de Malebranche sont données d'après l'édition des *Œuvres complètes* publiées sous la direction d'André Robinet, Paris, Vrin, 23 vol., abrégées OC.

2 Frédéric de Buzon, *Nicolas Malebranche, La Recherche de la vérité De l'imagination (2^e et 3^e parties)*, Paris, Gallimard, « Folioplus », 2006, p. 164.

d'analyser l'ambivalence du jugement de Malebranche sur l'imagination qui apparaît faible et forte, dangereuse et utile, si l'on apprend à « faire de nécessité vertu »[3].

## 1 Physiologie de l'imagination

Pour comprendre les dangers de l'imagination, il faut revenir à la définition que Malebranche en donne au début du Livre II de la *Recherche*. Qu'est-ce, en effet, que l'imagination ? C'est

> la puissance qu'a l'âme de se former des images des objets, en produisant du changement dans les fibres de cette partie du cerveau, que l'on peut appeler partie *principale*, parce qu'elle répond à toutes les parties de notre corps, et que c'est le lieu où notre âme réside immédiatement, s'il est permis de parler ainsi.[4]

Autrement dit, imaginer, pour Malebranche, c'est, d'une part, se représenter l'image d'un objet (il s'agit de la *composante spirituelle* de l'imagination ou puissance de l'âme de se former des images) ; c'est, d'autre part, graver[5], en quelque sorte, cette image dans la substance corporelle du cerveau (il s'agit alors de la *composante matérielle* de l'imagination ou changements dans les fibres du cerveau).

L'imagination est donc une faculté caractéristique de l'union de l'âme et du corps. L'oratorien souligne également qu'elle peut être reproductrice ou passive (elle prolonge la sensation et n'en diffère que « du plus et du moins »[6]) mais aussi productrice ou active (dans sa capacité fictionnelle par exemple)[7]. Enfin, comme la sensation, sa fonction est avant tout pratique (c'est-à-dire la conservation de la vie)[8].

Si l'on cherche à déterminer la nature exacte des liens unissant cette matière qu'est l'imagination avec son autre composante, la pensée, il

3 Voir *Recherche de la vérité*, OC II, p. 253 : « comme il n'est pas possible que l'âme soit sans passions, sans sentiment, ou sans quelqu'autre modification particulière ; il faut faire de nécessité vertu, et tirer même de ces modifications des secours pour se rendre plus attentif ».

4 *Recherche de la vérité*, OC I, p. 192-193.

5 Voir l'analogie entre le mécanisme de la gravure et celui de l'imagination établie par Malebranche au chapitre I de la Première Partie du Livre II de la *Recherche*, p. 194-195.

6 *Ibid.*, p. 192 : « les sens et l'imagination ne diffèrent que du plus et du moins ».

7 *Ibid.*, p. 193 : « cette puissance qu'a l'âme de former des images renferme deux choses ; l'une qui dépend de l'âme même, et l'autre qui dépend du corps. La première est l'action, et le commandement de la volonté. La seconde est l'obéissance que lui rendent les esprits animaux qui tracent ces images, et les fibres du cerveau sur lesquelles elles doivent être gravées ».

8 *Ibid.*, p. 186.

faut se tourner vers la doctrine malebranchienne dite de l'*occasionnalisme*.

En effet, pour Malebranche, l'âme et le corps étant *réellement* distincts, il est clair que ces deux substances ne sauraient agir l'une sur l'autre. Ce qui rend compte, dès lors, de ce dont personne ne saurait néanmoins douter – à savoir qu'il existe une certaine réciprocité entre ce qui se passe dans le corps et ce qui se passe dans l'âme –, c'est une thèse radicale[9], qu'on nomme *occasionnalisme*, et qui réforme entièrement le concept de causalité puisque, selon celle-ci, c'est Dieu – la seule cause réelle – qui produit dans l'âme certaines pensées et/ou passions *à l'occasion* de traces et/ou de mouvements corporels et, réciproquement, certains mouvements du corps *à l'occasion* de certaines pensées. Cette doctrine se résumerait donc volontiers comme suit : toute action véritable est nécessairement action de Dieu ; cette action de Dieu est réglée par des lois ; et l'homme, ou les choses, inefficaces en eux-mêmes, ne possèdent que la faculté de déterminer cette causalité à s'exercer d'une manière ou d'une autre. Dans la nature, par exemple[10], on dénombre trois lois générales et trois causes occasionnelles, à savoir : *les lois générales de la communication des mouvements* (leur cause occasionnelle est *le choc des corps*) ; *les lois générales de l'union de l'âme avec le corps* (leur cause occasionnelle est *la « réciprocation » des modalités de l'âme et du corps*) ; *les lois générales de l'union de l'âme avec la sagesse éternelle ou raison* (leur cause occasionnelle est *l'attention*).

À partir de cette définition duelle de l'imagination, Malebranche analyse les fondements physiologiques de l'imagination, c'est-à-dire ses causes physiques. Or il est clair que l'union de l'âme et du corps étant devenue, depuis la chute, « dépendance », cette composante physique de l'imagination, soumise aux lois naturelles, détourne très souvent l'esprit de son usage légitime : la conservation de la santé du corps. Ces causes concernent *soit* les esprits animaux, qui sont des particules matérielles extrêmement petites et rapides, ou « le résultat d'une sorte de distillation du sang dans le cœur », et qui circulent à l'intérieur des « petits filets » (les nerfs) reliant le cerveau[11] au reste du corps ; *soit* les fibres du cerveau. L'alimentation ; l'air que l'on respire ; ou encore les nerfs qui contrôlent les mouvements des organes provoquant la circulation du sang et des

9 Posée par Malebranche dans l'important chapitre 3 de la II<sup>e</sup> Partie du Livre VI de la *Recherche*.

10 Puisqu'il existe également des lois générales dans l'ordre « surnaturel » de la grâce.

11 Qui, rappelons-le, est composé de « fibres » malléables susceptibles de se configurer ou d'être ébranlées de diverses façons et dont l'une des parties « loge » l'âme.

esprits d'un côté ; les différents âges de la vie [12] d'un autre côté constituent donc autant d'occasions de se tromper. On parlera, avec Jean-Christophe Bardout, du « conditionnement corporel » ou encore des « conditionnements extra-mentaux de la pensée elle-même » [13]. Il va de soi qu'un tel mécanisme aura nécessairement des conséquences funestes sur la capacité humaine de penser librement.

## 2 Psychologie et sociologie de l'imagination

À partir de la II$^e$ Partie du Livre II de la *Recherche*, Malebranche entreprend une *typologie des manières d'imaginer* qui sont donc autant de *types d'esprits* et de *types d'erreurs*. Autrement dit, les différentes structures cérébrales et les esprits animaux influent ou conditionnent différentes manières d'imaginer et donc, *in fine*, notre caractère ou notre personnalité elle-même. L'oratorien parle ainsi de l'imagination des femmes, de l'imagination des hommes ou encore de l'imagination des vieillards. Ces types d'imagination n'ont bien évidemment rien à voir avec l'âge ni le sexe. Des hommes peuvent avoir des imaginations de femmes, et inversement ; des jeunes gens peuvent avoir des personnalités de vieillards, ou l'inverse.

Au chapitre 3 de la II$^e$ Partie du Livre II de la *Recherche*, Malebranche souligne qu'à côté des causes physiques, il existe des « causes morales de l'erreur » [14]. Il écrit :

> Les différences qui se trouvent dans les manières de vivre des hommes, sont presque infinies. Il y a un très grand nombre de différentes conditions, de différents emplois, de différentes charges, de différentes communautés. Ces différences font que presque tous les hommes agissent pour des desseins tous différents, et qu'ils raisonnent sur de différents principes. Il serait même assez difficile de trouver plusieurs personnes, qui eussent entièrement les mêmes vues dans une même communauté, dans laquelle les particuliers ne doivent avoir qu'un même esprit, et que les mêmes desseins. Leurs différents emplois et leurs différentes liaisons mettent nécessairement quelque différence dans le tour et la manière qu'ils veulent prendre, pour exécuter les choses même dont ils conviennent. [15]

12 Que Malebranche ramène à trois principaux en raison des changements considérables qui les caractérisent, à savoir : l'enfance ; l'âge d'homme fait, et la vieillesse.

13 Voir Malebranche, *De la recherche de la vérité* (Livres I à III), Présentation, édition et notes par Jean-Christophe Bardout, Paris, Vrin, 2006, p. 33 et suivantes.

14 Voir *Recherche de la vérité*, OC I, p. 279.

15 *Ibid.*

Ces causes extérieures, souvent d'ordre sociologique, influent donc elles aussi sur notre manière de penser en sorte que l'on pourrait parler d'une *sociologie de l'imagination*. Ce que confirmerait la III^e^ Partie du Livre II de la *Recherche* qui analyse le mécanisme de la *communication contagieuse* des *imaginations fortes*. Il s'agit du « pouvoir qu'ont certains hommes de prendre l'ascendant sur leurs semblables par la seule puissance de leur imagination »[16]. Ainsi, ce n'est rien de moins que la « dimension intersubjective ou relationnelle »[17] de l'imagination que Malebranche découvre ici.

Ces trois types de causes (physiologique, psychologique et sociologique) sont l'occasion, pour Malebranche, de souligner le pouvoir hautement explicatif du concept d'imagination. Car l'imagination malebranchienne éclaire le développement des obsessions et rend compte des phénomènes phobiques, explique la concupiscence et le péché originel ou encore propose une genèse de certaines superstitions. Avec lui, le champ du surnaturel et du miraculeux – et donc celui de l'irrationnel – est limité en même temps qu'est étendu celui du naturel et du rationnel.

Ainsi, selon Malebranche qui, par sa conceptualisation de l'imagination, « esquisse une sorte de théorie génétique »[18], on peut rendre compte mécaniquement de quelques dérèglements d'esprit du fait de la communication qui est entre le cerveau d'une mère et celui de son enfant. En effet, le corps de l'enfant n'étant pas détaché du sien durant ce temps crucial de la formation de ses organes, non seulement « les passions et les sentiments et généralement toutes les pensées dont le corps est l'occasion sont communes à la mère et à l'enfant »[19] ; mais aussi le mouvement et l'agitation et, plus généralement, tous les changements des esprits animaux de la mère impressionnent – au sens propre – et donc modifient le corps de l'enfant. D'où ces « bizarreries » physiques et/ou psychologiques dont nous sommes parfois témoins et dont la cause n'est autre que le pouvoir ou la force de l'imagination.

Malebranche prend ainsi, entre autres, l'exemple d'une mère qui, « fort effrayée à la vue d'un chat, engendre un enfant, que l'horreur surprend toutes les fois que cet animal se présente à lui »[20] ; l'exemple d'un jeune homme « né fou, et dont le corps était rompu dans les mêmes endroits, dans lesquels on rompt les criminels » et ce, *parce que* « sa mère ayant su qu'on allait rompre un criminel, l'alla voir exécuter » et fut fort ébranlée

16 *De la recherche de la vérité* (Livres I à III), Présentation, édition et notes par Jean-Christophe Bardout, p. 32-33.

17 *Ibid.*, p. 32.

18 *Ibid.*, p. 35.

19 *Recherche de la vérité*, OC I, p. 235.

20 *Ibid.*

par ce spectacle[21]; l'exemple d'une femme qui, « ayant considéré avec trop d'application le tableau de saint Pie, [...] accoucha d'un enfant qui ressemblait parfaitement à la représentation de ce saint » [22] ou encore l'exemple de femmes engendrant des enfants en forme des fruits (pommes, poires, grappes de raisin, etc.) dont elles ont souhaité manger pendant leur grossesse[23]. De la même façon, parce que le cerveau naît avec des traces déjà formées, dont certaines se sont transmises depuis les premiers hommes, on peut expliquer mécaniquement – c'est-à-dire à l'aide du seul concept de corps – la propagation du péché originel[24].

Si on interroge maintenant cette capacité qu'ont certains individus à modifier le corps et l'esprit des autres par la seule puissance de leur imagination (c'est un des avantages de ceux qui ont l'*imagination forte*), on peut se demander comment autrui – qui n'est pas moi et ne compose donc pas avec moi un même corps – peut modifier (ou être modifié par) mon imagination. Pour le comprendre, il faut, tout d'abord, se représenter l'univers malebranchien, qui est un univers *plein*. En effet, comme Descartes avant lui, Malebranche considère que le monde est plein d'une *matière* invisible, fort *subtile* et en continuelle agitation. Or cette matière subtile va rendre possible la communication imaginative. En effet, si l'on joint à cette considération physique notre connaissance des lois générales de la communication des mouvements, la difficulté s'évanouit. Car qu'est-ce que se communiquer pour une imagination sinon modifier le corps et l'esprit d'autrui *par l'intermédiaire de ce corps qu'est la matière subtile environnante* ? Dans la mesure où il y a toujours quelque élément matériel entre deux ou plusieurs individus unis à un corps, il n'y a nulle difficulté à envisager qu'une communication des imaginations ait lieu.

Pour rendre compte de cette propension qu'ont les hommes à s'*imiter* les uns les autres, c'est-à-dire non seulement à être modifiés par leurs semblables mais aussi à être modifiés *semblablement* (au point de former les mêmes jugements et d'entrer dans les mêmes passions), on peut supposer qu'il existe une « communication [...] entre notre cerveau et les parties de notre corps, laquelle nous porte à l'imitation et à la compassion » [25]. Autrement dit, pour Malebranche, il est raisonnable de penser que Dieu, qui nous a tous faits les uns pour les autres, a uni les hommes par des liens naturels qui « consistent dans une certaine disposition du cerveau qu'ont tous les hommes, pour imiter quelques-uns de ceux avec lesquels ils conversent, pour former les mêmes jugements qu'ils font, et pour entrer dans les mêmes passions dont ils sont

21 *Ibid.*, p. 238-239.

22 *Ibid.*, p. 240.

23 *Ibid.*, p. 241-242.

24 *Ibid.*, p. 247-248.

25 *Ibid.*, p. 235.

agités »[26]. Ainsi, « se ressemblant et par le corps et par l'esprit »[27], c'est naturellement et mécaniquement que les hommes seront portés à s'imiter. Car si l'on joint à cette disposition naturelle à l'imitation et à la compassion le fait (précédemment souligné) que se communiquer, pour une imagination, c'est modifier le corps - mais aussi l'esprit - d'autrui par l'intermédiaire de ce corps qu'est la matière subtile environnante, et si l'on prend en compte cette donnée importante de la physiologie malebranchienne, à savoir « que le même nerf, qui répand quelques rameaux dans le cœur, et dans les autres parties intérieures, communique aussi quelques-unes de ses branches aux yeux, à la bouche, et aux autres parties du visage », alors on obtient un schéma parfaitement mécanique de la communication contagieuse des imaginations.

Malebranche prend, pour finir, l'exemple « des sorciers par imagination, et des loups-garous »[28]. On peut ainsi expliquer la première superstition de la façon suivante : il suffit que, lors d'un souper, l'alimentation et la consommation de vin modifient le cerveau (selon les lois générales de la communication des mouvements) et l'esprit (selon les lois générales de l'union de l'âme et du corps) d'un père[29] pour que celui-ci imagine vivement certaines choses (ici les aventures du sabbat) qui, en retour (selon les lois générales de l'union de l'âme et du corps), modifient *non seulement* la configuration intérieure de son corps *mais aussi* sa figure (d'après la physiologie malebranchienne). La gestuelle, le ton de la voix, l'air (au sens d'allure) etc. d'homme passionné du père frappent (d'après la physique malebranchienne[30]) et modifient le corps (selon les lois générales de la communication des mouvements) mais aussi l'esprit (selon les lois générales de l'union de l'âme et du corps) et donc l'imagination de toute sa famille, ce que facilite la nature molle, flexible et délicate des fibres du cerveau de l'enfant. Le corps (c'est-à-dire le mouvement des esprits animaux) mais aussi l'esprit (la passion, c'est-à-dire l'émotion ou affection / ensemble d'affections de l'âme occasionnées par le corps) de chaque membre de la famille imitent ceux du père (d'après la disposition du cerveau à l'imitation et à la compassion). Résultat : c'est mécaniquement, naturellement, « corporellement », que toute la famille se met à croire à cette histoire imaginaire du sabbat.

On le voit bien, la valeur explicative du concept malebranchien d'imagination est immense et permet de limiter la dimension souvent irrationnelle

26 *Ibid.*, p. 321.

27 *Ibid.*, p. 236.

28 *Ibid.*, p. 370 et suivantes.

29 Sur la force de l'impression des parents sur l'imagination de leurs enfants, voir *ibid.*, p. 331 et suivantes.

30 Pour l'entière intelligibilité de ce mécanisme de communication contagieuse des imaginations, voir également l'optique de Malebranche, c'est-à-dire les derniers *Éclaircissements sur la Recherche de la vérité*.

de nos existences, mais aussi de mettre en garde contre son pouvoir et contre son étendue.

## 3 Les dangers et les utilités de l'imagination

### 3.1 Les effets pervers de l'imagination

Selon Malebranche, les effets pervers de l'imagination sont multiples et particulièrement dangereux en raison de son mécanisme et de sa contagion. Du point de vue strictement épistémologique[31], le tort de l'imagination tient à la confusion qu'elle entretient avec la sensation. En dehors du cadre (pratique) strict de la conservation de soi, l'imagination ou la sensation ne sont d'aucune utilité. Pire, elles fonctionnent comme des miroirs déformants qui nous empêchent de saisir les propriétés objectives des choses et donc d'atteindre la vérité. En outre, « les perceptions sensibles et imaginatives sont toutes complexes et leur décomposition en éléments simples, permettant d'en apprécier les rapports, est très délicate : toute perception sensible est confuse, au sens où elle mélange indistinctement une masse d'effets sans en donner l'articulation et la décomposition »[32]. Enfin, depuis la chute de l'homme, leur attrait et leur vivacité sont tels qu'elles partagent voire remplissent et saturent inutilement la capacité humaine de penser, qui est limitée.

En effet, pour Malebranche, l'entendement humain – qu'il ne faut pas confondre avec la Raison divine et ses idées – est une substance créée disposant d'une quantité de pensée finie et invariable[33]. Le but premier de toute bonne méthode doit donc consister en l'optimisation de cette capacité, avant même d'orienter l'activité de l'esprit par la prescription de règles précises (ce qui sera l'objet de la seconde partie de la méthode malebranchienne). Or, selon Malebranche, il existe deux moyens de perfectionner son esprit : conserver son attention et augmenter son étendue.

S'agissant de la conservation de l'attention : participant à la souveraine Raison, l'homme malebranchien découvre la vérité – qui est un rapport entre les idées divines – à proportion qu'il s'applique à elle. Malebranche écrit par exemple :

> Le désir de l'âme est une prière naturelle qui est toujours exaucée ; car c'est une loi naturelle que les idées soient d'autant plus présentes

31 Le procès de l'imagination malebranchienne pourrait se dérouler également selon un plan moral et théologique, voire linguistique. Voir Véronique Wiel, « Du bon usage de l'imagination selon Malebranche », *L'Information littéraire,* n° 58, 2006, p. 20-27 (disp. en ligne). On rappellera toutefois que l'angle sous lequel la *Recherche* envisage la question de l'imagination est avant tout gnoséologique.

32 Frédéric de Buzon, *Nicolas Malebranche. La Recherche de la vérité. De l'imagination (2^e^ et 3^e^ parties),* p. 188.

33 Voir *Recherche de la vérité*, OC I, p. 390-391.

> à l'esprit, que la volonté les désire avec plus d'ardeur. Ainsi, pourvu que la capacité que nous avons de penser, ou notre entendement ne soit point rempli des sentiments confus, que nous recevons à l'occasion de ce qui se passe dans notre corps ; nous ne souhaitons jamais de penser à quelque objet, que l'idée de cet objet ne nous soit aussitôt présente : et, comme l'expérience même nous l'apprend, cette idée est d'autant plus présente et plus claire, que notre désir est plus fort, ou notre attention plus vive, et que les sentiments confus que nous recevons par le corps, sont plus faibles et moins sensibles.[34]

S'agissant de l'augmentation de l'étendue de l'esprit, une telle expression ne signifie bien évidemment pas un revirement matérialiste de la part de Malebranche. Il faut entendre par là la capacité de l'esprit à s'approprier un plus grand nombre d'objets, alors même que notre quantité de pensée reste invariable. L'âme humaine étant une substance ou une « quantité déterminée ou une portion de pensée », elle ne saurait, en effet, « devenir plus grande ni plus étendue qu'elle est » ni penser davantage en un temps qu'en un autre. Il est, en revanche, en son pouvoir de penser distinctement à une chose ou, autant que faire se peut, de penser à plusieurs choses distinctement[35]. L'important est donc de distinguer l'identité invariable du potentiel de pensée et la différente focalisation de l'esprit sur tel ou tel objet.

## 3.2 Faire de nécessité vertu

Or, malgré tous ses griefs contre l'imagination, Malebranche lui fait jouer un rôle essentiel *dans la science elle-même*. En effet, dans le chapitre IV de la I^re^ Partie du Livre VI de la *Recherche* (intitulé « De la méthode »), l'oratorien questionne l'usage que l'on peut faire de l'imagination pour conserver l'attention de l'esprit. Il écrit alors :

> Il faut user de grandes circonspections dans le choix et dans l'usage des secours que l'on peut tirer de ses sens et de ses passions pour se rendre attentif à la vérité ; parce que nos passions et nos sens nous touchent trop vivement, et qu'ils remplissent de telle sorte la capacité de l'esprit, qu'il ne voit souvent que ses propres sensations, lorsqu'il pense découvrir les choses en elles-mêmes. Mais il n'en est pas de même des secours que l'on peut tirer de son imagination. Ils rendent l'esprit attentif sans en partager inutilement la capacité, et ils aident ainsi merveilleusement à apercevoir clairement et distinctement les objets, de sorte qu'il est presque toujours avantageux de s'en servir.[36]

34 *Recherche de la vérité, Éclaircissement II*, OC III, p. 39-40.

35 Voir *Recherche de la vérité*, OC II, p. 283.

36 *Ibid.*, p. 262.

L'imagination n'étant pas la sensation [37], un bon usage de ses pouvoirs est envisageable. Quel est exactement ce bon usage de l'imagination dans la science ? Malebranche le résume à travers la formule « il faut faire de nécessité vertu ».

Selon l'auteur de *La Recherche de la vérité*, l'imagination jouit du privilège de « rendre l'esprit attentif ». Or, quand on sait que l'attention malebranchienne est la cause occasionnelle déterminant la causalité divine à s'exercer selon *les lois générales de l'union de l'âme avec la sagesse éternelle ou raison* (l'attention est donc l'« acte » intellectuel qui permet de laisser les idées éclairer l'esprit), cela n'est pas rien. L'imagination permettrait donc d'occuper l'esprit, sans saturer sa capacité de pensée, en rendant présente une idée ou une relation abstraite dorénavant figurée. C'est ainsi vers la géométrie que Malebranche tourne naturellement son regard lorsqu'il envisage un exemple d'usage salutaire de l'imagination. Toujours dans le chapitre IV de la première partie du Livre VI de la *Recherche*, il écrit :

> Les lignes et les figures de géométrie sont donc très propres pour représenter à l'imagination les rapports qui sont entre les grandeurs, ou entre les choses qui diffèrent du plus et du moins, comme les espaces, les temps, les poids, etc. Tant à cause que ce sont des objets très simples qu'à cause qu'on les imagine avec beaucoup de facilité. [...] La géométrie est donc très utile pour rendre l'esprit attentif aux choses dont on veut découvrir les rapports. [38]

Parce que la géométrie est la science des corps figurés, elle peut utiliser l'imagination qui fournit dès lors à l'esprit des objets auxquels s'appliquent des idées pures.

La notion de « rapport » est importante. Sans entrer dans le détail de la logique et de la gnoséologie malebranchiennes, on rappellera que, pour notre philosophe, toutes les vérités peuvent formellement se définir comme des rapports entre des termes qu'elle met précisément en relation d'égalité ou d'inégalité [39]. Si on ajoute à cette définition de la vérité l'idée que

> l'astronomie, la musique, les mécaniques, et généralement toutes les sciences qui traitent des choses capables de recevoir du plus ou du

37 En effet, tandis que, dans la sensation, « l'âme sent et juge que ce qu'elle sent est au-dehors, c'est-à-dire qu'elle aperçoit un objet comme présent », dans l'imagination, au contraire, « l'âme imagine, et juge que ce qu'elle imagine, n'est point au dehors, mais au-dedans du cerveau, c'est-à-dire, qu'elle aperçoit un objet comme absent ». *Recherche de la vérité*, OC I, p. 191. Le risque d'illusion semble donc moindre avec l'imagination.

38 *Recherche de la vérité*, OC II, p. 276.

39 *Ibid*., p. 286 et suivantes.

> moins, et par conséquent que l'on peut regarder comme étendues, c'est-à-dire toutes les sciences exactes se peuvent rapporter à la géométrie : parce que toutes les vérités spéculatives ne consistant que dans les rapports des choses, et dans les rapports qui se trouvent entre leurs rapports, elles se peuvent toutes rapporter à des lignes [40]

alors on comprend que l'imagination – qui rend sensibles par des lignes les rapports en quoi consiste la vérité – joue un rôle essentiel dans la science *tout entière* [41].

## Conclusion

Pour conclure, lorsqu'il questionne la nature et le rôle de l'imagination, le jugement de Malebranche est nuancé. Il ne s'agit jamais unilatéralement ni d'en faire l'éloge ni de déplorer ses mauvais effets. On dira plus justement qu'il faut *se méfier de* l'imagination, c'est-à-dire étudier ses mécanismes et ses pouvoirs pour en atténuer les défauts et en régler l'usage. Ainsi, en « veillant sans cesse à la pureté de son imagination » [42], on se donne les moyens de « faire de nécessité vertu » et de découvrir l'utilité de l'imagination dans la science elle-même.

## Travaux cités

### Sources primaires

Ces références aux œuvres de Malebranche sont données d'après l'édition des *Œuvres complètes* publiées sous la direction d'André Robinet, Paris, Vrin, 23 vol., abrégées OC.

*Recherche de la vérité* (Livres I à III), OC I

*Recherche de la vérité* (Livres IV à VI), OC II

*Recherche de la vérité, Éclaircissements*, OC III

*Conversations chrétiennes*, OC IV

*Entretiens sur la métaphysique et sur la religion, Entretiens sur la mort*, OC XII et XIII

### Autres éditions utilisées

*Œuvres*, éd. Geneviève Rodis-Lewis, t. I, Paris, Gallimard, « Bibliothèque de la Pléiade », 1979.

40 *Ibid.*, p. 274.

41 Pour ouvrir la réflexion, on pourrait évoquer l'idée de V. Wiel selon laquelle l'écriture même de Malebranche – notamment sa pratique de l'ironie – serait un moyen d'utiliser l'imagination contre elle-même : « la force de l'imagination, quand elle est retournée contre elle-même, a son prix ». Ce serait une nouvelle preuve, *sur le terrain littéraire*, de l'ambivalence de l'imagination malebranchienne.

42 *Conversations chrétiennes*, OC IV, p. 161 (c'est Malebranche qui souligne).

*Œuvres*, éd. Geneviève Rodis-Lewis, t. II, Paris, Gallimard, « Bibliothèque de la Pléiade », 1992.

*De la recherche de la vérité* (Livres I à III), éd. Jean-Christophe Bardout, Paris, Vrin, 2006.

*De la recherche de la vérité* (Livres IV à VI), éd. Jean-Christophe Bardout, Paris, Vrin, 2006.

*Éclaircissements, Réponse à Régis, Annexes*, éd. Jean-Christophe Bardout, Paris, Vrin, 2006.

*Conversations chrétiennes, Méditations sur l'humilité*, éd. Jean-Christophe Bardout, Paris, Vrin, 2010.

*Entretiens sur la métaphysique et sur la religion*, éd. Marion Le Roux-Michaud et Denis Moreau, Paris, Vrin, 2017.

**Études et éditions critiques**

Frédéric de Buzon, *Malebranche. Les Conversations chrétiennes*, Paris, PUF, 2004.

Frédéric de Buzon, *Nicolas Malebranche La Recherche de la vérité De l'imagination (2e et 3e parties)*, Paris, Gallimard, « Folioplus », 2006.

Vincent Geny, « Malebranche héritier de Montaigne : un approfondissement de la doctrine de la force de l'imagination », *Camenae*, n° 8, 2010, disp. en ligne.

Denis Moreau, *Malebranche*, Paris, Vrin, 2004.

Geneviève Rodis-Lewis, *Nicolas Malebranche*, Paris, PUF, 1963.

Claire Schwartz, *Malebranche. Mathématiques et philosophie*, Paris, Sorbonne Université Presses, 2019.

Véronique Wiel, « Du bon usage de l'imagination selon Malebranche », L'Information littéraire, n° 58, 2006, p. 20-27.

Chapitre 7

# Imagination, servitude et liberté chez Spinoza

par Xenophon Tenezakis

## Introduction

L'imagination, comme capacité à se représenter des objets via des images mentales, peut donner lieu à divers questionnements philosophiques, en plus de simplement neurologiques ou cognitifs (comme la question de savoir à quels processus neurologiques est lié le processus de l'imagination). En particulier, on peut s'interroger sur le caractère constitué ou constituant de l'imagination : son activité est-elle le corrélat de processus plus déterminants et premiers, ou bien au contraire l'imagination est-elle une faculté productrice en elle-même, une faculté qui jouit d'une certaine autonomie par rapport au monde ? Un tel questionnement peut s'étendre au domaine collectif : l'imagination peut être envisagée comme processus social constitué (celui d'un imaginaire social historiquement donné, par exemple celui de la Révolution Française) mais aussi comme un processus social constituant (Mai 68 appelait ainsi à mettre « l'imagination au pouvoir ») [1].

La réponse qu'on propose à ce premier questionnement sur le caractère constitué ou constituant de l'imagination peut modifier l'évaluation éthique qu'on fait de celle-ci : d'un côté, si l'imagination est constituée, cela lui donne une certaine prévisibilité et garantit un contact avec le monde extérieur, mais la rend influençable par cet environnement, ce qui peut conduire à des formes de domination (comme ça peut être le cas dans la religion). À l'inverse, si l'imagination est constituante, son autonomie lui permet alors de pleinement se libérer du donné, mais cela la rend alors imprévisible et potentiellement incontrôlable, au risque du délire et de la folie.

1 Cela implique néanmoins, dans ce cas précis, de s'interroger sur les moyens de passer du niveau individuel à un niveau collectif : cela pose problème à partir du moment où les collectivités forment des entités moins intégrées que les individus. Spinoza ne se pose pas explicitement cette question, mais on peut trouver des éléments de réponse dans sa pensée.

À un troisième niveau, on peut se demander, à partir du moment où l'imagination constitue une faculté comportant certes des aspects déterminés et constitués mais aussi d'autres aspects imprévisibles, s'il ne faudrait pas se libérer de l'imagination comme source d'irrationalité, ou si elle peut être valorisée en tant que telle. Nous allons voir qu'en fait des réponses à ces diverses lignes de questionnement sont bien présentes chez Spinoza, permettant d'articuler les aspects épistémologiques, éthiques et politiques de l'imagination. Nous allons d'abord examiner dans quelle mesure l'imagination peut être un moyen de connaissance ; ensuite, le rapport entre pratique et imagination, et enfin les potentialités de libération de l'imagination.

## 1 Imagination et connaissance

Nous allons voir dans quelle mesure chez Spinoza l'imagination constitue un outil de connaissance du monde, ce qui implique d'établir le rapport entre imagination et vérité. Nous verrons au cours de ce processus que l'imagination est avant tout constituée, déterminée par le hasard de nos rencontres avec un certain environnement.

### 1.1 La nature de l'imagination

Spinoza définit l'imagination ainsi :

> [...] nous appellerons images des choses les affections du Corps humain dont les idées nous représentent les choses extérieures comme nous étant présentes, même si elles ne reproduisent pas les figures des choses. Et, quand l'Âme contemple les corps en cette condition, nous dirons qu'elle imagine. [2]

Tout d'abord, si l'image d'une chose est affection du corps humain, cela signifie que l'image est avant tout de nature corporelle (elle n'est pas de nature « mentale »). Sa propriété spécifique est qu'il s'agit d'une affection, une modification du corps humain qui indique la présence d'une chose, et ce quand bien même elle ne reproduit pas véritablement la forme de la chose en question. En ce sens, Spinoza ne distingue pas de façon évidente imagination et perception : l'imagination est mise en action dès lors que nous avons l'idée d'une présence d'un autre corps. Cela implique qu'il est difficile de distinguer nettement au niveau de nos perceptions ce qui relève de l'imagination et ce qui relève de la réalité.

Néanmoins, en quoi les modifications du corps humain peuvent-elles constituer des images ? Rappelons que pour Spinoza, nous sommes un corps, confronté à une multiplicité d'autres corps, et ce corps, en tant que modification d'un certain attribut divin (l'étendue) a pour corrélat une

2 Baruch Spinoza, *Éthique*, trad. Ch. Appuhn, Paris, Flammarion, 1965, II, proposition 17, Scolie, p. 95.

modification d'un autre attribut divin (la pensée)[3]. Cette modification de la pensée divine constitue une idée, l'idée de notre corps (notre conscience). L'individualité de ce corps résulte d'une certaine composition de changement et de stabilité, de mouvement et de repos, qui fait que nos divers composants conservent leur intégration au lieu de se désintégrer. L'idée du corps doit nécessairement comprendre cette multiplicité. En tant que corps, nous interagissons avec d'autres corps, corps qui laissent une marque sur nous. Cette marque est rendue possible par le fait que notre corps, dans ses parties, comporte plus ou moins de rigidité, et cette hétérogénéité des parties de notre corps implique que certaines gardent plus aisément la trace des corps extérieurs que les autres. Et l'idée de notre corps, notre conscience, conserve les idées de ces marques. Cette idée de notre corps n'est pas l'idée adéquate de la façon dont notre corps est produit par la nature et fonctionne. Pour Spinoza :

> L'idée d'une chose singulière existant en acte a pour cause Dieu non en tant qu'il est infini, mais en tant qu'on le considère comme affecté de l'idée d'une autre chose singulière existant en acte.[4]

L'idée d'un existant singulier en Dieu (le corrélat pensé de cet existant) n'est donc pas l'idée de la façon dont il s'insère dans la dynamique totale de sa production en Dieu, mais celle de sa production immédiate par d'autres choses singulières : elle n'enveloppe que l'actualité de nos affections et rapports directs avec d'autres choses et non leur éternité. Notre imagination reflète donc avant tout les relations immédiates (et confuses) que notre corps entretient avec divers autres corps. L'image ne reflète pas une ou des choses extérieures à nous, mais traduit une configuration de relations entre notre corps et les autres corps.

Néanmoins, ce n'est pas ainsi que nous entendons en général l'imagination : nous avons plutôt tendance, dans le langage courant, à parler d'imagination pour désigner les images mentales que nous produisons en l'absence immédiate des corps concernés, voire même lorsqu'ils n'existent pas du tout. Or pour Spinoza ces images existantes, en l'absence des corps concernés sont, comme signalé ci-dessus, de nature physique, et découlent du fait que les traces perceptives laissées sur nous par les autres corps rencontrés sont durables et non seulement temporaires. Elles demeurent en nous tout au long de notre existence. Or, du fait des interactions internes entre parties du corps, une rencontre

3 En effet, pour Spinoza, ce qui existe avant tout, c'est Dieu en tant que substance, être subsistant par soi, infini, avec un nombre infini d'attributs (de façons de concevoir cette substance). Nous ne percevons, parmi ces attributs, que l'Étendue et la Pensée. Les êtres singuliers sont des modifications de cette substance infinie qui existent toujours simultanément sur les divers plans que constituent ces attributs.

4 *Ibid.*, II, proposition 9, p. 78.

perceptive peut stimuler la trace d'une rencontre perceptive plus ancienne. Cela va conduire notre corps à être affecté à nouveau par la chose qui l'avait affecté initialement comme si elle était là, et corrélativement notre esprit à reconsidérer à nouveau l'idée de cette chose[5]. Nous comprenons alors ce qui rend l'imagination (au sens courant) possible : imaginer, c'est revivre une trace, une rencontre passée avec le monde du fait d'une rencontre présente qui réactive cette rencontre passée. Cependant, imaginer, c'est certes avoir des images de choses passées à l'esprit, mais ces images ne sont jamais isolées : elles sont souvent liées à d'autres, à toute une constellation d'autres images, conduisant à ce qu'on appelle des imaginaires. Comment de telles constellations sont-elles possibles ?

Cet aspect holistique de l'imagination passe par notre mémoire. Pour Spinoza, la mémoire

> n'est rien d'autre en effet qu'un certain enchaînement d'idées, enveloppant la nature de choses extérieures au Corps humain, qui se fait suivant l'ordre et l'enchaînement des affections de ce Corps. [6]

Nous avons vu en effet qu'une affection présente peut réactiver une affection passée, de telle sorte qu'on envisage de nouveau la chose passée comme si elle était présente. Par ailleurs, chaque rencontre perceptive constitue un complexe d'affections. Chaque rencontre perceptive nous confronte à une multiplicité de corps dont notre corps individuel garde une trace d'ensemble, constitue des liens entre eux. Ainsi, lorsque nous imaginons une chose passée à cause d'une rencontre présente, nous n'imaginons donc pas cette chose individuellement, mais liée à d'autres choses. Notre mémoire, purement corporelle, retient en même temps que les impressions sensibles l'enchaînement de ces impressions. On renoue ainsi avec les images d'un ensemble de choses passées vécues dans un même contexte ; ces images du passé peuvent réactiver d'autres images, et ainsi de suite[7]. Toute image ouvre ainsi à l'infini une relation de signification : l'existence de signes stables doit d'abord se comprendre par une théorie de l'image. Grâce à la mémoire peut ainsi se constituer un complexe par où un fait présent fait revivre tout un ensemble d'images passées liées à l'historique de nos rencontres avec le monde. C'est ainsi que, dans *La Recherche du temps perdu* de Proust, le fait de goûter au présent une madeleine fait revivre au narrateur toute son enfance. Un imaginaire individuel est donc fait de la façon dont des

5 *Ibid.*, II, proposition 17, corollaire, p. 94. « Si le Corps humain a été affecté une fois par des corps extérieurs, l'Âme pourra considérer ces corps, bien qu'ils n'existent pas et ne soient pas présents, comme s'ils étaient présents. »

6 *Ibid.*, II, Proposition 18, Scolie, p. 96.

7 Voir Lorenzo Vinciguerra, *Spinoza et le signe*, Paris, Vrin, 2005, p. 156.

images sont liées ensemble, de façon synchronique et diachronique, par le hasard ou par les rapports de contiguïté ou d'analogie qu'on peut retracer entre elles. Ensuite, il nous revient aussi de comprendre le rapport entre connaissance et imagination : est-elle seulement un obstacle ?

### 1.2 Connaissance par imagination et connaissance adéquate

Les éléments que nous venons d'établir impliquent que l'imagination semble en principe opposée à la connaissance. L'imagination est avant tout affirmation de l'existence singulière du corps dans le temps et de ses rencontres avec d'autres corps en ce temps. De sorte que la connaissance qu'on en obtient est liée aux circonstances de cette rencontre et non à la façon dont ces choses sont liées entre elles en réalité. Spinoza rappelle un exemple déjà présent chez Héraclite :

> quand nous regardons le soleil, nous imaginons qu'il est distant de nous d'environ deux cents pieds [...] parce qu'une affection de notre Corps enveloppe l'essence du soleil, en tant que le Corps lui-même est affecté par cet astre. [8]

Nous avons une représentation du soleil liée à notre situation vis-à-vis de lui. Par ailleurs, nous avons tendance à imaginer les choses en fonction de notre disposition d'esprit passée, qui influence la façon dont nous nous représentons les choses : les prophètes juifs avaient ainsi des visions qui différaient selon leur disposition d'esprit [9].

Néanmoins, précise Spinoza ensuite, il ne s'agit pas de dire que les représentations de l'imagination sont erronées en elles-mêmes. L'âme, quand elle imagine des choses qui n'existent pas, est seulement dans l'erreur si elle est « privée d'une idée qui exclut l'existence de ces choses » [10]. On connaît cette thèse propre au spinozisme : la fausseté n'a rien de positif, il s'agit simplement de toute idée dont nous n'avons pas l'idée de la non-réalité, et pareillement, l'imagination nous trompe seulement quand on confond les images qu'elle nous propose avec la réalité. L'imagination a une part de vérité en tant qu'elle reflète la façon dont le monde nous affecte. Même lorsque nous connaissons la distance réelle du soleil vis-à-vis de nous, nous continuons à imaginer le soleil de telle sorte qu'il semble proche de nous. La force du vrai en ce qui concerne l'imagination n'est pas de supprimer l'imagination mais d'en rendre compte, et ainsi il s'avère que « la vérité est norme d'elle-même et du faux » [11]. Autrement dit, l'imagination n'est pas trompeuse en elle-même,

8 *Ibid.*, II, proposition 35, scolie, p. 109.

9 Baruch Spinoza, *Traité théologico-politique*, Paris, Flammarion, 1965, chap. II, § 7, p. 119-121.

10 *Éthique*, II, proposition 17, scolie, p. 95.

11 *Ibid.*, II, proposition 43, p. 118.

mais simplement en raison du fait que nous n'avons pas en nous un enchaînement d'idées tel qu'il permette de déterminer que certaines images fausses sont telles.

Est-ce qu'alors une connaissance effective exclut tout recours à l'imagination ? Spinoza distingue trois degrés de connaissance. La première est la connaissance du premier genre ou par imagination (ce qui comprend la perception vague ou le signe, preuve que Spinoza n'accorde pas une pleine autonomie à ce dernier). Cette connaissance résulte des limites de notre imagination : « si le nombre des images distinctes, que le Corps est capable de former à la fois en lui-même, est dépassé de beaucoup, toutes se confondront entièrement entre elles »[12]. Si nous avons perçu un très grand nombre de choses qui nous ont affecté de façon similaire, nous aurons tendance à nous les représenter sous une notion plus large qui les subsume au travers d'une caractéristique commune qui a particulièrement saisi notre imagination. Autrement dit, on peut dire que la connaissance du premier genre produit des notions vagues qui résultent d'une induction approximative. En effet, il s'agit d'idées qu'on forme en rassemblant les choses à travers des caractéristiques contingentes. Cette connaissance imaginative est aussi celle que l'on forme par association (exemple : quand on forme une morale spontanée en associant les mots « bien » et « mal » aux choses qui nous causent un plaisir et aux choses qui nous font du mal). La connaissance imaginative est une connaissance qui envisage les choses sous le rapport de la durée, du temps présent ; elle perçoit les choses comme étant contingentes, sans apercevoir leur connexion nécessaire. Pour elle, ces choses pourraient aussi bien être que ne pas être ; elle ne voit pas leur nécessité. L'erreur que cette connaissance produit peut surgir sous la forme de l'induction erronée (on induit d'une multiplicité de choses un critère d'appartenance erroné, par exemple si on définit l'être humain comme un animal de haute stature) ou de la déduction erronée (on applique à une chose une catégorie fausse, par exemple si on dit qu'un cheval est un âne).

La seconde forme de connaissance est la connaissance par notions communes. Cela correspond à ce qui dans la perception est commun aux corps externes et à mon corps (c'est-à-dire la corporéité) et par suite toutes les idées que l'on déduit à partir de ces notions communes. Les idées vraies que l'on a peuvent seulement être obtenues par une reconstruction du réel à partir de ces notions communes elles-mêmes. Puisqu'elles sont communes à tous les corps, on ne peut pas se les représenter de façon erronée, car, en tant qu'on a une idée, certes confuse, de son propre corps et de son rapport aux corps extérieurs, on a nécessairement une idée adéquate de la corporéité en tant que telle : « Ce qui est commun à toutes choses et se trouve pareillement dans la

12 *Ibid.*, II, proposition 40, scolie I, p. 114.

partie et dans le tout ne peut être conçu qu'adéquatement »[13]. C'est à partir de ces notions communes que peut être formée la troisième forme de connaissance, qui passe par des idées adéquates des choses. Elle consiste à percevoir les rapports que les choses entretiennent entre elles de façon intuitive, par exemple quand on parvient à saisir la nature du soleil en la déduisant à partir de la simple idée d'Étendue en tant qu'elle constitue un attribut divin. Cette connaissance adéquate du réel suppose de concevoir les choses du monde sous l'aspect de l'éternité, indépendamment de leur existence actuelle, face à nous. Elles sont nécessairement en un temps et un lieu donné, or ce n'est pas ainsi qu'on se les représente du point de vue de la connaissance adéquate.

La connaissance adéquate semble donc bien exclure l'imagination, mais ce n'est pas pour autant que l'imagination ne doit avoir aucun rôle dans une connaissance adéquate. D'abord, comme nous l'avons vu, les représentations imaginaires qu'on a du monde ne sont pas forcément en elles-mêmes problématiques, mais davantage le principe selon lequel elles refléteraient la réalité. Ensuite, l'imagination facilite la représentation des objets (en subsumant par exemple une multiplicité d'images sous une seule), et constitue un raccourci pour la pensée, en particulier lorsque l'entendement est déficient. Nous avons plus de facilité à nous représenter les choses lorsqu'elles sont présentées selon la façon dont notre imagination est déjà organisée. Ainsi, pour Spinoza, Dieu s'est adressé aux prophètes de l'Ancien Testament par des images, de façon à s'adapter à leur compréhension : « les révélations de Dieu, comme nous nous proposions de le montrer, ont été adaptées à la compréhension et aux opinions des Prophètes »[14]. Ces images ont aidé les prophètes juifs à mieux se représenter les principes du juste et du bon contenus dans les révélations divines. À leur tour, ces prophètes se sont adressés à leur peuple de telle façon que, par des histoires faisant davantage appel à l'image qu'au raisonnement, ils puissent les convaincre. L'imagination est donc indispensable à la pensée[15]. En effet, il ne peut y avoir de connaissance sans signes qui permettent de soulager notre mémoire et notre entendement, mais ces signes eux-mêmes font appel à l'imagination. Il nous revient alors d'ordonner notre pouvoir imaginatif conformément aux liens logiques qu'on peut tracer entre notions communes. La pensée ne consiste ni dans des images ni dans des signes, mais ceux-ci peuvent constituer un moyen pour elle.

13 *Ibid.*, II, proposition 37, p. 110.

14 *Traité théologico-politique*, chap. II, § 19, p. 143.

15 L. Vinciguerra, *Spinoza et le signe...*, p. 149.

## 2 Imagination, pratique et servitude

Nous avons principalement examiné ici l'imagination comme moyen de représentation de son environnement. Il nous reste néanmoins à rendre compte de sa portée pratique : comment son caractère souvent inadéquat influence-t-il notre action ? De plus, nous n'avons pas expliqué l'aspect actif de l'imagination ; c'est-à-dire, le fait que l'imagination n'est pas seulement une faculté passive de re-présentation du perçu. Il lui arrive en effet de composer de nouvelles images, et c'est de cette production qu'il faut rendre compte.

### 2.1 L'imagination comme puissance de production d'images

Nous ne sommes pas qu'un sujet de connaissance ; en tant que composé de corps comportant entre eux un certain rapport de mouvement et de repos, de vitesse et de lenteur, nous cherchons à conserver ce rapport. Autrement dit, nous cherchons à persévérer dans notre être, et en ce sens nous sommes d'autant plus actifs qu'il advient dans le monde (en nous ou hors de nous) quelque chose dont nous sommes cause adéquate (qui peut être compris par notre nature) et passifs quand il advient quelque chose qui ne peut que partiellement être compris par notre nature. Et les affects (ou sentiments, émotions dans un langage plus moderne) ne sont rien d'autre en fait que la perception que nous avons des variations de notre puissance d'agir [16]. C'est cette persévérance dans l'être qui nourrit l'imagination comme faculté de composition de « nouvelles » idées. Spinoza note en effet que, puisque nous tendons à persévérer dans notre être, « l'Âme, autant qu'elle peut, s'efforce d'imaginer ce qui accroît ou seconde la puissance d'agir du Corps » [17], et favorise donc sa persistance dans l'être. L'imagination est donc aussi une faculté active : elle ne consiste pas seulement à imaginer des choses déjà perçues, mais aussi à se représenter des choses qui augmentent le sentiment de notre puissance d'agir.

Cela signifie que nous tendons à imaginer le monde d'une façon qui favorise cette augmentation du sentiment de notre puissance d'agir : « Nous nous efforçons d'affirmer de nous et de la chose aimée tout ce que nous imaginons qui l'affecte ou nous affecte de Joie » [18] : nous projetons sur le monde des propriétés qui tendent à le rendre plus plaisant et conforme aux besoins de notre imagination. On peut ainsi aisément expliquer l'émergence de la religion, en tant que vision anthropomorphique du monde. Parce que nous agissons en vue de fins, nous projetons cette représentation sur le monde autour de nous : nous nous

16 *Éthique,* III, définitions 1-3, p. 134-135.

17 *Ibid.*, III, proposition 12, p. 147.

18 *Ibid.,* III, proposition 25, p. 158.

imaginons qu'il a été produit par des dieux pour nous, afin qu'on leur voue un culte. Cela favorise l'idée d'une augmentation de notre puissance d'agir, parce que cela est conforme à notre façon habituelle de voir les choses, mais aussi parce que cela implique le sentiment de notre propre importance. Par exemple, imaginer des miracles permettait au peuple juif, selon Spinoza, de se représenter comme meilleur que les autres peuples : « jusqu'à notre temps ils n'ont pas cessé de forger par l'imagination des miracles pour qu'on les crût plus aimés de Dieu que les autres »[19]. Ces représentations ne se forment pas à partir de rien, mais consistent à recombiner les compositions contingentes de la réalité que notre corps forme par l'imagination. Dès lors que rien n'exclut l'existence de certaines représentations, nous nous les imaginons comme possibles, et si leur existence augmente notre puissance d'agir, nous tendrons à nous les représenter comme réelles. L'imagination est donc aussi une puissance active, dans la mesure où elle cherche à renouer avec ce qui semble favoriser la persévérance du corps dans l'existence.

## 2.2 Imagination et superstition

Ces représentations de choses, en tant qu'elles produisent un imaginaire, peuvent nous conduire à vouloir des objets déterminés pour des raisons contingentes. En effet, chacune des choses que nous rencontrons produit en nous une certaine variation de notre puissance d'agir, et certaines plus que d'autres. La joie est ainsi une augmentation de notre puissance d'agir, la tristesse une diminution, et le désir est le mouvement du corps lui-même en tant qu'il tend vers une chose perçue comme augmentant notre puissance d'agir. Or, « une chose quelconque peut être par accident cause de Joie, de Tristesse ou de Désir »[20]. Autrement dit, par l'effet de l'habitude, un lien accidentel entre une chose et une joie peut devenir dans notre esprit un lien nécessaire, où la joie accompagnera toujours l'imagination de la chose en question. Tous les objets que nous rencontrons dans les activités qui nous fournissent du plaisir et de la joie deviennent liés à ces sentiments dans notre mémoire, sentiments qu'ils peuvent faire renaître et qui finissent par leur être attachés comme s'ils leur étaient intrinsèques. Et nous agissons de façon à amener à l'existence ce qui nous procure de la joie et à en écarter ce qui nous rend tristes[21]. C'est ainsi que nous pouvons devenir infatués d'un être qui en fait ne produit en nous de sentiment d'augmentation de notre puissance

19 *Traité théologico-politique*, chap. VI, § 1, p. 241.

20 *Éthique*, III, proposition 15 et corollaire, p. 149-150.

21 *Ibid.*, III, proposition 28, p. 162. « Tout ce que nous imaginons qui mène à la Joie, nous nous efforçons d'en procurer la venue ; tout ce que nous imaginons qui lui est contraire ou mène à la Tristesse, nous nous efforçons de l'écarter ou de le détruire. »

d'agir que par accident. Par exemple, dans la *Recherche du temps perdu* de Proust, le narrateur décrit l'amour du snob Swann pour Odette (une « demi-mondaine » fréquentant des hommes aisés pour en tirer des avantages matériels). Cet amour se construit en intégrant Odette dans un imaginaire pré-constitué qui lui donne sens. Odette ressemble à un personnage peint par Botticelli, peintre apprécié par Swann, et la valeur attribuée par Swann à Botticelli se communique à Odette du simple fait de cette ressemblance[22].

Néanmoins, dans la mesure où la valeur que l'imagination accorde aux choses découle de relations contingentes qui s'établissent entre ces choses et d'autres événements, nous pouvons être amenés à vouloir ou écarter la venue de choses qui en fait ne sont sources de plaisir et de joie, ou sources de tristesse, que par accident. Les événements que nous cherchons à faire exister ne sont pas toujours bénéfiques, et ceux que nous cherchons à éviter ne sont pas toujours nocifs. L'imagination peut donc nous conduire à des actions qui ne sont pas vraiment bénéfiques pour nous. L'amour que Swann a pour Odette confine à l'obsession et lui-même le regrette finalement, puisque, comme il l'admet à la fin d'*Un amour de Swann*, il est devenu amoureux d'une femme qui n'était absolument pas son genre. Ce caractère problématique de l'imagination se manifeste dans le mécanisme d'imitation des affects : nous tendons à ressentir ce que ressentent les êtres semblables à nous, car leur image nous renvoie à nous-mêmes[23]. Nous tendrons ainsi à craindre ce qu'ils craignent et à nous réjouir de ce qui les réjouit, alors même que cela ne correspond pas forcément à notre nature. Nous pouvons ainsi être entraînés collectivement, par ce mécanisme d'imitation, à des actions qui nous nuisent ou nuisent à autrui, et cela simplement parce que l'image de ces actions est liée au sentiment de l'augmentation de notre puissance d'agir.

Dans la mesure où il est gouverné par des formes inadéquates d'imagination, l'être humain est en état de servitude : « soumis aux affections, en effet, l'homme ne relève pas de lui-même, mais de la fortune, dont le pouvoir est tel sur lui que souvent il est contraint, voyant le meilleur, de faire le pire»[24]. En effet, nous dépendons alors du hasard, qui modèle la constitution de notre imaginaire, et sommes incapables d'aller vers ce qui favorise durablement une augmentation réelle de notre puissance d'agir. Cette servitude est fréquemment liée aux situations d'impuissance, où nous sommes soumis au hasard, ce qui produit de la superstition : « Si les hommes pouvaient régler toutes leurs affaires suivant un dessein arrêté ou encore si la fortune leur était toujours favorable, ils ne seraient jamais

22 Marcel Proust, *Du côté de chez Swann*, Paris, Gallimard, « Folio », 1988.

23 *Éthique...*, III, proposition 27, p. 159.

24 *Ibid.*, III, préface, p. 217.

prisonniers de la superstition »[25]. La superstition, comme croyance en la possibilité d'agir sur le monde en faisant appel à des divinités, est un état maladif de l'imagination, lié aux situations de crainte :

> les hommes ne sont dominés par la superstition qu'autant que dure la crainte, le vain culte auquel ils s'astreignent avec un respect religieux ne s'adresse qu'à des fantômes, aux égarements d'imagination d'une âme triste et craintive.[26]

La crainte, c'est la passion qui résulte de la représentation d'une diminution de notre puissance d'agir liée à l'image d'une cause externe[27]. Autrement dit, elle est liée à un sentiment de menace : par exemple, l'impossibilité de maîtriser une météo capricieuse qui porte atteinte à des récoltes. La superstition se révèle comme l'issue que trouve une imagination maladive à des menaces qui ne peuvent être surmontées par des moyens matériels. Cela peut consister à établir des liens arbitraires entre certains phénomènes et l'issue favorable ou défavorable de notre action, de façon à rétablir de la sécurité (le vol de certains oiseaux et le retour de la pluie, par exemple). Créer ces liens imaginaires, c'est rétablir un équilibre temporaire dans un imaginaire instable, oscillant entre la crainte et l'espoir. Le présage est ainsi l'outil d'un corps cherchant à maintenir ses conditions d'existence. Mais cela peut aller plus loin : on peut aussi inventer des rituels qui, correctement actionnés, permettront de rétablir une issue positive à nos craintes, ou faire appel à des divinités.

Les formes d'imaginaires dans lesquelles nous sommes pris sont donc liées aux circonstances collectives de notre existence, et en particulier à la possibilité de sécurité, comme « Joie née de l'idée d'une chose future ou passée au sujet de laquelle il n'y a plus de cause de doute »[28]. Moins la sécurité des individus est garantie, plus leur imaginaire aura tendance à prendre des formes maladives et morbides.

Or cela tend à produire des troubles divers comme des guerres civiles :

> [...] le vulgaire demeurant toujours également misérable, il ne peut jamais trouver d'apaisement, et cela seul lui plait qui est nouveau et ne l'a pas encore trompé ; c'est cette inconstance qui a été cause de beaucoup de troubles et de guerres atroces.[29]

La superstition prend facilement une forme collective, à cause de l'imitation des affects : nous serons d'autant plus tentés d'adopter une

25 *Traité théologico-politique*, préface, § 1, p. 57.

26 *Traité théologico-politique*, préface, § 4, p. 59-61.

27 *Éthique.*, III, proposition 18, scolie II, p. 154. « La Crainte, au contraire, est une Tristesse inconstante également née de l'image d'une chose douteuse. »

28 *Ibid.*, III, définitions des affections, 14, p. 202.

29 *Traité théologico-politique*, préface, § 5, p. 61.

croyance si elle provient d'un semblable et si en plus elle augmente le sentiment de notre puissance d'agir. La superstition est aussi un phénomène évolutif : si une certaine croyance se révèle inefficace (puisque le mal auquel elle veut remédier persiste) elle peut rapidement être remplacée par une autre croyance. Elle peut devenir une source manifeste d'inimitiés. Dans une situation de menace (de sentiment de diminution de notre puissance d'agir), imaginer que celui qu'on n'aime pas (parce qu'il diffère de nous, et favorise ce sentiment) est source du problème favorise par contre un sentiment d'augmentation de notre puissance d'agir. En effet, on fait alors coup double : on a une solution au problème donné, et on supprime un élément déjà gênant de notre existence. On sait qu'en nuisant à cet individu ou à ce groupe peu aimé, on plaira à nos propres dieux. Ainsi la superstition peut produire des conflits basés sur des différences contingentes entre groupes. Enfin, la superstition peut facilement conduire à des formes de manipulation. En effet, dans un moment de crainte, un prédicateur habile peut utiliser les processus imaginaires dans lesquels la population est prise pour se faire obéir d'elle, en suscitant de façon appropriée des affects de confiance et de crainte. L'imaginaire superstitieux peut donc constituer un cercle vicieux : issu de notre vulnérabilité, il peut approfondir cette vulnérabilité en fournissant des solutions qui aggravent en fait le problème.

### 2.3 Combattre l'imagination par elle-même

La superstition est donc nocive pour la société. Toutefois, il n'est pas facile d'y mettre fin : elle suppose, d'une part, d'instruire les individus afin qu'ils acquièrent une connaissance de ce qui les entoure, mais surtout, d'autre part, de diminuer les sources de vulnérabilité, car c'est cette vulnérabilité qui nous conduit à adopter des croyances superstitieuses. La réponse à la superstition doit ainsi être politique, au sens où notre sécurité collective est garantie par l'État, par où Spinoza entend l'établissement de règles auxquels chacun est censé obéir[30], et non forcément l'État au sens où on l'entend à notre époque, comme entité spécialisée et séparée de la société. L'État pris en ce sens devra s'adapter à la situation du peuple. Plus les circonstances d'existence des individus sont incertaines, plus ils sont pris dans des imaginaires superstitieux et inadéquats, et plus l'État aura à faire des efforts spécifiques pour maintenir chez eux un affect d'espoir, parce que pour Spinoza,

> les lois devront être instituées en tout État de façon que les hommes soient contenus moins par la crainte que par l'espoir de quelque bien particulièrement désiré.[31]

30 *Ibid.*, chap. V, § 9, p. 221.

31 *Ibid.*

Ces lois comprennent en fait aussi les différentes coutumes et rites qui forment une société. Si Spinoza ne théorise pas cette idée directement, si on suit ses différentes lignes d'argumentation, il y a bien chez lui une mentalité collective, un *ingenium* collectif : un ensemble de coutumes, normes, valeurs, rapports de signification, qui se reproduisent par la seule force de l'habitude, en ce sens qu'ils s'impriment aux mémoires des individus par les mécanismes d'association que nous avons décrit précédemment. En étant socialisé dans un même cadre, on développe des pratiques partagées qui ont alors pour nous la même signification de plaisir ou de tristesse (par exemple le port de la natte pour les chinois ou la circoncision [32], la nourriture partagée).

En fait, différentes formes de canalisation politique de la superstition sont mentionnées par Spinoza lui-même. Spinoza montre dans la préface du *TTP* que l'État monarchique jugule la superstition par la crainte :

> [...] Le grand secret du régime monarchique et son intérêt majeur est de tromper les hommes et de colorer du nom de religion la crainte qui doit les maîtriser, afin qu'ils combattent pour leur servitude, comme s'il s'agissait de leur salut, et croient non pas honteux, mais honorable au plus haut point de répandre leur sang et leur vie pour satisfaire la vanité d'un seul homme. [33]

L'État monarchique, associé à la religion, met en place des craintes plus fortes que toutes les autres craintes (par exemple la peur du supplice ou des enfers). Ceci permet d'éviter que la peur des individus face à un événement inattendu les conduise à des formes de violence collective, des troubles civils par exemple. L'autre forme d'État qui s'appuie sur la superstition en la canalisant est le premier État hébraïque institué par Moïse. Sa spécificité est qu'il devait régir la vie d'un peuple hébreu sorti il y a peu d'Égypte. Les Hébreux étaient alors d'une complexion « grossière » et déprimés « par la servitude subie » [34]. D'où l'importance de la religion pour canaliser leurs affects et les porter à l'obéissance. Moïse ne pouvait passer par les procédés de la coercition et de la crainte à cause de « l'insoumission naturelle du peuple » et de la menace d'une guerre, qui nécessitait que les soldats soient conduits par la persuasion plutôt que par la crainte. C'est pour cette raison que Moïse introduisit la religion dans l'État, « de façon que le peuple fît son office plus par dévotion que par crainte » [35]. C'est là le rôle des institutions religieuses. La croyance en l'élection divine des Hébreux joue ce rôle : si Moïse a dit aux Hébreux que Dieu les a élus parmi les autres nations et qu'il est plus attaché à eux qu'aux autres,

32 *Ibid.*, chap. III, § 12, p. 177-179.

33 *Ibid.*, préface, § 6, p. 61-63.

34 *Ibid.*, chap. V, § 10, p. 223.

35 *Ibid.*, chap. V, § 11, p. 223.

> [c'est qu'il] a voulu par un langage de cette sorte et usant surtout de telles raisons, instruire les Hébreux au culte de Dieu et les y mieux attacher par un moyen en rapport avec leur enfance d'esprit.[36]

Il associa à l'accomplissement des prescriptions religieuses, non pas seulement des punitions en cas de non-respect, mais surtout des récompenses associées au respect de ces règles. Il jugula donc la crainte par une passion positive, l'espoir, en tant que sentiment d'augmentation de notre puissance d'agir lié à une cause extérieure future. La religion et les rituels associés permettent ainsi de contrebalancer l'insécurité de l'existence : « rien ne s'empare de l'âme avec plus de force que la joie qui naît de la dévotion, c'est-à-dire à la fois de l'amour et de l'admiration »[37].

La forme pathologique d'imaginaire qui traverse une société peut donc être jugulée par des institutions appropriées, que ce soit par l'imposition d'une crainte proportionnelle à celle que génère la superstition (dans un État monarchique autoritaire), ou bien par la production d'un certain équilibre entre crainte et espoir (dans la théocratie juive), via des images positives. Néanmoins, ces régimes politiques s'appuient sur la superstition et la perpétuent autant qu'ils la contiennent. On peut imaginer des régimes s'appuyant, non pas sur une superstition jugulée, mais sur un imaginaire davantage structuré selon des idées adéquates, davantage conforme à l'état de nature (comme la démocratie). Si Spinoza envisage ainsi des régimes politiques rationalisés, il se concentre en particulier sur la façon dont une purification de l'imaginaire au niveau individuel peut avoir lieu.

## 3 Imagination et liberté

Il semble nécessaire de purifier l'imagination pour parvenir à un mode de vie véritablement libre, à la sagesse. Une telle libération à l'égard de l'imagination passe par la connaissance de nos affections. En connaissant correctement la façon dont celles-ci sont produites, un individu en pâtira moins puisqu'il saura comment elles sont produites et d'où elles proviennent. Autrement dit, il sera moins sous leur servitude. Quand on connaît correctement une affection, ainsi que ses causes, elle est transformée : en connaissant par exemple ce qui nous fait réellement aimer une chose (comme dans le cas de l'amour de Swann précité) l'amour qu'on a pour cette chose disparaît, ainsi que tout l'espoir ou la crainte qui sont liés à cet amour[38]. Plus on connaîtra une affection, plus on saura si elle est liée ou non à une véritable augmentation de notre puissance d'agir qu'un objet nous apporterait, et plus, par conséquent,

36 *Ibid.*, chap. III, § 2, p. 151.

37 *Ibid.*, chap. XVII, § 25, p. 573.

38 *Éthique*, V, proposition 2, p. 307.

nous devenons actifs et non passifs. Dans une telle situation, on se libère de tout affect passif lié à l'imagination, puisqu'on connaît toute chose de façon adéquate. Par exemple, je désire une chose parce qu'elle me semble conforme à ma propre nature. Or cela n'est pas toujours le cas. Si je connais ce qui produit une certaine affection du corps, je peux savoir si c'est une qualité intrinsèque à un corps extérieur ou bien un élément contingent, sans lien réel avec ce corps extérieur. Connaître les affections de son corps de manière adéquate permettra donc d'éviter tout désir excessif (sans rapport avec la qualité de la chose à laquelle il s'attache), en même temps que cela me conduira à m'attacher aux choses qui s'accordent véritablement avec la nature de mon corps, et à agir conformément à ma propre nature. En effet, ce qui provoque en moi une joie excessive est aussi ce qui me donne une confiance excessive, et inversement ce qui provoque une tristesse excessive limite ma puissance d'agir et m'empêchera d'accomplir ce que pourtant je suis capable de faire [39]. Par ailleurs, en se représentant les choses comme nécessaires, donc en connaissant la façon dont elles sont produites, elles exercent une puissance moins forte sur nous [40], car se représenter une chose comme non nécessaire c'est se la représenter comme cause absolument libre ; on la divinise. De plus, comprendre la façon dont une affection est produite par une multiplicité de causes permet d'en diminuer la force, puisque la force de cette affection se disperse sur une multiplicité de causes [41].

La connaissance rationnelle et adéquate de la production de nos affects permet donc d'échapper à la servitude vis-à-vis de l'imagination. Néanmoins, un tel chemin de connaissance est difficile (sinon impossible), et au fond restreint au petit nombre, car il est difficile de comprendre adéquatement la façon dont nos affects se produisent. Plus encore, il y a là un cercle vicieux, puisque la puissance d'agir que nous donne la connaissance de nos affects est déjà nécessaire pour entamer cette recherche de connaissance. On peut en fait envisager des formes de guérison de l'imaginaire qui ne passent pas par des formes démonstratives de connaissance. Ici, l'imagination peut occuper un rôle positif :

> Le mieux donc que nous puissions faire, tant que nous n'avons pas une connaissance parfaite de nos affections, est de concevoir une conduite droite de la vie, autrement dit des principes assurés de conduite, de les imprimer en notre mémoire et de les appliquer sans cesse aux choses particulières qui se rencontrent fréquemment dans

39 Pierre Macherey, *Introduction à l'Éthique. Cinquième partie. Les voies de la libération,* Paris, PUF, 2004, p. 65 sq.

40 *Éthique*, V, proposition 6 et son scolie, p. 310-311.

41 *Ibid.*, V, proposition 9, p. 312-313.

> la vie, de façon que notre imagination en soit largement affectée et qu'ils nous soient toujours présents.[42]

Avant de comprendre adéquatement l'ensemble de nos affects, on peut néanmoins intérioriser des principes généraux et valables dans la plupart des cas, qu'on applique à nos représentations de façon à transformer leur signification. Cela nous permettra de se préparer à une connaissance adéquate de nos affects. Dans la mesure où cela ne passe pas par un raisonnement, c'est alors l'imagination qui doit servir d'arme. Elle n'est donc pas nécessairement une puissance aliénante.

L'imagination doit permettre un travail sur soi qui prépare en fait l'action adéquate. Ainsi :

> Nous avons, par exemple, posé parmi les règles de la vie (proposition 46, P. IV, avec le Scolie) que la Haine doit être vaincue par l'Amour et la Générosité, et non compensée par une Haine réciproque. Pour avoir ce précepte de la Raison toujours présent quand il sera utile, il faut penser souvent aux offenses que se font communément les hommes et méditer sur elles, ainsi que sur la manière et le moyen de les repousser le mieux possible par la Générosité, de la sorte en effet nous joindrons l'image de l'offense à l'imagination de cette règle, et elle ne manquera jamais de s'offrir à nous (proposition 18, P. II) quand une offense nous sera faite. Si nous avions aussi présente la considération de notre intérêt véritable et du bien que produit une amitié mutuelle et une société commune, si de plus nous ne perdions pas de vue qu'un contentement intérieur souverain naît de la conduite droite de la vie (proposition 52, P. IV) et que les hommes comme les autres êtres agissent par une nécessité de nature, alors l'offense, c'est-à-dire la Haine qui en naît habituellement, occupera une très petite partie de l'imagination et sera facilement surmontée ; ou si la Colère, qui naît habituellement des offenses les plus graves, n'est pas surmontée aussi aisément, elle le sera cependant, bien que non sans fluctuation de l'âme, en un espace de temps beaucoup moindre que si nous n'avions pas eu d'avance l'âme occupée par ces méditations.[43]

Il s'agit ainsi de se concentrer sur certains principes de conduite de telle façon que, les ayant tout le temps en mémoire, on s'y attache de plus en plus et on les applique de mieux en mieux. En les ayant intégrés dans notre esprit, on peut les appliquer à toute situation qu'on rencontre. Ici, Spinoza montre qu'en ayant constamment à l'esprit la façon dont une offense peut être repoussée de façon généreuse et non par une haine réciproque, ainsi que les bénéfices de la vie en commun et le caractère déterminé des hommes, nous surmonterons rapidement la colère que produit une offense, même si cette colère sera malgré tout encore présente.

42 *Ibid.*, V, proposition 10, scolie, p. 314.

43 *Ibid.*, p. 314-315.

Ainsi, notre imagination doit permettre d'acquérir une attitude éthique comme disposition mentale avant d'être pratique. Car notre imagination est ce qui prépare l'action : sauf quand nous agissons par habitude, exécutant un geste depuis longtemps assimilé, agir suppose d'abord de se figurer l'action à accomplir. L'éducation de l'imagination selon ces principes rationnels de conduite est donc un préalable nécessaire à l'action droite. Autrement dit, il s'agit de produire une purification des affects sans les connaître de façon démonstrative, mais en agissant uniquement à partir de principes généraux qui ne supposent pas de connaissance adéquate du réel. Il y a là un salut de l'ignorant qui passe par une imagination purifiée plutôt que par une sortie de l'imagination.

Cet usage éthique de l'imaginaire ne renie pas complètement la religion, mais l'utilise pour domestiquer la variation de nos affects : « L'Âme peut faire en sorte que toutes les affections du Corps, c'est-à-dire toutes les images des choses se rapportent à l'idée de Dieu »[44]. Dès lors en effet qu'on sait que tout vient de Dieu comme puissance omniproductrice (de Dieu tel que Spinoza le conçoit), alors on peut en effet rapporter toutes nos affections à la puissance divine. En rapportant toutes ses affections à la puissance de Dieu, et notamment notre puissance d'agir, cela conduit à aimer Dieu, puisqu'on se le représente alors comme source de notre puissance d'agir[45]. Cela, par suite, nous conduit à aimer d'autant plus tout ce qui nous arrive en tant que cela vient d'une puissance divine que nous avons appris à aimer comme source de notre puissance. Encore une fois, il ne s'agit pas ici de connaître ses affections de manière démonstrative, mais plutôt d'induire, de la multiplicité de nos affections, leur cause nécessaire, Dieu : on demeure ainsi dans le premier genre de connaissance, qui est imaginatif. Cela nous conduit à intégrer la puissance de Dieu à toute notre vie quotidienne. Cet amour ne peut être entaché de passions qui le réduisent : il est lié à une pleine positivité, à un être qui ne peut ni être moindre ni supérieur que ce qu'il est, qui ne peut ressentir aucun affect[46] (contrairement à une représentation anthropomorphique de Dieu), à un être qui ne peut haïr[47]. Enfin, cet amour a un caractère collectif[48] : ne pouvant être gâté par la jalousie, il augmente du fait même que l'on sait que d'autres hommes aiment Dieu. Ainsi, en élargissant la base sur laquelle sont fondés mes affects, je crée les conditions d'une épreuve collective de ces affects, dans le contexte d'une union avec les autres hommes autour de ces affects. L'amour de Dieu ne peut rester une expérience solitaire, mais est voué à se transfigurer en expérience

44 *Ibid.*, V, proposition 14, p. 317.

45 *Ibid.*, V, proposition 15, p. 318.

46 *Ibid.*, V, proposition 17, p. 318-319.

47 *Ibid.*, V, proposition 18, p. 319-320.

48 *Ibid.*, V, proposition 20, p. 320.

collective, puisque aimant Dieu d'autant plus que d'autres l'aiment, je vais faire en sorte qu'ils l'aiment encore plus[49]. Cette représentation imaginaire de Dieu ne converge pas entièrement avec la représentation rationnelle, puisqu'en l'absence d'une connaissance pleinement adéquate, Dieu garde une part d'inintelligibilité. En somme, il s'agit de se figurer nos affections comme absolument déterminées, faire effort de garder cela dans notre imagination par la mémoire, et y associer l'idée de Dieu non comme puissance anthropomorphique dotée de libre arbitre, mais comme force productrice de tout ce qui existe. Un imaginaire qui produise une augmentation de notre puissance d'agir peut ainsi compenser, en ce qui concerne la sagesse, une incapacité à connaître le réel de façon adéquate, capacité qui n'est pas donnée à chacun.

## Conclusion

L'imagination, c'est donc en somme la façon contingente dont le monde produit en nous des représentations des choses et des liens de signification entre elles ; à partir de ces liens, nous tendrons nous-mêmes à produire des images propres à produire le sentiment d'une augmentation de notre puissance d'agir. En ce sens, l'imagination peut être trompeuse, et produire de la servitude à la fois au niveau individuel et collectif, parce que nous pouvons chercher à reproduire des relations qui, tout en suscitant un sentiment d'augmentation de notre force, diminuent notre puissance réelle d'agir. Le travail de l'esprit doit consister ainsi à purifier cette imagination des jugements d'existence fallacieux qui s'y cachent. Néanmoins, on ne peut s'empêcher complètement de penser par images. Se concentrer sur une pensée sans images est envisageable, mais difficile pour la plupart. Une autre voie consiste plutôt en la recherche d'un équilibre dans notre imaginaire en le travaillant à partir de principes justifiés et réfléchis, mais aussi en diminuant, grâce à des actions et institutions politiques appropriées, notre vulnérabilité collective. Ce sont là les principales voies pour que notre imagination évite de tomber dans des cercles vicieux individuels et collectifs, où les passions nocives s'embrayent les unes sur les autres et se nourrissent mutuellement.

## Travaux cités

### Œuvres de Spinoza

*Éthique*, trad. Charles Appuhn, Paris, GF, 1965.

*Traité théologico-politique*, trad. Charles Appuhn, Paris, GF, 1965.

### Commentaires

Étienne Balibar, *Spinoza et la politique*, Paris, PUF, 1985.

49 *Ibid.*, IV, proposition 37, p. 335.

Laurent Bove, *La stratégie du Conatus. Affirmation et résistance chez Spinoza*, Paris, Vrin, 1996.

Henri Laux, *Imagination et religion chez Spinoza*, Paris, Vrin, 1993.

Pierre Macherey, *Introduction à l'Éthique de Spinoza. La cinquième partie. Les voies de la libération*, Paris, PUF, 2004.

Alexandre Matheron, *Individu et communauté chez Spinoza*, Paris, Éditions de Minuit, 1998.

Pierre-François Moreau, *Spinoza et le spinozisme*, Paris, PUF, 2003.

Pascal Sévérac, *Le devenir actif chez Spinoza*, Paris, Honoré Champion, 2005.

Lorenzo Vinciguerra, *Spinoza et le signe. La genèse de l'imagination,* Paris, Vrin, 2005.

Troisième Partie

# Imagination, sensibilité et création aux XVIII^e et XIX^e siècles

## Chapitre 8

## Hume : l'imagination comme révélatrice de la valeur du scepticisme

par Philippe Saltel

### Introduction

La doctrine humienne de l'imagination est sans conteste une des conséquences de son empirisme de principe, qu'elle aide d'ailleurs grandement à comprendre et à situer parmi les diverses formes historiques de l'empirisme, sans parler de son scepticisme fort original et plastique. L'idée-force est que toutes nos images, nos représentations, nos concepts et nos idées sont dérivées des « impressions de sensation ». Mais l'intérêt de cette philosophie est aussi d'analyser et de montrer la complexité des dérivations qui rendent possible l'élaboration de notions abstraites, alors même que les traces des diverses combinaisons et associations disparaissent.

Nous saisirons d'abord l'originalité de la pensée humienne de l'imagination, en exposant les critères de distinction entre impressions de mémoire et impressions d'imagination : la vivacité et l'ordre. Nous montrerons comment une telle distinction conduit à définir l'esprit comme théâtre de l'imagination, en examinant le problème de la liberté de ce pouvoir d'inventer et de concevoir, dont la source est la liberté d'association. Mais surtout, nous verrons que ce sont les effets de l'imagination qui font mieux connaître la nature de l'esprit, et notamment la relation de causalité ainsi que les passions sociales comme la sympathie. Le problème de l'imagination sert indiscutablement d'instrument d'optique pour qualifier en vérité l'humanisme du scepticisme humien.

## 1 L'originalité de la pensée humienne de l'imagination

On cherchera en vain, dans l'œuvre de Hume, une définition véritable de l'imagination ; en revanche, il analyse les phénomènes mentaux qu'il rapporte à l'imagination, en tant qu'ils se produisent *en elle*, et ce traitement original de l'imagination comme lieu d'opérations propres à l'esprit caractérise vraiment cette philosophie. Il y a d'ailleurs de quoi s'étonner, et ce à plusieurs égards.

En effet, qu'il s'agisse de l'imagination ou de la mémoire, nous n'avons pas coutume de les voir abordées par la notion d'*idée*, mais plutôt par la notion d'*image*, soit que la faculté de se rappeler des événements passés en convoque une représentation sensible, soit que notre capacité de déformer et d'assembler des images nous permette aussi bien d'anticiper des événements possibles que d'élaborer des fictions, au fil d'une rêverie ou d'après quelque intention créatrice.

Hume n'introduit pas sa conception de tels pouvoirs par ce moyen. Cela découle de la thèse fondatrice et radicale de son empirisme, la distinction entre les impressions et les idées. Le projet d'une science de la nature humaine établie sur l'observation doit être pris au sérieux : ce qui se présente à un observateur rigoureux, ce sont des faits mentaux que le philosophe désigne par le nom de « perceptions », réparties en deux classes, les impressions et les idées.

Encore se plaint-il de l'inadéquation du terme « impression » (*impression* en anglais également) qui laisse entendre qu'un « quelque chose » imprime sa forme dans l'esprit, y laisse une empreinte, ce que la rigueur d'une intention scientifique ne permet pas d'établir. C'est sans doute folie de penser que « la vie est un songe »[1] – ce serait une outrance de Pyrrhonien –, et d'ailleurs nous retrouvons vite, par la cohérence des expériences, la conviction que nous manipulons des objets dans un espace et un temps qui sont bien réels ; mais cela ne peut être établi par une science de l'homme, dès lors que l'homme en question vit lui-même plongé dans le monde de ses impressions.

> Pour ce qui est des impressions qui proviennent des *sens*, la cause ultime en est, à mon avis, parfaitement inexplicable pour la raison humaine, et il sera toujours impossible de décider avec certitude si elles proviennent directement de l'objet, si elles sont produites par le pouvoir créateur de l'esprit, ou si elles procèdent de l'auteur de notre existence. Une telle question n'a d'ailleurs aucune espèce d'importance pour notre présent dessein. Nous pouvons tirer des inférences

1 *La Vie est un songe* (1635) est le titre d'une pièce de théâtre de Pedro Calderon de la Barca (1600-1681).

> de nos perceptions, qu'elles soient vraies ou fausses, qu'elles représentent la nature avec certitude ou qu'elles soient de pures illusions des sens. [2]

Inversant la hiérarchie idéaliste que nous trouvons chez Platon, Hume considère les idées, seconde classe de perceptions, comme les copies des impressions : elles sont, en tant qu'idées simples, les traces des impressions correspondantes. C'est la raison pour laquelle nous les voyons ici substituées à la notion classique d'images : car l'idée est d'abord l'image singulière d'une impression singulière, souvenir ou idée de la mémoire.

### 1.1 Impressions et idées : une question de vivacité

En elle-même, l'idée ne se différencie pas de l'impression par son contenu ; elle s'en distingue par le fait qu'elle ne suscite pas la même croyance en l'existence présente et extérieure d'un objet, ce que signifie le concept humien de *vivacité* (*vivacity, liveliness*), dont les idées de la mémoire ne gardent qu'une part « considérable » :

> L'expérience nous fait constater que, lorsqu'une impression a été présente à l'esprit, elle y fait de nouveau son apparition en tant qu'idée, ce qu'elle peut faire de deux façons différentes : soit elle conserve une part considérable de sa vivacité primitive quand elle réapparaît, et elle est alors en quelque sorte intermédiaire entre une impression et une idée, soit elle perd entièrement cette vivacité, et c'est une idée parfaite. La faculté par laquelle nous répétons nos impressions de la première manière est appelée *la mémoire*, et l'autre *l'imagination*. À première vue, il est évident que les idées de la mémoire sont beaucoup plus vives et beaucoup plus fortes que les idées de l'imagination, et que la première de ces facultés peint ses objets avec des couleurs plus distinctes que celles qu'emploie la seconde. Lorsque nous nous souvenons d'un événement passé, l'idée de cet événement s'impose à l'esprit avec force, tandis que dans l'imagination, la perception est faible et languide et l'esprit ne peut sans difficulté la conserver très longtemps stable et uniforme. Il y a donc ici une différence sensible entre la première et la seconde espèce d'idées. Mais de cela, il sera davantage question par la suite. [3]

Il faut donc être bien attentif au premier critère de distinction entre idées de la mémoire et idées de l'imagination : elles se différencient *selon leur degré de vivacité* ; mais ce faisant, Hume ne déroge pas au principe selon lequel « la pensée la plus vive est encore inférieure à la plus faible sensa-

2 David Hume, *Traité de la nature humaine*, 1.3.5, trad. fr. Philippe Saltel, Paris, GF, 1999, p. 146-147. Dans ces références, le premier chiffre arabe renvoie au livre du *Traité* (qui en comprend trois : « De l'entendement », « Des passions », « De la morale »), le deuxième à la partie, le troisième à la section.

3 Ici, en note, Hume renvoie à la 3$^{e}$ Partie, 5$^{e}$ Section du *Traité*...

tion » [4], tout en plaçant *toutes les idées*, simples ou complexes, singulières ou générales et abstraites, sous l'un ou l'autre titre. Les idées de la mémoire sont à première vue les plus vives des idées, toutes les autres idées ne s'approchant pas à ce point des impressions (toujours à première vue) sont des idées *de l'imagination*. Nous pouvons donc à bon droit supposer que le champ de l'imagination est très large, d'une taille si importante que la topique des facultés de l'esprit ne peut échapper à un remaniement.

On insistera donc sur ce recours à la *vivacité* comme critère de distinction. Nous considérons d'ordinaire que les souvenirs se distinguent des autres idées parce qu'ils ont trait au passé, ce qui dote le « déjà accompli » d'un coefficient de réalité plus important que le « non encore accompli ». La suggestion de Hume est d'inverser l'ordre de ces considérations : c'est parce que les idées de la mémoire ont une puissance de conviction qui manque aux autres idées que nous les rattachons à des expériences antérieures, ce qui n'est qu'un postulat. Rien ne nous permet en effet de vérifier que ces idées correspondent à de tels événements passés (où sont donc les impressions qui permettraient cette vérification ?), alors que les menteurs, à force de répéter leurs mensonges renforcent ces derniers au point de finir par y croire eux-mêmes [5]. En ce cas, la vivacité obtenue par la répétition de ce qui n'a jamais été, finit par convaincre du contraire le seul qui ne pouvait être trompé ! À l'inverse,

> Nous sommes fréquemment dans le doute au sujet des idées de la mémoire, quand elles deviennent très fragiles et très affaiblies, et sommes en peine pour décider si une image procède de la fantaisie ou de la mémoire, quand elle n'est pas représentée sous les couleurs vives qui distinguent cette dernière faculté. [6]

Comme on le voit, ce premier critère retenu pour distinguer idées de la mémoire et idées de l'imagination est aussitôt susceptible d'amendement : les idées de l'imagination (par exemple les mensonges) peuvent acquérir la force des idées de la mémoire, lesquelles peuvent à leur tour perdre la leur au point de ne plus se différencier des idées de l'imagination.

## 1.2 Impressions et idées : une question d'ordre

Vient alors un second critère : les idées de la mémoire se présentent dans l'ordre qui était celui des impressions originelles. Mais là encore, le lecteur scrupuleux, qui aura suivi l'indication donnée en note par l'auteur, aura découvert le même argument qui affaiblit la pertinence du critère :

4 David Hume, *Enquête sur l'entendement humain*, 2$^{e}$ Section, trad. de G. Tanesse et M. David revue par D. Deleule, Paris, Le Livre de Poche, 1999, p. 61.

5 *Traité de la nature humaine*, 1.3.5, p. 148.

6 *Ibid.*, p. 147-148.

> En effet, bien que la conservation de l'ordre originel et de la position des idées soit une propriété particulière de la mémoire, tandis que l'imagination transpose et change les siennes à son gré, ce n'est pourtant pas une différence qui suffise à les distinguer dans leur façon d'opérer ou à nous permettre de faire une distinction entre elles, car il est impossible de rappeler les impressions passées pour les comparer avec nos idées présentes et voir si leur arrangement est exactement identique.[7]

Concluons que la présence d'un certain ordre et le sentiment d'une certaine intensité, aussi proche que possible de la vivacité absolue des impressions, distinguent les idées de la mémoire des idées de l'imagination ; mais nous pouvons aussi bien dire qu'elles les distinguent *parmi* les idées de l'imagination, puisque ces deux critères ne suffisent pas à les différencier absolument de certaines fictions (cette différence doit donc s'établir autrement, et plus tard). La mémoire serait ainsi, dans un esprit donné, comme la pointe de son imagination.

*Quid*, alors, de la nature même de l'imagination ? Pour Hume elle est la faculté de « répéter » les impressions sous la forme d'idées moins vives[8] ; toutefois, si les idées sont aux impressions leurs « images affaiblies dans la pensée et le raisonnement »[9], si « les idées et les impressions paraissent toujours se correspondre »[10], si « *toutes nos idées simples dérivent d'impressions simples* »[11], les idées s'ensuivent toujours des impressions et l'on voit mal quel pouvoir actif particulier caractérise l'imagination ou la mémoire. Dire qu'elles « copient » les impressions, comme le fait Hume, n'a pas grand sens si toutes les impressions sont de fait toujours déjà copiées[12].

La notion de « faculté » paraît donc ici relever des usages de la langue philosophique établie, notamment dans les nombreuses lectures du jeune Hume, et non d'un emploi pertinent à la suite d'une théorie des « matériaux » de l'esprit qui les a déjà liés les uns aux autres selon cette relation du réel (sensible) à son double (intelligible)[13]. En revanche, grâce

7 *Ibid.*, p. 147.

8 Soit que l'on s'en tienne strictement au texte, et ces idées « moins vives » le sont par rapport aux idées de la mémoire, soit que l'on prenne en compte le chapitre indiqué en note, et ces idées, « plus ou moins vives » ont toujours moins de force que les impressions.

9 *Traité...*, 1.1.1, p. 41.

10 *Ibid.*, p. 43.

11 *Ibid.*, p. 44.

12 *Ibid.*, p. 48.

13 « Rien ne se fait *par* l'imagination, tout se fait *dans* l'imagination. Elle n'est pas même une faculté de former des idées : la production de l'idée par l'imagination n'est qu'une reproduction de l'impression dans l'imagination » (G. Deleuze, *Empi-*

à la comparaison avec la mémoire dont les idées sont ordonnées, l'imagination peut être identifiée comme un ensemble d'idées qui se lient les unes aux autres sans être « assujetties ».

En effet, d'une part, Hume présente cette caractéristique comme un pouvoir considérable, placé en regard des obligations de la mémoire, « la liberté que possède l'imagination de transposer et changer ses idées »[14] :

> Il y a une autre différence entre ces deux sortes d'idées qui n'est pas moins évidente, et la voici : bien que ni les idées de la mémoire ni les idées de l'imagination, ni les idées vives ni les idées faibles ne puissent se présenter à l'esprit sans que les impressions qui leur correspondent ne les aient précédées pour leur frayer la voie, l'imagination n'est pourtant pas tenue de respecter identiquement l'ordre et la forme des impressions originelles, tandis que, sur ce point, la mémoire est, d'une certaine manière, assujettie, sans aucun pouvoir de modification.[15]

Et, d'autre part, il l'explique par la nature même des impressions et des idées :

> Et cette liberté de la fantaisie ne paraîtra pas étrange si nous considérons que toutes nos idées sont des copies de nos impressions et qu'il n'est pas deux impressions qui soient parfaitement inséparables ; sans compter que c'est une conséquence évidente de la division des idées en simples et en complexes.[16]

Cela peut ainsi se ramener à deux engagements philosophiques de Hume : le premier est que toutes les relations possibles entre idées, pertinentes ou non, relèvent de l'imagination à laquelle se ramène toute la vie de l'esprit, quelque forme qu'elle prenne sous une dénomination appartenant au registre (désuet) des « facultés » ; le second est que ces relations sont susceptibles d'une analyse qui en explique le mécanisme et puisse remonter jusqu'à un « principe de la nature humaine », non pas ultime comme une cause dernière, mais suffisant comme une loi de fonctionnement.

## 2 L'esprit est imagination

Dans le chapitre qu'il consacre à la question de l'identité personnelle[17], Hume propose une comparaison dont on appréciera la radicalité ; il nous semble qu'elle est l'un des passages les plus éclairants pour qui veut saisir sa conception de l'esprit et, partant, de la nature humaine :

*risme et subjectivité, Essai sur la nature humaine selon Hume*, Paris, PUF, 1953, p. 3).

14 *Traité...*, 1.1.3, p. 51.

15 *Ibid.*

16 *Ibid.*, p. 51-52.

17 *Traité...*, 1.4.6.

> L'esprit est une sorte de théâtre, où des perceptions diverses font successivement leur entrée, passent, repassent, s'esquivent et se mêlent en une variété infinie de positions et de situations. Il n'y a pas en lui à proprement parler de *simplicité* à un moment donné ni d'*identité* à différents moments, quelque tendance naturelle que nous puissions avoir à imaginer cette simplicité et cette identité. La comparaison du théâtre ne doit pas nous égarer. Ce ne sont que les perceptions successives qui constituent l'esprit, et nous n'avons pas la plus lointaine idée du lieu où ces scènes sont représentées ni des matériaux dont il est composé.[18]

Ces lignes constituent une réplique adressée aux philosophes de la conscience intime d'un *soi* identique à travers le temps et uni sous la forme d'un sujet : elles leur opposent l'idée d'une scène sans autre consistance que celle de collections toujours changeantes de perceptions, c'est-à-dire d'impressions et d'idées, d'autant d'éléments singuliers, avec leurs contenus respectifs, leurs degrés variés d'intensité, leurs relations d'exclusion ou d'apparentement. La singularité de chaque sensation et celle de toute idée simple, qui s'ensuit, nous autorisent à parler d'une conception atomistique. Mais la comparaison du théâtre sans plateau ni coulisses fait surtout valoir les mouvements internes qui composent la vie de l'esprit : il n'est rien d'autre que ce qui a lieu « en lui », qui est dès lors indescriptible. Or ce qui a lieu, à partir des événements que sont les impressions, c'est non seulement la production par ces impressions d'idées correspondantes, mais encore les réunions de certaines avec d'autres ou leurs résistances à s'unir avec certaines autres qui leur sont contraires, en bref une dynamique associative propre à l'imagination. Hume le dit d'ailleurs en termes moins imagés mais non moins radicaux :

> La mémoire, les sens et l'entendement sont, par conséquent, tous fondés sur l'imagination, c'est-à-dire sur la vivacité de nos idées.[19]

Nous avons appris des idées de la mémoire que la notion de vivacité renvoyait à une force de conviction – celle, absolue, des impressions, qui convainc de la présence des objets, ou celle, très grande, d'idées que nous rapportons alors au passé. Nous devons donc aussi concevoir qu'elle indique la capacité des idées à avoir une vie propre, laquelle conduit à penser l'esprit, collection d'idées, comme imagination.

18 *Ibid.*, 1.4.6, p. 344. L'identité du sujet est une fiction de l'imagination que vient contredire l'expérience de l'introspection, qui trouve toujours une certaine perception, ou un jeu de perceptions, dans ce que l'on appelle « soi », mais que viennent expliquer les principes naturels d'association des idées.

19 *Ibid.*, 1.4.7, p. 358.

## 2.1 L'imagination, un pouvoir libre ?

L'une des raisons de penser ainsi se trouve dans le fait que toutes les idées, quelles qu'elles soient, peuvent s'unir, ce qui nous donne l'apparence et l'illusion de la liberté de l'imagination :

> Rien, au premier aspect, ne peut sembler plus affranchi de toute limite que la pensée de l'homme ; non seulement elle défie toute puissance et toute autorité humaine, mais elle franchit même les bornes de la nature et de la réalité. Il n'en coûte pas plus à l'imagination de produire des monstres et de joindre ensemble des formes et des visions discordantes que de concevoir les objets les plus naturels et les plus familiers. Et tandis que le corps, prisonnier sur une seule et unique planète, s'y traîne avec peine et difficulté, la pensée peut en un instant nous transporter aux confins de l'univers, ou même par-delà l'univers, dans le chaos sans limite où l'on suppose que la nature n'est que confusion. Ce qu'on n'a jamais vu ou entendu est cependant concevable, et il n'est rien qui échappe aux prises de la pensée, hors ce qui implique absolument contradiction.
>
> Mais, quelque illimitée que paraisse la liberté de notre pensée, nous découvrirons, en y regardant de plus près, qu'elle est en réalité resserrée dans des limites fort étroites et que tout ce pouvoir créateur de l'esprit n'est rien de plus que la faculté de combiner, transposer, accroître ou diminuer les matériaux que nous fournissent les sens et l'expérience. Quand nous pensons à une montagne d'or, nous ne faisons que réunir deux idées capables de s'accorder, celle d'*or* et celle de *montagne*, qui nous étaient déjà familières. Nous pouvons concevoir un cheval vertueux ; car d'après le sentiment propre que nous en, nous pouvons concevoir la vertu ; et il nous est possible de joindre celle-ci à la figure et à l'image du cheval, animal qui nous est familier. En un mot, tous les matériaux de la pensée tirent leur origine de notre sensibilité externe ou interne ; l'esprit et la volonté n'ont d'autre fonction que de mêler et combiner ces matériaux. Ou encore, pour m'exprimer en termes plus philosophiques, toutes nos idées, c'est-à-dire nos perceptions les plus faibles sont les copies de nos impressions, c'est-à-dire de nos perceptions les plus vives. [20]

Cette liberté de principe, on le voit par ces deux exemples (la possibilité de *penser* à une montagne d'or ou de *concevoir* un cheval vertueux) est bornée par le principe de contradiction (« et il n'est rien qui échappe aux prises de la pensée, hors ce qui implique absolument contradiction » [21]) ; mais Hume entend montrer une autre contrainte, propre à son système, à savoir que toute idée provient *in fine* d'une impression et que toute

20 *Enquête...*, Deuxième section, p. 63-64.

21 *Ibid.*, p. 63.

réunion d'idées simples produit une idée complexe (qui est susceptible de s'unir à d'autres idées complexes), telle que les associations fantaisistes qu'il vient d'évoquer ou que d'autres... qu'il ose placer sur le même plan :

> Les idées qui, à première vue, semblent les plus éloignées de cette origine en découlent aussi, comme nous le montre un examen plus approfondi. L'idée de *Dieu* entendu comme un Être infiniment intelligent, sage et bon, est le résultat de réflexions que nous faisons sur les opérations de notre propre esprit et de l'accroissement sans limite que nous donnons à ces qualités de bonté et de sagesse.[22]

Aucune idée, aucune composition d'idées ne doivent leur première origine à une ou plusieurs impressions : il n'y a donc pas d'idée « creuse », mais seulement des termes philosophiques creux qui ne passeront pas l'épreuve d'une archéologie : à la fin de cette même deuxième section de l'*Enquête*, voilà donc un moyen d'écarter toutes les disputes seulement verbales ; et puisqu'il n'y a pas d'idée, aussi complexe soit-elle, sans ce rapport à ce que nous pouvons bien nommer « l'expérience », il n'y a pas d'idée innée – voilà bien un adjectif dénué de sens.

À plusieurs reprises, le philosophe écossais adosse à la notion de cette liberté de principe le nom de *fantaisie* (*fancy*) ; mais il arrive également qu'il l'emploie simplement comme synonyme d'*imagination* : il n'y a donc pas lieu de faire de ce doublet l'indice de la distinction entre deux régimes de la pensée. Ces régimes existent bien, et fort distinctement, dès lors que l'on ne saurait proposer une conception de l'esprit comme imagination si cette dernière n'était que « la folle du logis », selon le mot que Voltaire attribuait à Malebranche. L'un des traits majeurs de la doctrine est en effet la thèse selon laquelle la vie des idées subit la « force douce »[23] de tendances naturelles à certains types d'assemblage, des *principes* qui régissent en grande partie *l'association des idées*.

Libre par principe, l'imagination n'en est pas pour autant toujours « fantaisiste », et si Hume n'est certes pas « l'inventeur » de l'association d'idées qu'il prétend être[24], il lui attribue sans conteste un rôle considérable dans l'ensemble de sa philosophie.

22 *Ibid.*, 2e Section, p. 64.

23 *Traité...*, 1.1.4, p. 54.

24 David Hume, *Abrégé du Traité de la nature humaine*, tr. fr. D. Deleule, Paris, Aubier, 1971, p. 85. Déjà remarquée par Aristote (*De la mémoire et de la réminiscence*, 451b, dans *Petits traités d'histoire naturelle*, Paris, GF, 2000, trad. Pierre-Marie Morel, p. 112-114), l'influence d'une tendance spontanée à associer les idées est observée et prise en compte chez des auteurs modernes connus de Hume comme Malebranche (*Recherche de la vérité*, II, 3, 1), Hobbes (*Léviathan*, I, 2-3), Locke (*Essai sur l'entendement humain*, II, 33).

## 2.2 La liberté d'association des idées

Selon l'*Enquête sur l'entendement humain*, plusieurs faits conduisent le philosophe aux trois *relations naturelles* entre les idées[25]. Les premiers appartiennent à l'expérience privée : nos réflexions ont bien un cours, puisque toute idée qui vient le briser est rejetée comme intruse ; nos rêveries et nos songes manifestent à l'examen les liens qui conduisent d'une idée à l'autre : il y a donc une logique des enchaînements dans l'esprit, qu'elle soit manifeste ou non. Les seconds relèvent de la vie sociale et permettent d'approcher la nature de ces relations. D'une part, nous suivons la pensée d'autrui dans les conversations et apercevons toute rupture du fil d'un propos ; d'autre part, les langues, aussi éloignées qu'elles soient, se correspondent néanmoins quant à leurs idées les plus complexes : voilà qui atteste l'existence de lois communes. L'observation ne suffit pas ; encore faut-il multiplier les exemples, présenter les tendances qu'ils manifestent et remonter aux principes les plus généraux, sous lesquels se placent des principes qui ne sont que secondaires. C'est ainsi que Hume en vient à proposer trois principes d'association des idées, également désignés comme des « relations naturelles ». Cette thèse répond à la question suivante : que se passe-t-il donc de remarquable dans l'imagination ?

Trois tendances paraissent subsumer toutes les associations plus régulières : tendance à unir les idées qui se ressemblent, qui se sont présentées ensemble, qui contiennent un lien de causalité entre leurs objets. Ces relations de *ressemblance*, de *contiguïté* et de *causalité* se présentent comme des tendances dans une imagination en laquelle les idées peuvent se lier de bien des façons : Hume les compare au principe newtonien d'attraction[26], ce qui lui permet de définir ce qui est pour lui un principe, à savoir que ses effets sont largement observables (c'est un principe d'explication) sans que sa cause soit accessible (en cela il ne peut être dit premier, ou principe ontologiquement ultime). Voilà qui est très important : remonter jusqu'au principe revient à identifier la cause qui suffit à expliquer tous les effets, non à établir *pourquoi* il en est ainsi.

> Rien n'est plus nécessaire à un véritable philosophe que de réfréner le désir immodéré d'aller chercher des causes et, une fois qu'il a établi une doctrine sur un nombre suffisant d'expériences, de s'en contenter quand il s'aperçoit que la poursuite de ses investigations le conduirait à des spéculations obscures et incertaines. Dans ce cas, sa recherche serait bien mieux employée à examiner les effets, plutôt que les causes, de son principe.[27]

25 *Enquête...*, 3$^{e}$ Section, p. 70-71.

26 *Traité...*, 1.1.4, p. 56.

27 *Ibid.*, p. 56.

C'est la raison pour laquelle Hume désigne au même endroit ces causes de « qualités *originelles* que je ne prétends pas expliquer », puisqu'une explication dépasserait les limites de ce qui est donné à constater. Philosopher, si l'on entend par là « faire science », consiste plutôt à raisonner le donné, à le mettre en ordre à l'aide d'idées complexes justifiables, au sens d'un « catalogue raisonné » qui reconnaît les ressemblances, prend note des temporalités, et finalement atteint les causes probables, qui expliquent suffisamment sans spéculation. Une « science sceptique de la nature humaine », selon l'expression de Michel Malherbe, telle est l'œuvre de David Hume[28].

C'est aussi la raison pour laquelle nous ne trouvons pas, dans cette œuvre, de définition de l'imagination : nous avons l'idée de ses effets, mais « faute d'une impression, nous ne pouvons la représenter dans une idée »[29]. Nous constatons les liaisons effectives entre nos idées, et tout au plus la notion de « fantaisie », prise au sens strict, permet-elle de penser l'ordre des principes de la nature humaine en ce lieu qu'est l'esprit, auquel aucun nom ne convient mieux que celui d'imagination :

> [...] celle-ci peut associer parce qu'elle est fantaisie envers le moment qui précède : la causalité par rapport à la ressemblance, la ressemblance par rapport à la contiguïté et celle-ci par rapport à l'impression. Mais cette fantaisie associante ne peut s'exercer que sur le fond de la différence absolue des impressions qui interdit que jamais une liaison par association fasse plus que l'emporter couramment et ne puisse être immédiatement contrariée par l'impression.[30]

## 2.3 L'imagination, connue par ses effets

De part en part de l'analyse des activités des hommes, par lesquelles peut s'identifier une nature humaine, les associations d'idées qui ont lieu dans l'imagination sont à l'œuvre. Ce sont autant de circuits qui déterminent des transferts de vivacité entre les perceptions, à la condition que ces transitions soient faciles, qui produisent par conséquent des croyances. Alors la philosophie de Hume peut prendre son tournant pratique, polémique plutôt que normatif : il s'agit de distinguer les croyances probables des fictions, et particulièrement des fictions de la superstition, puisque, comme il l'indique dans la conclusion du premier livre du *Traité*,

> [...] puisqu'il est impossible à l'esprit de l'homme de se limiter, comme celui des bêtes, au cercle étroit des objets qui forment le sujet des actions et des conversations quotidiennes, il nous suffit de délibé-

28 Michel Malherbe, *La Philosophie empiriste de David Hume*, Paris, Vrin, 1984, p. 229-232.

29 *Ibid.*, p. 140.

30 *Ibid.*, p. 139-140.

> rer sur le choix de notre guide et nous devrions choisir celui qui est le moins dangereux et le plus agréable. Et sur ce point, j'oserai recommander la philosophie et n'aurai pas de scrupule à lui donner la préférence sur la superstition, quel qu'en soit le genre ou le nom.[31]

Il y a donc des liaisons d'idées extravagantes et dangereuses, qui font délirer les relations naturelles ; il n'est pas exclu que l'imagination soit « maîtresse d'erreur et de fausseté », selon le mot de Pascal, car « toutes les chimères du cerveau sont aussi vives et intenses que n'importe laquelle des inférences que nous honorions précédemment du nom de conclusions sur les faits, et elles le sont parfois autant que les impressions présentes des sens »[32]. Il y a donc un enjeu très sérieux à marquer les différences entre les usages.

Comme nous l'avons dit plus haut, les relations naturelles sont des tendances de l'esprit. Par tel ou tel élément de leur contenu, les idées s'attirent : ainsi deux teintes le sont de la même couleur, deux couleurs sont vives l'une et l'autre, etc. ; elles ont un lien circonstanciel lorsqu'elles ont paru simultanément, successivement, dans le même environnement, raison pour laquelle une mélodie est associée au lieu de sa première audition ; l'une appelle l'autre comme idée de la cause et de son effet, de l'œuvre à l'artiste, du juge à son pouvoir, etc. Ces faits de la vie de l'esprit, propensions dont la cause ne peut être connue (pourquoi associons-nous les idées ainsi plutôt qu'autrement ?), en constituent le fond sous la forme de transitions ordinaires et faciles[33]. Elles rendent possibles des comparaisons sous un certain point de vue, celui d'une idée complexe liée à l'un des trois principes d'association.

Ces nouvelles relations, que Hume nomme « les relations philosophiques », sont au nombre de sept[34] : la ressemblance, l'identité (d'un même objet à travers le temps), les relations d'espace et de temps, les rapports quantitatifs, les degrés dans une même qualité, la contrariété, la causalité. Certaines d'entre elles dépendent de la relation naturelle de ressemblance et par suite ne sont que des comparaisons entre les contenus des idées (ressemblance, contrariété, relations de quantité, degrés de qualité) ; les trois autres (identité, relations spatiotemporelles – ou de contiguïté – et causalité) dépendent de l'expérience. L'ensemble constitue l'entendement, qui est donc un produit des liaisons « naturelles » et ordinaires. Cela étant, les comparaisons bâties sur la ressemblance sont immuables, puisqu'elles ne sortent pas du cercle des idées, elles sont

31 *Traité...*, 1.4.7, p. 364-365.

32 *Ibid.*, 1.3.10, p. 192.

33 Ce sont « les seules qualités qui puissent unir les idées dans l'imagination » (*Ibid.*, 1.4.6, p. 352).

34 *Ibid.*, 1.1.5, p. 57-59.

« objets de connaissance et de certitude » [35] ; les trois autres dépendent des circonstances extérieures, de sorte que la relation peut changer alors que les idées restent les mêmes ; de ces trois dernières, l'identité et la contiguïté reposent sur des impressions (c'est bien le même objet, ces deux objets sont bien présents en même temps), alors que la relation de causalité n'est pas perceptible. Elle ne se manifeste comme telle ni par la comparaison du contenu des deux idées reliées ni par un fait d'expérience.

> Ainsi donc, il apparaît que des trois relations qui ne dépendent pas uniquement des idées, la seule qui peut être suivie au-delà de nos sens et peut nous informer des existences et des objets que nous ne voyons ni ne touchons, c'est la *causalité.* [36]

## 2.4 Le cas particulier de la causalité

La distinction des deux types de relation (naturelle ou philosophique) permet donc de définir l'entendement comme produit au sein de l'imagination par ses transitions les plus faciles. Néanmoins, toutes les opérations de l'entendement sont liées aux impressions simples ou complexes par les idées qui en sont les copies et n'en dépassent pas les données, qu'elles soient muables ou immuables. Seule la relation de causalité opère ce dépassement : c'est la raison de son traitement particulier (et fameux) qui donne l'occasion de nouvelles indications sur les transitions imaginatives et leurs effets.

Si la causalité est selon Hume dans l'esprit et non dans les choses, c'est parce que ce qu'on ne peut observer dans les choses – le contraire étant toujours possible – peut s'expliquer par la vie de l'esprit, c'est-à-dire par l'imagination et ses relations naturelles. Puisque nul ne peut établir à partir d'une seule succession d'événements que l'un est la cause de l'autre, la répétition de cette contiguïté – c'est-à-dire la ressemblance de contiguïtés d'événements – a un effet, l'*accoutumance* ou l'*habitude* (Hume emploie indifféremment les termes *custom* et *habit*) : tout se passe comme si l'imagination prenait un *pli* déterminant une attente. Dès lors, des faits circonstanciels, des relations factuelles, comme le sont l'identité, et donc la différence, la simultanéité, la coïncidence, passent pour des nécessités, comme le sont les relations entre idées. Cela n'est ni connaissance démonstrative ou intuitive ni connaissance expérimentale : voici la croyance, et cette caractéristique de l'imagination qu'en elle les idées peuvent gagner en vivacité (un peu comme le menteur peut finir par croire à ce qu'il savait au départ ne pas être vrai), que Hume explique par un transfert de l'impression présente (de l'événement tenu pour cause ou pour effet) à l'idée corrélative (d'un autre événement, tenu pour effet ou cause du précédent).

35 *Ibid.*, 1.3.1, p. 128.

36 *Ibid.*, 1.3.2, p. 133-134.

## 3 La teneur du scepticisme humien

La question de la causalité permet de mieux comprendre la nature de ce scepticisme. La première remarque à faire concerne en effet la portée philosophique de cette critique de la causalité : elle permet de comprendre pourquoi Hume repousse un scepticisme radical ou pyrrhonien au profit d'un scepticisme « académique » tel que celui d'Arcésilas ou celui de Carnéade. En effet, les « doutes sceptiques » corrodent l'assurance avec laquelle nous prenons les lois de notre compréhension pour les lois de la nature. Tout ce qui est concevable étant concevable comme existant, et donc possible, la nécessité produite dans l'esprit n'autorise pas de conclure à une nécessité réelle. Certes,

> [...] il y a une sorte d'harmonie préétablie entre le cours de la nature et la succession de nos idées ; et quoique les pouvoirs et les forces qui gouvernent la première nous soient complètement inconnus, toutefois nos pensées et nos conceptions ont toujours, à ce que nous voyons, marché du même train que les autres ouvrages de la nature.[37]

L'allusion ironique au principe de Leibniz manifeste le refus d'attribuer à une cause finale suprasensible le succès d'attentes déterminées par l'effet de transitions faciles dans l'imagination ; Hume remarque toutefois l'efficacité pratique de telles attentes : comment avancerions-nous dans l'existence sans la croyance, dénuée de fondement dans les idées comme dans l'expérience, que les mêmes causes produiront les mêmes effets ? Si l'on entend par raison la connaissance démonstrative construite sur la relation de ressemblance, il est compréhensible que le philosophe considère au même endroit que cette opération est trop essentielle à la subsistance de toutes les créatures humaines pour avoir pu vraisemblablement être confiée aux déductions trompeuses de notre raison. Nous pouvons donc nous fier aux opinions les plus courantes : si elles manquent de certitude, elles n'en sont pas moins fiables, dotées d'un fort degré de probabilité par l'expérience accumulée de leur succès pratique. Tel est le scepticisme « modéré », c'est-à-dire un scepticisme opposé à un scepticisme « outré ».

Il convient ensuite de remarquer brièvement que Hume consacre, dans le *Traité* comme dans l'*Enquête*, un chapitre à la « raison des animaux » dans lequel il observe le même type d'association, d'habitude, d'attente et de croyance, pour les animaux supérieurs. Cela correspond aux nombreuses occurrences dans lesquelles le raisonnement de causalité est rapporté à un instinct naturel, comme peuvent l'être les trois principes d'association, arcanes de l'imagination. Le savoir de l'animal qui réagit par réflexe, l'opinion des hommes qui se fient à l'expérience passée aussi bien que les calculs formels des savants prennent source au même lieu.

37 *Enquête...*, 5e Section, 2e Partie, p. 124.

> Le sens commun, la science même, qui est réglée, est de façon ultime un fruit des associations régulières de l'imagination. [38]

Remarquons enfin que si Hume écrit que « la *croyance* est quelque chose que ressent l'esprit, et qui distingue les idées du jugement [39] d'avec les fictions de l'imagination » [40], il présente peu après cette attestation du transfert de vivacité de l'impression vers l'idée : les cérémonies catholiques « avivent » artificiellement les articles de la foi par des représentations sensibles. Ainsi fait-il parler « les dévots de cette superstition » :

> Nous représentons, disent-ils, les objets de notre foi en figures et en images sensibles, et nous les rendons plus présents par la présence immédiate de ces figures qu'il ne nous est possible de le faire par une simple vue et contemplation intellectuelle. [41]

La force des idées peut donc s'accroître par une relation de ressemblance, comme elle le peut par une relation de contiguïté (ainsi, penser à un objet A fait penser à un objet B contigu, mais la présence de A renforce l'idée de B), tout comme le peut la relation de causalité. De ce fait, les hommes peuvent croire à des fictions avec la même intensité que celle de leurs inférences causales, pourtant confortées, quant à elles, par le cours des choses. « Le fou et l'homme raisonnable raisonnent de la même manière ; il se trouve simplement qu'ils n'ont pas les mêmes idées vives » [42]. Comme le montre l'étude des miracles [43], seuls des degrés de probabilité, et non des degrés de vivacité des idées, permettent de distinguer les fictions des « raisonnements probables » : le nombre et la valeur des témoignages, le caractère d'exception d'un événement, voire son unicité (comme celle de l'avènement du monde) rendent certaines assertions bien douteuses.

### 3.1 Le sort plus complexe des impressions de réflexion : imagination et passions

Pour la facilité de l'exposé, nous n'avons jusqu'ici évoqué que le seul rapport des idées aux impressions de sensation. Or ce ne sont pas les

38 Michel Malherbe, *La Philosophie empiriste...*, p. 132.

39 Dans une note du *Traité* (1.3.7, p. 161), Hume rappelle que les philosophes considèrent le jugement « comme le fait de séparer ou d'unir différentes idées », mais il ramène la distinction entre conception, jugement et raisonnement (la première étant l'examen d'une ou plusieurs idées, le troisième étant le jugement selon l'entremise d'autres idées qui montrent la relation en jeu) à un seul et même acte de l'esprit, *concevoir*, ce qui se fait avec ou sans croyance.

40 *Enquête...*, 5e Section, 2e Partie, p. 117.

41 *Ibid.*, p. 120.

42 Frédéric Brahami, *Introduction au* Traité de la nature humaine *de David Hume*, Paris, PUF, 2003, p. 111.

43 *Enquête...*, 10e Section, p. 104-237.

seules impressions : Hume considère comme aussi originelles les « impressions de réflexion », ou passions (au sens le plus large). L'être humain étant constamment soumis aux expériences de plaisir ou de douleur, il n'est pas un événement pour son esprit qui n'ait une tonalité plaisante ou désagréable, et par suite de l'idée de cette émotion associée, vers lequel il ne tende ou duquel il ne s'éloigne autant qu'il le peut. Dans l'expression « impression de réflexion », il faut donc entendre par « réflexion » cette autre image des choses, selon la vivacité de l'idée de bien ou de mal qui l'accompagne.

Dans un chapitre consacré à « l'influence de l'imagination sur les passions »[44], Hume prétend que la décision des Athéniens de ne pas incendier la flotte de leurs alliés au profit de leur empire sur les mers n'a pas été prise parce qu'elle était plus conforme à la moralité mais parce qu'Aristide leur avait représenté ce projet sans autre précision que la qualification de projet avantageux mais injuste, autrement dit par des notions générales, au lieu d'être exposé dans tous les détails qui auraient pu emporter leur imagination et rendre la perspective tentante. La thèse est audacieuse, mais elle illustre par l'effet de l'éloquence (ici manquante) à quel point tout type de rapprochement d'avantages ou d'inconvénients, de plaisirs ou de peines, excite les sentiments en présence (désir ou crainte, amour ou haine, orgueil ou humilité). Parmi bien d'autres exemples, citons le cas de l'envie, qui selon Hume vise les proches mieux servis que nous et non les lointains qui le sont bien plus encore.

> Un soldat du rang ne saurait envier son général comme il envie son sergent et son caporal.[45]

C'est donc ici la *comparabilité* qui mesure la distance, l'incomparable bénéficiant de sentiments favorables (Hume défend la thèse de « notre estime pour les riches et les puissants »[46] que confirme aujourd'hui l'admiration dévote des *stars* et autres *people*, nouveaux aristocrates, ou encore la compassion pour ceux qui nous sont incomparablement inférieurs[47]).

Vient ensuite la notion très fructueuse de *circulation* des idées dans l'imagination. En elle se lient les objets par ressemblance, contiguïté ou causalité : mais le principe de transition facile s'applique aussi à ces liens qui ne sont pas équivalents selon leur direction. Ainsi de la relation fraternelle : le passage de cet autre à moi-même est plus « coulant » que le même passage en sens inverse, en raison de la conscience constante que nous avons de nous-même.

44 *Traité...*, 2.3.6., traduction Jean-Pierre Cléro, Paris, GF, 1991, p. 273-276

45 *Ibid.*, 2.2.8, p. 218.

46 *Ibid.*, 2.2.5, p. 195-204.

47 *Ibid.*, 2.2.8, p. 217.

> Si une personne est mon frère, je suis également le sien ; mais, en dépit de leur réciprocité, ces relations influent différemment sur l'imagination.[48]

L'évaluation de ces différences de circulation des idées peut également témoigner de l'influence des considérations d'une époque, comme dans le cas des remariages que l'enfant éprouve différemment selon qu'il s'agit du père, toujours considéré comme chef permanent d'une famille, ou de la mère, dont le nouvel attachement vient gêner le lien filial.

### 3.2 La sympathie, son rôle dans la vie morale

Le phénomène affectif de la *sympathie*, notion d'une importance considérable dans la vie des passions et dans la vie morale manifeste encore, et de quelle façon, à quel point les affects se déploient dans l'espace imaginatif.

> Nulle qualité n'est plus remarquable dans la nature humaine, à la fois en elle-même et dans ses conséquences, que notre propension à sympathiser avec les autres et à recevoir par communication leurs inclinations et leurs sentiments, fussent-ils différents des nôtres, voire contraires aux nôtres.[49]

De même que la correspondance importante des langues entre elles témoigne en faveur des principes d'association, les caractères nationaux attestent l'influence de ce phénomène[50]. Et de même qu'il en va pour ces principes, l'impossibilité d'en connaître la cause ultime n'obère pas la nécessité d'en expliquer le fonctionnement : Hume cherche à rendre visibles les origines concrètes et non à satisfaire une curiosité (voire une inquiétude) des fondements possibles. Ainsi, le phénomène de sympathie se présente sous la forme d'une conversion de l'idée des affects d'autrui, suscitée par leurs effets pris comme des signes, en l'affect correspondant en nous-même. Le principe de ressemblance est le meilleur candidat pour l'analyse du parcours qui conduit d'une certaine impression de sensation à l'apparition d'une certaine impression de réflexion par l'intermédiaire d'une idée, qui ne peut avoir cet effet que parvenue à un certain degré de vivacité.

> Il est évident que l'idée, ou plutôt l'impression que nous avons de nous-mêmes nous est toujours intimement présente et que notre conscience nous donne une conception si vive de notre propre personne qu'il n'est guère possible d'imaginer qu'une autre puisse la dépasser de ce point de vue. Tout objet qui nous est relié doit être

48 *Ibid.*, 2.2.2, p. 177.

49 *Ibid.*, 2.1.11, p. 143.

50 « [...] il est plus probable que cette ressemblance provienne de la sympathie plutôt que de l'influence du sol ou du climat », écrit-il au même endroit, se séparant d'Arbuthnott et de Montesquieu sur ce point.

> conçu, selon les principes précédents, avec une vivacité de conception semblable.[51]

Autrui nous est, dans tous les cas, proche par ressemblance, mais plus ou moins (selon les mœurs, caractères, langues, traditions) ; cette relation varie secondairement selon la distance dans le temps ou dans l'espace ou les relations causales (parents, familiers) : la sympathie est un phénomène amoral, relatif selon ces principes de l'imagination qui font varier l'intensité de l'idée que nous avons de ce qui arrive à autrui. En bref, la relation sociale affecte toujours – plus ou moins – la vie des idées dans l'imagination, en modifie la puissance sans en changer la nature. Les idées les plus vives, auxquelles les relations naturelles de l'imagination ont procuré ce surcroît d'influence, modifient la vie affective. Mais les passions changent les personnes, réorientent leurs quêtes de plaisir ou leurs détestations, tandis que les perceptions, impressions et idées, ne cessent de se succéder : cette différence de *tempo* explique les modulations affectives.

> Or, si nous considérons l'esprit humain, nous observons que, pour ce qui est des passions, il n'est pas de la nature d'un instrument à vent, qui, tandis qu'on en parcourt les touches, laisse retomber le son dès que l'on cesse de souffler ; il ressemble plutôt à un instrument à cordes qui, à chaque attaque, en conserve les vibrations encore quelque temps, pendant que le son décline par degrés insensibles. L'imagination est extrêmement preste et agile ; les passions sont lentes et rétives. [...] En d'autres termes, le chagrin et la joie, entremêlés par les vues contraires de l'imagination, produisent, par leur union, les passions de l'espoir et de la crainte.[52]

La théorie humienne des passions, très subtile et détaillée, explore ainsi la vie affective selon cette conception d'un hédonisme constamment et infiniment modalisé par les transferts de vivacité qui s'opèrent selon les principes fondamentaux, les « qualités originelles » de l'imagination.

On ne s'étonnera donc pas de l'influence qui en découle dans la vie morale. Opposé au simplisme d'un rationalisme contemporain, Hume fait naître le jugement moral du mécanisme amoral de la sympathie. L'existence même, par les expériences qu'elle procure (relations sociales, lectures, voyages) nous fait connaître les contradictions d'une sympathie trop étroite ; elle l'élargit et permet au spectateur moral de devenir peu à peu plus judicieux dans les plaisirs et peines qu'il éprouve à la considération de faits moraux.

> Mais encore, l'imagination est ce dans quoi la passion, avec ses circonstances, se réfléchit à travers les principes d'association pour constituer les règles générales et valoriser le plus lointain, le plus dis-

51 *Ibid.*, 2.1.11, p. 147.

52 *Ibid.*, 2.3.9, p. 291-292.

tant, *par-delà le penchant de l'imagination.* [53]

En dérivant le sentiment moral – plaisir ou peine désintéressés – de la sympathie, Hume se détache de l'école contemporaine sentimentaliste et c'est plutôt à juste titre qu'il se prétend anatomiste plutôt que peintre (la comparaison vise Francis Hutcheson). La « sympathie étendue » qui succède à la « générosité limitée » opère ainsi à deux niveaux. Elle permet tout d'abord au jugement de se délivrer de sa partialité initiale, comme nous l'avons dit, et de s'intéresser aux cas de personnes éloignées de nous, quel que soit le type d'éloignement. Alors, dans l'imagination peuvent s'associer des actions semblables en des circonstances différentes, produites par des agents différents, ou encore constituer, par l'agrégation d'actions semblables par un même agent, l'idée d'une disposition durable et la figure d'un « caractère » (*character* dans le texte : le mot désigne aussi bien le personnage) méritant ou non l'approbation. Le spectateur moral est en effet un *interprète* des actions.

> Il est évident que, lorsque nous louons des actions, nous ne considérons que les motifs qui les engendrent et nous tenons ces actions pour des signes ou des indices de certains principes présents dans l'esprit ou dans le tempérament. L'accomplissement de l'action n'a aucun mérite. C'est au-dedans qu'il faut chercher pour découvrir la qualité morale. Cela, nous ne pouvons le faire directement et, par conséquent, nous fixons notre attention sur les signes extérieurs. [54]

La morale ainsi constituée se présente donc comme une éthique des vertus de type empiriste, puisqu'elle s'établit à partir des liaisons imaginatives courantes entre tels types d'action et tels types de motifs approuvés. L'*Enquête sur les principes de la morale* organise le catalogue de ces motifs (ou vertus) selon qu'ils sont agréables directement ou indirectement (utiles, en ce cas) à l'agent ou aux personnes qui bénéficient de ses actes. La sympathie, l'un des effets les plus importants de la vie interne de l'imagination, est le principe de la compréhension de l'agent par le spectateur-herméneute. Elle l'est aussi de la compréhension de son bienfait pour tel ou tel, ou pour tous : cette différence organise le plan du troisième livre du *Traité*, qui sépare l'étude des vertus naturelles et des vertus artificielles. Les pratiques réglées qui soutiennent la vie sociale puis la cité sont d'abord adoptées par intérêt, avant qu'une approbation morale ne s'y attache et ne les renforce.

> La seule différence entre les vertus naturelles et la justice réside en ceci que le bien qui résulte des premières vient de chaque acte isolé et qu'il est l'objet d'une certaine passion naturelle, alors qu'un acte isolé de justice, considéré en lui-même, peut souvent être contraire au bien public : ce n'est que le concours de tous les hommes en un schème ou

53 Gilles Deleuze, *Empirisme et subjectivité...*, p. 59.

54 *Traité...*, 3.2.1, traduction Philippe Saltel, Paris, GF, 1993, p. 75

> un système général d'actions qui est avantageux.[55]

Comment pouvons-nous approuver des actes « contraires au bien public » (contraintes réglementaires, successions, partages de biens) ? Cela n'est possible qu'en raison de l'effet de leur combinaison, ce qui nécessite un raisonnement de type conséquentialiste. Les avantages pour le groupe surpasseront les inconvénients si et seulement si tous les membres du groupe (ou une large majorité d'entre eux) appliquent la règle, ou encore : une dérogation à la règle donne au mieux l'exemple à ne pas suivre si l'on ne veut mettre en péril l'avantage pour tous. Appuyé sur une sympathie pour la collectivité, un tel raisonnement causal est somme toute indifférent au contenu de la règle, pourvu qu'elle tende à produire son effet. Les règles qui permettent de stabiliser les possessions, puis celles qui permettent de les transférer, les règles qui régissent les promesses, celles qui établissent le gouvernement, garant de l'exécution des promesses dépendent de liaisons imaginatives le plus souvent diverses. Ainsi, par exemple, de la propriété : selon quelle relation de la personne (ou de la nation) à un objet (ou à un territoire) attribue-t-on la propriété ? L'occupation, la prescription acquisitive, l'accession et la succession sont autant de titres autorisés par un lien dans l'imagination. Quelle est la valeur objective des signes par lesquels on s'engage à tenir les promesses, et pourquoi tels signes plutôt que tels autres ? Dans tous ces cas, la facilité d'une transition, en certaines circonstances, peut seule expliquer le choix d'un principe de régulation. Guidé par la facilité, le travail produit dans l'imagination n'est pas frivole pour autant, comme le montre la comparaison entre les formules verbales qui engagent les promesses et celles qui permettent d'administrer un sacrement :

> Puisque l'obligation des promesses est une invention dans l'intérêt de la société, elle s'infléchit en autant de formes différentes qu'en requiert cet intérêt et elle entre même dans des contradictions frontales, plutôt que de perdre de vue son objet. Mais comme ces autres doctrines monstrueuses [la transsubstantiation ou le sacrement des ordres] sont de pures inventions des prêtres et ne visent aucun intérêt public, elles sont moins gênées dans leur développement par des obstacles nouveaux, et il faut reconnaître qu'au-delà de leur absurdité première, elles suivent plus directement le cours de la raison et du bon sens.[56]

Parce qu'elles ne sont pas frivoles, les associations d'idées qui permettent de résoudre les questions de justice et de maintenir la société en paix n'ont pas besoin d'être redoublées par l'assentiment de ceux qui les suivent : l'intérêt et l'approbation morale qui les renforce suffisent à les rendre efficaces pour la plupart des personnes.

55 *Ibid.*, 3.3.1, p. 201.

56 *Ibid.*, 3.2.5, p. 131.

## Conclusion

Nous voilà ainsi revenus à la polymorphie des productions qui ont lieu dans l'imagination : ses trois principes naturels sont à l'origine d'associations diverses : de la connaissance démonstrative comme de la connaissance probable, des jugements évaluatifs, des règles les plus utiles aux fictions, superstitions et délires.

Parce que les idées sont chez Hume les images des objets, c'est-à-dire des impressions qui sont en toute rigueur nos seuls objets, la vie des idées est aussi bien celle de l'imagination. L'équivalence entre la notion d'esprit et celle d'imagination est alors loin d'être verbale : en considérant l'imagination ainsi, l'empiriste rompt avec la théorie des facultés, bien qu'il n'ait d'autre choix que le lexique de l'époque ; il rend également manifeste la possibilité de penser toutes les opérations de l'esprit – des plus sérieuses aux plus folles – sur le fondement des associations imaginatives fondamentales, instinctives, naturelles. Elles sont, pour cette philosophie, les ressources vitales d'adaptation au monde – ou de son déni, mais philosopher commence par refuser cette dernière voie.

## Travaux cités

### Œuvres de David Hume

*Traité de la nature humaine*, Livre I : L'entendement, traduction P. Saltel, Paris, GF, 1995.

*Traité de la nature humaine*, Livre II : Des passions, traduction J.-P. Cléro, Paris, GF, 1991.

*Traité de la nature humaine*, Livre III : La morale, traduction P. Saltel, Paris, GF, 1993.

*Enquête sur l'entendement humain*, II$^{e}$ Section, trad. de G. Tanesse et M. David revue par D. Deleule, Paris, Le Livre de Poche, 1999.

*Abrégé du Traité de la nature humaine*, trad. D. Deleule, Paris, Aubier, 1971.

### Commentaires

Gilles Deleuze, *Empirisme et subjectivité, Essai sur la nature humaine selon Hume*, Paris, PUF, 1953.

Frédéric Brahami, *Introduction au* Traité de la nature humaine *de David Hume*, Paris, PUF, 2003.

Michel Malherbe, *La Philosophie empiriste de David Hume*, Paris, Vrin, 1984.

# Chapitre 9

# Une faculté pyromane : imagination et sensibilité chez Rousseau

par Jean-Pierre Guillot

> Une jeune chinoise, avançant un bout de pied couvert et chaussé, fera plus de ravage à Pékin que n'eût fait la plus belle fille du monde dansant toute nue au bas du Taygète.
>
> Jean-Jacques Rousseau, *Lettre à d'Alembert*, dans *Œuvres complètes*, Paris, Gallimard, « Bibliothèque de la Pléiade », tome V, 1969, p. 123

## Introduction

Alors que le XVII^e^ est le siècle de la raison qui voit fleurir ce que Merleau-Ponty appelait « le grand rationalisme », siècle marqué par une méfiance envers l'imagination, « folle du logis » aux pouvoirs diaboliques, le XVIII^e^ siècle va se montrer beaucoup plus clément avec elle, allant même jusqu'à lui attribuer un rôle de tout premier plan dans la constitution de la connaissance, la genèse des idées et des facultés elles-mêmes. Ainsi, d'un siècle à l'autre les jugements portés par les philosophes, tant sur la nature que sur les fonctions de l'imagination, se révèlent très sensiblement dissemblables.

Le cas de Rousseau est particulièrement révélateur de cette volte-face. Même si l'imagination apparaît chez lui comme une faculté ambiguë, envers laquelle la prudence recommande de toujours rester vigilant, Rousseau va s'efforcer de mettre en lumière son rôle indispensable dans la constitution et le développement des facultés de l'esprit et de louer ses pouvoirs d'évasion d'une réalité par trop insupportable. C'est parce qu'elle est fondamentalement la faculté qui nous permet de sortir de nous-mêmes, de nous projeter dans le futur, de rendre possible le désir, que l'imagination peut à la fois nous perdre et nous être indispensable et qu'elle a fait de nous des hommes et non des animaux stupides et bornés que nous serions restés si elle n'avait pas trouvé l'occasion de s'éveiller et de contribuer au développement de nos autres facultés.

Il est impossible de rendre compte dans le cadre de ce chapitre de l'ampleur et de la richesse de l'analyse rousseauiste de l'imagination. Nous nous bornerons donc au rôle que joue l'imagination dans la dynamique des changements qui affectent l'homme (et par lesquels il se réalise) depuis le premier état de nature jusqu'à l'état politique en passant par l'état social pré-politique. C'est donc essentiellement au *Discours sur l'origine et les fondements de l'inégalité parmi les hommes* (nommé ici *Second Discours*) et à l'*Émile* que nous nous référerons.

Il est remarquable que, pour Rousseau, le philosophe ne doive pas seulement décortiquer l'imagination, en déterminer la nature et les fonctions, mettre au jour son travail effectif et délimiter l'étendue de ses pouvoirs. Conscient de cette étendue et de sa force, il doit aussi s'adresser à l'imagination de son lecteur, sans pour cela céder en rien sur la rigueur conceptuelle. Ainsi imagination et raison sont sommées de travailler ensemble. Il suffit pour s'en convaincre de remarquer combien une œuvre aussi rigoureuse conceptuellement que le *Contrat social* multiplie et diversifie les procédés littéraires et rhétoriques qui sollicitent l'imagination du lecteur et font impression sur lui. Même si, par ailleurs, le modèle théorique construit dans le *Contrat social* ne saurait s'apparenter au produit d'une imagination délirante totalement déconnectée de la réalité, à la manière des utopies dont Rousseau prend soin de se démarquer dès le début de son traité [1].

## 1 De l'état de nature à l'état social : rôle et développement de l'imagination

L'imagination joue un rôle décisif dans le développement et le devenir de l'homme. D'abord au niveau de l'espèce puis au niveau de l'individu. Elle commence par agir dans la discrétion, comme en sourdine, mais en produisant des effets spectaculaires et irréversibles sur et pour l'espèce humaine, ainsi que le laissent entendre plusieurs passages du *Second Discours* sur lesquels nous reviendrons. Il s'agira d'examiner comment cette faculté détermine le passage de l'« animal stupide et borné » à l'homme tel que nous l'avons sous les yeux. Quant à l'individu, il faut attendre l'âge de cette « seconde naissance » dont parle le Livre IV de l'*Émile* pour mesurer les effets de ce grand embrasement dont elle est responsable. Déterminante ici dans le devenir de l'individu, c'est à ses effets que l'éducateur, fort de la connaissance de ses pouvoirs, se devra d'accorder la plus grande attention et une vigilance superlative.

1 « Je veux chercher si dans l'ordre civil il peut y avoir quelque règle d'administration légitime et sûre, en prenant les hommes tels qu'ils sont et les lois telles qu'elles peuvent être », *Contrat social*, t. III, p. 351. — Sauf mention contraire, tous les textes de Rousseau sont cités dans l'édition de la Pléiade. L'orthographe de Rousseau, conservée dans l'édition Pléiade, a été modernisée.

### 1.1 Imagination et pitié

Dans un premier temps, penchons-nous rapidement sur la première partie du *Second Discours* qui nous offre la description de « ce qu'aurait pu devenir le genre humain, s'il fût resté abandonné à lui-même »[2]. Qu'en est-il de l'homme du premier état de nature, de cet être dépouillé « de toutes les facultés artificielles qu'il n'a pu acquérir que par de longs progrès »[3] ? L'imagination fait-elle partie de ces facultés artificielles ? En quel sens et suivant quelle modalité ? Pour répondre à ces questions, il est nécessaire d'affronter la question controversée des rapports entre l'imagination et la pitié naturelle, donc d'interroger la nature de l'imagination et de cette pitié par laquelle l'homme semble bien sortir de lui-même.

> Je le vois se rassasiant sous un chêne, se désaltérant au premier ruisseau, trouvant son lit au pied du même arbre qui lui a fourni son repas, et voilà ses besoins satisfaits.[4]

Il apparaît clairement que le sauvage du premier état de nature ne se met pas en quête d'aliments plus à son goût, d'une ombre plus profonde pour se reposer dans de meilleures conditions. Toute recherche suppose la comparaison, l'imagination, l'espoir de trouver mieux, donc le rapport au temps, ici plus particulièrement la représentation du futur. L'absence de possibilité de comparer, de la raison, du langage, du désir, etc., ne font aucun doute en ce qui concerne notre sauvage, mais en est-il de même pour l'imagination ? En effet, il existe deux principes antérieurs à la raison qui déterminent sa psychologie et ses actions : l'amour de soi et la pitié naturelle. Comment la pitié naturelle, en tant qu'elle semble supposer une sortie de soi, une extension à l'autre, peut-elle être possible sans l'imagination ? Délicate question qui divise les spécialistes de Rousseau. Il est certain que, dans le premier état de nature, l'imagination ne tourmente pas l'individu qui vit dans l'immédiat, qui n'a pas de vide à combler et qui ne connaît pas l'amour. Mais cela ne signifie pas que l'imagination ne soit pas déjà présente, statique, en sommeil, ne nécessitant pas le contrôle de la raison et du jugement qui ne sont pas encore développés. Elle est disponible, prête à fonctionner, sous l'effet des circonstances et des rencontres. À l'état de nature, l'homme n'est animé que du souci de lui-même, de sa conservation, facilement assurée par l'instinct et l'adéquation parfaite avec son milieu. La pitié naturelle n'intervient de façon ponctuelle qu'au gré de certaines rencontres, rares et épisodiques, qui nous font assister à la souffrance de l'autre sans rendre possible la création d'un lien affectif avec lui. Elle se définit

2 *Second Discours*, *op. cit.*, t. III, p. 133.

3 *Ibid.*, p. 134.

4 *Ibid.*, p. 135.

comme un « sentiment qui nous met à la place de celui qui souffre »[5]. Elle joue un rôle modérateur : « la pitié est un sentiment naturel qui, modérant dans chaque individu l'activité de l'amour de soi-même, concourt à la conservation mutuelle de toute l'espèce »[6]. Elle est antérieure à « la pétulante activité de notre amour-propre »[7] qui finira par l'étouffer.

On peut supposer que l'imagination encore somnolente, faute d'une haute fréquence des rencontres, ne donne pas encore la pleine mesure de ses pouvoirs. Elle rend possible la sortie de soi que semble supposer la pitié naturelle, mais pas la constitution de la représentation du futur. Elle fonctionne à son plus bas régime, suffisant à la conservation mutuelle de l'espèce mais insuffisante pour permettre à l'homme de développer ses autres facultés qui restent à l'état simplement naissant. D'autre part, Rousseau nous dit que la pitié est « obscure et vive » chez l'homme du premier état de nature. Sa vivacité est due au fait qu'il s'agit d'un sentiment naissant immédiatement d'une sensation physique, puisqu'il suffit pour l'éprouver de percevoir la souffrance d'un autre être vivant. Quant à son obscurité, on peut supposer qu'elle tient au fait qu'elle exige l'imagination, qui semble faire défaut à l'homme du premier état de nature. Faut-il voir là le pressentiment, lui-même obscur d'une sorte de schématisme de l'imagination ? Schématisme sans concept ? Pourquoi pas ? Quoi qu'il en soit, la proximité lexicale (conceptuelle peut-être...) avec le vocabulaire kantien de l'imagination ne peut que nous faire penser au schématisme comme « art caché dans les profondeurs de l'âme humaine » et à la synthèse comme œuvre de l'imagination, « une fonction de l'âme, aveugle mais indispensable, sans laquelle nous n'aurions absolument aucune connaissance, mais dont nous ne prenons que rarement quelque conscience »[8].

L'hypothèse d'une imagination fonctionnant à son plus bas régime permet de concilier le texte du *Second Discours* avec les textes apparemment divergents de *l'Essai sur l'origine des langues* et de l'*Émile*[9]. Dans ces deux ouvrages, Rousseau est beaucoup plus explicite s'agissant des relations entre imagination et pitié. Nous touchons là un point capital dans la mesure où il commande tout le devenir de l'humanité, c'est-à-dire l'humanisation de l'« animal stupide et borné » ainsi que celui de

5 *Ibid.*, p. 155.

6 *Ibid.*, p. 156.

7 *Ibid.*, p. 171.

8 Emmanuel Kant, *Critique de la raison pure*, Paris, Gallimard, « Bibliothèque de la Pléiade », t. I, p. 833.

9 *Essai sur l'origine des langues*, t. V, p. 395 ; *Émile*, t. IV, p. 505-506. Sur ce problème, voir en particulier Victor Goldschmidt, *Anthropologie et politique*, Paris, Vrin, 1983, ainsi que Roger D. Masters, *La Philosophie politique de Rousseau*, Lyon, ENS Éditions, 2002.

l'individu. Dans L'*Essai sur l'origine des langues*, la pitié suppose la raison et l'imagination et apparaît en ce sens comme postérieure à l'amour de soi. Il s'agit de rendre compréhensible la sortie de soi qui rend possible l'identification à autrui et fait de la pitié autre chose que le mouvement du pur instinct. « La pitié, bien que naturelle au cœur de l'homme resterait éternellement inactive sans l'imagination qui la met en jeu »[10]. Dans *Les Rêveries du promeneur solitaire*, Rousseau note : « L'imagination renforçant la sensation m'identifie avec l'être souffrant et me donne souvent plus d'angoisse qu'il n'en sent lui-même »[11]. C'est l'imagination qui est ici sujet. Nous ne pouvons être émus à la pitié que si nous sommes capables de nous transporter hors de nous-mêmes, translation nécessaire à l'identification avec l'individu souffrant. Notre souffrance suppose en outre un jugement concernant sa propre souffrance et qui permet que nous souffrions en lui. Transport, jugement, nous ne sommes plus là, au niveau de la pitié « antérieure à la raison » du *Second Discours*. L'imagination est indispensable à la reconnaissance de l'altérité. « Celui qui n'imagine rien ne sent que lui-même ; il est seul au milieu du genre humain »[12]. L'imagination contribue donc à la perte de l'immédiateté naturelle dans laquelle vit l'homme du premier état de nature. Elle constitue la source de toutes les vertus sociales, comme l'amour de soi métamorphosé en amour-propre constitue la source de tous les vices.

Dans le premier état de nature, l'homme est en équilibre avec son milieu. Ses facultés, encore virtuelles n'ont pas l'occasion de s'exercer donc de se développer. Les besoins sont peu nombreux et facilement satisfaits. Leur satisfaction ne nécessite pas l'intervention de l'imagination en tant que pouvoir d'anticipation. « Ses désirs ne passent pas ses besoins physiques. » C'est le temps répétitif qui n'est pas même vécu comme tel. L'homme vit dans une immédiateté caractérisée par l'absence de réflexion. Tourmenté par aucune inquiétude, « rien ne doit être si tranquille que son âme et rien si borné que son esprit »[13]. Comment vont alors naître les premières passions ?

## 1.2 Imagination, passions, moralité

À l'occasion d'une modification des circonstances, l'harmonie de l'homme avec son milieu va laisser place à une situation dans laquelle vont naître les premières sociétés et se développer les facultés virtuelles. Une étape décisive de ce développement pour le devenir social, moral et politique de l'homme est celle de la naissance des premiers sentiments amoureux ainsi que de l'amour-propre. C'est le moment de la naissance

10 *Essai sur l'origine des langues*, t. V, p. 395.

11 *Les Rêveries du promeneur solitaire*, t. I, p. 1094.

12 *Essai sur l'origine des langues*, t. V, p. 396.

13 *Second Discours*, t. III, p. 214, note XI.

des préférences et des comparaisons, du souci de la considération. L'imagination, par l'entremise du regard et du jeu des comparaisons, préside à cette naissance qui fut « le premier pas vers l'inégalité, et vers le vice en même temps »[14]. Le texte de référence sur ce point est le célèbre passage du *Second Discours* décrivant les rapprochements amoureux et le processus d'individuation[15]. On peut voir dans ce passage la naissance de la moralité, dont le premier stade est celui du regard, c'est-à-dire un stade esthétique. C'est aussi la naissance d'un nouveau sentiment, l'amour-propre. Certes, comme le fait remarquer Goldschmidt, Rousseau n'utilise pas ce terme dans ce texte mais tout laisse penser qu'il s'agit bien de cela. Nous avons à faire à des adolescents : « De jeunes gens de différents sexes habitent des cabanes voisines, le commerce passager que demande la nature en amène bientôt un autre, non moins doux et plus permanent par la fréquentation mutuelle »[16]. Le texte parallèle de l'*Essai sur l'origine des langues* mérite d'être cité lui aussi :

> Sous de vieux chênes, vainqueurs des ans, une ardente jeunesse oubliait par degrés sa férocité : on s'apprivoisait peu à peu les uns avec les autres ; en s'efforçant de se faire entendre, on apprit à s'expliquer. Là se firent les premières fêtes : les pieds bondissaient de joie, le geste empressé ne suffisait plus, la voix l'accompagnait d'accents passionnés ; le plaisir et le désir, confondus ensemble, se faisaient sentir à la fois : là fût enfin le vrai berceau des peuples ; et du pur cristal des fontaines sortirent les premiers feux de l'amour.[17]

Dans l'*Émile*, Rousseau qualifie l'adolescence de « seconde naissance ». « Nous naissons, pour ainsi dire, en deux fois : l'une pour exister, l'autre pour vivre ; l'une pour l'espèce, et l'autre pour le sexe »[18]. C'est le moment où l'imagination s'embrase sous l'effet du développement des sens.

L'individu vivant maintenant en société vit au contact de ses semblables. Il a rapport à eux, ils ont rapport à lui, tous comparent et préfèrent, et surtout veulent être préférés. Le progrès décisif qui s'effectue à ce niveau, c'est l'expérience de l'amour. La comparaison, qui avait permis à l'homme, à un stade antérieur de développement de ses facultés, de comprendre sa supériorité sur les animaux et les « conformités » entre lui et ses semblables, va maintenant jouer tout à fait différemment. Elle sert à instituer des différences. Les autres hommes ne sont plus perçus

14 *Ibid.*, p. 169.

15 *Ibid.*, p. 169-170.

16 *Ibid.*, p. 169.

17 *Essai sur l'origine des langues*, t. V, p. 406.

18 *Émile*, t. IV, p. 489.

comme les membres substituables d'une espèce identique, mais comme des individus. La comparaison fait passer ainsi à l'acte les différences et les inégalités naturelles jusque-là sans effet significatif moralement et politiquement. S'attachant au mérite et à la beauté, elle produit aussi des sentiments de préférence. C'est la naissance du jugement de goût, dont l'absence chez le sauvage explique que « toute femme est bonne pour lui » [19]. L'imagination, encore privée d'un développement suffisant, ne peut pas présider à l'élection d'un objet d'amour qui devrait, pour être aimé, être préféré, donc individualisé. L'occasion de la rencontre et le regard ne sont pas en mesure de déclencher le processus imaginatif et comparatif :

> L'imagination qui fait tant de ravages parmi nous, ne parle point à des cœurs sauvages ; chacun attend paisiblement l'impulsion de la nature, s'y livre sans choix avec plus de plaisir que de fureur, et le besoin satisfait, tout le désir est éteint. [20]

On retrouve dans ces quelques lignes toutes les caractéristiques d'un comportement et d'une existence que l'imagination n'anime pas. Rousseau décrit ici un bonheur simple et trivial, sans imaginaire. S'esquisse l'idée d'une ambiguïté irréductible fondamentale de l'imagination : faculté nécessaire au devenir véritablement humain de l'« animal stupide et borné », c'est elle aussi qui transforme les passions en vices. Thème dont le Livre IV de l'*Émile* va s'emparer :

> Ce sont les erreurs de l'imagination qui transforment en vices les passions de tous les êtres bornés… j'ai toujours vu que les jeunes gens corrompus de bonne heure, et livrés aux femmes et à la débauche, étaient inhumains et cruels ; la fougue du tempérament les rendait impatients, vindicatifs, furieux : leur imagination, pleine d'un seul objet, se refusait à tout le reste ; ils ne connaissaient ni pitié, ni miséricorde ils auraient sacrifié père, mère, et l'univers entier, au moindre de leurs plaisirs. [21]

Pour le sauvage, par contre, rien ne peut être un spectacle, le regard ne peut pas se fixer et discriminer. L'objet ne peut pas non plus lui apparaître dans sa singularité et dans le retrait nécessaire pour en faire un objet de contemplation esthétique. Les conditions ne sont pas remplies pour qu'un jugement de goût puisse avoir lieu, faute d'imagination. « Le spectacle de la nature lui devient indifférent, à force de lui devenir familier » [22].

19 *Second Discours*, t. III, p. 158.

20 *Ibid.*

21 *Émile*, t. IV, p. 501-502.

22 *Second Discours*, t. III, p. 144.

Dans le texte du *Second Discours* sur la naissance de l'amour apparaît un autre effet important de la comparaison. Il procède d'un retour sur soi à partir des autres : nous réclamons d'autrui la préférence qu'on lui accorde. Ce que confirme l'*Émile* : « La préférence qu'on accorde, on veut l'obtenir, l'amour doit être réciproque » [23]. À ce niveau, que Rousseau appelle « la société commencée » ou « naissante », l'homme est en présence de ses semblables et cette présence est nécessaire pour que puisse apparaître la préférence accordée à l'objet aimé. En effet, préférer, c'est élire. Cette élection requiert la possibilité de comparer l'objet préféré avec d'autres de son espèce auxquels on donnera l'exclusivité. Cependant quand il s'agit de rapports interindividuels, les autres eux aussi expriment des préférences et veulent, tout comme moi, être préférés.

Que peut-il résulter de toutes ces interférences de regards, de comparaisons, de préférences dont chaque individu se considère le centre ? Parfois l'accord, souvent la concurrence. L'amour, nous dit Rousseau « par la moindre opposition devient fureur impétueuse » et « tout tort volontaire devient outrage, parce qu'avec le mal qui résultait de l'injure, l'offensé y voyait le mépris de sa personne, souvent plus insupportable que le mal lui-même » [24]. C'est avec cette situation que commence la substitution de la dépendance à l'égard de l'opinion à la dépendance à l'égard des choses, le dommage étant transformé en outrage. Ainsi, l'« estime publique » se donne et se sollicite et répond, dans chaque individu, à « l'idée de considération » qui suppose elle aussi comparaison et réciprocité : « chacun commença à regarder les autres et à vouloir être regardé lui-même » [25]. C'est à partir de ce point que va pouvoir s'esquisser la généalogie des passions « sociales-insociables » (vanité, mépris, honte, envie).

L'idée d'individu est née. L'homme est passé du sentiment d'existence où s'exprime sa conscience, à l'idée de considération qui manifeste sa conscience de soi. La conscience de soi s'individualise en s'appuyant sur des avantages précis (beauté, force, adresse, éloquence) qui sont des inégalités attachées à la personne elle-même. Des rivalités naissent qui n'ont pas pour enjeux des biens. Ces progrès sont naturels, ils procèdent en effet de la « seconde naissance » qui met l'amour de soi en rapport avec autrui. C'est ainsi l'amour qui pose les rapports fondamentaux qui vont ensuite déterminer la vie sociale selon la recherche de la considération. C'est à partir d'une relation esthétique qui implique l'imagination que naît la morale. La naissance de l'amour à partir des idées de mérite et de beauté peut rendre sensible « le beau moral », comme le confirme ce passage de la *Lettre à Christophe de Beaumont* :

23 *Émile*, t. IV, p. 494.

24 *Second Discours*, t. III, p. 169, 170.

25 *Ibid.*, p. 170.

> Quand, par un développement dont j'ai montré le progrès, les hommes commencent à jeter leurs yeux sur leurs semblables, ils commencent aussi à voir leurs rapports et les rapports des choses, à prendre des idées de convenance, de justice et d'ordre ; le beau moral commence à leur devenir sensible, et la conscience agit. [26]

Dans l'analyse que fait Rousseau du spectateur face au spectacle du vice et de la vertu, on retrouve ce stade esthétique de la morale ; l'idée centrale étant que le spectacle de la justice et de la vertu fait naître une admiration. Celle-ci est cependant purement esthétique, en raison de la distance entre le spectacle et le spectateur, entre le spectacle et la conscience qui le contemple. La conscience n'est pas engagée dans un acte, il n'y a donc aucune difficulté à prendre le parti de la justice et de la vertu, l'intérêt personnel n'étant pas en jeu. Le regard nous élève bien à la vertu et à la justice, mais sur un mode purement imaginaire.

L'imagination est donc une faculté ambiguë. Nécessaire au devenir homme, c'est d'elle aussi que naissent les maux et les vices.

> Enfin tel est en nous l'empire de l'imagination et telle en est l'influence, que d'elle naissent non seulement les vertus et les vices, mais les biens et les maux de la vie humaine, et que c'est principalement la manière dont on s'y livre qui rend les hommes bons ou méchants, heureux ou malheureux ici-bas. [27]

## 2 Le rôle de l'imagination dans l'éducation

### 2.1 Du bon usage de l'imagination

La manière dont on se livre à l'imagination décide donc de la moralité, de la vertu, de la justice de l'individu. Il y a donc un bon et un mauvais usage de l'imagination. Peut-on en décider ? De quoi dépend la qualité de l'usage de l'imagination ? On ne s'étonnera pas de trouver dans le Livre IV de l'*Émile* des considérations sur les pouvoirs et l'éducation de l'imagination. L'éducateur d'Émile doit en prévenir les ravages et les égarements à ce moment de la deuxième naissance qu'est l'adolescence, moment où la différence des sexes va avoir une importance et une influence déterminante pour le cours de la vie de l'individu[28]. C'est la question du désir, ce mixte de pulsion et d'imagination, qui est déterminante ici. Il ne s'agit pas de faire en sorte qu'Émile n'ait plus de désirs, ce serait le condamner au malheur.

26 *Lettre à Christophe de Beaumont*, t. IV, p. 936.

27 *Rousseau juge de Jean-Jacques*, t. I, p. 815-816.

28 « Ce moment de crise, bien qu'assez court, a de longues influences », *Émile*, t. IV, p. 489.

> Malheur à qui n'a plus rien à désirer ! Il perd pour ainsi dire tout ce qu'il possède. On jouit moins de ce qu'on obtient que de ce qu'on espère, et l'on n'est heureux qu'avant d'être heureux. [29]

Par quels moyens d'action sur l'imagination faire en sorte que les désirs n'égarent pas Émile, mais rendent possible son bonheur ?

L'imagination chez Rousseau est, comme nous l'avons vu, essentiellement transport. Elle métaphorise. Elle fait porter le regard au-delà de l'objet. Son pouvoir est de suggestion, comme l'illustre le « bout de pied couvert et chaussé » de la Chinoise dont nous parle la *Lettre à d'Alembert*.

> C'est l'imagination qui étend pour nous la mesure des possibles, soit en bien, soit en mal, et qui, par conséquent, excite et nourrit les désirs par l'espoir de les satisfaire. Mais l'objet qui paraissait d'abord sous la main fuit plus vite qu'on ne peut le poursuivre ; quand on croit l'atteindre, il se transforme et se montre au loin devant nous. Ne voyant plus le pays déjà parcouru, nous le comptons pour rien ; celui qui reste à parcourir s'agrandit, s'étend sans cesse. Ainsi on s'épuise avant d'arriver au terme et plus nous gagnons sur la jouissance plus le bonheur s'éloigne de nous. [30]

L'action de l'éducateur doit avant tout se soucier du moment opportun. Il s'agira de se garder d'une intervention précoce. En effet, dans ce cas, l'imagination éveillant les sens trop tôt « ne peut manquer d'énerver, d'affaiblir d'abord les individus, puis l'espèce même à la longue » [31]. Il faut faire en sorte que les instructions des hommes épousent le temps des instructions de la nature « tardives et lentes ».

> Voulez-vous mettre l'ordre et la règle dans les passions naissantes ? Étendez l'espace durant lequel elles se développent, afin qu'elles aient le temps de s'arranger à mesure qu'elles naissent. Alors ce n'est pas l'homme qui les ordonne, c'est la nature elle-même ; votre soin n'est que de la laisser arranger son travail. Si votre élève était seul, vous n'auriez rien à faire ; mais tout ce qui l'environne enflamme son imagination. Le torrent des préjugés l'entraine ; pour le retenir il faut le pousser en sens contraire. Il faut que le sentiment enchaîne l'imagination, et que la raison fasse taire l'opinion des hommes. La source de toutes les passions est la sensibilité, l'imagination détermine leur pente. Tout être qui sent ces rapports doit être affecté quand ces rapports s'altèrent, et qu'il en imagine ou qu'il en croit imaginer de plus convenables à sa nature. Ce sont les erreurs de l'imagination qui transforment en vices les passions de tous les êtres bornés, même des anges, s'ils en ont. [32]

29 *Julie ou La Nouvelle Héloïse*, Sixième Partie, Lettre VIII, t. II, p. 693.

30 *Émile*, t. IV, p. 304.

31 *Ibid.*, p. 495.

32 *Ibid.*, p. 500-501.

Fabriquer une passion prématurée, c'est risquer d'embraser une imagination qui n'attend que cela. Il s'agit donc de se garder de l'intervention prématurée qui ne produira que « des fruits précoces qui n'auront ni maturité ni saveur et ne tarderont pas à se corrompre » [33].

## 2.2 Imagination et sexualité

L'adolescence est le moment de l'éveil du sexe qui est identifié à l'éveil de l'humanité en l'homme, c'est-à-dire à une vie qui ne se réduit pas au physique, comme la vie de l'enfant. L'enfant est d'abord un être sensible dont les seuls guides sont les sensations. S'ajoute à cela que sa seule passion est l'amour de soi lié à sa conservation. Cela fait de l'enfant un être sans passé ni avenir. Sans véritable mémoire, c'est-à-dire sans mémoire qui retient autre chose que les sensations, sans avenir, dans la mesure où privé d'imagination, l'enfant est un être instantané, qui vit dans un présent ponctuel.

La sexualité est intimement liée à l'imagination, qui va donner au besoin son objet et faire affluer les images avec le concours de l'opinion. Cet apport d'images engendre des besoins que l'enfant n'avait pas. « L'imagination éveille les sens ». Il est ainsi nécessaire de prolonger le temps de l'innocence afin « de profiter de la sensibilité naissante pour jeter dans le cœur du jeune adolescent les premières semences de l'humanité » [34]. Il s'agit de la pitié, de l'amitié, de la gratitude. Ces semences vont germer sur un terrain composite où se mêlent désir sexuel et amour de soi. C'est sur ce terrain que l'amour va pouvoir naître. L'amour, en tant que passion, découle de la passion primitive qu'est l'amour de soi. Rousseau refuse l'idée suivant laquelle les passions pourraient être détruites. Ce qui ne l'empêche pas de soutenir l'existence d'une distinction entre les passions dont la source est naturelle et celles qui doivent leur existence à la modification que l'homme a fait subir à sa nature. Il est impossible d'empêcher les passions de naître, mais ce n'est pas là le but de Rousseau. « Je trouverais celui qui voudrait empêcher les passions de naître presque aussi fou que celui qui voudrait les anéantir et ceux qui croiraient que tel a été mon projet jusqu'ici m'auraient sûrement fort mal entendu » [35]. La passion naturelle de l'amour de soi, toujours bonne, est présente chez l'enfant. Tant que sa sensibilité se limite aux relations qu'il entretient avec des objets physiques, il s'agit d'une passion « absolue », c'est-à-dire que l'enfant naturel ne s'intéresse nullement aux autres, il est totalement centré sur lui-même, il est l'objet exclusif de son intérêt. Son comportement n'est donc susceptible

33 *Ibid.*, p. 319.

34 *Ibid.*, p. 502.

35 *Ibid.*, p. 491.

d'aucune moralité[36]. Ses attachements ne peuvent être que mécaniques, différant en cela des vraies passions qui, elles, supposent une conscience de l'intention d'un autre être. Nous passons là de l'instinct au sentiment.

> Ce qui transforme l'instinct en sentiment, l'attachement en amour, l'aversion en haine, c'est l'intention manifestée de nous nuire ou de nous être utile. On ne se passionne pas pour les êtres insensibles qui ne suivent que l'impulsion qu'on leur donne ; mais ceux dont on attend du bien ou du mal par leur disposition intérieure, par leur volonté, ceux que nous voyons agir librement pour ou contre, nous inspirent des sentiments semblables à ceux qu'ils nous montrent.[37]

Le sexe est le premier besoin physique capable de contraindre l'individu à rechercher quelqu'un d'autre. C'est donc l'avènement du besoin sexuel qui rend l'homme capable d'imaginer et de comparer les sentiments des autres (d'un autre) avec les siens. Rousseau doit répondre à la question de savoir comment un individu peut percevoir la disposition d'un autre individu à lui nuire ou à l'aider. Répondre à cette question, c'est s'interroger sur les relations entre amour de soi, amour-propre, amour, pitié et imagination.

## 2.3 Amour de soi, amour-propre et imagination

Alors que l'amour de soi « ne regarde qu'à nous »[38], l'amour-propre est un sentiment relatif. Il suppose la comparaison et « n'est jamais content et ne saurait l'être, parce que [...] en nous préférant aux autres », il « exige aussi que les autres nous préfèrent à eux, ce qui est impossible »[39]. Il est impossible à l'état de nature, puisqu'il exige la possibilité des comparaisons et d'un travail de l'imagination. Quelle est alors la source de ces comparaisons ?

L'avènement du besoin sexuel est le fondement de toutes les affections de l'âme ainsi que des relations de l'homme avec son espèce. Le besoin sexuel véritable n'existe pas chez le sauvage du premier état de nature qui ne connaît que l'impulsion physique. Le sentiment moral qu'est l'amour présuppose l'aspect moral de l'amour sexuel et donc une préférence pour un individu particulier, ainsi que la réciprocité des affections entre les deux amants. L'imagination, en tant que faculté de sortie de soi, permet des jugements comparatifs, créant ainsi la possibilité de l'amour. Mais capable de faire des jugements comparatifs, l'homme est capable de se comparer à n'importe qui. En mesure d'aimer, il est aussi en mesure de haïr. Les conditions de possibilité de sentir les passions les

36 *Ibid.*, p. 501.

37 *Ibid.*, p. 492.

38 *Ibid.*, p. 493.

39 *Ibid.*.

plus douces sont en même temps celles d'éprouver envie, haine, jalousie, qui naissent de l'amour-propre. Amour et amour-propre sont des sentiments artificiels, qui diffèrent en ce que le premier est réciproque et le second inéquitable.

Chez cet homme naturel socialisé qu'est Émile, l'amour-propre et les préférences sexuelles se développent en même temps. À l'adolescence, il est impossible pour Émile d'éviter le vice inhérent à l'amour-propre. Cependant, il peut être minimisé grâce à l'« art » et aux « soins ». L'art et les soins sont rendus possibles par le fait que les objets désirés dépendent de l'imagination et que celle-ci peut être orientée. Art et soins vont consister à orienter l'imagination. Il est nécessaire que les besoins de l'homme soient limités. Le principe de cette limitation réside dans la célèbre distinction entre la dépendance des choses et la dépendance des hommes [40]. Il est nécessaire, aussi bien au niveau individuel qu'au niveau politique de libérer l'individu de la dépendance des hommes en tant qu'individus. La liberté est incompatible avec la dépendance à l'égard de la volonté privée d'un autre individu. Pour éviter cela, il faut « diriger [...] toutes les passions » en donnant à l'imagination une autre orientation, c'est-à-dire une orientation qu'elle ne prendrait pas naturellement. L'éducateur doit profiter de la plasticité de l'imagination qui rend possible une maîtrise qui ne consiste pas à la mettre à l'arrêt, à lui imposer silence, mais à exploiter ses pouvoirs de suggestion. L'imagination pouvant agir en arrière-plan de la conscience de l'individu selon les habitudes qu'elle a contractées indépendamment de sa volonté, il s'agira de lui faire contracter de bonnes habitudes, de l'incliner de telle sorte qu'elle ne fasse pas désirer des objets liberticides.

> Mais l'homme est-il maître d'ordonner ses affections selon tels ou tels rapports ? Sans doute, s'il est maître de diriger son imagination sur tel ou tel objet, ou de lui donner telle habitude. [41]

On s'aperçoit que ce qui est déterminant en ce qui concerne toutes les passions humaines, c'est le rôle joué par l'imagination. Elle dirige l'amour de soi et l'amour-propre sur des objets que l'individu va désirer parce qu'il les croit désirables. Il s'agira de lui faire croire désirables des objets qui le sont véritablement, de réduire le champ du désiré, potentiellement infini, au champ du désirable pour un individu destiné à vivre dans les villes modernes. L'art doit prendre le relais de la nature.

> L'enfant n'imaginant point ce que sentent les autres ne connaît de maux que les siens ; mais quand le premier développement des sens allume en lui le feu de l'imagination, il commence à se sentir dans ses

40 *Ibid.*, p. 311.

41 *Ibid.*, p. 501.

> semblables, à s'émouvoir de leurs plaintes et à souffrir de leurs douleurs.[42]

La maturité sexuelle chez l'adolescent étant un processus de développement lent qui suit la marche de la nature, l'imagination liée à la sensibilité sexuelle ne se dirige pas nécessairement vers des objets sexuels. L'imagination commence par lui apprendre qu'il a des semblables. Ce sont ainsi l'amitié et la pitié qui se développent en premier. Cependant, l'amitié n'est possible que par le développement préalable de la pitié, dans la mesure où toute passion exige l'usage de l'imagination conjointe à une comparaison de soi à un autre. Or la pitié est la seule manière d'imaginer les sentiments ressentis par un autre en se mettant à sa place.

> En effet, comment nous laisserons-nous émouvoir à la pitié, si ce n'est en nous transportant hors de nous et nous identifiant avec l'animal souffrant ? en quittant pour ainsi dire notre être pour prendre le sien ? Nous ne souffrons qu'autant que nous jugeons qu'il souffre ; ce n'est pas dans nous, c'est dans lui que nous souffrons. Ainsi nul ne devient sensible que quand son imagination s'anime et commence à le transporter hors de lui.[43]

Alors que tout sentiment d'amour ou d'amitié est lié à l'amour de soi, en tant qu'il engage notre plaisir, ce qui l'expose à dégénérer en amour-propre, le genre d'imagination lié à la pitié n'est pas exposé à ce risque. En effet, c'est le caractère préférable de notre condition, révélé par une comparaison, qui se manifeste dans la pitié. La comparaison avec d'autres est à notre avantage sans que cela se transforme en amour-propre parce que la pitié implique un transport hors de soi avec identification à un être dont la condition est moins enviable que la nôtre. C'est un acte de l'imagination, certes déplaisant, mais dont le sentiment résultant est « doux ». Là où la pitié semble apparaître la plus forte, c'est pendant les premiers moments de l'adolescence. La pitié est « un sentiment obscur et vif dans l'homme sauvage, développé mais faible dans l'homme civil »[44]. Chez le sauvage, la pitié naît d'une sensation physique. C'est pour cela qu'elle est vive. Son obscurité vient du fait qu'elle exige un acte de l'imagination qui fait défaut à l'homme primitif. La vision de l'homme souffrant n'a pas le même effet sur l'homme civilisé. Le développement de l'imagination rend possible pour lui une identification plus consciente avec l'autre. Cependant, comme l'amour-propre s'est développé simultanément, la réponse affective est faible. Chez l'adolescent Émile, la pitié peut être à la fois développée et vive. Le développement de son imagination lui permet de sentir la souffrance

42 *Ibid.*, p. 504.

43 *Ibid.*, p. 505-506.

44 *Second Discours*, t. III, p. 155.

d'un autre être. Son sentiment est vif car il n'a pas encore été dépravé par le sentiment de l'amour-propre[45].

## 2.4 Le remède dans le mal

L'adolescence est le moment où la pitié peut devenir le fondement des sentiments sociaux et de la moralité. Le devenir moral, social et politique (amour de la patrie, de la vertu et de la liberté politique) dépend de la pente qu'aura prise l'imagination, de l'inclination qu'aura su lui imprimer l'éducateur, plus précisément du modèle de femme qu'il aura su lui faire élire. Pour cela, il est impératif de détourner Émile des images suggestives véhiculées par l'opinion. À l'adolescence, la nature installe le sexe en attente des images, les sens éveillent l'imagination, alors que l'opinion commence par les images suggestives. L'imagination, venant se fixer sur ces images, embrase les sens, ce qui ne peut manquer de faire des ravages dans les villes modernes où règnent l'hypocrisie et la politesse caractéristiques des peuples instruits et policés qui, voulant les cacher, tels le pied de la Chinoise, attisent la flamme. L'imagination est une faculté pyromane. Il est remarquable que le vocabulaire de Rousseau concernant les pouvoirs de l'imagination soit presque toujours celui de l'embrasement, de la mise à feu, du grand incendie dévastateur. Mais là comme ailleurs chez Rousseau il y a un remède dans le mal lui-même.

> La puberté et la puissance du sexe est toujours plus hâtive chez les peuples instruits et policés que chez les peuples ignorants et barbares. Les enfants ont une sagacité singulière pour démêler à travers toutes les singeries de la décence les mauvaises mœurs qu'elle couvre. Le langage épuré qu'on leur dicte, les leçons d'honnêteté qu'on leur donne, le voile du mystère qu'on affecte de tendre devant leurs yeux sont autant d'aiguillons à leur curiosité. À la manière dont on s'y prend, il est clair que ce que l'on feint de leur cacher n'est que pour le leur apprendre, et c'est de toutes les instructions qu'on leur donne celle qui leur profite le mieux.[46]

Il faut donc fournir à Émile des images de femme avant de lui faire rencontrer la femme. Il faut lui peindre un objet imaginaire pour le préserver des modèles de l'opinion qu'il ne manquera pas de croiser dans les villes ; le préserver en le dégoûtant par comparaison avec le modèle. C'est là « réprimer ses sens par son imagination »[47]. La femme imaginaire doit être l'objet de ses désirs afin que l'imagination l'élise lorsque lui en sera présenté un exemplaire en chair et en os.

> Il n'importe que l'objet que je lui peindrai soit imaginaire, il suffit qu'il le dégoûte de ceux qui pourraient le tenter ; il suffit qu'il trouve

45 *Émile*, t. IV, p. 505.

46 *Ibid.*, p. 495-496.

47 *Ibid.*, p. 657.

> partout des comparaisons qui lui fassent préférer sa chimère aux objets réels qui le frapperont.[48]

L'éducateur doit donc fournir à Émile l'objet imaginaire afin d'empêcher « l'illusion des objets réels »[49]. C'est ici que la nature de l'imagination vient au secours de l'éducateur. L'imagination est la plus active des facultés. Elle étend les désirs, les nourrit par l'espoir[50]. Le monde réel et le monde imaginaire diffèrent en extension de la différence du fini à l'infini. Dans cet espace infini, l'imagination est une faculté errante sans objet. Mais elle peut être guidée, dirigée, selon les termes mêmes de Rousseau[51]. Mais en réalité, elle a un objet propre qui se constitue en tant que tel à l'adolescence, la femme. Femme qui, pour Émile, commence à n'être qu'un simple prénom, au sens évocateur : Sophie.

C'est l'imagination qui oriente l'instinct aveugle vers la famille, vers la société et vers l'État. Elle va animer les facultés sociales que sont la pitié, l'amitié, le goût. Ce qui en fait la faculté du passage de la nature à la société.

## Conclusion

L'imagination se situe au centre d'un réseau conceptuel fondamental et particulièrement serré du système de Rousseau. Elle y détermine le devenir de l'homme en tant qu'espèce et en tant qu'individu. Son développement conditionne l'apparition et le développement de facultés d'abord naissantes qui, s'épanouissant, déterminent les sens, la pitié, l'amour-propre, l'amour, l'amitié, les désirs, les passions, la liberté, les vertus et les vices, la comparaison, le goût, le choix, la sexualité, l'élection de la femme. Et, comme l'homme n'est que ce que la femme fait de lui, la santé ou la corruption de la société et du corps politique en dépendent. L'enjeu pour l'éducateur est de parvenir à orienter sa pente de telle sorte qu'Émile ne choisisse ni la courtisane ni la revêche mais laisse Sophie accaparer son regard, d'abord sous la manifestation des images de la femme qui vont donner à l'imagination la pente qui lui convient, c'est-à-dire qui convient à un sauvage fait pour habiter les villes modernes.

## Travaux cités

### Ouvrages de Rousseau

*Œuvres complètes*, tome I (*Les Confessions, Autres textes autobiographiques*), Paris, Gallimard, « Bibliothèque de la Pléiade », 1959.

48 *Ibid.*, p. 656.

49 *Ibid.*, p. 656.

50 *Ibid.*, p. 304.

51 *Ibid.*, p. 501, 651.

*Œuvres complètes*, tome III (*Du Contrat social, Écrits politiques*), Paris, Gallimard, « Bibliothèque de la Pléiade », 1964.

*Œuvres complètes*, tome IV (*Émile, Éducation, Morale, Botanique*), Paris, Gallimard, « Bibliothèque de la Pléiade », 1969.

*Œuvres complètes*, tome V (*Écrits sur la musique, la langue et le théâtre*), Paris, Gallimard, « Bibliothèque de la Pléiade », 1995.

## Commentaires

Jean-Marie Beyssade, « Rousseau et la pensée du développement », dans Olivier Bloch (dir.), *Entre forme et histoire : la formation de la notion de développement à l'âge classique*, Paris, Méridiens Klincksieck, 1988, p. 195-214.

Marc Eigeldinger, *Jean-Jacques Rousseau et la réalité de l'imaginaire*, Neuchâtel, Éditions de la Baconnière, 1962.

Victor Goldschmidt, *Anthropologie et politique, les principes du système de Rousseau*, Paris, Vrin, 1983.

Patrick Hochard, « "Le plus libre et le plus doux de tous les actes", lecture du Livre V de l'*Émile* », *Esprit*, *Les modernes en mal d'amour*, Août-septembre 1997, n° 235, p. 61-76.

Roger D. Masters, *La Philosophie politique de Rousseau*, Lyon, ENS éditions, 2002.

Jean Starobinski, *Jean-Jacques Rousseau, La transparence et l'obstacle*, Paris, Gallimard, « Tel », 1976.

Yves Vargas, *Introduction à l'*Émile *de Jean-Jacques Rousseau*, Paris, Puf, 1995.

# Chapitre 10

## Nietzsche avec Kant : l'origine de la fabrique des formes. Schème et imagination

par Philippe Choulet

### Introduction

Le problème que nous abordons relève du détective, puisqu'il s'agit d'une *énigme* : comment se fait-il que le monde se présente sous un certain ordre et soit même un objet d'appréhension et de connaissance par les sens, les images de la représentation ou les concepts de l'entendement ?

Cette énigme se retrouve à la fois chez Kant et Nietzsche, et elle prend la forme suivante : quelle est l'origine des formes des phénomènes, qu'ils soient physiques, corporels, sensibles, inertes ou vivants, naturels ou artificiels, ou qu'ils soient psychiques, mentaux, imaginaires, intellectuels ou théoriques ? On peut même mettre origine *au pluriel*, puisque « notre nouvel infini », celui des interprétations [1], nous en donne la liberté.

La résolution kantienne (*résolution* dans les deux sens du terme : réponse à un problème et détermination volontaire de la pensée) est la suivante : c'est parce que nous en construisons mentalement la forme, ou plutôt les formes, grâce aux schèmes de notre imagination. La position kantienne se condense en cette formule célèbre et paradoxale, puisque le schématisme est référé ici à l'entendement et non à sa source génétique, *l'imagination* : le schématisme de l'entendement, quant aux phénomènes et à leur seule forme, est « un art caché dans les profondeurs de l'âme humaine », dont il est difficile d'arracher à la nature le secret et de le révéler [2]. La résolution nietzschéenne est analogue, mais le schématisme,

1 Friedrich Nietzsche, *Le Gai Savoir*, V, 374, « Notre nouvel *infini* », trad. Patrick Wotling, Paris, GF, 2000, p. 340-341.

2 Emmanuel Kant, *Critique de la raison pure*, Analytique Transcendantale, Analytique des principes, I, « Du schématisme des concepts purs de l'entendement », traduction J. Barni, A.-J.-L. Delamarre et F. Marty, *Œuvres philosophiques*, I, Paris, Gallimard, « Pléiade », 1980, p. 887.

s'il n'a plus besoin d'un sujet (encore moins transcendantal) pour être saisi, exige néanmoins la pensée d'une puissance naturante, engendrant des formes, dont on trouve les *monogrammes* (terme kantien) tantôt dans la volonté de puissance, tantôt dans le Chaos, Dionysos déléguant alors à Apollon quelques tâches de mise en forme dans l'ordre du devenir.

Nous exposerons d'abord l'originalité de la formulation du problème kantien à propos de l'imagination, puis la manière spécifique par laquelle l'empirisme de la reproduction est dépassé par le rationalisme de la synthèse transcendantale opérée par le schème. Puis nous montrerons comment Nietzsche reprend de manière originale la question du schématisme afin de l'étendre à la production de toutes les formes culturelles. Nous en soulignerons le double aspect, déceptif et créatif : le nouveau schématisme nietzschéen ne se contente pas de détruire les idoles, il propose aussi de nouvelles expériences afin d'éprouver notre force vitale et notre volonté de puissance.

# 1 L'originalité kantienne à propos de l'imagination

## 1.1 Le problème de l'imagination chez Kant

La manière kantienne de poser le problème de l'imagination est originale. Ni les idéalistes ni les empiristes ni les matérialistes ne l'ont correctement posé, et par suite pas du tout résolu, puisqu'ils s'en sont remis à une providence naturelle ou divine pour donner du sens à l'harmonie finale des facultés : comment s'effectue le lien de coopération entre les intuitions sensibles (impressions de perception et de réflexion), les concepts (qu'ils soient empiriques – les notions communes – ou purs – les catégories *a priori* de l'entendement) et les Idées de la raison pure ? Quelle faculté assure l'affinité entre les opérations particulières et très diverses de ces facultés ? L'opération qui rend possibles ces correspondances est, selon Kant, la *synthèse* ; le problème porte donc sur les conditions de l'activité de synthèse commandant toute connaissance, empirique, rationnelle et symbolique. Et la faculté de cette synthèse générale, c'est l'imagination, qui a donc ici une fonction originale, mais secrète, souterraine, inconsciente, énigmatique :

> La synthèse en général [...] est le simple effet de l'imagination, une fonction de l'âme, aveugle mais indispensable, sans laquelle nous n'aurions absolument aucune connaissance, mais dont nous ne prenons que rarement quelque conscience. [3]

Abréviations : *CRPure : Critique de la raison pure* ; *CFJ* : *Critique de la Faculté de juger*, trad. A. Renaut, Paris, GF, 2000 ; *AP* : *Anthropologie du point de vue pragmatique*, trad. M. Foucault, Paris, Vrin, 1979.

3 *CRPure*, Analytique Transcendantale, § 10, p. 833.

L'imagination se révèle donc comme la plus cruciale des facultés de l'esprit humain. En effet, la première condition de possibilité de la connaissance, c'est la diversité des intuitions : pour la connaissance empirique (*a posteriori*) d'un objet, elle est celle des intuitions sensibles empiriques ; pour la connaissance *a priori* d'un objet, elle est celle des intuitions sensibles pures (selon les formes *a priori* de la sensibilité, l'espace et le temps) ; la deuxième condition, c'est la synthèse de ces diversités par l'imagination, qui ne donne encore aucune connaissance. Et la troisième, c'est l'opération des catégories de l'entendement, qui, comme concepts purs *a priori* (causalité, communauté, par exemple), *fondent* l'unité de cette synthèse pure, par la représentation synthétique des données sensibles et conceptuelles.

Toutes ces opérations souterraines expliquent pourquoi l'esprit n'a plus à s'étonner de la familiarité habituelle des expériences sensibles et intellectuelles, qui se présentent dans un certain ordre dont l'évidence et la transparence nous rassurent. Pensons à ce qui *arrive* quand j'entre dans une salle de classe : je vois des choses et des êtres dans un volume, je les différencie, j'entends des bruits, je les identifie : voix, chocs, frottements... Mais comment se fait-il que ce soit *en ordre* ? Comme se fait-il qu'il y ait *monde* ? Car après tout, nous pourrions bien être en proie à un chaos de sensations, et alors nous ne saurions rien de ce monde. Kant montre que nos sensations, quand elles sont reçues, sont déterminées par le sens intime, par les formes *a priori* de la sensibilité et par les catégories de l'entendement. En ce sens, l'armature kantienne des actes sensibles les plus simples suppose une très grande complexité des liens entre les facultés et il faut donc considérer que ces expériences dépendent des synthèses de l'imagination et de l'entendement.

L'imagination a ainsi un rôle cardinal, même s'il est presque toujours *imperceptible*. Agissant en sous-main dans la liaison entre sensibilité, entendement et raison, elle a une fonction d'*intermédiaire*, relayant la sensibilité (empiriquement, c'est l'imagination reproductrice), conditionnant les formes de la représentation *a posteriori* des choses et des notions et de la représentation *a priori* des concepts de l'entendement (avec la théorie du schématisme) ainsi que des Idées de la raison, notamment avec la théorie du symbolisme : elle devient alors cheville ouvrière inventive et/ou créatrice[4].

En effet, qui dit *représentation* dit d'abord *présentation* (*exhibitio*), image que l'esprit produit à partir d'expériences sensibles ou à partir de lui-même, par un pouvoir en quelque sorte *natif*. Chez Kant, c'est l'imagination qui a la puissance de faire naître des formes en l'esprit : elle est, paradoxalement, source des formes pures de l'esprit et de leur lien synthétique (le paradoxe venant de ce qu'on la confine trop souvent à

4 Cette thèse est plus particulièrement exposée dans la *CFJ* ; v. ici même chap. 11.

son statut empirique...). C'est pour cette raison et en toute justice qu'elle est fondamentalement *imagination transcendantale – transcendantal* nommant la propriété des conditions *a priori* de la connaissance, et il faut rappeler ici les propriétés de l'*a priori* kantien pour saisir la profondeur de la révolution philosophique qui se joue là : nécessaire, universel, objectif, indépendant de l'expérience car antérieur à l'expérience. Nous voilà aux antipodes de l'idée exagérément subjective (empirique et pathologique) de l'imagination, avec cette véritable *relève* de l'imagination par la reconnaissance de son absolue nécessité et la valorisation de son action dans le jeu des facultés.

## 1.2 Du constat de la reproduction à l'exigence de la synthèse

Les formes produites par l'imagination sont d'abord des images, c'est-à-dire un certain type de représentations, conscientes ou inconscientes ; ce sont tantôt des reflets, des résidus ou des rappels d'une intuition empirique passée, car elles ne peuvent tirer leur matière que des sens, et cela suppose un pouvoir de rétention (mémorisation et ressouvenir), même dans l'instant de l'impression reçue. C'est l'indice d'une passivité fondamentale si cela est involontaire (rêve, émotions, délires[5]), mais l'esprit peut agir sur ce fonds sensible par un effort de la volonté, comme dans l'attention et la concentration[6] ou par un désir d'interprétation[7]. Si la sensibilité est « la faculté de l'intuition en présence de l'objet », l'imagination est celle de l'intuition *même* en l'absence de l'objet[8], grâce à l'autonomie du sens interne (pensons aux monstres des fictions).

5 Dans l'*AP*, à propos des images liées aux affects, sentiments et passions, au « pathologique » (au *pathos*, à la passivité de l'esprit dans la réception des affects), voir les § 28-33 (imagination et invention), § 34-37 (la mémoire et l'anticipation), § 38-39 et appendice (les actes de désignation et d'interprétation – souvent délirante – Kant y critique Swedenborg), § 45-53 (les maladies de l'esprit), et les § 67-71 (le rôle de l'imagination dans l'expérience du goût).

6 *AP*, § 28, p. 47.

7 Si la liberté de l'imagination l'incite à bien des étrangetés, certaines sont plus tolérables que celles de l'entendement et de la raison, qui induisent la séduction de la métaphysique : « Il est peut-être possible de pardonner à l'imagination si de temps en temps elle divague, c'est-à-dire si elle ne se maintient pas prudemment à l'intérieur des limites de l'expérience ; car au moins elle est animée et fortifiée par ce libre élan, et il sera toujours plus facile de modérer sa hardiesse que de porter remède à sa langueur. Mais que l'entendement, qui doit *penser*, *divague* au lieu de le faire, voilà ce qui ne pourra jamais lui être pardonné ; car lui seul peut fournir une aide afin de fixer des limites aux divagations de l'imagination quand c'est nécessaire » (*Prolégomènes à toute métaphysique qui voudra se présenter comme science*, § 35, *Œuvres philosophiques*, t. II, trad. Jacques Rivelaygue, Paris, Gallimard, « Pléiade », p. 93).

8 *AP*, § 15.

L'imagination travaille alors par association, par montage, collage et abstraction.

Elle est alors dite faculté de « présentation dérivée »[9], et l'image est « un produit de la faculté empirique de l'imagination productive »[10]. *Productive* signifie ici *reproductive*, la reproduction étant production, et même une production *spontanée* : j'entends le mot *chien*, qui me livre l'image d'un chien, une image particulière censée re-présenter / illustrer en mon esprit la notion empirique et générale de chien. Le pouvoir du schématisme est bien déjà à l'œuvre dans toute cette production interne d'une image abstraite et dans la règle présidant aux associations.

Mais le processus de synthèse est plus complexe que la simple association. Cette synthèse a une valeur épistémologique, soumise qu'elle est aux règles de l'entendement s'appliquant à la sensibilité. Elle suppose : (1) l'intuition sensible empirique du chien, comme animal réel ou comme nom, (2) l'image mentale (la représentation) du chien, et (3) le concept de chien, qui régule à la fois l'intuition sensible (il me faut avoir appris ce qu'est un chien pour reconnaître un chien dans *cet* animal) et l'imagination ; car dans l'image du chien, il y a des traits constants, des invariants, une espèce de forme valant comme « nature » ou « essence ». On en dira autant du cercle et du triangle : intuition sensible empirique et représentation mentale sont réglées par le concept adéquat. Ce régime empirique, commun, ordinaire de l'imagination livre ainsi bon nombre de nos représentations partagées : la forme *vaut pour tout* esprit, c'est l'effet de la catégorie universalisante de *communauté*.

## 1.3 Le schématisme transcendantal

Cette réflexion sur l'acte de synthèse, de régulation et de législation donne cependant à Kant l'idée d'une activité supérieure (transcendantale) de l'imagination – justement nommée *Einbildungskraft, pouvoir, force de production de formes* –, comme étant une des conditions de possibilité *a priori* de l'expérience, c'est-à-dire de la composition et de l'unification du divers sensible en une forme de connaissance. L'imagination est non seulement un agent nécessaire de la perception des objets mais aussi le facteur primordial de la synthèse conceptuelle de l'entendement.

9 Le processus de *dérivation* est caractéristique du kantisme. Si Dieu dispose d'*intuitus originarius*, d'un *intuitus archetypus* (l'acte de sa pensée pure engendre dans le même temps l'être de la chose : création immédiate, *ex nihilo*, sans brouillon, sans esquisse...), alors que la finitude de la condition humaine, outre sa nature matérielle et sensible, se caractérise par l'*intuitus derivativus* ou *ectypus* (nous avons besoin de l'expérience sensible, qu'elle soit empirique ou pure, et de modèles, révélant la *temporalisation* de notre pensée). D'où chez Kant le *retour à* la sensibilité et à l'imagination.

10 *CRPure*, chap. I, « Du schématisme des concepts purs de l'entendement », p. 887.

L'action de l'imagination est en ce sens à la fois de l'ordre, sensible / empirique, de la réception et de la production des images, et de l'ordre, transcendantal, des liens synthétiques entre les trois autres facultés de l'esprit, et ce à l'insu du sujet, dans l'intériorité duquel elle a un rôle plus secret, plus dynamique et plus décisif.

Cette synthèse affecte mon sens interne, qui n'est autre que le temps. D'où la définition que Kant donne du schème :

> Le schème est un produit transcendantal de l'imagination qui concerne la détermination du sens interne en général selon les conditions de sa forme (le temps) par rapport à toutes les représentations, en tant qu'elles doivent tenir ensemble *a priori* en un concept conformément à l'unité de l'aperception. [11]

Le paradoxe est que de cette synthèse, nous n'avons presque jamais conscience : c'est une « fonction de l'âme, aveugle mais indispensable » [12]. C'est la *source de liaison subjective* de la connaissance empirique et spontanée (avec la synthèse de la reproduction et de la recognition / reconnaissance, comme pour l'exemple du chien) ou de la connaissance pure, *a priori*, par le biais du *schème transcendantal*, c'est-à-dire de la forme intermédiaire dont la règle permet d'accorder l'intuition sensible et le concept. Si je peux faire correspondre une image à un concept, c'est en effet grâce à un schème : un schème n'est pas une image, mais une règle de construction, qui s'effectue dans le temps. C'est ainsi qu'il faut bien distinguer l'image du nombre cinq (cinq points alignés) de son schème : le schème est une règle de construction, qui permet, par l'addition des unités dans le temps, de produire n'importe quel nombre. C'est également l'activité transcendantale de l'imagination qui effectue la synthèse productive présidant à la représentation de figures ou de volumes : le cercle est, par exemple, la figure engendrée par la rotation d'un point à égale distance d'un autre point ; la sphère est le volume engendré par la rotation du demi-cercle autour de son diamètre.

Le travail souterrain de l'imagination garantit ainsi l'affinité de tous les phénomènes pensés, connus et conçus, par l'affinité des facultés entre elles, affinité effectuée ici par l'imagination entre la sensibilité et l'entendement. L'élément crucial de cette liaison est *le schème de l'imagination*, en tant que *matrice* des images « remplies » par les données de la sensibilité empirique ou de la sensibilité pure et réglées par les concepts de l'entendement. Il est ce troisième terme nécessaire pour concevoir l'homogénéité entre le phénomène et la catégorie, ce qui rend possible l'application de la seconde au premier. Cette représentation intermédiaire doit être à la fois pure (sans élément empirique) et sensible.

11 *Ibid.*

12 *Ibid.*, Analytique Transcendantale, § 10, p. 833.

Notons que c'est la méditation de Kant sur le caractère singulier du temps et non celle sur les propriétés de l'espace (comme on pourrait s'y attendre avec la notion d'image) qui a accouché de cette analyse du schème, et c'est ce qui fonde les « horizons d'attente », à savoir qu'une certaine logique dans l'enchaînement temporel des phénomènes et événements conditionne une certaine extension temporelle de l'attente, lorsqu'ils sont estimés comme probables et prévisibles selon ce que Kant appelle les « analogies de l'expérience ».

Prenons comme exemple la seconde analogie de l'expérience, celle du principe de la succession dans le temps suivant la loi de la causalité : tout changement arrive suivant la loi de la liaison des effets et des causes, c.-à-d. qu'il y a un principe de permanence dans l'ordre et la nature des changements. Pour Hume c'est l'effet de l'habitude, pour Kant c'est celui de l'anticipation logique *a priori* de l'imagination et de l'entendement : il faut un fondement à la succession des unités du divers (en un temps T, puis T', puis T", etc.), ce qui garantit la cohérence du monde des phénomènes perçus et conçus selon un ordre déterminé. Cette logique de la succession et de la transformation des phénomènes est le produit synthétique de l'imagination, qui détermine le sens intime par rapport au temps en liant entre eux l'avant et l'après (le temps n'est jamais perçu en lui-même, mais c'est d'après lui que l'on peut déterminer l'avant et l'après). Je m'attends donc, *dans ma représentation*, à ce que l'on passe d'un état du monde donné à un *autre* état du monde selon la logique de la causalité [13].

Ainsi donc, Kant pense avoir répondu à cette difficile question : comment « remplir » des concepts, qui sont nécessairement abstraits (intellectuels), sinon par des formes également abstraites (intellectuelles), qui sont appelées schèmes transcendantaux ? Comment rendre la vue aux intuitions, sinon par un intermédiaire abstrait, en affinité avec le concept général correspondant ? Le schème de l'imagination, homogène (en structure affine avec le concept et l'intuition) aussi bien au concept catégoriel qu'au phénomène, remplira cette double fonction. Il est *et* intellectuel *et* sensible, mais c'est un sensible pur, non empirique, non déduit de l'expérience, puisque transcendantal. Le schème de tel concept de l'entendement est la condition formelle et pure de la sensibilité du sens intime, à laquelle ce concept est lié, et la méthode de l'entendement pour traiter de ces schèmes est le *schématisme de l'entendement pur*. Par suite, le schème n'est pas seulement un produit de l'imagination, car la synthèse de l'entendement ne concerne aucune intuition particulière *hic et nunc* (par exemple telle ou telle image), mais seulement l'unité dans la détermination de la sensibilité.

Le schème des concepts sensibles (des figures dans l'espace, par exemple) est donc un *monogramme*, dit Kant, de l'imagination pure *a*

13 *Prolégomènes à toute métaphysique future...*, § 26.

*priori*, par lequel les images sont *d'abord possibles*. D'où la définition générale : il est la *synthèse pure* opérée selon une *règle d'unité* suivant des concepts en général et exprimée par la catégorie, il est un *produit transcendantal de l'imagination* concernant la *détermination du sens intime*, selon les conditions des formes du temps et de l'espace, dans son rapport aux représentations, en tant qu'elles doivent se relier *a priori* en un concept conformément à l'unité de l'aperception [14].

Nous pouvons donc résoudre l'énigme du passage du *chaos* au *cosmos* : il s'agit d'un produit du schématisme de l'entendement comme art caché dans les profondeurs de l'âme humaine, dont il sera bien difficile d'arracher le secret à la nature. Kant reste en effet prudent : nous éprouvons cette puissance de l'*Einbildungskraft*, elle nous est donnée, nous la trouvons en notre fonds intime. Le reste n'est qu'hypothèse. Il n'en reste pas moins que, en clôturant une première histoire de la métaphysique (la métaphysique comme science suprême), il en ouvre une autre, plus féconde encore, dont l'essence est l'herméneutique de l'infinie pensée de l'infini [15]. Nietzsche n'est pas le seul à avoir cassé l'histoire en deux. Mais son schématisme sera bien plus radical.

## 2 Nietzsche : un nouveau genre de schématisme

### 2.1 La radicalité nietzschéenne

Personne avant Nietzsche n'avait pensé aussi radicalement la question de la genèse des formes. Aussi radicalement, c'est-à-dire, sans tenir compte des résistances, des pudeurs (*pudenda origo*, la pudeur des origines [16]), des scrupules moraux et philosophiques [17]. La lâcheté des philosophes [18] les empêche en effet de poser vraiment cette question, et c'est un obstacle (épistémologique, psychologique, moral) dans l'histoire de la pensée des principes de la genèse des formes :

> Toute la psychologie est jusqu'à présent restée prisonnière de préjugés et d'appréhensions d'ordre moral ; elle ne s'est pas hasardée

14 *CRPure*, chap. I, « Du schématisme des concepts purs de l'entendement », p. 887.

15 *CFJ*, § 26, 76 et « Remarque générale sur la téléologie », qui clôt l'ouvrage, respectivement p. 232-239, p. 396-400 et p. 475-486.

16 *Aurore*, § 102, « Les plus anciens jugements moraux », *Œuvres philosophiques*, t. II, Paris, Gallimard, « Pléiade », 2019, p. 698.

17 Contre la tentation de se voiler la face devant l'horreur de la vie : « Nul ne ment autant qu'un homme indigné » (*Par-delà bien et mal*, § 26, trad. Cornelius Heim, Paris, Gallimard, « Idées », 1979, p. 45).

18 Il déteste les euphémismes : « Au lieu de la sociologie, une doctrine des formations de souveraineté (*eine Lehre von den Herrschaftsgebilden*) » (*Fragment posthume 9[8]*, automne 1887, Paris, Gallimard, *Œuvres philosophiques complètes*, t. XIII, 1976, trad. Pierre Klossowski, p. 22).

> dans les profondeurs. La considérer comme je le fais, en tant que morphologie et *théorie génétique de la volonté de puissance*, c'est là une idée qui n'a encore effleuré personne, si toutefois il est permis d'inférer de ce qui a été écrit jusqu'à ce jour ce qui a été passé sous silence. [...] Désormais la psychologie est redevenue le chemin qui conduit aux problèmes essentiels. [19]

Nietzsche propose donc de voir dans la volonté de puissance (*Wille zur Macht*) l'origine des formes qui constituent notre expérience du monde. Cette puissance naturante cherche la puissance, l'augmentation de sa puissance (c'est le sens du *zur*), c'est une volonté tendue *vers* la puissance, justement par une production infinie, et, chez les vivants, par l'appétit de croissance bien plus que par celui de la conservation (Nietzsche se dit *anti Darwin*[20]). Cela ferait comprendre l'augmentation de la diversité, l'expansion de tous les univers (celui de l'astronomie, celui du cerveau humain : les mondes de l'art, des mœurs, des mythes, du politique, de la science et de la technique...). Et tout cela en toute immanence, sans représentation, sans conscience ni volonté, donc sans intention ni finalité : un règne de l'absurde à quoi il faut donner du sens.

En quoi cette *morphologie* et cette *théorie génétique de la volonté de puissance* peuvent-elles nous faire avancer dans la résolution de notre énigme ? Cette morphologie – genèse des formes à partir de la volonté de puissance – prend d'abord la forme d'une réduction rhétorique selon le modèle du « ne... que... » : par exemple, pour les athées, la relique *n'est que* de l'os. *Mutatis mutandis*, toutes les productions éthérées, sublimes et extatiques de l'esprit ne sont jamais que des extensions, des augmentations de quelques images spontanées que les humains se font des choses, des objets, des êtres, des idées et du monde. Mais ce schématisme d'un nouveau genre n'a pas seulement un rôle démystificateur et désillusionnant, il est également la matrice d'un nouvel imaginaire et de nouvelles expériences. Nous prendrons l'exemple de l'éternel retour comme schème dynamisant et créateur.

## 2.2 Un schématisme sans sujet ni facultés

On connaît la thèse de Nietzsche, soutenue dès l'opuscule *Vérité et mensonge au sens extra-moral* : notre connaissance, qu'elle soit empirique ou intellectuelle, n'est qu'une affaire de projection imaginaire et d'interprétation[21]. Nietzsche dénonce la vanité de l'espèce humaine qui croit disposer d'une connaissance *a priori* privilégiée, anthropomorphique et

19 *Par-delà bien et mal*, § 23, p. 38-39.

20 *Crépuscule des idoles*, « Flâneries d'un inactuel », § 14, dans *Œuvres*, Paris, Robert Laffont, « Bouquins », 1993, t. II, p. 998.

21 *Aurore*, § 130, « Fins ? Volonté ? », p. 724-726.

anthropocentrique. Il part d'un *empirisme de principe* original, dans la mesure où il engendre et une théorie de la connaissance et une poïétique de l'imaginaire, reprenant à nouveaux frais le schématisme kantien avec ses présupposés empiriques. Pour couper le fil d'or de l'*a priori* liant la Terre des cinq sens au Ciel des Idées, il suffit de poser la sensation comme source de la connaissance. Le problème vient de Hume : comment montrer la filiation de la sensation à la représentation et de la représentation au concept ? Par toute une série de dérivations, faites de déplacements des impressions, d'intériorisation des formes reçues, d'abstractions, d'images et de métaphores, de scotomisation des représentations. C'est ainsi que l'esprit humain aura peu à peu élaboré des idéalités d'abord fondamentalement linguistiques (les mots sont tenus pour des concepts) et qui passent pour susceptibles de restituer fidèlement des « vérités » communes [22].

Évidemment, les processus de cette lente formation des notions et des idées sont perdus, et leurs auteurs collectifs anonymes sont oubliés : le temps et l'amnésie ont fait leur œuvre. Mais le problème est ailleurs : la raison *refoule* la question génétique du mode de production des notions abstraites, et la première forme du mensonge apparaît ici, sous la forme du mensonge moral de la croyance en une « vérité » pure et sans condition (sans genèse), en un pur instinct de vérité ou en un esprit pur, alors que ce n'est qu'une… « pure sottise » [23]. Pire encore, ce n'est pas seulement qu'une illusion : c'est aussi et surtout une erreur entretenue et maintenue selon des buts de domination de cet idéalisme moral qui oppose abstraitement « vérité » et mensonge, alors que *la vérité est une forme dérivée du mensonge-fiction, et la raison une forme dérivée de l'imagination* ; bref, vérité et raison sont les résultats lointains de longs processus de falsification [24].

Le prestige des morales, des religions et des métaphysiques vient d'ailleurs de là : elles apparaissent comme des pensées de mondes autonomes, indépendants, *sui generis*, logeant à Coucouville-les-Nuées (*Wolkenkukuksheim* [25]), alors qu'elles doivent leur réalité à nombre de dérivations empiriques, qui relèvent de la métaphore :

> Transposer une excitation en une image ! Première métaphore. L'image à son tour transforme en un son ! Deuxième métaphore. Et,

22 *Fragment posthume 34[86]*, printemps 1885, dans *Œuvres philosophiques complètes*, t. XI, trad. Michel Haar et Marc de Launay, Paris, Gallimard, 1982, p. 176-177.

23 *Antéchrist*, § 14, trad. Éric Blondel, Paris, GF, 2022, p. 62-63.

24 *Par-delà bien et mal*, Préface, § 1, 2, 4, 34, respectivement p. 9-17 et 52-54.

25 Référence à Aristophane, *Les Oiseaux*, v. 819. *Vérité et mensonge au sens extra-moral*, dans *Œuvres philosophiques complètes*, t. I, vol. II, p. 281 [NB : les traducteurs traduisent *Wolkenkukuksheim* par… *Sirius*…].

> chaque fois, saut complet d'une sphère à une autre, tout à fait différente et nouvelle. [...] Nous ne possédons cependant rien d'autre que des métaphores des choses, et qui ne correspondent absolument pas aux entités originelles [...] Qu'est-ce donc que la vérité ? Une multitude mouvante de métaphores, de métonymies, d'anthropomorphismes, bref une somme de relations humaines qui ont été rehaussées, transposées, et ornées par la poésie et par la rhétorique [...]. Les vérités sont des illusions dont on a oublié qu'elles le sont, des métaphores usées qui ont perdu leur force sensible. [26]

La psychologie des profondeurs (la morphologie de la volonté de puissance), dont Nietzsche est le héraut, va alors substituer la notion de *jeu* à celles de règle ou de loi, qui sont finalement des naïvetés rationalistes. Le jeu des formes prend ici sans aucun doute un sens transcendantal, et Nietzsche étend à la totalité, sans exception aucune, de la culture l'intuition kantienne à propos de la connaissance, selon laquelle l'ordre de la nature n'est jamais que l'ordre que l'entendement met dans les choses :

> On ne retrouve dans les choses rien d'autre que ce qu'on y a apporté soi-même : ce jeu d'enfant, dont je me garderai bien de penser du mal, s'appelle science ? Au contraire : continuons ces deux activités de plus belle, il faut bon courage pour les deux, – les uns pour retrouver, les autres – *nous* autres – pour apporter ! – L'homme ne retrouve finalement dans les choses que ce qu'il y a apporté lui-même : ce « retrouver » s'appelle science, cet « apporter » – art, religion, amour, fierté. Dans les deux cas, même si ce devait être jeux d'enfants... [27]

L'origine se déplace donc, de l'imagination transcendantale kantienne à l'« imagination » de la vie comme jeu d'enfant, de la doctrine du sujet transcendantal à celle de la volonté de puissance. Nous aurions ainsi affaire à un « *transcendantal* » *sans sujet*, mais à la différence de ce qui se pense chez Lévi-Strauss, par exemple, c'est la vie comme volonté de puissance qui produit ces phénomènes, et non une structure logique à matrice combinatoire linguistique (la pensée sauvage). Il y a une verticalité nietzschéenne qui contraste avec l'horizontalité structuraliste de la série. C'est le *fonds* vivant qui est véritablement poïétique, et les effets que sont par exemple les individus humains (poètes, artistes, savants, religieux, philosophes, techniciens, etc.) n'en sont que les agents, les porte-parole, les porte-plume et les instruments.

On peut ici tenter une analogie avec la découverte kantienne : c'est la méditation sur le temps et les anticipations de la perception qui ont mené le *Chinois de Königsberg* à l'invention de l'association entre l'ima-

26 *Vérité et mensonge au sens extra-moral*, p. 280-282.

27 *Fragment posthume 2[174]*, automne 1885, trad. Julien Hervier, p. 154.

gination transcendantale et l'entendement sous la forme du schématisme. Chez Nietzsche, on devine la même origine : si le temps est absolument fluent, si le devenir emporte toutes choses, il faut bien trouver une forme d'arrêt, de stabilité, et c'est donc l'artifice du schématisme qui suspend la temporalité tragique en donnant l'illusion qu'*il y a de* la permanence. L'héritage de la critique héraclitéenne contre les Éléates et Parménide est bien repérable [28]. La connaissance étant une expression de la vie, ses nouveaux principes sont alors « l'expression d'un instinct de jeu intellectuel, et par conséquent témoignaient du caractère à la fois innocent et heureux de tout jeu » [29]. Et c'est alors la définition du philosophe qui s'en trouve transformée : il n'est plus le contemplatif des formes stables (Idées platoniciennes, substance spinoziste, monde organique, calculable et prévisible des rationalistes...), il est le « méditatif-sensible » qui produit « sans cesse ce qui n'existe pas encore : la totalité du monde, éternellement en croissance, des appréciations, des couleurs, des poids, des perspectives, des degrés, des affirmations et des négations » [30].

## 2.3 Désillusion et pragmatisme vital

Il y a bien un moment de « triste savoir » dans cette découverte, puisqu'il faut renoncer aux antiques illusions et à des croyances qui nous ont éduqués : « Hélas, *maintenant*, il nous faut embrasser la non-vérité et ce n'est qu'à présent que l'erreur se fait *mensonge* et que le mensonge devant nous se fait *nécessité vitale !* » [31]. Il est vrai qu'il est difficile de *digérer* cette thèse pessimiste du pragmatisme vital (Lacan lui-même parlait de la *pacotille nietzschéenne du mensonge de la vie*), thèse marquée par une entreprise de désillusion et de démolition générales, mais aussi, tout de même, par *l'explication* du caractère déceptif de cette pensée – car Nietzsche est philosophe, tout entier voué à son hypercriticisme.

Les significations entre art, jeu, vérité et mensonge se croisent alors de façon vertigineuse, parce que tout est mis en abyme, réduit à la logique des illusions nécessaires à toutes ces expressions de la puissance que sont la vie, la survie, la vie supérieure : l'art est le mensonge par excellence, et donc, comme il n'y a rien d'autre, il est le mensonge *véridique*, conséquence de l'extension de la notion d'*art* à ce qui est la source (innommable) de la genèse des formes. Le mensonge devient

28 *Gai Savoir*, § 110, « Origine de la connaissance », et § 111, « Origine de la logique », p. 1030-1032 et 1032-1033 ; *La Philosophie à l'époque tragique des Grecs*, § 5-13, dans *Œuvres philosophiques complètes*, t. I, vol. II, p. 228-255.

29 *Ibid.*, § 110, p. 1031.

30 *Ibid.*, § 301, « Délire des contemplatifs », p. 1096-1097.

31 *Fragment posthume 12[32]*, automne 1881, p. 449.

même la condition de la vie elle-même, pour les espèces comme pour les individus, et il va de soi que le problème est terrible pour la raison humaine, si attachée à la « vérité », simplement parce que sans cette croyance en la « vérité », la vie serait insupportable. Mais la révélation nietzschéenne rend cette vérité encore plus insupportable, puisqu'elle ne peut être fondée que sur ce qui n'est pas elle, le mensonge, le faux, la fiction :

> Notre monde *faux*, rapetissé, *logicisé* des causes est cependant le monde où nous sommes capables de vivre.
>
> Si notre intellect n'avait pas quelques formes fixes, il serait impossible de vivre. [32]

Voilà pourquoi cette doctrine défend une thèse perspectiviste sur la vérité : la vérité n'est plus un absolu. Est-ce à dire que le vrai soit entièrement relatif ? Ce serait, selon Nietzsche, sombrer dans une impasse : si tout est faux, rien n'est vrai, et si tout est vrai, rien n'est faux… En réalité les degrés du vrai sont une question de teneur de l'intensité de la puissance et de la force : augmentation du champ de conscience, résistance aux vérités les plus cruelles (*amor fati* et éternel retour, par exemple), culte de la joie (le gai savoir), instinct de législation (en politique et philosophie comme en art), recherche infinie du sens fort contre les formes du sens faible…

Et voici donc le paradoxe suprême : si la puissance spirituelle se mesure au degré de cruauté de la vérité qu'on est capable de supporter (la nouvelle de la mort de Dieu, par exemple [33]), révéler le fonds illusoire et fictionnel du vrai témoigne d'une véracité supérieure, et cette loyauté est bien celle des immoralistes, qui deviennent alors les *victorieux*, « les plus forts parmi les forts » [34], parce qu'ils assument ce mensonge extra-moral. L'ancienne véracité morale du mensonge psychologique, véracité « humaine trop humaine », y compris quand Descartes fonde les vérités sur un Dieu vérace, passe à la trappe, ce que Nietzsche note ironiquement : « Le poète voit dans le menteur son frère de lait, qu'il a frustré du lait qui lui était destiné : de la sorte, le second est resté misérable et n'est même pas parvenu à une bonne conscience » [35].

32 Respectivement *Fragments posthumes 34[46]* et *34[47]*, printemps 1885, p. 163 ; cf. avec le début du § 24 de *Par-delà bien et mal* : « *Ô sancta simplicitas !* Dans quel monde étrangement simplifié et falsifié vit l'homme ! » (p. 40)

33 *Humain, trop humain*, II, *Le Voyageur et son ombre*, § 84 ; *Gai Savoir*, § 108 et § 125, respectivement p. 521, p. 1028 et p. 1040-1042.

34 *Fragment posthume 10[94]*, automne 1887, trad. Pierre Klossowski, p. 153.

35 *Gai Savoir*, § 222, p. 1069.

## 2.4 Les conséquences : la suppression du ciel imaginaire des concepts idéalistes

Il n'y a donc plus rien de vrai dans toutes ces « vérités » morales, métaphysiques, religieuses, et même artistiques, qui ont si longtemps dominé et castré les esprits, puisque toutes nos catégories, de l'entendement, de la raison, de la pensée, de l'imagination et de l'action sont d'origine sensualiste et imaginaire. Bref, après émondage, qu'est-ce qui reste ? La puissance morphologique de la volonté de puissance – dont on ne sait rien, évidemment, sauf la preuve par les effets, et ces fausses catégories en font partie.

Une très grande partie de l'œuvre de Nietzsche est consacrée, parfois de façon rhapsodique, à la destruction des concepts catégoriels dominants, et nous ne signalons ici que trois lieux majeurs où se légitiment ces invalidations :

(1) Dans la I^re^ Partie de *Par-delà bien et mal* (« Des préjugés des philosophes »)[36], la critique des fables majeures de la métaphysique annonce toute l'entreprise de renversement à venir, avec le soupçon sur la *volonté de vérité*, sur la confiance naïve dans les jugements rationnels, sur les notions d'*individu*, d'*atome*, de *sujet*, de *volonté libre*, pour finir par cette déclaration décisive sur la puissance « morpho-logique » de la volonté de puissance (§ 23).

(2) Dans le *Crépuscule des idoles*[37], on trouve la généalogie de l'illusion de la notion de *cause*. De la sensation à l'impression de sensation puis l'intériorisation mémorielle, l'interprétation, la représentation, la série de dérivations, la volonté de trouver une raison au phénomène vécu, l'impossibilité néanmoins de trouver la cause véritable. Par là on ramène l'inconnu au connu, cela rassure et donne un sentiment de puissance, de maîtrise, de contrôle, de sûreté, de sécurité, et ce contre la détresse devant l'inconnu. Comme une explication quelconque est meilleure qu'un manque d'explication, la pseudo-cause alimente le *tenir pour vrai* et la conviction. Et dès lors, le plaisir de l'impression de la force ainsi acquise devient une véritable preuve de la vérité de la croyance.

(3) Dans l'*Antéchrist*[38], nous disposons d'une liste des causes imaginaires (« volonté », « libre arbitre », « Dieu », « âme », « moi », « esprit », « serf arbitre ») et des effets imaginaires (« péché », « salut », « grâce », « expiation », « pardon des péchés »)... Mieux encore : le lien entre tous ces êtres imaginaires demande une nouvelle science naturelle imaginaire et an-

36 *Par-delà bien et mal*, p. 13-39.

37 *Crépuscule des idoles*, « Les quatre grandes erreurs », *Œuvres philosophiques complètes*, t. II, p. 974-980. Voir aussi *Par delà bien et mal*, § 19-21, p. 31-36.

38 *Antéchrist*, § 14-15, p. 62-64.

thropocentrique, donc une psychologie imaginaire (basée sur des notions comme « le repentir », « la voix de la conscience », « la tentation du diable », « la présence de Dieu »), et une téléologie imaginaire (« le jugement dernier », « le Royaume de Dieu », « la vie éternelle »). Bref, de purs mondes de fiction à des fins de domination et d'emprise sur les croyances et les esprits.

## 3 Un nouvel imaginaire

### 3.1 Une expérience de la pensée

La pensée de Nietzsche n'en reste pas à ce scepticisme radical, à ce soupçon tous azimuts et à cette misanthropie généralisée. Il y a une part constructive dans l'effort d'offrir aux hommes l'espoir d'un autodépassement, qui est à la fois une autosuppression et une métamorphose [39]. Ce qui suppose l'exposition d'un certain nombre de conditions et d'épreuves matérielles, sensibles, morales et spirituelles, qui vont des nouveaux modes de vie, des régimes alimentaires sévères et de l'éducation spartiate (dressage et domestication) à d'édifiants modèles d'expériences mentales, qui relèvent d'un usage fécond de l'imaginaire : l'homme supérieur, le surhumain, l'éternel retour, le divin hasard… Nous n'examinerons ici que la pensée de l'éternel retour, qui, épreuve suprême, commande toutes les autres, dans la mesure où le critère par excellence de la vie forte, à savoir le degré de supportabilité de la cruauté d'une vérité — y compris l'idée que la vérité n'est qu'un résidu de l'imagination —, y est absolument affirmé.

De quoi s'agit-il ? Nietzsche l'annonce avec le projet du *Gai Savoir* : « Il y a entre autres une pensée qui, en vérité, requiert des "millénaires" pour *s'affirmer*. Où puiserai-je le courage de la formuler ? » [40]. Il fut un moment tenté de faire de l'éternel retour le principe d'une théorie physique du monde, à la suite d'Héraclite et des stoïciens, qui abolirait l'espérance d'une « autre vie » à venir de l'âme. Il y renoncera pour en faire un exercice destiné à ce que chacun mette à l'épreuve son lien d'amour ou de haine à sa propre vie et ses choix d'existence. C'est la plus terrible des « pensées-marteau » de la « philosophie au marteau » [41]. Ce qui est mis en scène, c'est le *seuil de supportabilité de la vérité factuelle de mon existence*, vu la souffrance endurée dans la finitude (illusions, maladie,

39 *Ainsi parlait Zarathoustra*, I, « Les trois métamorphoses », *Œuvres philosophiques complètes*, t. II, p. 301-303.

40 *Lettre à Gast*, 25.01.1882, dans *Lettres à Peter Gast*, trad. Louise Servicen, introduction et notes André Schaeffner, Paris, Christian Bourgois, 1980, p. 296.

41 *Crépuscule des idoles*, Préface, *Œuvres philosophiques complètes*, t. II, p. 947-948. Le marteau en question est certes l'outil de destruction, mais surtout l'instrument d'écoute et d'évaluation du son d'un objet (histoire de vérifier si l'idole est creuse ou pleine…).

solitude, angoisse, échec…). Et Nietzsche s'impose *à lui-même* cette expérimentation *en pensée* : « Nous voulons être nous-mêmes nos expériences et nos cobayes »[42].

## 3.2 L'épreuve de l'éternel retour

Or, quelle est la pensée la plus *insupportable* ? C'est l'idée de l'éternel retour du même, mise en abîme qui ne peut que s'achever dans l'insatisfaction, la colère et la modestie (ne me serais-je pas trompé d'existence ?), ce qui motive alors le désir de *se réinventer, de se créer soi-même.* Seuls les hommes supérieurs sont susceptibles d'affronter cette exigence… Dès lors, la pensée expérimentale du *comme si* est bien le centre de la vie comme champ d'expérience du savoir, prenant ici un tout autre poids, une tout autre charge. L'éternel retour est l'objet de la pensée « la plus lourde » (*Le poids le plus lourd, Das grösste Schwergewicht*) du monde symbolique : supporter la plus extrême cruauté d'une vérité, de façon à révéler la teneur de notre amour pour la vie et son *fatum*, et à faire en sorte qu'en nous l'amour de la vie pour elle-même devienne inconditionnel et absolu : quel degré d'affirmation de la vie mon existence exprime-t-elle ? avec quel degré d'affirmation la vie s'aime-t-elle en moi-même ?

Pourquoi la pensée de l'éternel retour est-elle insupportable ? Rappelons que, chez Nietzsche, c'est l'expérience mentale suscitée par un démon (comme Méphisto pour Faust), puissance supérieure, à fois divine et diabolique, qui vient souffler l'idée d'une division de soi avec soi, par le retour critique sur notre propre vie. Elle devient un principe impitoyable de l'évaluation du vécu, mais aussi de sa réorganisation, une fois la leçon éthique tirée de cette épreuve (« Si cette pensée s'emparait de toi, elle te métamorphoserait »). L'*éternel* ne signifie donc pas ici pas un « hors du temps », comme pour Dieu ou la « Vérité » : il devient un concept temporel par le fait qu'il qualifie un retour, c'est-à-dire une *répétition infinie* (« Cette vie… il te faudra la vivre encore une fois et encore d'innombrables fois… tout ce qu'il y a dans ta vie d'indiciblement petit et grand doit pour toi revenir, et tout suivant la même succession et le même enchaînement… la question, posée à propos de tout et de chaque chose, "veux-tu ceci encore une fois et encore d'innombrables fois?"… » [43]). Il ne s'agit pas d'une répétition finie et nombrable, qu'on peut compter, il s'agit d'une répétition innombrable (*unzählige*), donc d'une *répétition infinie* de notre vécu, mieux encore : d'une autre idée de l'infini plus que d'une autre idée de l'éternité. Telle est l'expérience d'une pensée qui a pour but de *transfigurer notre existence*. La force de la vie

42 *Gai Savoir*, § 319, « En interprétant nos expériences vécues », p. 259.

43 *Ibid.*, § 341, p. 279-280

philosophique, c'est l'art de la transfiguration, *die Kunst der Transfiguration*[44], qui se lit dans la métamorphose (*Verwandlung*).

C'est donc une pensée sublime au sens kantien, avec le double mouvement qui la caractérise : elle nous écrase et nous humilie puis nous relève et nous grandit : « Ici, le laid que l'on ne peut retrancher est caché, là il est réinterprété sous la forme du sublime »[45]. C'est une pensée vivifiante, malgré l'angoisse, et d'autant plus dynamique qu'elle détermine le *vouloir* (« veux-tu ceci ? »), qui est l'essence de la vie en chaque vivant. C'est une pensée nécessaire : *il faut* que cette pensée exerce sur moi son empire et sa violence pour que le savoir expérimente sur la vie afin de faire en sorte que la vie devienne un instrument du savoir[46]. C'est une nécessité logique, et non un impératif moral — le tragique abolit le drame : l'instant présent passe au futur antérieur, car si le mal (l'araignée, Torquemada, Auschwitz) arrive, il faut en penser l'existence de telle manière qu'il aura été une infinité de fois tel et tel. L'*irréversible* de la réalité effective fait que ni le passé ni le présent ne peuvent être abolis ; on ne peut jamais revenir en arrière, défaire et refaire ce qui fut fait, c'est-à-dire que ce que je vis et fais vaut *une fois pour toutes*, que ce soit bêtise, ignorance, mensonge, violence… Ce qui est en jeu, alors, c'est l'*amor fati*, l'amour de ma vie comme destin et *fatum* : « *Amor fati* : que ce soit dorénavant mon amour ! […] Et somme toute, en grand : je veux même, en toutes circonstances, n'être plus qu'un homme qui dit oui ! »[47]. Le paradoxe est à son comble : Nietzsche finit par vouloir affirmer néanmoins, et sans condition, toutes les choses mauvaises qui auront marqué l'histoire de la culture, et la liste est longue… Il y a cependant *une* exception, l'existence de sa mère et sa sœur : « Je reconnais que la plus profonde objection contre l'"éternel retour", ma pensée proprement abyssale, c'est toujours ma mère et ma sœur »[48].

## Conclusion

C'est donc bien l'imagination qui, chez Kant comme chez Nietzsche, permet de résoudre l'énigme fondamentale : Comment se fait-il que nous vivions dans un monde de sens, et non dans un chaos a-sensé et insensé ? L'imagination joue, chez Kant, un rôle fondamental dans la genèse de nos connaissances comme dans la présentation symbolique de ce qui échappe à toute représentation intuitive : les Idées de la raison. Elle joue chez Nietzsche un rôle tout aussi essentiel dans la création des formes culturelles, qu'elles soient philosophiques, religieuses ou artistiques.

44 *Ibid.*, Préface, § 3, p. 29.

45 *Ibid.*, § 290, p. 235-236.

46 *Ibid.*, § 283, p. 230-232.

47 *Ibid.*, § 276, p. 225-226.

48 *Ecce homo*, « Pourquoi je suis si sage », § 3, trad. inédite de Ph. Choulet.

Dans les deux cas, l'imagination se présente avant tout comme une puissance de schématiser, de produire – grâce à un travail souterrain de notre entendement, chez Kant, et de la volonté de puissance, chez Nietzsche. Certes, le projet kantien et le projet nietzschéen ne sont pas les mêmes : là où Kant veut rendre raison de notre connaissance du monde, Nietzsche insiste davantage sur la production métaphorique de la vérité elle-même, sur son caractère imaginaire (au sens de fictif), afin de mieux nous libérer des illusions religieuses et métaphysiques.

À partir de cette intuition fondamentale qui consiste à réduire le monde intellectuel des concepts, des idées et des théories générales aux séries de métaphores longuement et inconsciemment opérées à partir des expériences sensibles, Nietzsche procède à un vrai travail d'évaluation de deux régimes de l'imagination :

(1) celui de l'ordre plus ou moins conscient des représentations et des discours (le rêve, les formes artistiques, les récits mythiques, les théories morales, religieuses, philosophiques, politiques, etc.) ;

(2) celui de la détermination fatale des formes idéelles / idéales, qui invente des schèmes, des modèles, des types de pensée dont le devenir politique est impressionnant, puisque la plupart sont des chimères qui ont dominé les esprits dans l'histoire de la culture et des civilisations.

C'est évidemment le second régime qui est le plus philosophiquement fécond, puisqu'il permet de comprendre le caractère fictionnel et arbitraire des formes, qu'elles soient inertes ou vivantes : il n'y a plus de providence, car le jeu du hasard et de la nécessité l'emporte. L'hypercriticisme de Nietzsche ruine désormais, par le tragique de sa pensée, toute espérance d'une harmonie providentielle, en mettant le feu du projecteur sur la puissance de réinvention perpétuelle de la pulsion de formes qu'est la volonté de puissance. L'imagination est un *pouvoir d'aventure* au sein du devenir des choses.

## Travaux cités

### Œuvres de Kant

*Anthropologie du point de vue pragmatique*, Paris, Vrin, trad. M. Foucault, 1979.

*Critique de la raison pure*, trad. J. Barni, A.-J.-L. Delamarre et F. Marty, dans *Œuvres philosophiques*, t. I, Paris, Gallimard, « Pléiade », 1980.

*Critique de la faculté de juger*, trad. A. Renaut, Paris, GF, 1995.

### Commentaires

Roger Daval, *La métaphysique de Kant, Perspectives sur la métaphysique de Kant d'après la théorie du schématisme*, Paris, Puf, 1951.

Rudolf Eisler, *Kant-Lexikon*, Paris, Gallimard, 1994.

Gérard Lebrun, *Kant et la fin de la métaphysique*, Paris, Armand Colin, 1970.

Gérard Lebrun, *Kant sans kantisme*, Paris, Fayard, 2009.

## Œuvres de Nietzsche

*Œuvres*, Paris, Robert Laffont, « Bouquins », 2 tomes, 1993 [textes parus du vivant de Nietzsche avec pour la plupart des traductions d'Henri Albert revues par Jean Lacoste et Jacques Le Rider. Introductions très instructives, index très complets et utiles].

*Œuvres philosophiques complètes*, Paris, Gallimard, « Bibliothèque de la Pléiade », t. I, 2000 [49] ; t. II, 2019 [50].

## Commentaires

Dorian Astor (dir.), *Dictionnaire Nietzsche*, Paris, Robert Laffont, « Bouquins », 2017.

Éric Blondel, *Nietzsche, le corps et la culture*, Paris, Puf, 1986.

Eugen Fink, *La Philosophie de Nietzsche*, Paris, Éd. de Minuit, 1960.

Eugen Fink, *Le jeu comme symbole du monde*, Paris, Éd. de Minuit, 1966.

Jean Granier, *Le problème de la vérité dans la philosophie de Nietzsche*, Paris, Éd. du Seuil, 1969.

Patrick Wotling, *Nietzsche et le problème de la civilisation*, Paris, Puf, 1995.

49 *La Naissance de la tragédie, Le Drame musical grec, Socrate et la tragédie, La Vision dionysiaque du monde, Sur l'avenir de nos établissements d'enseignement, Cinq préfaces à cinq livres qui n'ont pas été écrits, Un Mot de nouvel an, La Philosophie à l'époque tragique des Grecs, Vérité et mensonge au sens extra-moral, Appel aux Allemands, Considérations inactuelles, David Strauss l'Apôtre et l'écrivain, De l'Utilité et des inconvénients de l'histoire pour la vie, Schopenhauer éducateur, Richard Wagner à Bayreuth, Écrits de jeunesse.*

50 *Humain, trop humain, Aurore, Le Gai Savoir.*

Chapitre 11

# L'imagination créatrice, de Kant et Hegel à l'approche morphologique d'Ernst Cassirer

par Muriel van Vliet

## Introduction

Ernst Cassirer (1874-1945) est un morphologue allemand qui, dans le sillage du poète et botaniste Johann Wolfgang von Goethe (1749-1832), a élaboré une philosophie des formes symboliques mettant en exergue l'imagination pour penser le mouvement dynamique et ouvert des cultures. Pour interpréter le sens de sa pensée, nous adoptons la méthode qu'il emploie lui-même. Il retrace le parcours des idées pour comprendre en amont d'où elles proviennent, les ruptures et les continuités qu'elles instaurent et, en aval, de manière plus implicite, il en fait une arme pour affronter les défis contemporains. Faire de l'histoire des idées consiste à imaginer de nouveaux liens possibles entre des auteurs du passé, ce qui réinterroge la place où ils avaient été auparavant rangés. L'ensemble des pensées mises en séries par un processus de dérivation réglée à partir d'un cas particulier prégnant, celui sur lequel on concentre momentanément toute son attention, s'anime alors. La culture prend vie tout en nous dynamisant, car en saisissant mieux les tournants de l'histoire générale des idées, nous prenons conscience de la faculté d'innovation propre à tout individu humain. L'archéologie du savoir, comme la désigne Michel Foucault (1926-1984) dans le sillage de Cassirer, permet un recul sur notre manière spécifique de parler, de penser et d'agir, qui fait naître un diagnostic critique du présent pouvant servir de socle pour notre engagement face aux défis contemporains. À nous de faire tourner le kaléidoscope[1] des possibles pour affronter le présent de manière inédite. Reconfigurer en nous le passé pour adopter la bonne distance critique face au présent est le seul moyen d'imaginer un futur réellement différent du passé, de réaliser des possibles véritablement inouïs.

Nous analyserons (Section 1) comment l'imagination change de statut chez Emmanuel Kant (1724-1804) dès lors que dans la *Critique de la faculté*

1 Ernst Cassirer, *Liberté et forme. L'idée de la culture allemande,* dans *Œuvres XLV*, trad. par J. Carro, M. Willeman-Carro et J. Gaubert, Paris, Éd. du Cerf, 2001, p. 223.

*de juger*[2], il approche de manière croisée la nature comme processus dynamique de transformation continue de formes émergentes et l'art comme œuvre du génie créateur de nouvelles règles susceptibles de nous étonner durablement. Cela nous conduira (Section 2) à l'interprétation que G. W. F. Hegel (1770-1831) fait de l'idée kantienne paradoxale selon laquelle l'imagination se crée, quand elle symbolise, pour ainsi dire une nouvelle matière à partir de celle que lui fournit la nature. Prenant le contre-pied d'une théorie des facultés substantialiste qui les place les unes à côté des autres comme autant de « choses », Hegel les faire naître dynamiquement les unes des autres, par dépassement intégratif successif (*Aufhebung*).

Or, le lien de l'imagination au souvenir que propose Hegel ne va pas sans nous interroger et nous rendre quelque peu critiques face à la compréhension phénoménologique de l'imagination. Nous explorerons donc (Section 3) la morphologie goethéenne qu'adopte Cassirer avant de se lancer dans la lecture assidue de Kant et Hegel.

## 1 L'imagination créatrice dans la *Critique de la faculté de juger*

### 1.1 L'imagination comme pont entre la sensibilité et l'entendement

Dans la *Critique de la raison pure*[3], Kant rend compte de l'expérience en mobilisant deux sources de la connaissance distinctes et séparées, la sensibilité d'une part et l'entendement d'autre part. Il hérite en cela des philosophies idéalistes et des penseurs chrétiens qui séparent sensible et intelligible en raison de présupposés religieux. Pour que l'expérience en soit véritablement une, l'originalité de la conception critique transcendantale consiste à rendre indispensables d'un côté les intuitions particulières que reçoit la sensibilité et de l'autre, les concepts généraux que l'entendement mobilise pour les éclairer. Les concepts offrent seuls une lisibilité à ce que fournit la sensibilité, mais si la sensibilité n'offre rien en matière d'intuition sensible pour remplir le concept, celui-ci reste chimérique[4]. Dans la partie centrale de son édifice destiné à fonder le jugement théorique, Kant se heurte à une difficulté. Car les intuitions de la sensibilité sont particulières, sensibles, concrètes. Prenons par exemple l'intuition sensible particulière d'une boule sur un plan incliné à tel moment singulier. Certes, les formes *a priori* de la sensibilité que sont l'espace et le temps leur garantissent déjà une certaine teneur. Mais comment réduire le fossé entre d'un côté ces intuitions sensibles et singulières et de l'autre les concepts de l'entendement, universels, nécessaires, intelligibles et abstraits ? Il faut établir un pont entre la sensibilité

2 Emmanuel Kant, *Critique de la faculté de juger*, trad. Alain Renaut, Paris, GF, 1995.

3 Emmanuel Kant, *Critique de la raison pure*, trad. Alain Renaut, Paris, GF, 2001.

4 *Ibid.*, p. 188.

et l'entendement au sein de l'esprit et l'imagination, en tant que faculté capable de schématiser, va le bâtir, c'est-à-dire produire *a priori* des schèmes ou procédés permettant de rendre les concepts sensibles (*versinnlichen*)[5].

Dans *Le Problème de la connaissance*, Cassirer explique d'abord pourquoi le schématisme permet une réfutation de l'empirisme et présente une avancée indéniable par rapport aux théories de Locke, Berkeley et Hume[6]. Le schème est

> l'expression du fait que nos concepts purs doivent leur être non pas à l'abstraction mais *à la construction* ; qu'ils ne sont pas des images et des épreuves des objets, mais qu'ils sont des représentations *d'un procédé synthétique* fondamental.[7]

Nos concepts sont

> l'expression d'une *méthode* logique universellement valable, et quand de plus nous en donnons une représentation imagée, celle-ci, bien loin de la fonder, suppose déjà la compréhension de ce processus. C'est l'esquisse qu'en donne la pensée qui nous mène à poser et à fixer l'image ; même si inversement nous devons reconnaître que c'est seulement dans le rapport à l'image que la pensée acquiert sa détermination psychologique.[8]

Tous nos concepts purs se fondent donc sur des *fonctions* et non des affections. Ils ne peuvent naître de la simple comparaison d'impressions données, comme le soutiennent les empiristes. L'imagination est productrice, car nous ne tirons pas les images des concepts, mais procurons à la simple définition abstraite son image en la *construisant* dans l'intuition. « Le 'schème' n'est pas le pâle schéma d'un objet empirique réel, il est le prototype et pour ainsi dire le modèle d'objets possibles de l'expérience »[9], commente Cassirer. Donnons en un exemple : le concept de cercle est général et déterminé. Or, quand on fait des mathématiques, il faut rendre les concepts sensibles pour construire des figures et en déduire par démonstration de nouvelles propriétés encore inconnues. On use par exemple du compas pour construire la figure particulière d'un cercle pour y inscrire à la règle et au compas divers triangles dont on

5 Sur le schématisme, voir Hermann Cohen, *Commentaire de la « Critique de la raison pure »*, trad. par Éric Dufour, Paris, Éditions du Cerf, 2000, « Le schématisme de l'entendement pur », p. 112-117 ; E. Cassirer, *Le problème de la connaissance dans la philosophie et la science des temps modernes, tome 2, De Bacon à Kant, Œuvres XX*, trad. René Fréreux, Paris, Éditions du Cerf, 2005, p. 500-506.

6 Ernst Cassirer, *Le problème de la connaissance...*, p. 503.

7 *Ibid.*

8 *Ibid.*

9 *Ibid.*

pourra déduire des propriétés particulières. Le schème produit par l'imagination n'est pas la simple image qui en résulte sur le papier. Il est un procédé *a priori*, une méthode, une manière de mettre en rapport de l'intelligible et du sensible, de l'abstrait et du concret, de l'universel et du singulier ou particulier. Il peut être matérialisé par l'usage réglé du compas et de la règle pour construire des figures.

La sensibilité et l'entendement sont-elles alors encore des facultés séparées ? Ne sont-elles pas désormais des facultés toujours déjà reliées par l'imagination ? L'imagination ne devient-elle pas alors la reine des facultés, plus originaire que l'entendement et la sensibilité, enracinée plus profondément dans ce qui structure *a priori* notre rapport au monde et à nous-mêmes ?

### 1.2 L'imagination comme création d'une autre nature à partir de la matière que lui donne la réalité effective

Dans la *Critique de la faculté de juger*, l'imagination n'apparaît plus seulement comme une faculté déterminée dans son activité par l'entendement. Elle devient proprement créatrice.

> L'imagination (en tant que pouvoir de connaître productif) est, de fait très puissante quand il s'agit de *créer* pour ainsi dire *une autre nature* à partir de la matière que lui donne la réalité effective [10]

soutient désormais Kant. Ce dernier ne parle pas ici de la schématisation nécessaire pour rendre les concepts sensibles, mais de l'activité du génie qui crée l'idéal en produisant une œuvre suscitant un jugement de goût nourri de réflexion, voire d'autoréflexion sur le libre jeu de nos facultés et sur notre spontanéité.

> Quand on subsume sous un concept une représentation de l'imagination qui appartient à sa présentation, mais qui, par elle-même, fournit l'occasion de penser bien davantage que ce qui se peut jamais comprendre dans un concept déterminé, et par conséquent élargit esthétiquement le concept lui-même de manière illimitée, l'imagination est alors *créatrice* (*schöpferisch*). [11]

Or, ces affirmations vont complètement à l'encontre de ce que Kant dit de l'imagination dans la première *Critique* et même dans l'*Anthropologie d'un point de vue pragmatique*, où il continue paradoxalement à soutenir que : « Pour grande artiste et magicienne que soit l'imagination, elle n'est pas créatrice, elle doit tirer des sens (*aus dem Stoffe*) la matière de ses images » [12]. Cela est vrai de l'imagination synthétique lors de la

10 Emmanuel Kant, *Critique de la faculté de juger*, § 49, p. 300.

11 *Ibid*, p. 301.

12 Emmanuel Kant, *Anthropologie du point de vue pragmatique*, présenté par Michel Foucault, Paris, Vrin, 1994, § 28, p. 48.

schématisation des concepts, cela ne l'est plus dans son rôle de présentation symbolique des Idées de la raison, tel que le défend la *Critique de la faculté de juger*. Comment l'imagination en est-elle venue à élargir les concepts de l'entendement jusqu'à donner à penser aux Idées de la raison ? Quel est ce débordement auquel conduit l'imagination ? Dans quel domaine se produit-il ? Pour bien le comprendre, revenons à l'ordre de découverte des idées selon lequel Kant en est venu à l'imagination créatrice mobilisée par le jugement de goût.

La *Critique de la raison pure* accorde bien une place à l'imagination, certes, mais elle sert seulement à rendre les concepts de l'entendement sensibles pour déterminer des intuitions. Quant à la *Critique de la raison pratique* [13], elle n'accorde aucune place à l'imagination. Pour être moral, on ne demande pas à chaque individu d'inventer sa règle de conduite pour bien agir. Car selon Kant, la loi morale impose *a priori* sa forme universelle de manière catégorique et anhypothétique à toute personne rationnelle et il faut y plier les maximes particulières de nos actions. Si chacun pouvait individuellement imaginer à sa guise des valeurs pour orienter son action et la qualifier de bonne, il n'y aurait plus de morale qui tienne, car ni confiance et ni réciprocité entre les personnes. La forme de l'action morale est donc définie sans qu'aucune originalité ne puisse être légitimée par l'individu pour la réinventer à sa guise, selon les contextes, les histoires personnelles ou les circonstances particulières.

Mais avec la *Critique de la faculté de juger*, Kant fait de l'imagination la clé du jeu des facultés. L'idée de revaloriser l'imagination lui vient d'abord de l'examen théorique de la nature [14] quand il prend conscience de la dimension réfléchissante de la faculté de juger dans chaque nouvelle entreprise de connaissance. Elle navigue constamment entre l'individuel et l'universel et cela s'opère de manière créative en remontant du cas à la règle et en redescendant de la règle au cas. Certes, en mathématiques, le cas particulier, tel triangle, se range sous le concept qui le détermine. Ce dernier est en position de surplomb et on procède par subsomption d'un cas particulier sous la règle générale. Mais quand on étudie la diversité de la nature, on rencontre des cas particuliers que la règle n'avait pas prévus : on doit alors inventer la règle pour en rendre compte. Par exemple, si on découvre un ornithorynque, comme cela a été le cas historiquement lors de la découverte de l'Australie à la fin du XVIIIe siècle, on peut se demander s'il ne faut pas inventer pour lui une nouvelle classe. Est-ce un mammifère ou bien un oiseau, ou encore autre chose ?

13 Emmanuel Kant, *Critique de la raison pratique*, trad. Jean-Pierre Fussler, Paris, Paris, GF, 2003.

14 Ernst Cassirer, *Kantsleben und Lehre*, Darmstadt, Wissenschaftliche Buchgesellschaft, 1971, réédité dans *Aufsätze und kleine Schriften, 1902-1921*, Hambourg, Felix Meiner Verlag, 2001, p. 291 et suivantes.

On doit remonter du cas à la règle. Cette mobilité, cette souplesse, ce bricolage appelé par les cas nouveaux à aborder sont ce qui va revaloriser l'imagination. La faculté de juger, intermédiaire entre le concret et l'abstrait, témoigne de liberté, spontanéité, inventivité et créativité. Elle met littéralement du jeu dans la machine des facultés en replaçant les lois de la nature dans leur genèse.

L'imagination est le nom que prend la faculté de juger quand elle témoigne d'inventivité dans la remontée du cas à la règle. Autoréflexive, elle manifeste le libre jeu de nos facultés et notre spontanéité fondamentale.

### 1.3 La nature comme lieu d'émergence spontanée de formes et l'art comme œuvre du génie créateur de nouvelles règles

Entre la première et la troisième *Critique*, la perspective que Kant a sur la nature se modifie donc considérablement. Dans la première, elle est l'ensemble de ce qui est soumis à des lois universelles selon un mécanisme nécessaire. L'entendement est alors à l'honneur, la nature doit être conceptualisée. Alors qu'au contraire, dans la troisième *Critique*, Kant porte intérêt à la singularité des cas particuliers qui se présentent à notre jugement et le particulier devient ce qui peut potentiellement venir bousculer la systématicité des lois.

La réflexion sur l'individuel en tant que tel donne tout son relief à l'imagination. C'est même, pourrait-on dire, le fait de penser l'individu jusqu'au bout qui oblige à la revaloriser.

Or, le fait que l'on réussisse à faire entrer chaque nouveau cas individuel sous une règle devrait être la source d'un « plaisir remarquable » [15], nous dit Kant. À y réfléchir, on prend en effet conscience qu'*en droit*, il *aurait pu* en être autrement. On *aurait pu* rencontrer des cas particuliers qui ne rentrent sous aucune règle et le monde aurait pu alors se présenter à nous comme un pur chaos. Le cinabre *aurait pu* être tantôt rouge, tantôt vert, tantôt lourd, tantôt léger… Heureusement, *de fait*, les nouveaux cas particuliers que l'on rencontre suivent une régularité et on arrive à ranger toutes les lois particulières sous un même système. Le réel n'est *de fait* pas contradictoire, le monde est *de fait* un cosmos, nos lois forment *de fait* un système. Mais l'idée de la contingence de l'ordre sourd toutefois désormais. Elle se met à faire vibrer tout le système kantien. Il *aurait pu* en être autrement, le monde aurait pu être un chaos inimaginable…

L'idée de système, à laquelle aucune intuition ne peut correspondre, puisque par nature finis, nous ne pouvons, avec notre entendement fini, faire l'expérience de toutes les expériences possibles, est une Idée de la

15 *Ibid.*, p. 322-323.

raison que nous devons *a priori* présupposer à titre de principe heuristique. C'est même en étant guidé *a priori* par l'idée de système que le scientifique invente de nouvelles règles pour rendre compte de nouveaux cas et les fait rentrer sous ces règles, formant un ensemble cohérent. Guidée par ce principe, la science apparaît comme une démarche ouverte à l'invention de nouvelles lois et non plus comme une entreprise mécanique figée. La nature, corrélativement, se déploie désormais sous un double point de vue. D'une part, les jugements théoriques déterminants subsument mécaniquement les cas particuliers sous des lois, et la nature est ce qui y répond, soumise à une régularité nécessaire et universelle. D'autre part, les jugements réfléchissants qui inventent la règle pour le cas rencontré sont animés d'un dynamisme ouvert, selon un principe de générativité et la nature apparaît comme une artiste, qui invente dynamiquement sans cesse de quoi nous étonner (*Erstaunen*) et nous laisser durablement admiratifs (*Bewunderung*) face à sa luxuriance infinie.

La nature donne l'impression de suivre une intention, de viser spontanément des buts. Elle n'est plus seulement vue mécaniquement, mais bien téléologiquement. Elle apparaît prodigue, féconde, c'est *comme si* (*als ob*) elle voulait inventer sans cesse du nouveau pour nous charmer. Kant ne réfute pas le mécanisme naturel, mais la réflexion s'ouvre sur une nature qui semble dirigée vers des fins. Ce second point de vue reste subjectif et ne vaut que pour nous, à *la* réflexion. Nous n'en tirons aucun concept déterminé, aucune connaissance objective. Mais une place est accordée à l'inventivité du scientifique qui aborde la luxuriance de la nature, nature animée d'une spontanéité déconcertante.

Les théories évolutionnistes de Charles Darwin et de Johann Wolfgang von Goethe ne sont pas encore élaborées au moment où Kant écrit, mais une conception romantique de la nature le nourrit. Selon cette conception, une nouvelle sensibilité à l'individuel se prépare au plan esthétique, moral et politique avec des auteurs comme Jean-Jacques Rousseau. La sensibilité et l'imagination voient leur place conjointement revalorisée, y compris quand il s'agit d'expérimenter pour connaître et non pas seulement quand il est question de créer de l'art. Et s'il en est ainsi face au vivant, s'il faut se faire de la science de la nature une conception encyclopédique générative ouverte, comme celle qu'encouragent Diderot et d'Alembert, *a fortiori*, cela doit être vrai aussi face aux œuvres d'art. « Face à une œuvre d'art, nous ne cherchons pas à en unifier les parties en vue d'une classification conceptuelle, mais simplement *pour notre imagination* (*Einbildungskraft*) »[16]. L'œuvre singulière d'un génie créateur est précisément celle qui nous étonne et nous déstabilise durablement sans que l'on puisse s'expliquer conceptuellement son mécanisme. L'artiste agit en effet comme la nature luxuriante qui produit sans cesse

16 *Ibid.*, p. 330.

génialement de nouvelles formes inédites du vivant. C'est comme si par le génie et ses dons, la nature s'exprimait. Il se doit d'être original et de créer de nouvelles règles. La régularité ennuie, défend Kant par ailleurs si rigoriste en matière de morale. Si l'on doit imiter des éléments de la nature mécaniquement, sans rien imaginer de neuf, à quoi bon l'art ? Au nom de la liberté d'imagination, Kant critique ici les défenseurs de l'esthétique classique, tels Boileau dans *L'Art poétique* ou encore l'abbé Batteux dans *Le Système des Beaux-Arts réduits à un même principe*. Selon lui, l'artiste doit faire preuve d'imagination créatrice et matérialiser la spontanéité à l'œuvre dans le vivant et chez l'homme. C'en est fini de la théorie de l'art comme imitation de la nature. Rien ne doit limiter l'artiste : ni concept de perfection, ni règle quelconque. La beauté libre est jugée supérieure à la beauté adhérente, car l'imagination peut y jouer sans jamais être fixée par l'entendement, qui cherche sans cesse à y reconnaître des formes déterminées, en vain. Si l'artiste imite la nature, ce ne peut être, comme le défend également Anthony Ashley Cooper, Lord of Shaftesbury[17], que parce que le génie imite dynamiquement son pouvoir générateur de formes, exhibant les forces qui animent souterrainement toutes les formes. Pas parce qu'il copie mécaniquement la nature en en proposant un vulgaire reflet.

## 2 La place de l'imagination créatrice par rapport à la mémoire dans la *Phénoménologie de l'Esprit* de Hegel

### 2.1 Force d'intériorisation des images et imagination productrice de signes et de sens

Dans un article intitulé « Le Puits et la Pyramide »[18], Jacques Derrida souligne que dès qu'il est question de l'imagination, « cette instance dans laquelle se brouillent ou s'annulent toutes les oppositions kantiennes critiquées par Hegel », « nous sommes [...] dans cette zone – indiquons la sous le titre de la *Critique du jugement* – où le débat avec Kant ressemble le plus à une explicitation et le moins à une rupture ». En analysant la fonction jouée par l'imagination productrice, « concept fondamental de l'esthétique hégélienne », Derrida signale « qu'elle a un site et une fonction analogue à ceux de l'imagination transcendantale chez Kant ». Il n'y a pas tant opposition entre eux sur ce point qu'« approfondissement, parachèvement ou glissement de sens »[19]. Pourquoi peut-on dire que Kant et Hegel se rejoignent quand il est question de définir l'imagination ?

17 Anthony Ashley Cooper, Second Lord of Shaftesbury, *Le soliloque, conseil à l'auteur*, Paris, Éditions de L'Herne, 1994.

18 Jacques Derrida, *Marges de la philosophie*, « Le Puits et la Pyramide », Paris, Éditions de Minuit, 1972, p. 90-91.

19 *Ibid.*

Le texte kantien portant sur l'hypotypose symbolique[20] intéresse particulièrement Hegel. Il y reconnaît en effet une préfiguration de l'idéalisme absolu, car se trouve chez Kant remis en cause le dualisme des sources de la connaissance et la fixation des activités humaines en facultés opposées abstraitement les unes aux autres que Hegel condamne :

> *La Critique de la faculté de juger* a ceci de remarquable que Kant a exprimé (§ 77) en elle la représentation et même la pensée de l'Idée. [...] La présence actuelle des organisations vivantes et du beau artistique rend visible, aussi pour le sens et l'intuition, déjà la réalité effective de l'Idéal. C'est pourquoi la réflexion kantienne sur ces objets serait particulièrement propre à introduire la conscience dans la saisie et la pensée de l'idée concrète.[21]

Aux § 49 et 59, Kant caractérise la réflexion qui permet, par l'intermédiaire des Idées esthétiques, de penser aux Idées de la raison, de « s'approcher d'une présentation des concepts de la raison (des Idées intellectuelles) »[22], même si par là rien ne peut « être appréhendé et rendu clair »[23]. Avec l'hypotypose symbolique, Kant définit un processus oblique de signification. Il ne s'agit plus de comprendre, c'est-à-dire de donner une signification objective à une intuition sensible par la détermination d'un concept, grâce à un schème. Les Idées esthétiques contenues dans les œuvres d'art donnent à penser, autrement dit permettent de viser une Idée de la raison, concept pourtant indéterminé auquel ne devrait pourtant correspondre aucune intuition. Il s'agit d'en donner une représentation « seulement symbolique »[24]. Par exemple, *La Liberté guidant le Peuple* d'Eugène Delacroix peut donner à penser à l'Idée de liberté en politique, Idée qui ne peut en droit jamais être intuitionnée au plan phénoménal.

Aux § 457-458 de la *Philosophie de l'Esprit*[25], Hegel définit l'activité de l'imaginaire productrice de signes et de symboles. Il qualifie sa production comme l'unité

> d'une représentation subsistante-par-soi et d'une intuition : la matière de cette intuition est bien tout d'abord une réalité reçue, quelque chose d'immédiat ou de donné (par exemple la couleur de la

20 Emmanuel Kant, *Critique de la faculté de juger*, p. 300-301.

21 G.W.F. Hegel, *Encyclopédie des sciences philosophiques, I. La science de la logique* (1830 et 1827), trad. de B. Bourgeois, Paris, Vrin, 1994, Concept préliminaire, <La philosophie critique>, § 55, c, p. 318.

22 Emmanuel Kant, *Critique de la faculté de juger*, p. 300.

23 *Ibid.*, p. 301.

24 *Ibid.*, p. 241.

25 G.W.F. Hegel, *Encyclopédie des sciences philosophiques, Philosophie de l'Esprit*, trad. de B. Bourgeois, Paris, Vrin, 1994, § 457-458.

> cocarde...). Mais, dans cette identité, l'intuition ne vaut pas comme position et comme représentant d'elle-même, mais comme représentant autre chose. Elle est comme image qui a reçu en elle, comme son âme, une représentation subsistante-par-soi de l'intelligence, sa signification. Cette intuition est le signe.[26]

L'imagination intervient dans le processus de création du sens et sert à penser non seulement ce qu'est une image, mais surtout ce qu'est un symbole et un signe. Chez Kant, dans la première *Critique*, la signification est le résultat de la *synthèse* d'un concept et d'une intuition donnée extérieurement. Pour Hegel, au contraire, sans nécessiter de synthèse, l'activité de l'imaginaire produisant des signes fournit aux représentations qu'elle tire *d'elle-même* un être-là déterminé.

> L'intelligence, dans l'activité de l'imaginaire, est dans elle-même achevée en auto-intuition, au point que sa teneur empruntée à elle-même a une existence sous forme d'image [...]. Active dans cette détermination, elle est extériorisation d'elle-même, productrice d'intuition (*produzierend*), – activité de l'imaginaire créant des signes (*zeichenmachende Phantasie*).[27]

Le fait de produire des intuitions est hautement paradoxal, puisqu'une intuition devrait par nature être reçue, donnée et non produite. Que s'est-il passé grâce au langage ?

Dans la remarque du § 457, Hegel précise que dans les figures précédentes, celle de l'intuition et celle du rappel en et à soi par intériorisation (*Erinnerung*), on a encore affaire à des synthèses, mais qu'arrivé à l'activité de l'imaginaire (*Phantasie*) créant des signes, il n'est soudain plus besoin d'une quelconque *réunion* de l'esprit et du donné intuitif, car ces derniers se trouvent toujours déjà unis, voire identifiés, dès lors que l'on saisit l'ensemble de la dialectique à ce niveau de son déploiement. L'activité de l'imaginaire créatrice de signes devient donc bel et bien *raison*, toutefois raison encore simplement *formelle*. Avec la figure de l'imagination, on se situe en effet encore dans le moment qualifié d'esprit *subjectif*, la dialectique n'ayant pas encore atteint les figures de l'esprit objectif et absolu qui vont s'ensuivre. L'imagination indique cependant déjà subjectivement comment comprendre l'esprit absolu et en indique en germe l'auto-déploiement à partir de lui-même.

26 Voir Johann Kreuzer, „Zeichen machende Phantasie – Über ein Stichwort Hegels und seine ursprüngliche Einsicht Hölderlins", in *Zeitschrift für Kulturphilosophie*, Hrsg. R. Könersmann, John M. Krois, u. D. Westerkamp, Band II, Heft 2, Hamburg, Felix Meiner Verlag, 2008, p. 254-278.

27 *Ibid.*, § 457. Hegel distingue l'*Einbildungskraft* comme faculté reproductice de la *Phantasie* qui, elle, est créatrice. La traduction que nous suivons ici rend *Phantasie* par *imagination*.

## 2.2 Par-delà le schématisme kantien

De Kant à Hegel, on passe donc d'une compréhension de la signification comme synthèse par le schème d'un concept et d'une intuition donnée (Kant), à la signification comme production d'un signe à partir de la représentation-subsistante par soi de l'esprit créant la teneur (*Gehalt*) de ses propres intuitions sensibles (Hegel). Alors que pour Kant, l'image transcendantale qu'est le schème est à l'articulation du concept et de l'intuition, pour Hegel, l'image est produite par une activité de l'imaginaire qui se fait chose à partir de sa propre teneur (*Gehalt*) et produit de l'intuition en créant signes et symboles dans son propre mouvement. Signifier ne désigne plus ce face-à-face statique entre concept et intuition dont parle Kant, mais la dynamique de mise en relation des pôles objectif et subjectif, du contenu et de l'idée (Hegel). C'est le passage d'une figure de l'esprit à l'autre, par exemple de l'intériorisation à l'imagination, puis de l'imagination à l'activité de l'imaginaire créant des signes, puis de cette activité créatrice de signes et d'images à la mémoire qui importe, plus que chaque figure de l'esprit isolée du processus et figée séparément. Ce processus se déroule historiquement et peut être logiquement remémoré. Au lieu d'une table des catégories fixe (Kant), Hegel développe une phénoménologie de l'Esprit, le déroulement des figures que l'Esprit doit traverser pour être lui-même, figures qu'il a en réalité, une fois conçu comme absolu, toujours-déjà traversées.

## 2.3 La culture comme tâche à effectuer

La substance vivante dont Hegel décrit l'évolution est une structure en mouvement circulaire[28]. Pour comprendre la culture, il faut animer cette circularité propre aux signes au lieu de les figer sur le tableau noir de l'entendement critique[29]. Dans ce que l'entendement croit avoir fixé selon des termes univoques et non contradictoires, la raison doit découvrir le négatif et montrer le passage d'une signification à une autre plus déterminée, selon une dialectique propre au langage[30].

Or, l'art occupe une place à part dans la phénoménologie hégélienne, car il parcourt le chemin du symbole, dont la visée est encore oblique, au signe, transparent à la pensée. L'*Esthétique* de Hegel se développe en conformité à cette conception de la signification comme processus historique et dialectique. Cassirer défend aussi que

> l'art, tout comme le langage, doit parcourir la route qui mène de l'imitation au symbole pur : ce n'est que sur cette voie que le « style » sera atteint dans l'art comme il l'est dans le langage. C'est une légalité

28 G.W.F. Hegel, *Phénoménologie de l'Esprit*, Préface, éd. Vrin, 2006, p. 69.

29 *Ibid.*, p. 81

30 G.W.F. Hegel, *Science de la logique*, Add. §32, p. 487.

> analogue qui est à l'œuvre dans cette marche en avant, un rythme identique d'épanouissement qui mène à la spontanéité de l'expression spirituelle.[31]

Le parcours est comparable à celui que décrit Hegel :

> La hauteur et l'excellence de l'art [...] dépendront du degré d'intimité et d'unité avec lequel l'idée et la forme apparaissent, élaborées l'une dans l'autre. C'est dans le lieu où la plus haute vérité comme spiritualité est rejointe par la forme conforme au concept de l'esprit, que l'on trouve le fondement de la subdivision de la science de l'art. En effet, avant d'accéder au vrai concept de son essence absolue, l'esprit doit *franchir une série de paliers* qui se fondent sur ce concept même, et à cette *progression du contenu, que l'esprit se donne à lui-même*, correspond une *progression immédiatement connexe des formes de l'art*, dans lesquelles l'esprit, en tant qu'esprit artistique, se donne à lui-même la conscience de soi.[32]

L'accent est mis sur le passage de l'art symbolique à l'art classique, puis à l'art romantique. La prise en considération de l'ensemble de cette évolution importe :

Tel serait le caractère général des formes symbolique, classique et romantique de l'art, en tant que ce caractère définit les trois relations de l'idée à sa forme dans le domaine de l'art. La première de ces relations consiste dans l'effort, la deuxième dans la réalisation, la troisième dans le dépassement de l'idéal comme idée vraie de la beauté »[33]. Ces moments ne sont pas des phases se succédant historiquement, l'une effaçant la précédente et la dernière marquant la fin historique de la production artistique, mais des moments présents à chaque instant du point de vue phénoménologique[34]. Chaque nouvelle interprétation d'une œuvre historique invite à une relecture au plan logique des différents niveaux d'interprétation dont Hegel nous donne la clé dans l'*Esthétique*.

Cette réactualisation de tous les moments du sens est une tâche de remémoration à laquelle Hegel convie à la fin de la *Phénoménologie de l'Esprit* pour aborder la culture. Celle-ci apparaît non comme un « objet à étudier », mais comme « une tâche à effectuer »[35] :

31 Ernst Cassirer, « Le concept de forme symbolique », dans *Trois Essais sur le symbolique*, trad. J. Carro et J. Gaubert, Paris, Éditions du Cerf, 1997, p. 20.

32 G.W.F. Hegel, *Esthétique*, tome 1, Introduction, « subdivision du sujet », trad. C. Bénard revue et complétée par B. Timmermans et P. Zaccaria, Paris, Le Livre de Poche, 1997, p. 132. Nous soulignons. Traduction modifiée.

33 *Ibid.*, p. 142.

34 *Ibid.*, p. 132-133.

35 L'expression est de J. Gaubert, dans son essai « Fondation critique ou fondation herméneutique des sciences de la culture ? », précédant Ernst Cassirer, *La Logique*

> Le Soi a à pénétrer et à digérer cette richesse totale de sa substance. [...] l'esprit est plongé dans la nuit de sa conscience de soi, mais son être-là disparu est conservé dans cette nuit, et cet être-là supprimé – l'être-là précédent, mais né à nouveau du savoir – est le nouvel être-là, un nouveau monde et une nouvelle figure de l'esprit. En elle, il a aussi bien de façon non prévenue à commencer par le commencement en s'installant dans l'immédiateté qu'elle a et à s'éduquer de nouveau à partir d'elle, comme si tout ce qui précède était perdu pour lui et comme s'il n'avait rien appris de l'expérience des esprits antérieurs. Mais l'*in-tériorisation rappelant en et à soi* qu'est le souvenir a conservé cette expérience, et elle est l'intérieur et la forme en fait plus élevée de la substance. Si donc cet esprit recommence par le commencement sa culture en semblant seulement partir de soi, c'est en même temps à un niveau plus élevé qu'il commence. Le royaume des esprits qui s'est formé de cette façon dans l'être-là constitue une succession dans laquelle l'un d'eux a relayé l'autre et où chacun d'eux a pris en charge du précédent le royaume du monde. [36]

Mais l'individu initie-t-il quand il se forme à la culture quelque chose de véritablement nouveau, ou bien ne fait-il que se ressouvenir de ce qui a été conservé dans l'expérience universelle ? Le doute plane sur le caractère créateur de l'imagination propre à chaque individu dans la présentation qu'en fait Hegel. N'est-il pas possible d'ouvrir la voie à une phénoménologie plus morphologique et, politiquement, moins conservatrice que celle que propose Hegel ? L'imagination peut-elle servir pour fonder les sciences de la culture, ou sciences humaines dans une perspective humaniste ouverte sur la pluralité des interprétations ?

## 3 Le recours à l'imagination pour fonder les sciences de la culture : de Goethe à Cassirer

### 3.1 L'imagination « en vue du réel » : Goethe et Humboldt

La morphologie goethéenne telle que Cassirer l'interprète permet d'aborder aussi bien l'évolution du vivant que la reprise créative par le poète et l'artiste en général de motifs originaires (*Urmotive, Urformen*) qui insistent en nous. L'imagination se définit selon la morphologie de Goethe comme la capacité à dériver, de manière réglée, à partir d'un cas prégnant ou marquant (*prägnante Gestalt*) rencontré dans le réel, une série de cas qui fait globalement sens, dans un processus de transformation (*Umstaltung*) dont on met au jour le principe [37]. Elle est mobilisée

*des sciences de la culture*, Paris, Éditions du Cerf, 1991, p. 71 : « La culture – tout comme l'homme lui-même – apparaît donc comme constituant *plus une tâche à effectuer qu'un objet à étudier* ». Nous soulignons.

36 G.W.F. Hegel, *Phénoménologie de l'Esprit*, p. 661.

37 Ernst Cassirer, *Liberté et forme*, p. 238 : « C'est la méthode spécifique de la

quand un cas concret marquant, tel organisme vivant ou bien telle œuvre géniale, nous interloque et nous oblige à inventer, à bricoler pour lui donner sens, et ce sans « écraser » ce qui fait toute sa singularité sous l'universalité d'une loi générale, puisque c'est sa singularité qui nous rend précisément si admiratifs. L'imagination devient le vecteur d'une expérimentation (*Experiment*) protéiforme ouvrant le réel vers le possible, dans sa complexité, expérimentation que Goethe définit comme la médiation (*Vermittlung*) indispensable entre le sujet et l'objet[38], dans leurs transformations corrélatives. C'est seulement au cours de cette expérience configuratrice que simultanément prennent sens et corps le sujet de l'expérience et son objet, selon un processus de métamorphoses réglées qui fait saillir la singularité de chaque cas et sa complexité irréductible, mais aussi le lien possible que l'on peut tisser entre divers cas. Le cas prégnant condense potentiellement la série entière et la fait vibrer avec et autour de lui, de manière radiale. Comme d'un kaléidoscope surgissent constamment de nouvelles configurations absolument inédites quand on le secoue puis qu'on le fait tourner, selon une métaphore que mobilise Goethe[39]. Le sens naît de combinatoires complexes où les cas individuels, qu'ils soient vivants ou culturels, sont éclairés par leur mise en série dynamique. Il est à noter que le processus de mise en série se joue de manière pourrait-on dire immanente, sans que l'entendement ne soit placé en surplomb, car il doit entrer dans un libre jeu avec la sensibilité et l'imagination pour créer des groupes de transformation de cas[40] et entrevoir des homologies structurales éclairantes entre divers

"variation"», qu'elle se réfère à une expérience scientifique ou à un motif poétique, c'est la "dérivation" à partir d'un "point marquant" qui est efficace et fécond dans les deux cas, qui constitue pour Goethe l'opposition décisive entre les hommes empiriques, simplement réceptifs, et l'homme créateur » ; p. 235 : « La faculté d'imagination créatrice procède toujours de la même façon : elle condense un ensemble infiniment riche en un moment particulier, en une figure particulière, et fait surgir à nouveau l'ensemble de ce moment selon une loi précise ». Ernst Cassirer, *Idee und Gestalt* (n. 22), Darmstadt, Wissenschaftliche Buchgesellschaft, 1971, p. 76 : l'ensemble des figures rassemblées dans une même série fait corps dans la mesure où elles incarnent ensemble un nouveau principe de mise en ordre.

38 J. W. von Goethe, « De l'expérience considérée comme médiatrice entre le sujet et l'objet » [1972], bien traduit et bien introduit en particulier dans *Textes clés d'esthétique. Connaissance, art et expérience*, anthologie dirigée par Danièle Cohn et Guiseppe di Liberti, Paris, Vrin, 2012.

39 Ernst Cassirer, *Liberté et forme*, p. 223.

40 *Ibid.*, p. 234 : « Goethe, raconte-t-il, possédait la capacité de provoquer spontanément la naissance de telles images dans l'imagination alors que pour d'autres cela se produit de manière uniquement de manière passive ; il était capable d'indiquer volontairement le thème, et la transformation apparemment involontaire commençait alors mais suivait une loi et une symétrie. Nous nous trouvons ainsi placés devant la collusion spécifique d'une totale détermination et d'une capacité

groupes parfois hétérogènes, pour reprendre le vocabulaire dont use Claude Lévi-Strauss.

Lecteur de Goethe, Cassirer perçoit d'emblée les limites des deux grands philosophes que sont Kant et Hegel, malgré l'intérêt qu'il leur porte, et la présentation magistrale et novatrice qu'il en offre en se focalisant quant à lui, contrairement à son maître Hermann Cohen, sur la troisième *Critique* plutôt que sur la première[41]. Par principe, pourrait-on dire, Cassirer s'écarte de l'idéalisme critique transcendantal, car il ne part jamais, comme le fait Kant, de deux sources séparées de la connaissance, l'entendement d'un côté, la sensibilité de l'autre, pour ensuite venir les unir par une synthèse de l'imagination, qui devrait magiquement réduire le fossé entre elles. Selon Cassirer, tout sensible est toujours déjà inséré dans une série où il fait sens et tout sens doit s'incarner dans le sensible pour avoir une réelle teneur (*Gehalt*). L'approche de Cassirer est en cela résolument « phénoménologique ». Précisons alors d'emblée que cet entrelacs (*Verflechtung*) du sensible et du sens dont il part, point dont partira aussi Maurice Merleau-Ponty[42], lecteur de Cassirer, surgit au cours de mises en série par dérivation réglée à partir de cas marquants rencontrés dans le réel, qui enclenchent la production de groupes de transformation. L'approche de Cassirer est donc en cela « morphologique ». Il emprunte ainsi une autre voie que celle proposée par Hegel, refusant la fermeture de son système sur le logique, fermeture qu'il déplore chez un philosophe qui avait paradoxalement ouvert la voie de manière magistrale à la compréhension de l'émergence des formes en portant l'accent sur l'historicité des formes de la culture et sur l'historicité de la raison elle-même.

On pourrait certes défendre ici Kant contre le reproche de dualisme, puisqu'il résout en un sens le problème que celui-ci pose en mobilisant l'imagination à la racine de l'esprit, et on pourrait certes aussi défendre Hegel contre le reproche de clôture sur le logique, puisqu'il dit lui-même que ce qui a été enseveli dans le puits de la mémoire universelle peut et doit être reconquis activement par l'imagination créatrice de signes singulière de l'individu. En ce cas, et si l'on adopte cette double lecture particulière de Kant et de Hegel, qui est exactement celle de Cassirer, on

de transformation sans limites des images de l'intuition. L'image n'est pas quelque chose de figé et de donné isolément, elle s'expose elle-même : elle n'est vraie pour nous que dans la mesure où elle se meut devant nous tout en ne s'estompant cependant à aucun moment, en gardant des contours nets ».

41 Ernst Cassirer, *Kantsleben und Lehre* (v. ci-dessus note 14)

42 Maurice Merleau-Ponty, *L'Œil et l'esprit*, Paris, Gallimard, 1960, p. 16 : le corps est « entrelacs de vision et de mouvement », ce qui fait écho au concept de prégnance symbolique défini par Ernst Cassirer, *La philosophie des formes symboliques, t. III, Phénoménologie de la connaissance*, p. 229.

peut dire que ce dernier en est bel et bien le double continuateur. Toutefois, pour plus de clarté, nous soutenons qu'il est phénoménologue et morphologue, donc goethéen, plutôt que néo-kantien ou néo-hégélien et nous soulignons qu'il abandonne d'emblée l'idéalisme, qu'il soit transcendantal ou absolu, précisément parce qu'il donne à l'imagination de l'individu une vraie valeur créatrice.

Le théoricien de la langue Wilhelm von Humboldt prolonge la conception goethéenne d'une imagination « en vue du réel » (*zur Wirklichkeit*), qui vise l'exactitude[43], en se distinguant d'une fantaisie débridée, pour en faire la clé d'une méthode rigoureuse pour la science de la culture par excellence qu'est l'histoire. Citons ici longuement Humboldt pour la clarté de son propos :

> Le simple tri de ce qui s'est en réalité produit ne fournit encore guère que le squelette de ce qui est advenu. On obtient ainsi la base nécessaire de l'histoire, son matériau, mais pas l'histoire elle-même. En rester là reviendrait à sacrifier la vérité authentique, intérieure, et fondée dans la connexion causale, au profit d'une vérité extérieure, littérale et apparente, à commettre volontairement certaines erreurs pour prévenir le danger d'erreurs encore incertaines. La vérité de tout ce qui s'est produit repose sur l'ajout de la part, déjà mentionnée, qui en chaque fait reste invisible ; l'historien doit par conséquent opérer cet ajout. Considéré de ce côté, il possède une activité autonome, et même créatrice, non qu'il produise ce qui n'existe pas, mais parce qu'il donne forme, par ses propres forces, à ce qu'il ne pouvait percevoir tel qu'il est réellement par la simple réceptivité. Tout comme le poète, bien que différemment, il doit intérieurement transformer la collection d'éléments dispersés en une totalité. Accepter le moindre point de contact entre le domaine de l'historien et celui du poète peut paraître dangereux. Les deux activités, cependant, sont incontestablement apparentées. Car l'historien, qui, d'après ce qui précède, n'atteint dans son exposé la vérité de ce qui s'est produit qu'en complétant et reliant les pièces et les débris offerts par l'observation immédiate, ne peut y parvenir, comme le poète, que par l'imagination.[44]

Contre le positivisme, dans le cadre d'une revalorisation de la sensibilité et de la subjectivité, tout comme de l'intersubjectivité, l'imagination est revendiquée par Humboldt pour fonder, comme le fera aussi Wilhelm Dilthey, les sciences de la culture sur la compréhension (*Verstehen*), l'empathie (*Einfühlung*) et l'interprétation (*Sinndeutung*). Seules ces mé-

43 Ernst Cassirer, *L'idée de l'histoire, Les inédits de Yale et autres écrits d'exil*, trad. F. Capeillères, Paris, Éditions du Cerf, 1988.

44 Wilhelm von Humboldt, *La tâche de l'historien*, trad. A. Disselkamp et A. Laks, Villeneuve d'Ascq, Presses Universitaires du Septentrion, 1985, p. 35.

thodes sont susceptibles en effet de faire droit à l'individuel, tandis que les sciences de la nature, explicatives, abstraites, portent quant à elles l'accent sur l'universalité des lois dégagées de l'expérience de cas particuliers. Recourant à l'imagination, ces sciences humaines naissantes n'en sont paradoxalement pas moins rigoureuses : face aux sciences de la nature, elles précisent leur méthode. Les événements historiques sont singuliers, ils exigent de nous l'attention à cette unicité. Les documents du passé nécessitent qu'on leur redonne vie, en impliquant non seulement notre intellect, mais aussi notre sensibilité, notre subjectivité, notre intérêt personnel unique. Nous sommes en sciences de la culture investis par et dans notre objet, nous nous y engageons, corps et âme en nous y rendant sensibles.

L'historien de l'art humaniste Erwin Panofsky, ami et collaborateur de Cassirer, défend l'idée que les sciences de la culture reposent sur un cercle herméneutique vertueux[45]. La recréation subjective des éléments du passé que l'on relie par l'intérêt singulier que l'on porte sur eux peut être corrigée par une enquête archéologique objective rigoureuse, selon laquelle on met en série des documents pour leur donner sens en fonction de principes que l'on met au jour pour rendre la série éclairante. Tel cas particulier, telle œuvre d'art, par exemple, voit sa singularité mise en lumière au croisement des différentes séries de cas dans lesquelles on imagine l'insérer. La mésinterprétation peut ainsi se trouver progressivement corrigée, sans renoncer à une part de subjectivité irréductible dans les interprétations, qui sollicitent la sensibilité et l'imagination créatrice des historiens et historiens de l'art. Il en va de même en ethnologie, en anthropologie, ou en psychologie. Le sens s'ouvre sur une pluralité d'interprétations possibles sans invalider le processus subjectif et intersubjectif de production du sens.

## 3.2 Cassirer et l'individu comme second Prométhée

Or, Cassirer prolonge le mouvement humboldtien de transposition au langage et à l'histoire de la méthode morphologique goethéenne pour aborder toute la culture, c'est-à-dire l'action rituelle collective, la science et l'art, ainsi que la technique. Il s'agit d'aborder le concert des cultures dans leur irréductible diversité, comme Humboldt avait abordé la diversité des langues. Au cours de l'histoire, l'individu prend progressivement conscience qu'il est un second Prométhée, créateur à l'intérieur de la création, conception qui naît non à la Modernité avec Descartes, mais avec les artistes néo-platoniciens humanistes de la Renaissance italienne[46]. Chaque acte de langage présente à lui seul déjà un écart par

45 Erwin Panofsky, *Essais d'iconologie, Les thèmes humanistes dans l'art de la Renaissance,* trad. C. Herbette et B. Teyssèdre, Paris, Gallimard,1967, p. 25 et suiv.

46 Ernst Cassirer, *Individu et cosmos dans la philosophie de la Renaissance*, trad. P. Quillet, Paris, Éditions de Minuit, 1983, p. 109 et suiv.

rapport à ce qui a déjà été dit[47]. Le langage se joue dans la parole, dans le dialogue vivant ouvert auquel se livrent ici et maintenant des individus divers, aux perspectives différentes. Sans cesse, à tout instant, nous créons de l'inédit à partir de ce qui nous a été transmis, nous écoutons, nous imaginons ce que l'autre nous dit, nous le recréons en nous et nous lui faisons la réplique, ouvrant à nouveau le dialogue entre nous. L'imagination des individus nourrit leur empathie et c'est cette capacité humaniste à l'empathie qui vivifie la culture. À nouveau, mais en un autre sens que chez Hegel, il apparaît que la culture n'est pas un objet (*Gegenstand*), immobile sous nos yeux, à assimiler passivement. Elle en appelle pour chaque individu qu'elle forme à une tâche (*Aufgab*) infinie de reprise créative. Il nous faut imaginer ce que nos ancêtres nous ont dit, ce que les autres cultures, ce que d'autres classes sociales que la nôtre nous disent. Recevoir la tradition, traduire et recréer, suppose un travail créatif qui mobilise l'imagination comme faculté de dépassement, de franchissement, des époques et des lieux.

Or, les artistes sont ceux qui exemplifient cet écart et peuvent nous faire prendre conscience de notre propre créativité : en imaginant une nouvelle langue, un nouveau courant, de nouvelles règles de l'art, en étant à l'avant-garde, ils rendent l'écart de toute prise de parole plus manifeste que dans chaque parole ordinaire.

Imaginer est donc bel et bien notre fardeau. Chez Cassirer, ce n'est toutefois pas à entendre comme chez Jean-Paul Sartre comme le fardeau d'un choix radical où l'on pourrait du passé faire table rase, néantiser le réel présent, faire autre chose de nous que ce que l'on a fait de nous. La liberté tient pour Cassirer dans la capacité à la distanciation (*Distanzierung*) progressive dont profite l'individu qui se cultive, le rendant capable d'une reprise créative de ce qu'il a avec d'autres hérité, mais aussi responsable de cet héritage. Chez Sartre, les termes de culture, d'histoire, d'intersubjectivité et de tradition, d'interprétation sont absents pour parler d'imagination des choix et projets possibles. Chez Cassirer, ils sont au contraire centraux, car c'est dans une culture, dans une histoire, en réinterprétant collectivement et individuellement la tradition héritée que l'on invente l'avenir inédit.

Cassirer refuse la séparation des facultés sensibles et intellectuelles et leur réification en substances. Elles doivent être comprises comme fonctions et comme activités. Il refuse la séparation abstraite entre approches de la science et de l'art. Il faut les intégrer dans une construction globale du sens. Il va retenir dans une certaine mesure la conception dialectique hégélienne de la signification comme processus historique permettant le passage d'une certaine relation forme-matière à une autre. Mais il y a pour lui des limites à la compréhension du signe et du symbole que

47 Ernst Cassirer discute ici principalement les thèses de Benedetto Croce.

Hegel a développée. Le système hégélien se présente comme clos et le déroulement du sens est perçu comme le développement circulaire d'*un* principe absolu. Hegel manque de ce fait la diversité irréductible des mises en forme symboliques que l'individu a créées au cours de l'histoire. Langage, mythe, religion, art, science : ces formes présentent dans la *Philosophie des formes symboliques* [48] un enchevêtrement plutôt qu'elles ne sont linéairement hiérarchisées. Pour Cassirer, on ne peut, sans plier la réalité à la théorie, enfiler les figures de l'esprit comme des perles sur un fil unique, en pensant possible de refermer définitivement la boucle. Chacune des formes obéit à ses principes propres et caractérise différemment la mise en rapport sujet-objet qu'elle constitue. S'il y a bien une systématicité des formes symboliques, c'est une systématicité ouverte sur l'histoire à venir, qui procède non téléologiquement, mais par ramifications et chevauchements, « un système centrifuge » [49], présentant une pluralité de modalités. Selon la morphologie goethéenne, dont Cassirer poursuit la dynamique, il faut définir un système ouvert à partir duquel l'émergence de nouveaux invariants soit possible sans que l'on puisse par avance les prédéterminer.

## Conclusion : pour une « société de l'invention »

Cassirer crée donc un système ouvert des formes symboliques, partant de l'entrelacement du sensible et du sens. L'imagination créatrice y joue un rôle matriciel et elle est revendiquée pour élaborer les sciences de la culture, bientôt baptisées après la Seconde Guerre mondiale, sciences humaines [50]. Il en appelle à une « société de l'invention » [51], pour reprendre l'expression de Jean-Hugues Barthélémy commentant Gilbert Simondon. C'est l'esprit d'encyclopédie qu'il faut réactiver, pour nourrir l'imagination des générations à venir. Comment faire en sorte que la culture n'apparaisse pas aux individus à venir comme tragiquement écrasante ? Comment réfléchir à la formation individuelle, théorique et pratique, par laquelle l'individu peut assimiler la culture, s'en rendre à son tour responsable comme d'un héritage précieux et se rendre créatif pour affronter les défis contemporains ? Comment ouvrir les machines à l'inventivité à venir des nouvelles générations au lieu de les refermer sur

48 Ernst Cassirer, *La philosophie des formes symboliques*, tome 1, *Le langage*, trad. par Ole Hansen-Love et Jean Lacoste ; tome 2, *La pensée mythique*, trad. Jean Lacoste et tome 3, *La phénoménologie de la connaissance*, trad. Claude Fronty, Paris, Éditions de Minuit, 1972.

49 *Ibid.*

50 Voir dans Alexandre Feron et Yohann Douhet, *Les sciences humaines*, Limoges, Lambert-Lucas, 2022, le chap. 13 : Guillemette Leblanc, « Objet et méthode des sciences de la culture chez Ernst Cassirer », p. 233-247.

51 Jean-Hugues Barthélémy, *La société de l'invention, pour une architectonique philosophique de l'âge écologique*, Paris, Éditions Matériologiques, 2018.

les experts du passé ? Pour faire bref, comment faire en sorte que malgré la difficulté des crises écologiques et politiques à laquelle nous faisons face de manière inédite, l'individu soit guidé encore par « le principe espérance »[52] ?

Telles sont les questions ouvertes par cette approche morphologique de l'imagination que nous avons ici tenté d'esquisser. Et voici quelques éléments de réponse apportés par Cassirer. Il n'y a pas de tragédie de la culture, tout au plus un drame. Aux individus de s'emparer de ce qui a pu être oublié et de faire leurs humanités. Seule la formation lente et assidue leur permettra de se distancier suffisamment de leur propre *épistémè* pour se rendre conscients, par la maîtrise de l'histoire des idées, de la capacité humaine à imaginer de nouveaux mondes possibles. Faire de nouveaux mondes, ce n'est jamais réduire à néant le passé, mais remettre du jeu dans l'héritage reçu. L'imagination est une faculté de mettre en série des cas possibles idéels à partir de cas réels et de vérifier ensuite dans le réel si ces cas existent. Elle n'est pas tant fantaisie débridée irrationnelle que la manière d'ordonner activement le donné pour lui donner un nouveau sens inédit.

## Travaux cités

### Œuvres d'Ernst Cassirer

*La Logique des sciences de la culture*, Paris, Éditions du Cerf, 1991.

*La philosophie des formes symboliques*, tome 1, *Le langage*, trad. par Ole Hansen-Love et Jean Lacoste ; tome 2, *La pensée mythique*, trad. Jean Lacoste et tome 3, *La phénoménologie de la connaissance*, trad. Claude Fronty, Paris, Éditions de Minuit, 1972.

*Le problème de la connaissance dans la philosophie et la science des temps modernes*, tome 2, *De Bacon à Kant,* dans *Œuvres XX*, trad. par René Fréreux, Paris, Éditions du Cerf, 2005.

*Liberté et forme*, dans *Œuvres XLV*, trad. J. Carro, M. Wilman-Carro et J. Gaubert, Paris, Éditions du Cerf, 2001.

*Individu et cosmos dans la philosophie de la Renaissance*, trad. P. Quillet, Paris, Éditions de Minuit, 1983.

*Une idée de l'histoire. Les inédits de Yale et autres écrits de l'exil*, trad. F. Capeillères, avec la collab. d'Isabelle Thomas-Fogiel, Paris, Éditions du Cerf, 1988.

### Autres textes

Jean-Hugues Barthélémy, *La Société de l'invention, pour une architectonique philosophique de l'âge écologique*, Paris, Éditions Matériologiques, 2018.

52 Ernst Bloch, *Le principe espérance*, trad. par F. Wuilmart, Paris, Gallimard, 1976.

Ernst Bloch, *Le principe espérance*, trad. F. Wuilmart, Paris, Gallimard, 1976.

Georg Wilhelm Friedrich Hegel, *Encyclopédie des sciences philosophiques, Philosophie de l'Esprit*, trad. B. Bourgeois, Paris, Vrin, 1994.

Georg Wilhelm Friedrich Hegel, *Phénoménologie de l'Esprit*, trad. B. Bourgeois, Paris, Vrin, 2006.

Wilhelm von Humboldt, *La tâche de l'historien*, trad. A. Disselkamp et A. Laks, Villeneuve d'Ascq, P.U. du Septentrion, 1985.

Emmanuel Kant, *Critique de la raison pure*, traduction Alain Renaut, Paris, GF, 2001.

Emmanuel Kant, *Critique de la faculté de juger*, trad. Alain Renaut, Paris, GF, 1995.

Emmanuel Kant, *Anthropologie du point de vue pragmatique*, présenté par Michel Foucault, Paris, Vrin, 1994.

Erwin Panofsky, *Essais d'iconologie, Les thèmes humanistes dans l'art de la Renaissance*, trad. C. Herbette et B. Teyssèdre, Paris, Gallimard, 1967.

Quatrième Partie

# De l'imagination à l'imaginaire : approches contemporaines

Chapitre 12

## Rêve, rêverie, fantasme : de l'imagination en psychanalyse

par Paula Galhardo Cépil

> Quiconque connaît la vie psychique de l'homme sait que presque rien ne lui est aussi difficile que de renoncer à un plaisir qu'il a une fois connu […]. L'adolescent, quand il cesse de jouer, n'abandonne rien d'autre que l'étayage sur des objets réels ; au lieu de jouer, maintenant il fantasme. Il se construit des châteaux en Espagne, il crée ce qu'on appelle les rêves diurnes.
>
> Sigmund Freud, « Le créateur littéraire et l'activité imaginative », dans *L'inquiétante étrangeté et d'autres textes,* Paris, Gallimard, « Folio bilingue », 2001, p. 239.

### Introduction

La question de l'imagination en psychanalyse est porteuse d'une ambiguïté. D'une part, l'imagination n'est pas à proprement parler une notion psychanalytique. Même si le mot allemand *phantasieren* a quelques occurrences dans l'œuvre de Freud, la question de l'imagination n'est pas abordée en tant que telle. Si l'on prend l'imagination comme une faculté à produire des images, celle-ci serait difficilement conciliable avec le champ psychanalytique. En introduisant la notion d'inconscient, Freud opère un décentrement du moi qui sépare la psychanalyse de toute psychologie, qui, elle, raisonne en termes de facultés. En effet, nous n'avons accès à la dimension de l'inconscient que par le biais de ses formations : lapsus, actes manqués, mots d'esprit, rêves. L'inconscient se manifeste comme une discontinuité, souvent teintée d'étrangeté ; le plus souvent, on ne se reconnaît pas dans ce qui se présente comme manifestation de *son* propre inconscient. Cela va à l'encontre de l'idée d'un sujet connaissant maître de ses représentations.

D'autre part, si l'on prend l'imagination au sens le plus large, comme la présentification d'un contenu qui n'est pas réel, mais imaginé (sans que l'on ait une idée préétablie de ce que l'on entend par là), on s'aperçoit qu'il s'agit d'une question centrale pour la psychanalyse. Comment qualifier sinon les rêves, les rêveries, les fantasmes ? Ces formations psychiques se présentent comme des scènes imaginées : il y a ici la création d'un sens nouveau, qui n'est pas donné par la perception et que l'on ne pourrait pas non plus mettre au compte de la pure activité de l'intellect. L'approche psychanalytique de ces formations est tout à fait originale, dans la mesure où elle les situe dans le champ qui lui est propre, celui du désir inconscient. Ainsi, l'homme rêve, rêvasse, fantasme, parce qu'il cherche à satisfaire quelque chose qui a trait à ce que la psychanalyse nomme le désir.

De ces formations psychiques, issues du champ psychanalytique, pouvons-nous dégager une conception de l'imagination ? Telle est la question que nous allons mettre au travail dans ce chapitre. Au lieu de partir d'une idée préétablie de l'imagination, nous tâcherons de nous intéresser aux élaborations de Freud et de Lacan sur ces formations que l'on pourrait qualifier d'imaginaires. Nous prendrons comme point de départ le rêve, que Freud qualifie de « voie royale » dans la connaissance de l'inconscient. Cela nous fournira une entrée en matière privilégiée, nous permettant d'aborder la question de l'activité imageante dans le rêve et son rapport à l'inconscient. Dans un deuxième temps, nous nous intéresserons aux analyses de Lacan sur la question de l'imaginaire, notion qui constitue une pièce maîtresse de sa pensée. Ce passage par l'imaginaire lacanien nous permettra de mesurer l'importance d'une image fondatrice – celle du corps propre – et d'en tirer les conséquences pour le champ de l'imaginaire en général. Cela nous conduira, dans un troisième et dernier moment, à interroger la question de l'imagination à partir de la rêverie et du fantasme, ce qui débouchera sur une discussion à propos des rapports qu'entretient l'imaginaire avec la réalité et le réel.

## 1 Rêve et imagination

On n'a pas attendu la psychanalyse pour s'intéresser à la question du rêve. Depuis la nuit des temps, les images oniriques fascinent autant qu'elles intriguent : on s'est souvent demandé ce que cet étrange scénario, souvent absurde et incohérent, pourrait bien signifier. Expérience *quasi* perceptuelle, énigmatique, le rêve a souvent été considéré comme doté de pouvoirs magiques ou divinatoires. Or Freud, lorsqu'il s'intéresse aux rêves, le fait dans le cadre de ses découvertes sur ce domaine inédit de la vie psychique, qu'il nomme l'inconscient[1]. Pour l'inventeur de la psychanalyse, le rêve n'a pas de pouvoirs prophétiques, mais il contient bel et bien un message. Celui-ci ne vient pas des cieux, mais de quelque chose qui nous est à la fois intime et étranger, notre inconscient.

À l'instar des symptômes psychiques, le rêve a un sens : il veut dire plus qu'il ne dit, il fait signe vers autre chose que lui-même, ouvrant ainsi vers une « autre scène ». Le sens dont il s'agit est donc caché, crypté, et c'est pourquoi il faut interpréter le rêve. Néanmoins, Freud nous met en garde d'emblée : il ne s'agit nullement d'une interprétation « allégorique », qui trouverait une correspondance entre des symboles présents dans le rêve et une signification universelle. En effet, sa méthode repose sur l'idée selon laquelle c'est le rêveur qui interprète son rêve, car ce n'est qu'à travers *son* récit et *ses* associations que l'on pourra déchiffrer le message caché. Or, se pose alors la question de savoir comment concevoir ce passage entre le rêve tel que le rêveur en fait l'expérience, de manière presque perceptuelle, et ce que Freud a nommé le *contenu latent* du rêve, c'est-à-dire le message caché qu'il contient. Peut-on dire que ce passage met en jeu l'imagination ?

### 1.1 Du latent au manifeste : le travail du rêve

Le tour de force de la théorie freudienne du rêve, telle qu'elle est formulée en 1900 dans *L'Interprétation du rêve,* est d'avoir distingué le *contenu latent* du *contenu manifeste*. Avant, dit Freud, on ne prenait en considération que le contenu *manifeste*, c'est-à-dire, le récit qu'en fait le rêveur, une fois réveillé. À celui-ci, Freud ajoute le contenu *latent,* contenu refoulé qui se trouve déguisé dans le rêve. C'est par l'un de ses propres rêves (*le rêve de l'injection faite à Irma*) qu'il commence l'exposition de sa méthode d'analyse dans *L'interprétation du rêve*[2]. L'analyse faite par Freud s'attarde sur chaque élément, chaque image, chaque phrase du récit de ce rêve en apparence absurde. Sur chacun de ces éléments, Freud fournit des associations, en essayant de trouver les pensées qui ont motivé une telle mise en scène. Le rêve, dit-il, doit être interprété comme un « rébus »[3] : il s'agit de remplacer chacune des images par des mots, sans se soucier de leur incohérence, afin de décrypter un message qui n'apparaît qu'à la fin.

Par ce procédé, on n'aboutit pas à une interprétation « symbolique » du rêve, c'est-à-dire, totalisante, qui le réduirait au symbole de quelque

1 Sigmund Freud, *L'Interprétation du rêve,* traduction J.-P. Lefebvre, Paris, Éd. du Seuil, 2010.

2 Voir *L'Interprétation du rêve,* Chap. II.

3 *Ibid.*, p. 320.

chose. Mais on ne se cantonne pas non plus à interpréter certains éléments oniriques en les associant à une signification déjà préétablie, à la manière d'une « clé des songes ». Il s'agit plutôt de suivre à rebours le chemin de ce que Freud nomme le « travail du rêve », c'est-à-dire la transformation des *pensées latentes* en *pensées manifestes*, la figuration du message inconscient par des moyens oniriques. Pour ce faire, Freud se sert de l'association libre, en s'appuyant sur l'idée que les associations du rêveur le mèneront d'une manière ou d'une autre au contenu refoulé du rêve. D'où la centralité du récit fait par le rêveur : même s'il a des lacunes, présente des oublis, ce qui compte ce sont les chemins psychiques empruntés qui, passant par des associations diverses, peuvent nous mener aux *pensées latentes* du rêve. L'interprétation, dit Freud, est une opération de traduction, comme s'il s'agissait du même contenu exprimé dans « deux langues différentes »[4].

Comme l'inconscient, le rêve ne connaît pas la contradiction, fait remarquer Freud. Les pensées du rêve subsistent les unes à côté des autres et plusieurs pensées contradictoires peuvent être figurées dans le même rêve. Mais cela ne veut nullement dire qu'il n'y a pas de règles dans le monde onirique. Au contraire, Freud dégage des mécanismes à l'œuvre dans le rêve, des mécanismes qui sont responsables du déguisement des pensées, des « processus par lesquels le manifeste est né du latent »[5]. Parmi ceux-ci, se détachent la condensation et le déplacement – deux mécanismes qui, sous la plume de Freud, apparaissent accompagnés du mot « travail ».

La condensation est une sorte de compression de plusieurs pensées sur un même élément du rêve. Ceux-ci sont souvent surdéterminés, ce qui explique la différence entre la longueur du rêve, qui peut être assez court, et celle de son analyse, qui est souvent assez longue. Le déplacement, quant à lui, se définit comme un décalage, qui fait que le rêve est centré différemment, un élément indifférent devenant par exemple très investi à la place d'un autre. L'un des rêves de Freud, celui de la *monographie botanique*, sert d'exemple : le signifiant botanique, auquel Freud est assez indifférent, prend une place centrale dans ce rêve, car il vient à la place de quelque chose d'autre, d'un contenu fortement investi qui se déguise sous le signifiant botanique. Freud évoque aussi d'autres mécanismes, comme la figuration et l'élaboration secondaire. Celle-ci n'est rien d'autre que la transformation du rêve en récit à l'état de veille, ce qui lui donne plus de cohérence et le rapproche d'une situation vécue. Quant à la figuration, Freud la définit comme « la mise en

4 *Ibid.*, p. 319.

5 *Ibid.*

image de la pensée abstraite »[6] et fait remarquer que la figuration onirique peine à exprimer certaines relations logiques, comme la conséquence et la contradiction.

Ces mécanismes mettent en évidence une sorte de fluidité de la signification, qui glisse, se condense, se défigure dès que les *pensées latentes* sont transposées en langage onirique. Cela n'est pas sans lien avec le fait que le rêve passe par des images, car figurer, dans le rêve, c'est toujours défigurer. Or, ces mécanismes relèvent-ils de ce que l'on nomme l'imagination ? Il y a sans aucun doute une transformation des pensées en images, que Freud nomme figuration, mais peut-on qualifier le travail du rêve d'activité imaginaire ? Certes, la condensation et le déplacement peuvent être assimilés à une forme de pensée, différente de la pensée consciente, ayant des règles propres, qui ne sont pas celles régissant la sensibilité et l'entendement. En ce sens, on pourrait dire qu'il s'agit d'une activité de pensée qui se situe au niveau de l'imaginaire, car jouissant de plus de liberté que la perception et que la pensée abstraite. Néanmoins, il ne faut pas perdre de vue la référence à l'inconscient : Freud parle des *processus inconscients*. Les mécanismes à l'œuvre dans le rêve n'impliquent pas une intentionnalité du sujet au sens d'une activité consciente et volontaire. Au contraire, au lieu de dire que le sujet imagine son rêve, on devrait plutôt dire qu'il le subit, car ce sont des images qui s'imposent – d'où la comparaison faite par Freud entre le rêve et l'hallucination[7].

C'est pourquoi Freud ne peut pas simplement se contenter de l'interprétation du rêve, mais doit rentrer dans le champ de la métapsychologie. Tel est l'objet du célèbre chapitre VII de *L'interprétation du rêve,* intitulé « Sur la psychologie des processus oniriques ». Freud y distingue deux types de fonctionnement psychique, celui relevant de la vie réveillée (appartenant au système préconscient/conscient) et celui de l'inconscient. Pour le premier, dit-il, le principe du plaisir est subordonné au principe de réalité et domine ce qu'il nomme le processus secondaire : l'énergie est liée aux représentations, ne s'écoule donc pas librement, et domine des opérations de la pensée consciente, telle que nous la connaissons. Quand il s'agit du rêve, c'est le processus primaire qui prime. Celui-ci caractérise l'inconscient : il y a une libre circulation d'énergie entre les représentations, ce qui fait que le sens peut glisser, se condenser, se déplacer.

Cependant, cette fluidité de la signification n'est pas simplement due à une liberté de la vie onirique. On pourrait même dire le contraire : bien que ce déguisement pendant le sommeil soit possible car il y a un relâchement de la censure, les transformations du sens sont bel et bien

6 *Ibid.,* p. 382.

7 *Ibid.,* p. 578.

au service de quelque chose d'autre, à savoir, de la libido du sujet, qui cherche des voies de décharge par le biais du déguisement. Cela signifie que le sens n'est pas seulement malléable, mais qu'il y a toujours quelque chose qui est caché, refoulé et qui ne peut être figuré que parce que cette chose se déguise. Autrement dit, il n'y a malléabilité du sens que parce que le latent *doit* se déguiser. En prenant des précautions pour ne pas substantialiser les deux contenus types du rêve – rappelons la référence au *travail* du rêve – il est important de souligner qu'il ne s'agit pas simplement d'une libre transformation des représentations, mais qu'il y a toujours quelque chose qui est sous la barre du refoulement.

## 1.2 Qu'est-ce que rêver ? L'imagination hétéronome

La méthode de l'interprétation des rêves élaborée par Freud ne va pas sans une conception de ce qu'est le rêve et de sa finalité. Finalement, pourquoi rêve-t-on ? L'analyse du rêve de *l'injection faite à Irma* menée jusqu'au bout conduit Freud à une conclusion qui deviendra une thèse centrale de sa théorie : « le rêve peut être identifié à une satisfaction de désir »[8]. Pour le rêve en question, le désir est celui d'être « non coupable de la maladie d'Irma »[9]. Or, nous n'avons pas ici affaire à quelque chose d'obscur, d'indicible, mais le désir – ou le vœu – qui motive le rêve peut être énoncé comme une pensée articulée logiquement (en plus, elle concerne un événement qui tracasse Freud, inquiet pour l'état de sa patiente). Freud se demande donc « pourquoi le rêve ne dit pas directement ce qu'il signifie ? »[10].

Comme nous l'avons vu, c'est le travail du rêve qui rend compte de l'écart qu'il y a entre les pensées qui se cachent dans le rêve – et qui peuvent se formuler de manière logique, comme des pensées de la vie éveillée – et la manière dont cela vient se figurer dans le scénario absurde du rêve. Ce travail de déguisement, de travestissement, qui figure le latent en le défigurant concerne les transformations subies par les contenus dans le rêve. Tel est le sens de la célèbre citation : « [Le travail onirique] ne pense, ne compte, ne juge absolument pas : il se borne à donner une forme différente »[11]. Cependant, une question demeure : « quelle est l'origine de cette défiguration onirique ? »[12]. Si le travail du rêve est avant tout travail, on doit reconnaître qu'il ne travaille pas pour rien, mais se trouve subordonné à quelque chose de l'ordre d'un désir, d'un vœu, ce qui rapproche le rêve d'autres formations psychiques, comme la rêverie diurne.

8 *Ibid.*, p. 159.

9 *Ibid.*

10 *Ibid.*, p. 175.

11 *Ibid.*, p. 549.

12 *Ibid.*

Il est notable que Freud ne reviendra jamais sur la thèse selon laquelle le rêve est l'accomplissement d'un désir. Dans *L'interprétation des rêves*, il répond aux objections une à une et réinterprète les contre-exemples, venant surtout de ses analysants qui lui rapportent des rêves supposés infirmer sa thèse. Pour les rêves à contenu pénible, Freud soutient que même s'ils sont vécus comme désagréables, ils satisfont tout de même un désir au niveau de l'inconscient. La prise en compte de l'objection des rêves à contenu pénible conduit Freud à reformuler sa thèse : « le rêve est la satisfaction (déguisée) d'un désir (réprimé, refoulé) »[13]. Cette thèse s'affirme encore au début du septième chapitre de l'ouvrage, où Freud analyse un rêve, qui sera ensuite repris par Lacan[14], celui de *l'enfant qui brûle*[15]. Il s'agit d'un rêve fait par un homme dans un moment très douloureux : après avoir veillé son enfant malade pendant plusieurs jours, il s'est endormi dans une chambre à côté de celle où gisait le corps de l'enfant mort dans son cercueil. Il rêve que son enfant vient près de lui, lui touche le bras et lui dit sur un ton de reproche : père, ne vois-tu pas que je brûle ? C'est un rêve dit d'angoisse, qui réveille le rêveur. Même si cela semble paradoxal, Freud décèle deux désirs à l'œuvre dans ce rêve : le désir principal, celui que l'enfant soit vivant et, un désir secondaire, celui de pouvoir continuer à dormir.

Ce n'est qu'avec les bouleversements de la théorie psychanalytique dans les années 1920 que Freud apportera des modifications à la thèse du rêve comme accomplissant un désir. La découverte d'un au-delà du principe de plaisir introduit des modifications dans la métapsychologie freudienne et la question des rêves des traumatisés de guerre requiert une réévaluation de la théorie du rêve. Dans ces rêves dits traumatiques, il y a la répétition d'un contenu non seulement pénible, mais traumatique : le sujet est reconduit à des scènes précises, qui l'ont marqué, c'est-à-dire qui ont fixé quelque chose de sa libido. C'est la répétition incessante, à l'identique, qui semble primer ici sur le travail du rêve. Or, ces rêves, dit Freud, « ne se laissent plus ramener au point de vue de l'accomplissement de désir [...] Ce sont là des rêves qui obéissent bien plutôt à la compulsion de répétition »[16].

Ce remaniement ne modifie pas notre propos, au contraire, il le confirme. Que le rêve soit l'accomplissement d'un désir inconscient ou qu'il soit la répétition d'un événement traumatique, ce qui relève de l'imagination y demeure une puissance hétéronome. Certes, il y a création de quelque

13 *Ibid.*, p. 200.

14 Jacques Lacan, *Le Séminaire, XI, Les quatre concepts fondamentaux de la psychanalyse*, Paris, Éd. du Seuil, 1964, p. 68.

15 Sigmund Freud, *L'interprétation du rêve*, p. 551.

16 Sigmund Freud, « Au-delà du principe du plaisir » dans *Essais de psychanalyse*, Paris, Payot, 1995, p. 75.

chose de nouveau à chaque fois : du sens, des images oniriques, un scénario. Mais ce pouvoir créateur est, dans les deux cas, au service de quelque chose d'autre, d'un vœu refoulé ou de la compulsion de répétition. Dans le deuxième cas, le pouvoir de l'imagination semble encore moins libre, car il répète à l'identique la rencontre traumatique, sans pouvoir s'en détacher. Ainsi, des désirs inconscients qui motivent le rêve, nous passons à quelque chose d'inassimilable, qui fait signe vers ce que Lacan nommera plus tard le réel. D'une manière ou d'une autre, le rêve met en scène, mais il ne le fait qu'au service de la satisfaction de quelque chose d'autre. Pour explorer ce lien entre l'image et une forme de satisfaction libidinale, nous devons nous tourner maintenant vers Lacan, qui a fait de cette question un pilier de sa pensée, à travers ce qu'il a nommé l'imaginaire.

## 2 La puissance des images : de l'imagination à l'imaginaire lacanien

La notion d'imaginaire joue un rôle fondamental dans les premiers *Séminaires* de Lacan et dans la critique de l'*ego psychology* [17] qui marque le début de son enseignement. Cette critique a souvent été résumée de la manière suivante : en faisant de la psychanalyse une thérapie du moi, les analystes postfreudiens de l'Association Internationale de Psychanalyse (IPA) restent prisonniers de l'imaginaire et escamotent ainsi la dimension du symbolique. Ce faisant, ils effacent ce que la découverte de Freud a de plus subversif, la référence à l'inconscient. C'est cette référence qui décentre *le sujet* et qui l'oppose au *moi*, instance purement imaginaire. Ainsi, la critique faite par Lacan du tournant que prenait la psychanalyse dans les années 1950, celui d'une analyse du moi [18], peut être lue comme une critique non seulement de l'oubli de la dimension de la parole dans l'expérience analytique, mais aussi de la dimension même de l'imaginaire, associée au leurre et à la méconnaissance.

Bien que cette lecture ait sa part de vérité, elle peut nous conduire à négliger l'importance qu'a la question de l'imaginaire dans la théorie lacanienne, ainsi que les transformations qu'elle subit au long des années. De sa centralité, témoigne le « stade du miroir », que Lacan situe à l'origine de l'imaginaire. Ses analyses autour de cette expérience fondatrice de la subjectivité humaine constituent la première contribution de Lacan à la théorie psychanalytique. Il s'agit de sa première formulation du décentrement du sujet, avant qu'il ne rencontre la linguis-

17 Par *ego psychology*, ou *psychologie du moi*, on entend un courant issu de la psychanalyse, essentiellement américain, qui voit dans la thérapie un moyen de renforcer le moi et de l'adapter à la réalité.

18 Sur cette question, voir Pamela King, *L'american way of life. Lacan et les débuts de l'ego psychology*, Paris, Lussaud, 2013.

tique structurale et mette en évidence la dimension du symbolique. Il est important de rappeler que ledit stade du miroir, avant de donner les assises d'une opposition qui deviendra centrale chez Lacan (entre le sujet et le moi), constitue une relecture de la problématique freudienne du narcissisme à partir de la dimension de l'image.

### 2.1 Le stade du miroir : du pouvoir formateur de l'image

Lacan présente le stade du miroir pour la première fois dans le cadre d'une intervention au XVI^e^ Congrès de l'IPA à Marienbad, en 1936. Le texte original n'est pas disponible, mais il reprend la question dans un article rédigé deux ans plus tard, « Les complexes familiaux dans la formation de l'individu »[19] et, de manière plus systématique, dans un texte de 1949, « Le stade du miroir comme formateur de la fonction du Je »[20]. Ses analyses prennent appui sur une expérience intervenant à un certain stade de développement de l'enfant, entre six et dix-huit mois, à savoir le moment où il reconnaît son image dans le miroir. Lacan nomme cela « le spectacle saisissant d'un nourrisson devant le miroir »[21] : tout en n'ayant pas encore la maîtrise de son corps, et en étant dans les bras d'un autre, le nourrisson « surmonte en un affairement jubilatoire les entraves de cet appui, pour suspendre son attitude en une position plus ou moins penchée, et ramener, pour le fixer, un aspect instantané de l'image »[22]. Selon Lacan, ce moment n'est pas simplement la résolution d'un problème de l'ordre de la connaissance. Certes, l'enfant *comprend* qu'il *est* l'image qu'il *voit*. Néanmoins, ce qui est crucial est que l'image spéculaire *anticipe* une maîtrise et une unité du corps que l'enfant ne possède pas réellement. Se découvrant visible, l'enfant acquiert une consistance qui manque à son corps, non unifié du point de vue des sensations et de la motricité. Cette unité est donc *virtuelle* : « la forme totale du corps par quoi le sujet devance dans un mirage la maturation de sa puissance, ne lui est donnée que comme *Gestalt,* c'est-à-dire dans une extériorité »[23]. En tant qu'image, la *Gestalt* du corps propre est toujours *externe* à l'enfant, elle apparaît comme à l'extérieur, par opposition à l'épreuve interne d'un corps réel non unifié. Il s'agit d'une « aliénation », mais d'une aliénation nécessaire et par laquelle advient ce qu'il nomme la « fonction du "Je" ».

19 Jacques Lacan, « Les complexes familiaux dans la formation de l'individu », dans *Autres Écrits,* Paris, Éd. du Seuil, 2001.

20 Jacques Lacan, « Le stade du miroir comme formateur de la fonction du Je », dans *Écrits,* Paris, Éd. du Seuil, 1966.

21 *Ibid.*, p. 93-94.

22 *Ibid.*

23 *Ibid.*, p. 94-95.

Cette fonction est certes celle d'une unité (l'enfant s'identifie à l'image et peut donc dire « Je »), mais elle configure aussi – et surtout – une instance libidinale. D'où le moment de jubilation devant le miroir : l'enfant jubile parce qu'il investit libidinalement la *Gestalt* de son corps, entrant ainsi dans la dimension de l'imaginaire. Celle-ci, d'un point de vue intra-subjectif, est caractérisée par le leurre et par la méconnaissance : il s'agit d'une image idéale qui sera la matrice de toutes les identifications du moi. D'un point de vue intersubjectif, l'imaginaire est la dimension du « complexe d'intrusion »[24] et se caractérise par l'agressivité envers autrui : l'*alter ego,* le semblable, est une autre version de ce moi-image qui pourrait venir prendre sa place.

Le stade du miroir n'est donc pas tant un moment du développement, qu'un nouveau mode de relation à soi rendu possible par l'effet formateur de l'image du corps. Il s'agit ici de la lecture lacanienne de ce que Freud a nommé narcissisme, c'est-à-dire de la libido ou de l'amour porté à l'image de soi[25]. Car la rencontre avec le miroir est une forme d'assomption inaugurale, une première identification, c'est-à-dire, une « transformation produite chez le sujet, quand il assume une image »[26]. Selon la relecture lacanienne de la deuxième topique de Freud, le « moi » n'est donc pas une instance psychique que l'on doit assimiler à la conscience et à la volonté, mais le produit d'une identification à une *Gestalt.* En ce sens, le moi est d'emblée un autre – d'où les développements, apparus quelques années plus tard chez Lacan, de l'axe imaginaire comme ce qui relie *a* (le moi) et *a'* (l'autre, le semblable). Première identification et source des suivantes, l'image du corps propre est donc celle qui, venant suppléer un défaut vital, est « plus constituante que constituée »[27].

Or, comme nous l'avons dit, les analyses de Lacan sur l'imaginaire sont souvent éclipsées par la référence au symbolique, le registre de l'imaginaire étant subordonné à la dialectique de la parole. L'inconscient structuré comme un langage et la parole qui cherche à se faire reconnaître vont de pair avec le primat du signifiant sur le visible. Néanmoins, déjà dans le texte sur le stade du miroir, on saisit l'importance de la question de l'image pour Lacan[28]. Même si elle est souvent associée à une forme d'inertie, à une fixité qui constitue une barrière au déchiffrage de l'inconscient et à la dialectique symbolique, l'image prend

24 Voir Jacques Lacan, « Les complexes familiaux dans la formation de l'individu ».

25 Sigmund Freud, *Pour introduire le narcissisme,* Paris, Payot, 2012.

26 Jacques Lacan, « Le stade du miroir comme formateur de la fonction du Je », p. 94.

27 *Ibid.*

28 Sur cette question, voir Jacques-Alain Miller, « L'image-reine », *La cause du désir,* n° 94, p.18-28.

en charge une question cruciale que la référence au symbolique peut nous faire oublier : celle de la satisfaction libidinale. En effet, la dimension de l'image, qui s'inscrit dans la lignée de l'image du corps propre, est non seulement ce qui unifie, mais ce qui fascine et qui peut capter l'intérêt du sujet. La jubilation de l'enfant devant le miroir en témoigne. Nous en retrouvons des traces dans le pouvoir de fascination qu'exercent les images en général. Il s'agit ici d'une satisfaction qui n'est pas du même ordre que celle du déchiffrage de l'inconscient et que Lacan met au compte du narcissisme. Celui-ci n'est pas seulement méconnaissance ou leurre, il est aussi une affaire de ce qu'il nommera plus tard la jouissance. C'est à partir de cette satisfaction d'abord imaginaire que Lacan va forger la notion d'objet *a,* cet objet difficilement saisissable, mais capable de capturer la libido du sujet.

## 2.2 Imaginaire et perception

Des analyses de Lacan sur le stade du miroir se dégage une conception de l'image qui a des effets formateurs, voire fondateurs. L'image du corps propre semble brouiller le partage entre ce qui est de l'ordre de la reproduction et ce qui relève de la création. En devançant la maîtrise motrice du corps du nourrisson dans une unité visuelle, la *Gestalt* ne se borne pas à reproduire, mais ne crée pas *ex nihilo :* elle *donne forme* à quelque chose. Ce n'est pas pour rien que Lacan emploie le terme de *Gestalt,* cher à une certaine psychologie et à la phénoménologie de Merleau-Ponty. Car la *Gestalt* est un arrangement spontané du champ visuel, censé se situer en deçà du partage de la réceptivité et de la spontanéité.

C'est justement à Merleau-Ponty que Lacan se réfère, dans le *Séminaire XI,* quand il s'intéresse à la question du champ perceptif, par le biais de la thématique du regard[29]. Lacan emprunte aux analyses du dernier Merleau-Ponty l'idée d'un « regard du monde »[30], qu'il réinterprète à partir de la dynamique pulsionnelle à l'œuvre dans la perception. Le champ de la vision ne s'y réduit pas à des images figées et à l'inertie du narcissisme : il va au-delà du spéculaire, car quelque chose du désir et de la satisfaction y circule, sous les espèces d'un objet insaisissable, que Lacan a formalisé sous le nom d'objet *a.* Cet objet est l'héritier de la jubilation devant miroir : la lettre « *a* » de l'objet est celle de l'image qui capte quelque chose du désir du sujet. Néanmoins, l'objet regard est précisément un point aveugle dans ce que nous voyons : il soutient le champ perceptif, mais lui n'apparaît pas. La stabilité du champ de la perception, dit Lacan, dépend justement de son élision. Il s'agit donc d'un

29 Voir chapitre VII dans Jacques Lacan, *Le Séminaire, XI, Les quatre concepts fondamentaux de la psychanalyse*.

30 Voir Maurice Merleau-Ponty, *Le visible et l'invisible,* Paris, Gallimard, 1964.

objet que l'on évite de rencontrer car, quand on le rencontre, on a affaire à l'angoisse et au trauma. La rencontre du regard est donc traumatique, à l'instar de celle mise en évidence par Sartre dans *L'Être et le Néant* : l'apparition du regard saisit, car elle touche à la stabilité du champ perceptif[31].

Cela nous renvoie à la discussion sur les rêves qui provoquent le réveil. Dans la catégorie des rêves pénibles, Freud avait isolé les rêves d'angoisse, où la rencontre avec quelque chose interrompt le sommeil. Dans ce même *Séminaire XI*, Lacan reprend l'analyse du *rêve de l'enfant qui brûle*. Pendant que le père de l'enfant a fait ce rêve, il y avait des flammes dans la chambre à côté, où gisait le fils. Ce n'est pourtant pas cet élément extérieur au rêve qui réveille le rêveur, mais la phrase de l'enfant (« père, ne vois-tu pas que je brûle ? »). Dans celle-ci, dit Lacan, « il y a plus de réalité, que dans le bruit »[32] dans la pièce voisine. Si Freud avait vu dans ce rêve un accomplissement de désir (désir que le fils soit vivant et désir de dormir), Lacan propose une autre lecture, qui se concentre sur ce qui provoque l'interruption du sommeil : c'est ce qu'il appelle une « vision atroce », celle de « l'enfant mort prenant son père par le bras », qui réveille le père en tant qu'elle « désigne un au-delà qui se fait entendre dans le rêve »[33]. Qu'est-ce que cet « au-delà » qui interrompt le sommeil ? Il s'agit, selon Lacan, d'une rencontre unique et qui ne peut se faire que dans le rêve, car « le désir s'y présentifie de la perte imagée au point le plus cruel de l'objet »[34]. De cette rencontre, qui a lieu dans le rêve, Lacan dit qu'elle renvoie à « l'envers de la représentation »[35], l'envers de l'imagerie du rêve : ce qui réveille, c'est un point de réel, qui a trait non à la réalité, mais à un point *inassimilable* de la réalité psychique.

Or, cette relecture du rêve traumatique à la lumière de l'objet *a* appelle une réévaluation de la question qui nous intéresse ici. D'une part, la perception et le rêve se rapprochent dans la mesure où ils ne sont pas neutres : il y a quelque chose de la satisfaction et du désir qui y circule. D'autre part, cette proximité entre la perception et le rêve prend son sens de leur opposition au trauma au réveil, ceux-ci faisant signe vers un au-delà, qui serait du côté de l'envers de la représentation. C'est ainsi vis-à-vis d'un point d'horreur, de quelque chose d'inassimilable, qui serait plus

31 Voir le chapitre intitulé « Le regard » dans Jean-Paul Sartre, *L'Être et le Néant*, Paris, Gallimard, 1943.

32 Jacques Lacan, *Le Séminaire, XI, Les quatre concepts fondamentaux de la psychanalyse*, p. 68

33 *Ibid.*, p. 69.

34 *Ibid.*

35 *Ibid.*, p. 70.

réel que la réalité, que et le rêve et la perception dans la vie éveillée se rapprochent – tous deux se situant du côté de la représentation. Se pose donc la question de savoir comment concevoir cette proximité entre le rêve et la vie éveillée, ainsi que leurs rapports au désir et à la réalité.

## 3 Du *Phantasieren* au fantasme : entre désir et réalité

Dans un texte sur le créateur littéraire et l'activité de l'imagination (*das Phantasieren*), déjà cité en exergue de ce chapitre, Freud rapproche l'imagination du jeu : là où l'enfant joue, l'homme imagine ou fantasme[36]. Ce faisant, il crée un monde propre, qu'il arrange à sa convenance et qu'il investit d'une grande quantité d'affect. Cette activité imaginative, dont la rêverie est l'exemple paradigmatique, a pour but d'accomplir des souhaits qui restent insatisfaits dans la réalité. L'imagination viendrait donc corriger un déficit de satisfaction : le fictif, que l'on manie à sa guise, prendrait la place de la réalité, moins conforme à nos désirs que le monde que l'on s'imagine.

Ainsi, comme le rêve, la rêverie cherche à accomplir un désir, par la mise en scène imaginée de vœux non exaucés dans la réalité. Elle bénéficie aussi d'un relâchement de la censure, mais l'élaboration secondaire prime sur les mécanismes du travail du rêve – ce qui rend les rêveries plus cohérentes que les rêves. Ce que Freud a nommé le fantasme, et qui se confond parfois avec la rêverie, semble avoir un destin similaire : il met en jeu un rapport d'évitement de la réalité, qui cherche à la remplacer par quelque chose de plus agréable ou plus facile à supporter. On peut alors se demander comment concevoir les rapports entre l'activité fantasmatique et la réalité qu'elle évite. Si le *phantasieren* a sans aucun doute un côté consolateur, on aurait tort de l'assimiler à une simple illusion, qui viendrait se substituer à la dure réalité des choses et qui n'aurait aucun rapport à ce que nous entendons par réalité.

### 3.1 Des rêveries au fantasme

Dans leurs *Études sur l'hystérie*[37], Freud et Breuer soulignent l'importance des rêveries dans la formation de la maladie et des états hypnoïdes qui la caractérisent. Cette activité solitaire, par laquelle le sujet met en scène des scénarios imaginaires – qu'Anna O. appelait son « théâtre privé »[38] – est censée apporter au sujet un gain de plaisir. En un sens, rêverie et fantasme s'inscrivent dans la même lignée, celle de l'activité imaginative qui viendrait suppléer à un déficit de satisfaction. C'est ce qui conduit Freud à dire, dans un texte plus tardif, que « l'homme heureux ne

36 Sigmund Freud, « Le créateur littéraire et l'activité imaginative »..., p. 239.

37 Sigmund Freud et Joseph Breuer, *Études sur l'hystérie,* Paris, PUF, 2002.

38 *Ibid.,* p. 15.

fantasme jamais, seulement l'homme insatisfait »[39]. Les formations fantasmatiques (au sens large du *phantasieren*) sont donc d'emblée articulées à un manque de satisfaction, comme si elles venaient dédommager le sujet, malheureux dans la réalité.

Néanmoins, ces formations consolatrices ont aussi un potentiel pathogène, car elles peuvent être à la source de symptômes. Référons-nous à l'apparition de la notion de fantasme chez Freud. Celle-ci occupe une place centrale dans la théorie psychanalytique à partir du moment où il abandonne ce qu'il appelle ses *neurotica*. Au départ, Freud considérait que les scènes de séduction infantiles et les traumatismes sexuels qui lui étaient rapportés par ses patients étaient des événements réels. Il situait donc l'origine des névroses dans des scènes de séduction, vécues généralement dans l'enfance, qui auraient constitué pour le sujet une effraction dans sa vie psychique. Or, dans une lettre à Fliess, datée du 21 septembre 1897, Freud explicite une des raisons pour lesquelles il a abandonné cette théorie : « il n'y a pas de signe de réalité dans l'inconscient, de sorte qu'on ne peut pas différencier la vérité de la fiction investie d'affect »[40]. Tel est le « grand secret » que Freud révèle à son ami dans cette lettre : il ne croit plus, depuis quelques mois, à ses *neurotica*. Par la suite, il donnera le *statut* de fantasme à ces scènes sexuelles qu'il prenait auparavant pour des événements réels.

Ainsi, de la séduction vécue, on passe aux fantasmes de séduction, qui correspondent à l'émergence de l'activité sexuelle de l'enfant, souvent expérimentée comme une intrusion de l'extérieur. Mais ces scènes fantasmatiques, ces « fictions investies d'affect » pourrait-on dire, ne sont pas moins efficaces que la réalité : elles produisent bel et bien des symptômes et si Freud parle de « réalité psychique », c'est pour mettre en évidence la consistance de la vie fantasmatique. On voit donc la double valence de la notion de fantasme. Si on la rapproche de la rêverie diurne, c'est une formation imaginaire dont le sujet soutire du plaisir. Lorsqu'on se réfère à l'étiologie des névroses, il s'agit plutôt de quelque chose qui joue un rôle central dans la formation du symptôme et qui constitue donc une source de déplaisir. Le fantasme est donc à la fois plaisir et déplaisir, accomplissement de désir et origine des symptômes.

C'est dans un texte de 1919, c'est-à-dire juste avant le tournant des années 1920, que Freud donne à la question du fantasme une autre envergure. Dans « Un enfant est battu »[41], il analyse un fantasme « récurrent », qui lui a été rapporté par certains de ses patients, dans un

39 Sigmund Freud, « Le créateur littéraire et l'activité imaginative », p. 243.

40 Sigmund Freud, *Lettres à Wilhelm Fliess*, Paris, PUF, 2006, p. 335.

41 Sigmund Freud, « Un enfant est battu », dans *Névrose, psychose et perversion*, Paris, PUF, 1973.

mélange d'hésitation et de honte : il s'agit d'une scène de fustigation, dans laquelle un enfant est battu. Freud dégage trois moments dans la formulation de ce fantasme qui, tout en étant le même, s'énonce de manière différente. Dans un premier moment, c'est un adulte, le père ou un équivalent, qui bat un enfant qui n'est pas le sujet : *il bat un autre enfant*, car il aime le sujet. Dans un deuxième temps, c'est le *sujet lui-même qui est battu par le père*. Cette deuxième phase, dit Freud, n'est pas consciente et ne peut être retrouvée que par la reconstruction en analyse. Le passage du premier au deuxième temps indique un changement de position, du sadisme au masochisme, et il a trait à la culpabilité et au lien œdipien. Dans une troisième phase, le fantasme est formulé de manière impersonnelle : *on bat un enfant*. Le sujet a alors disparu de la scène proprement dite, il est à la place de l'observateur. On voit donc comment cette formalisation du fantasme met en évidence des places différentes dans la même scène, des places que le sujet qui fantasme occupe selon la manière dont le fantasme s'articule.

Cette deuxième théorisation du fantasme l'éloigne de la rêverie diurne. Tout d'abord, ce qu'il met en scène ne se présente pas comme l'accomplissement d'un souhait que le sujet pourrait se formuler et dont il se sentirait proche. Au contraire, l'aveu du fantasme est souvent accompagné de honte, témoignant d'une certaine incompatibilité entre le fantasme et le reste de la vie psychique du sujet. Le sujet a du mal à parler de son fantasme et souvent il ne peut pas en dire grande chose après en avoir fait l'aveu. Les formations fantasmatiques subissent ici une espèce de réduction : de la prolifération des rêveries, des souhaits, des scénarios, on passe à une seule formule, à une phrase énigmatique qui ne semble pas ouvrir à des associations, mais ramasse quelque chose de la satisfaction du sujet. Cet assèchement de la notion de fantasme – réduit à une phrase – a des implications importantes pour la question qui nous intéresse ici. Faudrait-il y voir le dernier mot de la conceptualisation psychanalytique de l'imagination ?

## 3.2 Le fantasme comme formule : l'imagination, la réalité et le réel

Le mouvement de simplification opéré par Freud dans *Un enfant est battu* a été crucial pour la conceptualisation du fantasme proposée par Lacan, qui lui a donné la forme d'un axiome, écrit $ ◊ *a*. Il s'agit ici d'une formule à laquelle on arrive par le travail fait en analyse, visant une réduction des symptômes et des formations psychiques diverses qui se décantent sous la forme d'un seul fantasme, dit *fantasme fondamental*. Comme dans le fantasme *on bat un enfant*, il s'agit de quelque chose qui s'articule comme une phrase et qui permet une circulation entre les différentes places grammaticales qu'elle comporte. Ce qui est essentiel n'est pas la place que le sujet occupe, car celle-ci peut changer, mais le fait que la formule, énoncée de manière impersonnelle, donne un aperçu des rapports que le sujet entretient avec l'objet auquel il est fixé. *Le* fantasme est donc plus qu'une rêverie satisfaisant imaginairement un vœu, il est une manière de donner forme à la réalité elle-même, dans la mesure où la dimension du désir – la poursuite de cet objet qui fascine le sujet – structure son monde.

Regardons la formule lacanienne ($ ◊ *a*) de plus près. On y retrouve le sujet de l'inconscient qui, pour Lacan, n'est pas le sujet de la connaissance, mais se situe au niveau du signifiant, à la manière des *shifters* [42] qui désignent le sujet d'un énoncé. Il se présente barré car il n'a pas d'être, ce qui veut dire qu'il ne trouve pas de signifiant dans l'Autre (le « trésor des signifiants ») qui puisse le représenter. On retrouve aussi l'objet *a*, objet condensateur de libido, qui lui n'est pas de l'ordre du signifiant. Disons simplement qu'il est plutôt le reste de l'opération d'aliénation signifiante qui fait advenir le sujet (du signifiant) : un bout de corps que l'on engage, que l'on perd, constituant ainsi une espèce de trou autour duquel tournera le désir. Cet objet est *cause* du désir, à différencier des objets *du* désir, qui prétendent le satisfaire – ceux-ci ne sont que des actualisations de l'objet *a*, qui ne peut être conçu qu'abstraitement, ou comme le dit Lacan, logiquement. Le poinçon, quant à lui, désigne l'ensemble des relations possibles entre les deux termes de la formule et dénote que le sujet est accroché, fixé, à cet objet. Il est important de faire remarquer que le fantasme marque l'avènement conjoint du sujet et de l'objet, avènement qui surgit sur fond de détresse, de la *Hilflosigkeit* que l'homme rencontre face à l'opacité du désir de l'Autre. Le fantasme est donc avant tout un recours face à cette détresse et c'est en ce sens qu'il peut être qualifié de défense [43] : tout se passe comme si le sujet du signifiant et l'objet *a* émergeaient en même temps, le fantasme donnant forme à l'expérience humaine pour parer à la détresse.

Formation hybride, le fantasme conjoint donc deux ordres différents : celui du signifiant et celui de la satisfaction libidinale qui, elle, a ses racines dans l'imaginaire lacanien. On s'éloigne ici de la prolifération des formations imaginaires pour arriver à une seule formule, un seul fantasme. Celui-ci n'est donc pas simplement un écran illusoire qui cacherait la réalité et dédommagerait le sujet de son déficit de satisfaction. C'est tout le contraire. Lacan va jusqu'à dire que le fantasme est comme une fenêtre, c'est-à-dire qu'il donne à voir quelque chose, constituant le cadre même de ce que nous voyons. Le fantasme opère donc un élargissement de la notion d'imagination, car l'imaginaire va bien au-delà du spécu-

42 Les *shifters*, *embrayeurs*. Ce sont des éléments déictiques qui servent à situer le sujet et l'objet de l'énoncé dans le temps et dans l'espace : « *Ce* train a du retard », « C'est de *cet homme-ci* que *je te* parlais ».

43 Voir Jacques-Alain Miller, « Une introduction à la lecture du Séminaire VI, Le désir et son interprétation », *La Cause du désir*, n° 86, pp. 62-72.

laire : il s'étend à tout ce qui est de l'ordre de la représentation. En ce sens élargi, il ne s'oppose pas à la réalité, au contraire, il la soutient, en fournissant un cadre dont se supporte le désir du sujet.

Nous assistons donc à un renversement concernant la question de l'imagination. Celle-ci n'est pas une illusion qui cacherait la réalité, car le fantasme est ce qui sert de support à la réalité du sujet humain. Son champ, comme nous l'avons dit, est fait de deux ordres différents. Il conjoint ce qui en principe ne se rencontre pas : le signifiant et la satisfaction libidinale. Reliant ce qui est de l'ordre de la logique signifiante et du sensible, le fantasme serait-il le *schématisme* (au sens kantien) mis en évidence par la psychanalyse [44] ? En ce sens, il n'est pas quelque chose d'irréel, mais se construit comme une fiction qui, liant deux registres hétérogènes qui n'ont pas vocation à se rencontrer, rend possible l'expérience humaine.

De ce point de vue, il ne faudrait pas opposer le rêve et le fantasme à la vie éveillée, ni l'imaginaire à la perception. Souvenons-nous des analyses que nous avons dépliées plus haut à propos des rêves d'angoisse qui réveillent. Le réveil dans le rêve d'angoisse survient au moment où nous rencontrons le point d'horreur dans le rêve. Le sujet est ici mis en présence de l'objet qui devrait rester caché. C'est pourquoi, dit Lacan : « un rêve réveille juste au moment où il pourrait lâcher la vérité, de sorte qu'on ne se réveille que pour continuer à rêver [...] dans la réalité » [45]. Ainsi, si le rêve réveille pour qu'on puisse continuer à dormir dans la réalité [46], c'est parce que celle-ci est conforme au fantasme, qui nous sert de défense contre la détresse et le réel traumatique. C'est de ce point de vue là, celui de l'évitement de quelque chose d'inassimilable, que la réalité et le rêve se retrouvent. Ce n'est donc pas pour fuir la réalité, mais pour éviter ce point plus réel que la réalité même – qui à la fois nous est intime et nous fait horreur – que l'homme est, avant tout, un être qui fantasme.

## Travaux cités

Paul-Laurent Assoun, *Leçons psychanalytiques sur le fantasme,* Paris, Éd. Economica, 2010.

Émile Benveniste, *Problèmes de linguistique générale*, Paris, Gallimard, « Tel », 1966.

44 Telle est l'hypothèse de Jacques-Alain Miller dans la leçon du 2 février 2011 de son cours « L'orientation lacanienne. L'Un tout seul », inédit.

45 Jacques Lacan, *Le Séminaire, XVII, L'envers de la psychanalyse*, Paris, Éd. du Seuil, 1991, p. 64.

46 Sur cette question, voir Carolina Koretzky, *Le réveil, une élucidation psychanalytique,* Rennes, PUR, 2012.

Marie-Hélène Brousse, « La formule du fantasme, $ ◊ *a* », dans Gérard Miller (dir.), *Lacan,* Paris, Bordas, « Philosophie présente », 1987.

Sigmund Freud, *L'interprétation du rêve,* Paris, Éd. du Seuil, 2010.

Sigmund Freud, « Le créateur littéraire et l'activité imaginative », *L'inquiétante étrangeté et d'autres textes,* Paris, Gallimard, « Folio bilingue », 2001.

Sigmund Freud, *Pour introduire le narcissisme,* Paris, Payot, 2012.

Sigmund Freud, « Un enfant est battu », *Névrose, psychose et perversion,* Paris, PUF, 1973.

Sigmund Freud, « Au-delà du principe du plaisir », *Essais de psychanalyse,* Paris, Payot, 1995.

Sigmund Freud et Joseph Breuer, *Études sur l'hystérie,* Paris, PUF, 2002.

Carolina Koretzky, *Le réveil, une élucidation psychanalytique,* Rennes, PUR, 2012.

Jacques Lacan, « Le stade du miroir comme formateur de la fonction du Je », *Écrits,* Paris, Éd. du Seuil, 1966.

Jacques Lacan, « Les complexes familiaux dans la formation de l'individu », *Autres Écrits,* Paris, Éd. du Seuil, 2001.

Jacques Lacan, *Le Séminaire, II, Le moi dans la théorie et dans la technique de la psychanalyse,* Paris, Éd. du Seuil, 1978.

Jacques Lacan, *Le Séminaire, XI, Les quatre concepts fondamentaux de la psychanalyse,* Paris, Éd. du Seuil, 1964.

Jacques Lacan, *Le Séminaire, XIV, La logique du fantasme,* Paris, Éd. du Seuil, 2023.

Jacques-Alain Miller, « L'image-reine », *La cause du désir,* n° 94, p.18-28.

Jacques-Alain Miller, « Une introduction à la lecture du Séminaire VI, Le désir et son interprétation », *La Cause du désir,* n° 86, p. 62-72.

Jacques-Alain Miller, « Propos sur *La logique du fantasme* », « Symptôme – fantasme », *La cause du désir,* n° 114, p. 72-79.

# Chapitre 13

# Le triple esprit de l'imagination selon Bachelard

par Philippe Choulet

## Introduction

Ce que l'on appelle « la poétique » de l'imagination selon Bachelard (1884-1962) ne saurait se cantonner à la simple référence au *corpus* de l'imaginaire des éléments matériels, Feu, Air, Terre, Eau. Il faut en effet penser la chose historiquement, selon la temporalité de parution de *tous* ses ouvrages. En effet, dès *La psychanalyse du feu* (1938), on saisit le lien étroit avec *La Formation de l'esprit scientifique* qui paraît la même année : il y a deux nécessités à l'œuvre, celle d'exposer les surdéterminations imaginaires de l'esprit préscientifique et celle de réévaluer une méditation sur les expressions poétiques d'un élément, ici, le feu, en dehors justement de ces surdéterminations. Ces deux ouvrages traitent d'ailleurs d'une question psychanalytique (le sous-titre de *La Formation de l'esprit scientifique* est : *Contribution à une psychanalyse de la connaissance objective*) : celle du statut des images spontanées que l'esprit humain projette sur le monde, qui travaillent tantôt comme des *obstacles* pour la connaissance vraie, tantôt comme des *complexes* déterminants de certains types invariants de rêverie : pour le feu, par exemple, dans *La Psychanalyse du feu*, les complexes de Prométhée (I), d'Empédocle (II), de Novalis (III), de Pantagruel (V), d'Hoffmann (VI).

La poétique a donc une véritable origine épistémologique, mais la trace de cette genèse s'estompera dans les titres suivants qui portent sur la poétique des éléments, jusqu'au dernier écrit, *La flamme d'une chandelle* (1961), où les références à l'esprit préscientifique sont au contraire valorisées[1]. Il faut donc avoir en tête que l'apologie de la poétique des éléments est aussi la contrepartie la critique des projections imaginaires, des superstitions, des rêveries astrologiques, alchimiques, occultistes, voire religieuses, théologiques et métaphysiques... Après tout, le R. P. Kircher (1602-1680), par ailleurs très astucieux inventeur, ne disait-il pas avoir conçu, après une visite sur l'Etna, une *machine à ramoner les*

1 Par exemple, la référence au *Traité du feu et du sel* de Blaise de Vigenère, 1626. Voir *La flamme d'une chandelle*, Paris, Puf, 1961, p. 27-32 et p. 70-71.

*volcans* ? Ce qui s'arrime aux rêveries de l'alliance de la Terre et du Feu.

Mais l'imagination selon Bachelard n'est pas seulement un monstre à deux têtes, avec ces deux têtes-là, car elle en a bien trois, comme le Cerbère, et nous essaierons de passer outre ou entre les mâchoires de ce Gardien des Enfers, car il faut leur ajouter la question de l'imaginaire scientifique, qui travaille par exemple dans les modélisations des théories – un exemple : la critique du très discuté modèle de l'atome selon Niels Bohr.

La complexité de la question s'explique aisément par le fait que le pouvoir de l'imagination se mêle de tout, et que ses productions sont nécessairement inattendues et imprévisibles.

On a pu reprocher à Bachelard une forme de dualisme conflictuel (l'épistémologue contre le rêveur, la raison contre l'irrationnel de l'imaginaire) ; mais la chose est plus complexe, parce que les problématiques sont très entrelacées, jusqu'à être inséparables et solidaires (la *solidarité notionnelle* est très bachelardienne [2]). Ce sont simplement les points de vue qui diffèrent, mais sans conflit véritable, sans contradiction – si l'on veut trouver des points de polémique, il faut aller les chercher dans l'opposition entre esprit préscientifique et esprit scientifique, d'une part, et entre les divers moments historiques de l'esprit scientifique (les « ruptures épistémologiques »), d'autre part. Le dualisme apparent se complexifie : il y a la doctrine qui réfléchit aux conditions de l'esprit scientifique (les ouvrages « positivistes »), et il y a cet autre travail, qui est double :

(1) d'une part, le repérage des illusions et spéculations imaginaires sur la nature des choses (l'imaginaire de l'esprit préscientifique), y compris quand elles accompagnent la science elle-même (ce qui est le signe d'une difficulté, voire d'une impossibilité des représentations du savoir lui-même, en particulier en ce qui concerne la pointe extrême de la microphysique des particules…) ;

(2) d'autre part, l'univers en expansion de la création poétique, suscitée par la logique matérielle des éléments.

Ce sont ces trois axes qui vont nous guider dans l'étude de l'imaginaire bachelardien.

## 1 L'esprit extravagant de l'imaginaire préscientifique

### 1.1 Les obstacles épistémologiques comme « *pharmakon* » de l'ignorance

Que faire quand on est ignorant, alors qu'on est confronté à la violence du monde, de la nature, aux pénuries, aux épidémies et aux catastrophes, aux accidents et à la mort ? Lucrèce et Spinoza avaient répondu

2 Voir *La Philosophie du non*, Paris, Puf, 1973, chap. I, p. 27, à propos des équations newtoniennes du calcul de la masse.

ainsi : les hommes interprètent les événements qui leur sont néfastes, ils essaient de leur donner du sens afin d'apaiser leur malheur et leur désarroi, de réduire le niveau de leur détresse, et ce jusqu'à, comme dit Spinoza, faire délirer la nature et les dieux avec eux ; d'où des systèmes de représentation illusoires – le finalisme dogmatique, l'anthropocentrisme, l'anthropomorphisme, l'animisme, l'image magique du monde, le manichéisme de l'image morale du monde déchiré entre Bien et Mal, etc. L'extravagance interprétative obéit à ce besoin de l'horreur du « vide de sens » – plutôt n'importe quel sens que pas de sens du tout, ou, comme dit Nietzsche : « l'homme préfère encore la volonté du néant que de ne pas vouloir du tout »[3]. Imaginer de faux remèdes, c'est aussi créer de vrais poisons spirituels… Toutes choses égales d'ailleurs, les étrangetés des interprétations préscientifiques sur les phénomènes naturels dont traite Bachelard sont tout de même moins dramatiques, jusqu'à contribuer à un édifiant sottisier digne des deux « cloportes » chers à Flaubert, Bouvard et Pécuchet – et ce dans la mesure où ce qui intéresse l'épistémologue, ce sont les inductions théoriques et doctrinales tirées indûment d'expériences et d'observations pseudo-scientifiques et par là même problématiques, en tant qu'elles sont particulières, mutilées, superficielles (elles en restent aux apparences phénoménales), et aussi friandes de pittoresque, d'événements spectaculaires et d'exceptions, cultivant l'étonnement, la stupéfaction, l'énigme et le secret…

### 1.2 L'esprit rationnel de la rupture et de la rectification

Dans l'histoire des sciences, il y a, pour Bachelard, des événements qui déterminent un *avant* et un *après* : Galilée, Newton, Einstein, Dirac pour la physique (*La Philosophie du non*, chapitre I), Mendeleïev pour la chimie (*Le Pluralisme cohérent de la chimie moderne*), Pasteur pour la biologie médicale, Darwin pour la doctrine de l'évolution des espèces, Saussure pour la linguistique, etc. Ce qu'il y a avant la grandeur sublime de ces commencements, c'est justement, le règne de l'esprit préscientifique, où l'entendement et la raison ne sont pas silencieux ni inactifs, mais sont au service théorique d'intuitions, de suggestions, d'hypothèses qui ont leur source dans l'extension abusive de l'imagination et de ses représentations. C'est pourquoi la notion d'« obstacle épistémologique » devient nécessaire pour comprendre « les valeurs polémiques du rationalisme », car il s'agit d'exposer le conflit entre un certain régime (imaginaire) de l'entendement (ou de la raison) et un autre régime de l'entendement, vraiment rationnel celui-là, même s'il ne peut se débarrasser du travail de l'imagination, par exemple dans l'anticipation (Mendeleïev) ou dans la modélisation (l'image de la structure atomique selon Bohr). Bachelard reprend la formule de Maine de Biran : « les obstacles de la science font

3 Friedrich Nietzsche, *La Généalogie de la morale*, III, § 28 dans *Œuvres*, II, Paris, Robert Laffont, 1993, p. 889.

partie de la science »[4], et c'est donc se leurrer que de croire que l'entendement pur pourrait travailler sans la richesse ni les étrangetés de l'imagination : « La connaissance du réel est une lumière qui projette toujours quelque part des ombres »[5]. Le feu, donc, encore et toujours... D'où l'apologie d'une « philosophie du contre », d'une « psychologie du contre » – contre une pseudo connaissance, celle de la « connaissance antérieure », contre la Nature en nous et hors de nous qui nous impose sa logique apparente, c'est-à-dire sa « fausse science »[6]. La logique du vrai est celle de la rectification, héritage spinoziste, ce qui nous vaut cette belle définition de la connaissance du réel : « Le réel n'est jamais "ce qu'on pourrait croire", mais il est toujours ce qu'on aurait dû penser »[7]... ce qu'on pourrait croire et... imaginer... D'où la référence à la psychanalyse, puisque « ça » résiste, ça refoule, mais ça sublime, aussi.

### 1.3 Les obstacles épistémologiques, preuves de l'imaginaire spontané

L'imagination de l'esprit préscientifique est donc le relais intuitif et discursif de l'ignorance et des formes spontanées de la croyance, formes naïves mais basées sur une observation seulement empirique, s'étendant, par induction indue et par généralisation (passant alors pour une universalisation). Elle impose ainsi ses lenteurs, ses lourdeurs, son inertie, augmentées par sa facilité et sa puissance de séduction : elle *bloque* la connaissance dans une forme d'intemporalité peu compatible avec le mouvement perpétuel de l'esprit scientifique proprement dit.

Prenons quelques exemples des limites de ces représentations spontanées : l'imaginaire manuel de la fileuse ne saurait se retrouver dans la machine à coudre ; les modèles-métaphores de la digestion des vivants ne peuvent plus travailler dans la chimie scientifique ; le modèle de la lumière comme effet de la combustion n'aurait pas pu permettre à Edison d'inventer sa lampe, puisqu'il s'agit de produire de la lumière en empêchant de brûler[8]. C'est pourquoi il faudra « dépsychologiser » la construction des concepts, des modèles et des théories, par le « profil épistémologique », qui garde les traces des obstacles que la culture scientifique a dû surmonter[9].

4 *Le Rationalisme appliqué*, Paris, Puf, 1970, p. 15.

5 *La Formation de l'esprit scientifique*, Paris, Vrin, 1972, chap. I, « La notion d'obstacle épistémologique », p. 13.

6 *Ibid.*, p. 28.

7 *Ibid.*, p. 13.

8 *Le Rationalisme appliqué*, chap. VI, « Connaissance commune et connaissance scientifique », p. 102-110.

9 *La Philosophie du non*, chap. II, « La notion de profil épistémologique ».

Ces obstacles qui bornent notre pensée par une genèse imaginaire des croyances préscientifiques, sont de deux types : le général et l'immédiat (le non-dialectisé, le non-dépassé, le non-spiritualisé) et deux formes génériques contradictoires, l'attrait du singulier et celui de l'universel [10]. C'est cela qui caractérise l'emprise de l'imagination sur l'expérience première. La typologie se ramifie alors en plusieurs modèles imaginaires qui tiennent lieu d'explication – par l'unité de la Nature, par la séduction du langage (l'obstacle verbal), par le préjugé substantialiste, par l'utilité des phénomènes, par l'animisme (en particulier dans les sciences physiques). Nous exposerons ici seulement les obstacles les plus marquants.

*L'expérience première* est le premier obstacle parce qu'elle « se présente avec un luxe d'images ; elle est pittoresque, concrète, naturelle et facile. Il n'y a qu'à la décrire et à s'émerveiller. On croit alors la comprendre » [11]. Pire, elle est placée avant et au-dessus de toute critique, ce qui aura permis par exemple le grand succès des expériences « savantes » et « mondaines » de ce que Bachelard appelle « le sensualisme électrique et coloré » [12]. Et donc, la psychanalyse de la connaissance objective doit s'appliquer à *décolorer*, à effacer ces images naïves, quitte à reprendre à nouveaux frais, grâce à l'abstraction, le travail des schémas rationnels [13].

Le second obstacle, est celui de la *généralisation*, par extension abusive de premières constatations empiriques. Un des exemples favoris de Bachelard est celui de la théorie aristotélicienne de la chute des corps, marquée par le finalisme des « lieux », mais il expose aussi les théories de la fermentation et de la coagulation à l'âge classique [14] . D'où le quatrième obstacle, celui de *l'unité de la Nature* : les processus observés empiriquement « fondent » une vaste *Weltanschauung* de la Nature, parce qu'on s'en fait une image harmonieuse, homogène, tutélaire, comme chez Bernardin de Saint-Pierre ou Schelling.

Le troisième obstacle est *l'obstacle verbal*, et l'exemple-type est celui de l'éponge : ici, « une *seule* image, ou même un seul mot, constitue toute l'explication. [...] Le pauvre mot *éponge* [...] permet d'*exprimer* les phénomènes les plus variés. Ces phénomènes, on les exprime : on croit donc les expliquer. On les reconnaît, on croit donc les connaître » [15]. Le mot devient explicatif, parce qu'il dit les propriétés d'une substance dont

10 *La Formation de l'esprit scientifique*, chap. III, « La connaissance générale comme obstacle à la connaissance scientifique », p. 60.

11 *Ibid.*, p. 19.

12 *Ibid.*, p. 25-38, 80-82, 102-108, 126-129, 161-167.

13 *Ibid.*, p. 78.

14 *Ibid.*, p. 60-72.

15 *Ibid.*, chap. IV, « Un exemple d'obstacle verbal : l'éponge. Extension abusive des images familières », I, p. 73.

l'action est générale. Il en sera de même avec le mot « vie » et pour l'*animisme* généralisé.

## 2 La dialectique des modèles, de l'imaginaire spontané à l'imaginaire rationnel

Épistémologiquement, nous avons donc deux régimes du travail de l'imagination : d'une part la fabrication de conceptions générales de la Nature, du monde, de la vie, selon la logique de l'esprit préscientifique, d'autre part la production de modèles de représentation qui accompagnent l'esprit scientifique, mais de façon bancale, maladroite ou surinterprétative : il faudra ainsi *dédiviniser* les visions du monde mécanistes de Galilée, Képler, Descartes, Leibniz ou Newton, qui renvoient, toutes choses égales par ailleurs, leurs concepts, leurs principes et leurs théories à la sagesse providentielle divine, garante de cette harmonie vérifiée par la physique et l'astronomie ; *désubstantialiser* la chimie (une « chimie non lavoisienne » [16]), dépasser l'idéalisme désuet de la méthode cartésienne (une « épistémologie non-cartésienne » [17]), la conception newtonienne de la masse (une « mécanique non newtonienne » [18]) ou la logique aristotélicienne (une « logique non-aristotélicienne » [19])…

L'exemple le plus éloquent est celui de l'histoire de l'atome, car elle concerne la science, la philosophie (ontologie et métaphysique), la psychologie, et même la… poésie (avec Francis Ponge, par exemple).

Dans le domaine du savoir de la matière, la notion d'atome comme élément ultime (*a-tomos*, indivisible, insécable) comporte deux grands moments : (1) celui des matérialistes de l'Antiquité (Leucippe, Démocrite, Épicure, Lucrèce) et celui de l'âge classique (Gassendi et certains physiciens newtoniens) ; (2) celui des savants de la physique des particules (microphysique) : Louis de Broglie, Heisenberg, Planck, Bohr… Ce qui est problématique, ce sont les images des *choses* comme *substances*, qui surdéterminent sa représentation.

### 2.1 L'imaginaire chosiste de l'atome

L'atome antique correspond à la satisfaction rationnelle des besoins d'analyse (il est ce qui *reste et résiste*) et d'abstraction (c'est un invisible imaginé). Pour Démocrite, l'atome a des caractères différents de ceux des choses qu'il sert à composer, avec des propriétés parfaites (dureté, immuabilité, éternité, plasticité, prédisposition à se plier à des formes

16 *Ibid.*, chap. III. Voir aussi *Le Pluralisme cohérent de la chimie moderne*, Paris, Vrin, 1973 ; *La Philosophie du non*, chap. III ; *Le matérialisme rationnel*, chap. II, III et V.

17 *Le Nouvel Esprit scientifique*, Paris, Puf, 1975, chap. VI.

18 *Ibid.*, chap. II.

19 *La Philosophie du non*, chap. V.

géométriques, symétrie). Mais cette doctrine ne peut se vérifier par l'expérience, l'observation et la vérification. Les exemples sont métaphoriques et analogiques, venus des intuitions sensibles : observation des poudres, des granulés, (cela nourrira l'alchimie), de l'érosion de la pierre par l'eau [20], des mouvements des pâtes et des liquides... Bachelard parle d'une « métaphysique de la poussière » [21]. L'atomisme se mue alors en métaphysique matérialiste, avec une représentation du monde logique, mécanique, et fatale : c'est une pensée pessimiste de la décadence du monde, de l'usure générale des formes, même s'il y a encore de la place pour une idée du jeu de la liberté comme *clinamen* [22].

## 2.2 Le dépassement rationnel de l'impératif de représentation

La dialectique rationnelle de la notion d'atome s'élabore avec l'idée d'une physique non cartésienne, non newtonienne, non laplacienne, donc non déterministe. Cela suppose une *catharsis* des images de l'atome comme *catégorème*, des schèmes de sa représentation générale. Dans *Les Intuitions atomistiques* (1933), le spectre épistémologique de l'atomisme présente quatre moments : (1) l'atomisme antique, (2) l'atomisme positiviste, (3) l'atomisme criticiste, et enfin (4) l'atomisme scientifique moderne, ou atomisme axiomatique. Ce qui est en question, c'est à la fois la prétention à vouloir représenter ce qui n'est pas représentable, et la volonté de répondre à la nécessité d'une figuration de l'infigurable...

En effet, pour nous livrer une image de ce qui se passe dans le domaine corpusculaire, nous ne pouvons qu'y transposer la représentation que nous nous faisons des choses sur le plan macroscopique : le modèle de l'infiniment grand stellaire et celui des rapports atomiques seraient analogues. Il n'y a, à cette échelle, ni de monde-*cosmos* ni d'éléments séparables, identifiables et localisables. La mécanique quantique [23] changera entièrement les paramètres de conception des modèles : ainsi, celui de l'« atome planétaire » de Bohr et de Lord Kelvin, représenté à grande échelle par l'*Atomium* de Bruxelles, en donne une image démentie par les lois de Heisenberg et Planck, mais il correspond à un moment pédagogique, dont il faut enlever la surcharge d'images que la vulgarisation

20 Lucrèce, *De natura rerum*, I, vers 271-297 ; V, vers 235-273 et 380-507.

21 *Les Intuitions atomistiques* (1933), Paris, Vrin, 1975, I, chap. 1.

22 Voir Épicure, *Lettre à Hérodote* ; Lucrèce, *De natura rerum*, I et II.

23 Le terme de « mécanique quantique » garde encore l'imagerie chosiste classique, avec le modèle machinique, et « mécanique ondulatoire », en plus de la première, celle de la géométrie. Bachelard avait justement critiqué le fait de « rendre géométrique la représentation » (*La Formation de l'esprit scientifique*, première phrase du *Discours préliminaire*), alors même que le phénomène corpusculaire / ondulatoire est irreprésentable.

impose[24]. Dire, comme certains savants, qu'au centre de l'atome, se trouve comme « un petit soleil » n'est qu'une illusion didactique. En 1908, Émile Meyerson, séduit par ce préjugé substantialiste de la confusion entre corps et corpuscule, et par l'idée d'une continuité entre savoir empirique et connaissance scientifique, réduisait encore l'atome de carbone à la forme « d'un petit solide tétraédrique »[25].

Or l'atome de la physique contemporaine n'est plus un « objet » de représentation, c'est un « irreprésentable ». En revanche, le réalisme atomistique moderne est simplement un réalisme mathématique[26] : « le rôle fondamental de l'atome, c'est d'obliger les hommes à faire des mathématiques »[27]. Mais ce réalisme est conditionné par l'infrastructure matérielle de la *phénoménotechnique*, inimaginable à l'âge classique de la physique et de la géométrie. Ici, des machines comme le microscope électronique, l'accélérateur de particules, les usines à neutrinos, le spectroscope de masse, révèlent des structures et en produisent des « images » qui sont des recompositions artificielles des phénomènes. L'instrument n'est plus voué à l'observation des phénomènes, à leur description selon une *technique directe* où les phénomènes sont *donnés* ; car, les phénomènes de la nouvelle science passant à l'échelle de l'invisible et de l'imperceptible (trou noir, méson, neutrino, quark), les machines doivent les produire dans des conditions expérimentales inédites, les reconstituer en laboratoire, les révéler par des images de synthèse, par *technique indirecte*. Pensons à cet événement *inimaginable mais concevable*, où la réalité dépasse la fiction : on a découvert récemment un cataclysme qui se serait produit il y a 900 millions d'années, où un trou noir a « avalé » une étoile à neutrons, composée de résidus très denses d'une étoile morte… Proprement sidérant : non seulement il n'y a plus de ciel, comme disait le Galilée de Brecht, mais en plus, il n'y a plus de ciel étoilé.

## 2.3 Triomphe de l'imagination rationnelle dans les sciences

La raison scientifique se rectifie ainsi elle-même, en rompant avec des modèles qu'il faut nécessairement imaginer ET concevoir et qui, même s'ils sont « scientifiques »", ne sont que des moments de l'histoire de la

24 *Le Rationalisme appliqué*, chap. IX, § IV, p. 179. Voir aussi *L'Activité rationaliste de la physique contemporaine*, Paris, Puf, 1965, chap. III.

25 *Le Matérialisme rationnel* (1953), chap. IV, « Le matérialisme composé », § 2, Paris, Puf, 1972, p. 117. Voir aussi la Conclusion : « Connaissance commune et connaissance scientifique », p. 207-224.

26 *Le Matérialisme rationnel*, chap. VI, « Le rationalisme de l'énergie en chimie », p. 176-192. *Études*, chap. 1, « Noumène et microphysique » (1932), Paris, Vrin, 1970. *La Valeur inductive de la relativité* (1929), Paris, Vrin, 2014.

27 *La Philosophie du non*, chap. I, § IX, p. 39.

conquête de ses vérités. C'est la rançon du travail supérieur de l'imagination rationnelle. Ainsi, dans *Le Nouvel Esprit scientifique*, Bachelard dit que l'historien des sciences doit passer de la philosophie du « pourquoi » et du « comme si » à celle du « pourquoi pas »[28], en retenant la phrase de Nietzsche, « tout ce qui est décisif ne naît que malgré »[29]. Ainsi, comme dit ce même Nietzsche, « nous avons changé de principes »[30] – Bachelard lui consacrera un beau chapitre dans *L'Air et les songes*, chap. V, « Nietzsche et le psychisme ascensionnel », alors qu'on attendait plutôt une présentation sur les rêveries de la terre... C'est que, épistémologiquement parlant, le « déclin des absolus » (formule du mathématicien Charles Bouligand, une des grandes références de Bachelard) libère de l'espace et du temps (dialectique) la raison, dans sa prodigieuse capacité à inventer des modèles de connaissance et de compréhension des phénomènes – pensons à toutes ces théories physiques nouvelles, théorie des ondes gravitationnelles, théorie des cordes, théorie des catastrophes, modèles des fractales, analyse non standard, théorie de la matière noire, etc. Cette perte des absolus laisse aussi le champ libre à la sensibilité et à l'imagination humaines, pour (re)venir aux premiers plans de l'activité inventive et créatrice de l'esprit humain, comme cela se voit avec le développement extraordinaire des pensées autour de l'esthétique, du symbole, de la prospective, des modèles de recherche... La science est toujours une aventure, mais elle sera surtout devenue un fait social et culturel total, mobilisant toutes les énergies matérielles psychiques des savants et des institutions[31].

## 3 L'esprit de l'imagination matérielle

### 3.1De la psychanalyse à la phénoménologie

Il y a bien conflit entre l'image et le concept. La psychanalyse de la connaissance objective a montré combien l'image est stigmatisée comme

28 *Le Nouvel Esprit scientifique*, p. 11.

29 *Ibid.*, p. 11. Voir Friedrich Nietzsche, *Ecce homo*, « Pourquoi j'écris de si bons livres », *Ainsi parlait Zarathoustra*, § 1 ; pensons, entre autres, à *Par-delà bien et mal*, I, « Des préjugés des philosophes », où sont brocardés la superstition de la vérité dont témoignent la logique formelle, les mathématiques et les théories du jugement (§ 2, 4, 5, 11), le réalisme chosiste de l'atomisme ancien et moderne (§ 12), le substantialisme (celui de l'*ego*, de la volonté, § 16, 17, 19), le fétichisme du langage et de la causalité (§ 20-21). Et tout cela, évidemment, sur fond de dénégation de la violence de la volonté de puissance philosophique (§ 5-9, 13-15, 22-23). Pour ceux que la référence à Nietzsche étonne, rappelons que celui-ci, philologue, militait pour l'éducation scientifique pour lutter contre les fantasmes passionnels des convictions (*Humain, trop humain*, I, chap. IX, § 483, p. 629-637).

30 Friedrich Nietzsche, *Antéchrist*, § 14 dans *Œuvres*, II, Paris, Robert Laffont, 1993, p. 1049.

31 Lire à ce propos Gerald Holton, *L'Imagination scientifique*, Paris, Gallimard, 1981.

obstacle et perversion de la connaissance, en raison de son pragmatisme, son psychologisme, son particularisme et son immédiateté [32]. Le concept doit être purgé de l'image, par catharsis rationnelle, il doit « être sevré de toute arrière-image » [33]. Par suite, la réflexion sur le statut de l'image doit être l'objet d'une analyse autonome : entre le concept et l'image, pas de synthèse, pas non plus de filiation – contre l'empirisme et le psychologisme –, mais une forme de séparatisme : « Qui se donne de tout son esprit au concept, de toute son âme à l'image sait bien que les concepts et les images se développent sur deux lignes divergentes de la vie spirituelle » [34]. En ce sens, le dualisme concept-image annonce une forme de liberté, puisqu'elle ne saurait avoir de modèle (et surtout pas de modèle conceptuel). Son traitement ne peut qu'être *sui generis* : « l'image ne peut être étudiée que par l'image, en rêvant les images telles qu'elles s'assemblent dans la rêverie » [35]. Cela signifie qu'elle n'est pas le résidu formel ou virtuel d'une perception, ni un substitut, ni une pénurie, un faute de mieux... Sa structure et sa logique sont originales, car elles répondent à une *surénergétique*, puisque l'esprit est affamé d'images. L'imagination est l'accélérateur, l'intensificateur du psychisme : « elle est volonté de *plus être*, non point évasive, mais prodigue, non point contradictoire, mais ivre d'opposition. L'image, c'est l'être qui se différencie pour être sûr de devenir » [36].

C'est ici que la méthode change, pour passer de la psychanalyse freudienne à la phénoménologie. Bachelard estime en effet que le symbole freudien a tendance à incliner vers le concept, car sous les images, c'est la réalité pulsionnelle et sexuelle qui est visée, en renvoyant l'image au conditionnement d'une situation infantile. À l'opposé, il faut chercher la positivité de l'image au-dessus et en dehors de la réalité [37] pour lui redonner son dynamisme originaire. Bachelard avait déjà pris ses distances avec Freud en privilégiant les thèses de Jung sur les paradigmes imaginaires, et dans les deux écrits sur la poétique, la description phénoménologique l'emporte [38].

32 *La Formation de l'esprit scientifique*, chap. IV.

33 *La Poétique de la rêverie*, Paris, Puf, « Quadrige », 2004, p. 46.

34 *Ibid.*, p. 45.

35 *Ibid.*, p. 41.

36 *La Terre et les rêveries de la volonté*, Paris, José Corti, 1948, p. 26. Consulter les trois premiers chapitres de ce livre : « La dialectique de l'énergétisme imaginaire, Le monde résistant » ; « La volonté incisive et les matières dures » ; « Les métaphores de la dureté ».

37 Voir *La Terre et les rêveries de la volonté*, début du chap. IV, "La pâte".

38 Voir *La Poétique de la rêverie*, Introduction.

L'imagination est alors déclarée pouvoir de *démiurgie*, dans la mesure où, pour inventer un nouveau monde poétique, celui du verbe, pour réinventer le monde intérieur du sujet à partir du monde valorisé de l'objet, il ne s'agit plus d'analyser l'esprit d'un sujet, mais plutôt un objet à travers les rêveries qu'il suscite, qu'il soit élément naturel *vs* culturel, chose ou objet. Par l'imagination, on retrouve le monde qui avait été mis en crise par la science fondamentale. Elle a donc une vérité et une fonction anthropologiques essentielles. Alors que l'alchimie était déclarée illégitime dans ses métamorphoses transmutatives (l'obstacle épistémologique de la digestion, par exemple), elle est ici réévaluée comme principe de transformations rêvées, puisque l'imaginaire habite les choses. L'imagination matérielle n'est pas une contemplation des surfaces et des apparences ; elle développe le poids, la charge d'une résistance dynamisante, et cette résistance du réel, correspondant au besoin fondamental d'adversité (version poétique de la « psychologie du contre », car en poétique, le mot « contre » n'a pas de vertu dynamique...), devient cette fois positive, tonique et féconde, comme le montrent les images qui accompagnent le geste du potier, du modeleur, du tailleur de gemmes ou du sculpteur :

> La vue les [les images directes de la matière] nomme, mais la main les connaît. Une joie dynamique les manie, les pétrit, les allège. [...] Elles ont un poids, elles sont un cœur. [...] Méditée dans sa perspective de profondeur, une matière est précisément le principe qui peut se désintéresser des formes. Elle n'est pas le simple déficit d'une activité formelle. [...] La matière se laisse d'ailleurs valoriser en deux sens : dans le sens de l'approfondissement et dans le sens de l'essor. Dans le sens de l'approfondissement, elle apparaît comme insondable, comme un mystère ; dans le sens de l'essor, elle apparaît comme une force inépuisable, comme un miracle. Dans les deux cas, la méditation d'une matière éduque une imagination ouverte. [39]

Un objet archétypal réunit ces deux sens, qui devient centre d'expériences cosmiques, c'est le cristal, car il est facette (essor) et architecture (profondeur) :

> Devant ce merveilleux objet qui est la cause occasionnelle d'une si libre activité imaginaire, nous apprendrons alternativement à briller et à durcir, dégageant toutes les puissances de la clarté pure et solide. Nous verrons se réunir, dans une synthèse extraordinaire, les images de la terre profonde et les images du ciel étoilé ; nous trouverons l'étonnante unité de la *rêverie constellante* et de la *rêverie cristalline*. [40]

39 *L'Eau et les rêves*, Paris, José Corti, 1942, Introduction : « Imagination et matière », p. 2-4.

40 *La Terre et les rêveries de la volonté*, X, « Les cristaux. La rêverie cristalline », p. 290.

En ce sens, à l'inverse de la cure freudienne, que Bachelard estime égotiste, narcissique et bourgeoise, le travail sur les objets et les formes est une sorte de psychanalyse matérielle[41].

L'imagination retrouve alors sa vocation première, la création, la fiction, *poiesis*. Les textes montrent d'ailleurs, entre 1937 (*La Psychanalyse du feu*) et 1957 / 1960 (*La Poétique de l'espace* et *La Poétique de la rêverie*), un infléchissement logique, allant des éléments et des matières à la question du langage et en particulier des mots, qui deviennent l'alphabet de la rêverie. La naturalité des éléments est mise à distance au profit d'une opération imageante bien plus pure, où l'esprit renoue avec sa fonction d'irréel[42] et de surréel. Certes, l'ambivalence est maintenue, puisqu'irréductible, entre esprit et monde extérieur. Il y a un double mouvement, vers l'intimité du sujet agissant et produisant et vers l'intérieur substantiel de l'objet inerte perçu ou senti, révélant le lien de vérité entre sujet et objet, diurne et nocturne, exposition des apparences du monde et secret d'une âme. D'où une ontologie de l'instant, qui condense et suspend une expérience véritable – et Bachelard de commenter un passage de *Mon cœur mis à nu* de Baudelaire (« Tout enfant, j'ai senti dans mon cœur deux sentiments contradictoires : l'horreur de la vie et l'extase de la vie ») : « seule une psychologie approfondie de l'instant pourra nous donner les schémas nécessaires pour comprendre le drame poétique essentiel »[43].

La création imaginaire transforme donc la chose, mais elle délivre aussi pour le sujet un « psychisme nouveau » qui se reflète sur l'objet en même temps qu'elle reflète celui-ci : « La fraîcheur d'un paysage est une manière de le regarder »[44]. C'est dire la puissance noétique de la rêverie, puisque le monde est désormais ma représentation, étant ma *miniature* : l'empan métaphysique et ontologique de la vision, c'est la miniaturisation du monde dans la rêverie de ma volonté, où, par mon caprice, « tout s'amenuise et tient dans le cadre d'une croisée »[45]. Ce qui fait que dans le domaine de la création de l'image poétique, la phénoménologie est d'une échelle de l'ordre du ... Petit Poucet ![46]

41 *Ibid.*, p. 28-30.

42 *Ibid.*, « Préface pour les deux livres », p. 4.

43 *L'Intuition de l'instant*, Annexe, fin du chap. III, Paris, Denoël-Gonthier, « Médiations », 1979, p. 109.

44 *L'Eau et les rêves*, VI, p. 199.

45 « Le monde comme caprice et comme miniature » (1933-34), dans *Études*, p. 25.

46 *La Poétique de l'espace*, chap. VII, « La miniature », p. 140-167.

### 3.2 Logique de l'imagination matérielle en poésie

Présentons les caractéristiques de ces analyses théoriques sur les éléments matériels. On est déjà frappé par deux choses : l'immensité des écrits (près de 2 500 pages) et le foisonnement des références de grand lecteur (Verhaeren, Nietzsche, Michaux, Virginia Woolf, Melville, Nerval, Dickens, Hugo, Tardieu, Hegel, Sartre, Strindberg, Rilke, Claudel...). L'imagination littéraire et poétique des écrivains *réveille* celle du lecteur, en ce que l'écriture artistique est *recréation du langage, ramification* du sens des mots avec l'appui des grappes d'images[47]. L'imagination n'est alors pas que formation des images, elle est aussi et surtout déformation des images, elle les métamorphose[48], elle nous libère des images premières, elle change les images, elle les mobilise et les rend mobiles, elle fait voir les nuances[49].

D'où l'éloge de la littérature comme révélation de tout imaginaire artistique, même autre que le sien. « Il n'y a qu'à écrire l'œuvre peinte ; il n'y a qu'à écrire la statue. [...] Par le biais de l'imagination littéraire, tous les arts sont nôtres »[50], ce qui motive le talent bachelardien pour nommer les choses (il suffit de consulter les titres des ouvrages et des chapitres) et pour qualifier les expériences. Si l'élément matériel, Feu, Terre, Air ou Eau, se présente à notre conscience sous la forme d'une abstraction nommant certaines réalités physiques et sensibles et sous la forme d'objet d'expérience particulière et générale, commune et partagée, par l'écriture poétique, il se révèle *singulier* et donc *universel* – un universel créé par le travail artistique, donc doté d'une vérité vraie et vérifiable, en tant qu'il est un instrument d'optique, d'écoute et de profération. Si les deux premiers milieux (la vue et l'ouïe) sont proustiens d'inspiration, le dernier point, la mise en voix, est nouveau : Bachelard, dans *L'Air et les songes*, consacre à la respiration de la déclamation sonore et à celle de la déclamation muette des analyses précises portant sur le *physicalisme* de la poésie, et concrétisant, au sens propre, les travaux de Robert Desoille sur la rêverie éveillée et dirigée[51].

47 *La Terre et les rêveries de la volonté*, p. 6-7.

48 Très remarquables sont les pages consacrées à Lautréamont, v. *Lautréamont*, II, « Le bestiaire de Lautréamont », Paris, José Corti, 1979, p. 26-59.

49 *L'Air et les songes*, Introduction, Paris, José Corti, 1972, p. 7-11.

50 *La Terre et les rêveries de la volonté*, p. 95. Et *L'Air et les songes*, Conclusion, I^re^ Partie : « L'image littéraire », p. 281-288.

51 *L'Air et les songes*, XII. « La déclamation muette », p. 271-280. Robert Desoille, *Le Rêve éveillé en psychothérapie. Essai sur la fonction de régulation de l'inconscient collectif*, Paris, Puf, 1945.

### 3.3 La temporalité du lien de l'esprit aux éléments

La transcription de l'expérience des éléments se fait selon la durée de la pensée, mais surtout selon la durée du geste d'écriture. Pour comprendre ce que cela signifie en tant que dépassement de l'intuition immédiate, il faut passer par la thèse de Bachelard sur la temporalité, thèse radicalement anti-bergsonienne : la continuité psychique n'est pas une donnée (immédiate de la conscience), mais une tâche et une œuvre, donc un certain travail. Il y a d'ailleurs un temps du granit (*lithochronos*) et un temps du feu (*pyrochronos*) comme temps actifs et productifs : l'homme se réalise comme *devenir* plus que comme être, car il y a d'une part le moment de l'imagination du projet et d'autre part celui sa réalisation, et ces deux moments sont évidemment entrelacés[52].

Les durées sont plurielles et polyvalentes : il y a la durée de la raison métaphysique, la durée de la raison scientifique, la durée de la marche (hommage à Gaston Roupnel[53]), la durée des rêveries, la durée par les choses, etc. D'où le caractère central du rythme de l'âme, en tant que « système d'instants ». Et Bachelard de se référer aux travaux sur la *Rythmanalyse*, de Lucio Alberto Pinheiro dos Santos, de l'Université de Porto, Brésil[54]. Par la prévalence de l'imaginaire poétique, Bachelard reconnaît donner à la thèse de la *Rythmanalyse* un tour idéaliste : « le rythme des idées et des chants commanderait peu à peu le rythme des choses »[55].

### 3.4 Qui rêve donc ?

Le sous-titre de *L'Eau et les rêves* : *essai sur l'imagination de la matière*, joue de l'ambivalence entre le génitif objectif et le génitif subjectif. La matière n'est-elle qu'un objet, un support de rêverie, le pré-texte d'un poème, ou bien ne serait-ce pas la matière qui rêve par le truchement de notre esprit ? Qui rêve qui ? Nous retrouvons l'apologue de Tchouang-Tseu et du papillon. Une manière de dramatiser le dualisme entre l'élément sensible et la rêverie spirituelle, qui entrent dans un rapport de récipro-

52 *La Terre et les rêveries de la volonté*, p. 22.

53 Voir Gaston Roupnel, *Histoire de la campagne française*, 1932 ; sa *Siloë* (1927, rééd. 1945) eut une grande influence sur les idées de Bachelard à propos de la durée : on lira *L'Intuition de l'instant, Étude sur la* Siloë *de M. Gaston Roupnel*, Stock, 1932.

54 *La Terre et les rêveries de la volonté*, p. 33. Voir *La Dialectique de la durée*, chap. VIII, « La rythmanalyse ».

55 Sur tout ceci, voir *La Dialectique de la durée*, Avant-propos, Paris, Puf, 1950, p. VIII-XI. L'ouvrage s'achève par un hommage à Paul Valéry et par un éloge de la poésie comme « modèle de vie et de pensées rythmées », comme « moyen le plus propre à rythmanalyser la vie spirituelle, à redonner à l'esprit la maîtrise des dialectiques de la durée » (*ibid.*, p.150).

cité, fait, pour reprendre la distinction entre les deux ouvrages sur la Terre, de *rivalité* (les rêveries de la volonté) ou de *complicité* (les rêveries du repos).

Ce lien entre matière et esprit est insécable pour la raison suivante : « les images poétiques ont une matière »[56] – même les matières fluides (feu, air, eau) qui sont stabilisées par les mots, les noms et les verbes… et on peut même dire qu'elles *sont* une matière physique, sensible, sonore et visuelle (à la lecture) – ce sont des signifiants, comme disent les linguistes.

L'imagination poétique sublime l'élément, qui en même temps *réveille* l'esprit (quand il veut bien consentir à ce sursaut, évidemment) : « Nous sommes dès lors des êtres *réveillés* […], certaines images sont des images de réveil »[57]. Et en ce qui concerne la sublimation des éléments, elle les fait passer du stade de *milieux d'existence* à celui de *règne symbolique* : « les images imaginées sont des sublimations des archétypes », au sens de Jung, et non des reproductions de la réalité. Rien de surprenant ou de miraculeux, car « la sublimation est le dynamisme le plus normal du psychisme », et « les images sortent du propre fonds humain » – référence à Novalis : « De l'imagination productrice doivent être déduites toutes les facultés, toutes les activités du monde intérieur et du monde extérieur »[58].

L'image dispose ainsi d'une double réalité, réalité physique et réalité psychique, l'élément physique jouant le rôle d'excitant : « l'imagination est une étoile excitée au firmament de l'homme par quelque objet extérieur »[59]. Bachelard exige de l'humain ce processus de sublimation : « La sublimation n'est pas une poussée obscure, mais un appel. L'art n'est pas un pis-aller de la tendance sexuelle. Au contraire, la tendance sexuelle est déjà une tendance esthétique. […] Ne pas pouvoir *réaliser* un amour est certes une souffrance. Ne pas pouvoir idéaliser un amour réalisé en est une autre »[60]. Il y a même deux types de sublimation, la *sublimation discursive* à la recherche d'un au-delà – c'est la sublimation aérienne – et la *sublimation dialectique* qui en est l'achèvement, fait de contrastes et d'oxymores, comme on le voit dans la poétique nietz-

56 *L'Eau et les rêves*, Introduction, « Imagination et matière », p. 4.

57 *La Terre et les rêveries de la volonté*, respectivement p. 18 et 72. Bachelard pense à l'adversité des images du marteau et de la truelle, mais aussi à celles des vieux chênes noueux, images qui combattent l'eau qui favorise le sommeil : les corps solides et durs sont des objets d'insomnie… Voir aussi *L'Air et les songes*, Conclusion, II^e^ Partie : « Philosophie cinématique et philosophie dynamique », p. 289-302.

58 *La Terre et les rêveries de la volonté*, p. 4-5.

59 *Ibid.*, Henry Vaughan, *Hermetical Work*, 1914.

60 *La Dialectique de la durée*, VIII, « La rythmanalyse », p. 141.

schéenne. Nietzsche, contrairement aux apparences, n'est ni le poète de la Terre (malgré les invocations), ni celui de l'Eau - ce serait un Nietzsche wagnérien -, ni celui du Feu (malgré son côté *boutefeu*) ; c'est un poète aérien qui refuse la lourdeur, un poète de l'odorat, de la prédation par l'esprit, de la hauteur et de l'élévation, de l'azur et du mistral, et même... d'aurores, c'est-à-dire de soleils levants [61].

### 3.5 L'instruction de l'imagination matérielle

En ce sens, l'élément matériel fixe l'imagination, et celle-ci n'est donc pas tant vagabonde que concentrée vraiment sur une image privilégiée : c'est un exercice d'attention et non de dispersion. Il s'agit aussi bien d'un dépassement de l'être immédiat que d'un approfondissement de l'être superficiel [62]. Pour l'éducation et l'instruction de l'esprit, cette « tétravalence de l'imagination matérielle » est féconde [63]. L'intérêt théorique est ancien - les présocratiques, par exemple, abordaient les éléments sous l'espèce du *Logos* [64], et les alchimistes sous celle de la magie ou de la "science" -, mais Bachelard entend le renouveler, sous l'angle de l'imagination créatrice, en tenant compte de l'action et du geste humains. L'esprit doit en effet être sensible à la *logique matérielle* de chaque élément, à ses propriétés, ses caractéristiques, ses invariants et à sa puissance immanente de spiritualisation ; d'où la référence aux travaux de Leroi-Gourhan, à son principe (« c'est la matière qui conditionne toute technique ») et à ses distinctions décisives, par exemple, entre solides stables (pierre, os, bois), solides rendus semi-plastiques par la chaleur (métaux), solides plastiques (qui deviennent durs en séchant : poteries, vernis, colles) et solides souples (peaux, fils, tissus, vanneries) [65].

La matière *suggère*, non seulement des images et des pensées, mais encore des lieux, dans la mesure où il y a une *topique* des mouvements des images [66]. Mieux encore, la matière *impose* certains ordres : il y a bien une psychologie de la pesanteur, une psychologie *terrestre*, marquée certes par la chute, réelle ou imaginaire et mythique (Icare) [67], et par des

61 Voir *L'Air et les songes*, V, « Nietzsche et le psychisme ascensionnel », p. 146-185. Bachelard achève ce chapitre en citant le vers du poème *À Hafiz* : « Tu es la profondeur de tous les sommets ».

62 *La Terre et les rêveries de la volonté*, p. 32.

63 *Ibid.*, p. 48.

64 Voir Nietzsche, *La Philosophie à l'époque tragique des Grecs*, Paris, Gallimard, « Pléiade », t. I, 2000 ; Hegel, *Leçons sur l'histoire de la philosophie*, Paris, Vrin, 2019, t. I, *La philosophie grecque, de Thalès à Anaxagore*.

65 *La Terre et les rêveries de la volonté*, p. 43.

66 Voir *La Poétique de l'espace*, Paris, Puf, 1972, les chapitres I (« La maison, De la cave au grenier. Le sens de la hutte ») et II (« Maison et univers »), p. 23-78.

67 Voir *L'Air et les songes*, III, « La chute imaginaire », p. 107-128.

forces de redressement et de lutte contre la pesanteur, ce que Bachelard appelle le *complexe d'Atlas*[68]. Il y a aussi une psychologie aérienne, celle de l'envol et du vol ascensionnel, comme celle de Nietzsche, par exemple[69]. Cette méditation des topologies se retrouve dans la distance que Bachelard prend avec la psychanalyse freudienne (une « catapsychanalyse »), qu'il accuse de réduire et de rétrécir les images poétiques – ce serait, en langage alchimique, une « descension des images matérielles » –, alors que son « anapsychanalyse » est une ascension des images matérielles, une relève et une sublimation[70]...

Ainsi, l'imagination comme acte, travail et œuvre, préside à la sublimation véritable, qui n'est pas un remède ou une consolation, mais l'indice d'un degré supérieur d'être et d'un mode de vie sublime d'existence.

## Conclusion

On le voit : la sublimation et la métamorphose de l'expérience matérielle, celle des éléments et celle des mots (car ils ont une matérialité sonore), montre que le sensible impose à l'esprit une vraie puissance inductive déterminant de fructueuses révélations, sur soi et sur le monde, pour peu que cet esprit y soit sensible. L'imagination matérielle est *physique*, et entre celle de l'artisan et celle du poète, il n'y a qu'une différence d'outils, de degré et de perspective. Elle *travaille* en effet bien davantage qu'elle ne contemple. La lecture des ouvrages de poétique le montre : il n'y a pas un élément, une matière, une forme qui ne relève d'une *dynamogénie*, d'une philosophie de l'action et de la transformation, et ce par le pouvoir des images et des mots que l'on met sur les expériences. Saussure disait que, sans la langue, la pensée n'est que nébuleuse, Bachelard estime que les mots mettent du cristal sur la fumée ou sur l'eau des sensations et des impressions. Il y a là une très étroite correspondance (au sens de Baudelaire) entre la violence du feu prométhéen et la douceur (même dolente, nostalgique ou mélancolique) du fleuve héraclitéen, entre la clôture de l'intime (coquille, boîte, coffre, grenier, maison) et l'ouverture de l'extime (le cosmos, le sublime, le ciel infini), entre l'échelle sensible humaine et l'univers en expansion des choses et des œuvres.

Bachelard aura des disciples, qui s'efforceront de systématiser sa pensée dans le sens d'une anthropologie générale, comme Gilbert Durand[71]. Mais la poésie de Francis Ponge peut, elle aussi, très bien passer pour un ensemble original de « travaux pratiques » mettant à l'épreuve l'intuition

68 *La Terre et les rêveries de la volonté*, *op. cit.*, p. 13. Voir aussi *L'Air et les songes*.

69 Voir *L'Air et les songes*, V, « Nietzsche et le psychisme ascensionnel », p. 146-185.

70 Pour tout ce passage, v. *La Terre et les rêveries de la volonté*, p. 106.

71 Gilbert Durand, *Les Structures anthropologiques de l'imaginaire. Introduction à l'archétypologie générale*, Paris, Dunod, 1993.

fondamentale de Bachelard à propos de l'art : le parti pris des choses compte tenu des mots, la rage de l'expression, la théorie du *clinamen* comme jeu de liberté, la méditation sur l'homme comme produit de sa poétique (y compris comme *vibration de la nature* et comme effet de son invention industrielle, l'électricité...), tout y est :

> *Une certaine vibration de la nature s'appelle l'homme*
>
> ———
>
> *Vibrations : les intermittences du cœur, celles de la mort et de la vie, de la veille et du sommeil, de l'hérédité et de la personnalité (singularité)*
>
> ———
>
> *Mouvements browniens.* [72]

Ponge va même plus loin : l'explosion d'une bombe H peut nous éclairer sur l'existence même et la dimension extraordinaire des formes et des figures comme énergie liée, contrainte, contenue et contrôlée – après tout, pourquoi ne nous désintégrerions-nous pas, ce qui supprimerait (au moins) la représentation physique que nous avons de nous-mêmes ? [73]

## Travaux cités

### Œuvres de Bachelard

*La Dialectique de la durée*, Paris, Puf, 1950.

*L'Eau et les rêves*, Paris, José Corti, 1942.

*Études*, Paris, Vrin, 1970 (posthume).

*La Flamme d'une chandelle*, Paris, Puf, 1961.

*La Formation de l'esprit scientifique*, Paris, Vrin, 1972.

*L'Intuition de l'instant*, Paris, Denoël-Gonthier, « Médiations », 1979.

*Les Intuitions atomistiques*, Paris, Vrin, 1975.

72 Francis Ponge, *Proêmes*, dans *Le Parti pris des choses*, Paris, Gallimard, « Poésie », 1980, p. 216.

73 « Ce qu'on nous a appris de la désintégration atomique doit nous aider à nous former une idée suffisante de la formidable force de *retenue* atomique que constituent (ou signifient) les formes, les moindres contours. De ce que représente comme effort centripète, comme engrenages et verrous, serrures bouclées, clés, chaînes, crochets, rivets et grappins, et ciments, et mouvements à toute allure se contrariant, et réseaux de défense électrifiés, s'équilibrant, leurs vitesses se compensant, – le moindre fragment du moindre caillou, le moindre grain de poussière, brin d'allumette, miette de pain ou poil de cœlentéré. » (Francis Ponge, *Pour un Malherbe*, Paris, Gallimard, 1977, chap. III, p. 75)

*Le Matérialisme rationnel*, Paris, Puf, 1972.

*Le Nouvel Esprit scientifique*, Paris, Puf, 1975.

*La Philosophie du non*, Paris, Puf, 1973.

*Le Pluralisme cohérent de la chimie moderne*, Paris, Vrin, 1973.

*La Poétique de la rêverie*, Paris, Puf, « Quadrige », 2004.

*Le Rationalisme appliqué*, Paris, Puf, 1970.

*La Terre et les rêveries de la volonté*, Paris, José Corti, 1948.

*La Valeur inductive de la relativité*, Paris, Vrin, 1929, 2014.

## Sur ou à partir de l'œuvre de Bachelard

François Dagognet, *Gaston Bachelard*, Paris, Puf, 1972.

Gilbert Durand, *Les Structures anthropologiques de l'imaginaire. Introduction à l'archétypologie générale*, Paris, Dunod, 1993.

Jean-Claude Margolin, *Bachelard*, Paris, Éd. du Seuil, « Écrivains de toujours », 1974.

Jean-Claude Pariente, *Le Vocabulaire de Bachelard*, Paris, Ellipses, 2001.

Jean Hyppolite, « Bachelard ou Le romantisme de l'intelligence », dans *Figures de la pensée philosophique*, II, Paris, Puf, 1971.

Jean-Jacques Wunenberger, *Gaston Bachelard, poétique des images*, Paris, Mimesis, 2014.

Chapitre 14

# Sartre et l'approche phénoménologique de l'imagination

par Arnaud Tomès

## Introduction

« L'un des caractères majeurs de la philosophie transcendantale, que ce soit l'idéalisme transcendantal ou la phénoménologie transcendantale, consiste, sans doute, à dévoiler la mise en jeu spécifique de l'imagination dans les activités humaines », affirme Tetsuo Sawada dans un article consacré à l'approche phénoménologique de l'imagination [1]. De même que Kant a mis au centre de ses analyses le rôle décisif de l'imagination comme moyen terme entre l'entendement et la sensibilité, dans la connaissance comme dans le jugement esthétique, de même Husserl a placé l'imagination au centre de ses analyses et de sa méthode des variations eidétiques. Celle-ci consiste en un travail de variations imaginaires, qui a pour but de montrer quels sont les prédicats sans lesquels une chose perdrait son essence : par exemple, un triangle ne serait plus un triangle s'il avait plus de trois côtés, si la somme de ses angles ne valait plus deux angles droits… [2]

On peut cependant se demander ce qu'apporte de si original la phénoménologie, dont on sait qu'elle a pour ambition d'aller « aux choses mêmes » et de se placer aux sources de l'évidence. Car l'imagination reste une faculté mystérieuse, qui ne se donne pas si facilement à connaître, et qui ne le fait en outre que par ses productions, qu'on classe dans la catégorie générale d'imaginaire. En quoi l'approche phénoménologique se distingue-t-elle des approches classiques qui, quand elles n'ont pas condamné l'imagination, l'ont relégué à un statut secondaire, en en faisant une simple auxiliaire de la connaissance ? En quoi va-t-elle au-delà de la position kantienne, qui subordonne l'imagination, à travers

1 Tetsuo Sawada, « Liberté et institution : sur la phénoménologie de l'*Einbildungskraft* dans la pensée de Marc Richir », *Bulletin d'analyse phénoménologique*, t. 13, fasc. 2, 2017, p. 525-526.

2 Edmund Husserl, *Idées directrices pour une phénoménologie*, trad. Paul Ricœur, Paris, Gallimard, « Tel », 1985, § 4, p. 25-26.

sa théorie du schématisme, à l'entendement ? En quoi permet-elle, tout au contraire, une description précise de l'imagination et de sa « mise en jeu spécifique dans les activités humaines », selon la formule de Sawada ?

Il revient surtout à Jean-Paul Sartre d'avoir mis en évidence, dans *L'Imagination* (1936) et *L'Imaginaire* (1940), l'apport considérable de la phénoménologie pour une théorie de l'imagination, qui va bien au-delà de ce que Husserl avait bien pu affirmer dans les ouvrages que Sartre avait lus – essentiellement les *Recherches logiques* (1900-1901) et les *Idées directrices pour une phénoménologie* (1913). L'auteur de *L'Imagination* reconnaît à Husserl le mérite d'avoir ouvert la voie et « aucune étude de l'image ne saurait négliger les riches aperçus qu'il nous donne »[3]. Néanmoins, dans *L'Imaginaire*, Sartre va plus loin que le fondateur de la phénoménologie : il présente une conception originale de l'imagination, qui lui permet de découvrir la dimension néantisante de la conscience, et le conduit vers une philosophie de la liberté qu'il développera par la suite dans *L'Être et le Néant*.

Nous nous proposons de montrer en quoi l'approche phénoménologique de l'imagination chez Sartre lui permet de penser la spécificité de cette faculté, bien au-delà de ce que la philosophie transcendantale de Kant – et peut-être même celle de Husserl – avait permis de faire. Il s'agira de rappeler, dans un premier temps, comment la question de l'imagination s'est très précisément posée à Sartre, avant de préciser en quoi la phénoménologie de Husserl lui semble pouvoir répondre au problème de l'image. Puis, dans un second temps, nous développerons les thèses de Sartre sur l'imagination – et ce qu'il appelle, de manière générale, la vie imaginaire – en mettant en évidence la manière dont il passe d'une phénoménologie de l'image à une véritable métaphysique de l'imagination.

## 1 Le problème de l'image chez Sartre et l'apport de la phénoménologie

### 1.1 La question de l'image chez Sartre

C'est à travers le problème de la nature de l'image mentale et de sa fonction dans la vie psychologique du sujet que Sartre est amené à aborder le thème de l'imagination. Ce problème est très ancien en philosophie, il remonte au moins à Aristote et à la thèse du *De anima* selon laquelle « nul ne peut penser sans images ». Le concept d'image mentale permet notamment de rendre raison de notre capacité à nous représenter le monde : l'image mentale serait en ce sens un reflet, dans notre esprit, de la réalité extérieure. La psychologie scientifique des XIX$^{e}$ et XX$^{e}$ siècles – que Sartre connaît très bien et qu'il analyse de manière précise dans ses premiers ouvrages – aborde aussi le statut des images

3 Jean-Paul Sartre, *L'Imagination*, Paris, Puf, « Quadrige », p. 148.

mentales, en reprenant les questions de la tradition philosophique : ces images existent-elles vraiment ? Qu'est-ce qui nous autorise à affirmer qu'elles donnent une idée de ce qu'est la réalité extérieure ? Ne sont-elles pas au contraire trompeuses ? Et qu'est-ce qui permet de distinguer les images mentales de choses réellement perçues des images mentales de choses purement fictives ?

Toutes ces questions font l'objet du premier texte philosophique important de Sartre, qui est son Diplôme d'études supérieures [4], soutenu en 1927 sous la direction d'Henri Delacroix, et qui servira de matériau pour son ouvrage intitulé *L'Imagination*. Ce travail du jeune Sartre est caractérisé par son refus du rôle représentatif que l'on donne généralement à l'image mentale : l'image crée bien plutôt son objet qu'elle ne reflète quelque chose de préexistant. Sartre critique également la thèse, soutenue par les psychologues de l'école de Würzburg, selon laquelle il pourrait exister une pensée pure, sans images. Tout au contraire, il soutient le fait que la pensée est fondamentalement imageante, ce qui revient à identifier pensée et imagination. Il se sert, pour cela, d'une littérature psychologique abondante (le *Traité de psychologie* de Georges Dumas, les travaux d'Henri Delacroix...) qui lui permet de présenter une conception tout à fait originale de l'image : l'image, bien plus qu'un schème, est ce qui vient symboliser la pensée.

Il y a donc une première philosophie de l'imagination chez Sartre, qui témoigne déjà d'un rapport critique à la tradition philosophique comme aux tendances les plus modernes de la psychologie, et d'un désir de réintégrer l'image au sein de la vie globale du sujet. « Le paradoxe de l'image, écrit ainsi le jeune Sartre, a été que jusqu'ici on l'a considérée comme une enclave, une ville libre à l'intérieur du sujet. C'est mal comprendre le sens psychologique de l'intériorité : pour que l'image soit intérieure au sujet, *il faut que le sujet pensant soit tout entier à l'intérieur de l'image* » [5]. De même, il y a déjà chez Sartre le désir de dépasser une conception trop intellectualiste de l'image, qui la limite à une fonction de représentation : tout au contraire, il faut voir dans l'image la synthèse des mouvements de notre corps en tant qu'ils sont guidés par une intention affective [6]. Trois jeunes filles au soleil, en tablier blanc, forment un tout affectif : l'image ne nous apprend rien sur les jeunes filles en question, elle n'est qu'une modification de notre sentiment vital. Cette première ébauche d'une théorie de l'imagination, qui utilise souvent un langage spiritualiste, n'en reste pas moins bien floue : il faut, pour

4 Il est reproduit dans *Études sartriennes*, n° 22, 2018, *Sartre inédit : le mémoire de fin d'études*. On se reportera aussi à *Études sartriennes*, n° 25, 2021, *Autour du mémoire sur l'image*.

5 *Ibid.*, p. 132.

6 *Ibid.*, p. 242-243.

comprendre vraiment l'essence de l'image, une théorie de la conscience qui en précise la nature et fournisse une méthode rigoureuse permettant de saisir l'image comme un type de conscience. Cette théorie, c'est la phénoménologie de Husserl qui va en donner le modèle à Sartre.

## 1.2 L'apport de la phénoménologie de Husserl

### 1.2.1 La découverte de l'intentionnalité de la conscience

Sartre va étudier la phénoménologie de Husserl à Berlin en 1933 et il en revient avec une nouvelle conception de la conscience, et donc de l'image. C'est ce qu'exprime très bien l'article publié en 1939 dans la *Nouvelle Revue Française*, et reproduit dans le tome I de *Situations*, « Une idée fondamentale de la phénoménologie de Husserl : l'intentionnalité » [7]. Dans ce texte, Sartre critique l'illusion selon laquelle « connaître, c'est manger », c'est-à-dire absorber l'objet dans sa conscience, l'assimiler et en faire quelque chose de différent, une idée. Il utilise alors la phénoménologie comme une arme de guerre contre tout idéalisme, et comme un moyen de restituer aux choses leur consistance et leur vérité.

Sartre ramène en effet la pensée de Husserl à sa thèse de l'intentionnalité, qui consiste à dire que toute conscience est conscience *de* quelque chose, qu'elle n'est donc pas une substance fermée sur elle-même, mais qu'elle tend nécessairement vers un objet. Celui-ci n'est certes pas l'objet réel, celui qui existe en dehors de la conscience, mais ce que Husserl appelle le *noème*, qui n'est autre que le corrélat de ma visée (*noèse*). Sartre en tire essentiellement deux conséquences, l'une qui porte sur le monde, et l'autre sur la conscience. L'intentionnalité implique tout d'abord que le monde est à la fois extérieur à la conscience, et relatif à elle, sans quoi le fait qu'elle puisse s'y rapporter resterait un mystère. Et elle implique ensuite que « connaître, c'est s'éclater-vers » [8], se dépasser vers le monde et le connaître, non pas sous la forme de représentations subjectives, mais en soi, tel qu'il est. Il n'existe donc pas de données intimes de la conscience, pas d'intériorité : la conscience n'est au contraire rien d'autre que ce mouvement de s'éclater-vers. Grâce à la phénoménologie de Husserl, « la conscience s'est purifiée, elle est claire comme un grand vent, il n'y a plus rien en elle, sauf un mouvement pour se fuir, un mouvement hors de soi » [9]. Il n'y a donc plus de données intimes au sein de la conscience, plus de contenus auxquels nous pourrions accéder par l'introspection.

7 Jean-Paul Sartre, « Une idée fondamentale de la phénoménologie de Husserl : l'intentionnalité » dans *Situations I*, Paris, Gallimard, 2010, p. 37-41. Le mot peut aussi s'orthographier *intentionalité* (comme *rationalité*).

8 *Ibid.*, p. 39.

9 *Ibid.*

Il n'entre pas dans notre propos de savoir si cette interprétation de l'intentionnalité de Husserl est conforme à l'esprit de la phénoménologie transcendantale – Levinas affirmera pour sa part qu'elle ne l'est pas [10] ; mais ce qui importe, c'est de voir comment Sartre se sert des concepts de la phénoménologie et de sa méthode (la réduction, c'est-à-dire la mise entre parenthèses de notre croyance dans l'existence du monde pour accéder à la région pure de la conscience) pour poser la question de l'image mentale et proposer une nouvelle conception de l'imagination. Le versant critique de la reprise sartrienne de la phénoménologie fera l'objet de l'ouvrage intitulé *L'Imagination* (1936), tandis que son versant positif sera exposé dans *L'Imaginaire* (1940). En quoi l'approche phénoménologique permet-elle de résoudre les erreurs de la tradition philosophique comme celles de la psychologie scientifique ?

### 1.2.2 Les apories des conceptions philosophiques et psychologiques de l'image

*L'Imagination* nous propose une histoire des différentes théories de l'image, qui n'est autre qu'une histoire de leur incapacité à penser l'image dans sa spécificité. Sartre souligne, dès l'introduction de l'ouvrage, que toute les approches de l'imagination depuis Platon sont victimes d'une « métaphysique naïve de l'image », qui consiste à « faire de l'image une copie de la chose, existant elle-même comme une chose » [11]. L'image est ainsi la plupart du temps vue comme un petit tableau à l'intérieur de l'esprit, selon une métaphore qui va de Platon jusqu'aux empiristes du XVIII^e^ siècle. Cette représentation mentale a les mêmes caractéristiques qu'une chose : elle est inerte, elle existe en soi (on peut même la définir comme une trace matérielle, imprimée dans le cerveau), elle apparaît et disparaît à son gré et non à celui de la conscience, et elle ne cesse pas d'exister en cessant d'être perçue. Sartre examine ainsi les différentes conceptions de l'image qui se succèdent de Descartes à Hume, en passant par Spinoza et Leibniz, et il voit dans toutes ces pensées, malgré leur différences, le même postulat à l'œuvre : l'image y demeure définie comme une chose, plus ou moins confuse, plus ou moins consciente, mais une chose tout de même, dont le mode d'être ne se distingue en rien de celui de la réalité physique.

Cette définition aboutit à l'impossibilité de distinguer l'image de la perception ou du souvenir. Il y a certes, dans la psychologie moderne, nombre de théories qui s'efforcent de les différencier, mais aucune de ces théories ne tient véritablement. Sartre examine, parmi bien d'autres thèses psychologiques, les théories empiristes et associationnistes de

10 Emmanuel Levinas, *En découvrant l'existence avec Husserl et Heidegger*, Paris, Vrin, 1988, p. 26-28.

11 Jean-Paul Sartre, *L'Imagination*, introduction, p. 4.

Taine et de Ribot, pour lesquels l'esprit est un « polypier d'images » : l'image s'y donne d'emblée comme une sensation, et ne s'en distingue ni en qualité ni en quantité. Mais alors, avec de telles théories, comment distinguer la sensation d'une chose réelle de l'image d'une chose fictive ? Comment éviter l'hallucination ? C'est, d'après cette psychologie, en portant des jugements de comparaison, d'adéquation ou d'inadéquation. Imaginons que l'on s'apprête à sortir et que l'on entende un léger crépitement. Pleut-il vraiment ou est-ce une perception imaginaire ? Il faut, pour le savoir, juger : vérifier s'il y a persistance du bruit ; puis contrôler s'il y a de la pluie sur le carreau ; comme la pluie peut tomber droit, ouvrir le carreau...

Cette manière de faire paraît aberrante à Sartre : « qui donc a jamais fait tant d'efforts pour distinguer une image d'une perception » [12] ? Toutes les théories du monde n'empêcheront pas qu'au moment même où apparaît l'image, je sais qu'il s'agit d'une image. L'exemple de la pluie n'est d'ailleurs pas pertinent : en réalité, il ne s'agit pas ici de distinguer une image d'une perception, mais une fausse perception d'une vraie perception. Le problème de la plupart des psychologues, c'est qu'ils ne distinguent perception et image qu'en utilisant le critère du vrai et du faux : une image, pour eux, est une perception fausse. Ceci est absurde, selon Sartre : percevoir un homme à la place d'un arbre, parce que sa forme ressemble à celle d'un homme, ce n'est pas percevoir une image, c'est mal percevoir un arbre. De plus, une image n'est pas nécessairement fausse : si j'attends mon ami Pierre et que j'imagine son visage, ses vêtements, etc., je ne me représente rien de faux.

« Toute théorie de l'imagination doit satisfaire à deux exigences : elle doit rendre compte de la discrimination spontanée que l'esprit opère entre ses images et ses perceptions – elle doit expliquer le rôle que joue l'image dans la pensée » [13]. Sartre estime que la conception classique de l'image, que l'on trouve en philosophie comme dans la psychologie positive, ne satisfait pas à ces conditions : c'est pourquoi il faut promouvoir une nouvelle théorie de l'imagination, qui se fonde sur l'approche phénoménologique de Husserl.

### 1.2.3 Le rôle de la phénoménologie husserlienne et ses limites

Que peut donc bien apporter l'étude phénoménologique de l'image à une théorie de l'imagination ? Sartre le rappelle : « La phénoménologie est une description des structures de la conscience transcendantale fondée sur l'intuition des essences de ces structures » [14]. La phénomé-

12 *Ibid.*, p. 104.

13 *Ibid.*, p. 128.

14 *Ibid.*, p. 140.

nologie est donc à même, avant toute description empirique – qu'elle a mise hors-circuit par la réduction – de définir ce qui fait qu'une image est une image, c'est-à-dire de fonder cette eidétique de l'image qui manque si cruellement aux autres conceptions. De plus, par sa conception de l'intentionnalité de la conscience, elle est à même de nous faire comprendre le rapport de la conscience aux images. Si la conscience n'est pas une chose, mais bien plutôt un rapport aux choses, elle ne peut pas être un lieu dans lequel viendraient se stocker des images. Par conséquent, lorsque je perçois ou que j'imagine, je n'ai pas de perception ou d'image dans ma conscience (phénomène que Sartre appelle « l'illusion d'immanence »), mais je vise l'objet d'une certaine manière qui n'est pas la même quand je perçois et quand j'imagine.

L'image n'est en ce sens pas la copie ou le simulacre de quelque chose de réel ; elle est une certaine modalité de la conscience dont la chose imaginée est l'objet. Husserl rend donc un service immense aux psychologues en fixant le statut de l'image : « L'image, en devenant une structure intentionnelle, passe de l'état de contenu inerte de la conscience, à celui de conscience une et synthétique en relation avec un objet transcendant » [15]. L'image de mon ami Pierre n'est ainsi plus un modèle réduit de Pierre qui se serait déposé dans ma conscience, ou qui aurait laissé une impression dans mon cerveau, ce n'est qu'une manière possible de viser l'être réel de Pierre. En le rejetant hors de la conscience, en disant qu'il n'y a qu'un seul Pierre, tantôt perçu et tantôt imaginé, Husserl a « supprimé presque toutes les difficultés qui obscurcissaient le problème classique des rapports de l'image avec la pensée » [16].

Il n'en demeure pas moins un problème dans l'approche phénoménologique de l'image proposée par Husserl, comme le souligne Sartre à la fin de *L'Imagination* : c'est qu'une fois la réduction phénoménologique opérée, une fois la présence réelle d'un arbre en fleur mise entre parenthèses au profit du seul noème « arbre-en-fleur-perçu », qu'est-ce qui me permet de distinguer ce noème de celui d'un Centaure, qui n'est qu'une fiction de mon esprit ? Le noème « Centaure-imaginé » semble avoir la même évidence que le noème « arbre-perçu ». Et pire : alors qu'avant la réduction phénoménologique, j'avais un moyen très sûr de distinguer l'arbre réel de ce qui n'est qu'une fiction de mon esprit, je ne dispose désormais plus de ce moyen. Il faut donc aller plus loin que Husserl et approfondir l'approche phénoménologique de l'image : c'est ce que Sartre va faire dans *L'Imaginaire*.

15 *Ibid.*, p. 147.

16 *Ibid.*, p. 148.

## 2 L'approche sartrienne de l'imaginaire

### 2.1 Imaginer, percevoir, penser

C'est à la fois dans la manière dont on la vise et dans son mode de donation que se manifeste la spécificité de l'image. Car si l'imagination désigne un certain type d'intentionnalité de la conscience, elle n'est pas du même type que la perception : là où la perception pose son objet comme existant, l'image pose au contraire son objet comme un néant d'être, selon quatre modalités possibles. Elle peut poser son objet comme inexistant, comme dans le cas du Centaure ; elle peut le poser comme simplement absent, comme mon ami Pierre que j'attends ; ou alors elle peut le poser comme existant, mais ailleurs ; enfin, elle peut le neutraliser, c'est-à-dire ne pas poser son objet comme existant : c'est ce que fait Husserl lorsqu'il pratique la réduction phénoménologique.

Cette distinction entre des modes d'intentionnalité permet à Sartre, dès la première partie de *L'Imaginaire*, intitulée « Le certain », de distinguer radicalement la perception, la conception et l'imagination, donc de faire ce que la tradition philosophique avait été incapable de faire.

Qu'est-ce qui les distingue alors ?

Le propre de la perception, c'est qu'en elle, l'objet ne nous apparaît jamais intégralement ; il ne nous apparaît que sous une série de profils, d'esquisses (*Abschattungen*, selon le terme utilisé par Husserl) : il faut alors multiplier les points de vue sur cet objet, faire une synthèse de tous ses profils, pour pouvoir en constituer une connaissance. Lorsque, en revanche, je pense au cube, c'est-à-dire lorsque j'en forme un concept, je pense ses six côtés et ses huit angles à la fois. Je n'ai donc pas besoin de multiplier les points de vue, de faire une synthèse : mon idée, je la saisis tout entière d'un coup. Voilà pourquoi on ne peut pas, selon Sartre, identifier la perception et la pensée, contrairement à ce que faisait Descartes.

Qu'en est-il alors de l'image ? Relève-t-elle de l'apprentissage, comme la perception, ou est-elle un savoir immédiat, comme le concept ? Elle semble d'abord plutôt relever de la perception. Pourtant, je n'ai pas besoin d'en faire le tour : le cube en image se donne d'emblée pour ce qu'il est. Là où, dans ma perception, un savoir se forme progressivement, il est immédiat dans l'image. En outre, plus j'observe une chose perçue (une feuille de papier), plus mon observation me révèle des détails nouveaux (le bord de la feuille est gondolé…). Or, je peux garder aussi longtemps que je veux une image sous ma vue : je n'y trouverai jamais que ce que j'y ai mis. Cette remarque, nous dit Sartre, est d'une importance capitale pour comprendre ce qui distingue une image d'une chose perçue : dans le monde de la perception, aucune chose ne peut apparaître sans qu'elle entretienne avec les autres choses une infinité de rapports ; mieux : c'est cette infinité de rapports qui constitue l'essence même d'une chose. Il y a « quelque chose de débordant dans le monde »[17], nous dit Sartre, c'est-à-dire que le monde des choses dépasse infiniment ce que nous voyons.

Au contraire, dans l'image, « il y a une espèce de pauvreté essentielle »[18] : c'est que les différents éléments d'une image n'entretiennent aucun rapport avec le reste du monde. Bref, « l'objet de la perception déborde constamment la conscience ; l'objet de l'image n'est jamais rien de plus que la conscience qu'on en a ; il se définit par cette conscience : on ne peut rien apprendre d'une image qu'on ne sache déjà »[19].

La conséquence évidente de cela est que la perception peut me tromper, mais pas l'image, contrairement aux idées reçues sur l'imagination : l'image ne peut pas me surprendre, puisque je n'y trouve que ce que j'y ai mis. Notre attitude par rapport à l'image peut donc être qualifiée, selon l'expression de Sartre, de « quasi-observation »[20] : nous sommes placés dans l'attitude de l'observation, mais c'est une observation qui ne nous apprend rien. Si je me donne, par exemple, en image, la page d'un livre, je suis dans l'attitude du lecteur : je regarde les lignes imprimées. Mais je ne peux pas les lire, comme si j'apprenais quelque chose, car je sais déjà ce qui est écrit.

Dernière différence mise en évidence par Sartre : une conscience perceptive s'apparaît comme passive, comme recevant de l'extérieur des informations sensibles. Au contraire, une conscience imageante se donne comme une spontanéité qui produit et conserve l'objet en image. C'est la contrepartie du fait que l'objet se donne comme un néant : la conscience s'apparaît comme créatrice, mais sans pour autant poser explicitement ce caractère créateur. C'est ce qui va conduire Sartre, dans la conclusion de *L'Imaginaire*, à l'idée que seule une conscience imageante, donc capable de viser son objet comme n'étant pas, peut être considérée comme libre : la conscience n'est pas prise au piège de la réalité, elle peut inventer librement ce qui n'est pas.

## 2.2 Les différents types d'images et l'image mentale

Nous voici parvenus à une première définition de l'image : l'image se définit comme « un acte qui vise dans sa corporéité un objet absent ou inexistant, à travers un contenu physique ou psychique, qui ne se donne pas en propre, mais à titre de représentant analogique de l'objet visé »[21].

17 Jean-Paul Sartre, *L'Imaginaire*, Paris, Gallimard, « Folio essais », p. 25.

18 *Ibid.*, p. 26.

19 *Ibid.*, p. 27.

20 *Ibid.*, p. 28.

21 *Ibid.*, p. 46.

C'est donc bien dans son mode de visée que se manifeste le caractère propre de l'imagination : je vise quelque chose qui n'est pas là – ou qui n'existe tout simplement pas – à travers un *analogon*. Mais cela ne suffit pas à caractériser l'image ni la spécificité de l'acte d'imagination ; car c'est aussi à travers un « contenu physique ou psychique » (une matière, ou *hylé*, dans le vocabulaire de Husserl) que je m'imagine quelque chose. Il faut donc déterminer ce qui constitue cette matière, et lui permet de jouer le rôle d'*analogon* de ce que j'imagine.

Dans le cas de la photographie, du portrait ou de la caricature, il existe un support matériel au travers duquel je vise quelque chose (mon ami Pierre, par exemple). Même si ces images peuvent être extrêmement pauvres – qu'on pense au dessin schématique, qui n'a parfois qu'une très vague ressemblance avec ce qu'il imite –, elles n'en constituent pas moins des choses qui peuvent être perçues comme telles, et qui ne sont donc pas de simples signes. Dans le cas du signe (la pancarte indiquant le bureau du sous-chef), il n'y a en effet qu'un rapport conventionnel avec ce qui est désigné ; en revanche, dans le cas de la conscience imageante, il faut que l'image ressemble, même vaguement, à ce qu'elle représente.

Qu'en est-il alors des images mentales ? Dans ce cas de figure, il n'y a pas d'extériorité. On peut en effet voir un portrait, une caricature ou même les lueurs entoptiques, qui constituent les images hypnagogiques, celles qui surgissent lorsque nous nous endormons. Mais on ne peut pas voir une image mentale. Certes, elle semble avoir la même structure que les autres images : elle vise un objet réel à travers un certain contenu matériel. Il semblerait donc qu'on puisse faire pour l'image mentale ce que nous faisons pour les autres images : décrire son contenu analogique. Pourtant, Sartre met en évidence une différence essentielle : alors que, dans le cas des autres images, il y a toujours un résidu matériel (la toile peinte, dans le cas du portrait) que je peux décrire, il n'existe aucun résidu dans le cas de l'image mentale. Si je cesse d'y penser, l'image disparaît avec son contenu analogique.

C'est pourquoi Sartre, dans la seconde partie de *L'Imaginaire*, sort du domaine de la conscience pure, qui nous avait été découvert par la méthode de la réflexion phénoménologique, pour entrer dans le domaine du probable. Il va désormais falloir en revenir à une psychologie plus expérimentale, c'est-à-dire faire des hypothèses et chercher leur confirmation dans l'observation. Comme il l'avait déjà fait dans *L'Esquisse d'une théorie des émotions*, Sartre s'efforce d'articuler les données de la conscience transcendantale et les données de notre expérience.

L'apport sartrien en ce qui concerne les images mentales se manifeste de deux manières : d'abord, par le rôle spécifique qu'y joue le savoir ; et par la dimension constituante de l'affectivité. Comme l'a établi la première partie de *L'Imaginaire*, une image ne peut exister sans un savoir qui la constitue : c'est le sens du phénomène de quasi-observation. Mais de quel type ce savoir est-il ? Pour répondre, Sartre est conduit à distinguer un savoir pur et un savoir imageant : un savoir pur se définit comme une conscience de relations, dans laquelle la matière sensible n'est pas pensée, sinon sous la forme de support des relations. Par exemple, le bleu n'y est pensé que comme la quatrième couleur fondamentale. En revanche, le savoir imageant se caractérise par le fait qu'il se réalise au sein d'une matière, qui peut être les arbres en carton d'un décor de théâtre ou des signes écrits susceptibles de transformer la lecture d'un roman en une plongée dans un monde irréel. Le passage du savoir pur au savoir imageant coïncide ainsi avec une « dégradation du savoir, qui ne vise plus les rapports comme tels mais comme qualités substantielles des choses » [22].

Ce qui va permettre à la conscience d'être conscience imageante, donc de se réaliser à travers une certaine matière, c'est le rôle de l'affectivité. Sartre – qui avait déjà attribué à Husserl le mérite d'avoir renouvelé la psychologie de l'affectivité, d'avoir « fait la place nette pour un nouveau traité des passions » [23] – souligne avec force qu'il ne peut y avoir d'états affectifs, au sens de contenus immanents à notre conscience, mais que les sentiments sont autant de formes de consciences, auxquelles il faut appliquer la règle de l'intentionnalité : tout sentiment se rapporte à quelque chose, selon une modalité qui lui est propre. Mais le sentiment de haine n'est pas la conscience d'un objet qui serait la haine : il est conscience d'un individu comme haïssable. Dès lors, on comprend comment la conscience imageante vise un objet à travers un *analogon* affectif : c'est à partir d'un sentiment – celui que m'inspirent de belles mains blanches, par exemple – que je vais me souvenir de la personne que j'aime. À cette matière affective, Sartre ajoute le rôle spécifique des mouvements et des mots : on ne peut, par exemple, imaginer une escarpolette sans esquisser un mouvement des yeux. Mon corps participe en ce sens, autant que ma conscience, à la constitution de l'image.

L'image est par conséquent un fait psychique total, qui mobilise à la fois ma conscience et mon corps, mes sentiments et même mes désirs : se donner un objet sous forme d'image mentale, c'est-à-dire sous forme affective, c'est en réalité vouloir le posséder, souligne Sartre. Ce dernier rend ainsi toute sa complexité à l'acte qui consiste à imaginer, trop souvent réduit à une fausse perception ou un simple souvenir : il y a une dimension irréductiblement sensible dans l'imagination, qui n'a toutefois rien à voir avec une simple réceptivité, au sens kantien, mais qui implique au contraire l'activité de la conscience. Il y a enfin un mode spécifique d'apparition de l'image, qui achève de distinguer l'imagination de la

22 *Ibid.*, p. 134.

23 Jean-Paul Sartre, *Situations I*, p. 40.

perception. L'objet de l'image n'obéit ainsi pas au principe d'individuation, car ce que me livre une image est une synthèse, qui peut posséder des aspects contradictoires : je peux imaginer Pierre aujourd'hui avec les traits qu'il avait il y a un mois. Il n'obéit pas davantage au principe d'identité : l'image d'un visage peut en condenser plusieurs. « Beaucoup d'images sont ainsi des contaminations »[24].

## 2.3 Sens et fonction de l'image dans la vie psychique

Reste à déterminer le sens de cette activité qu'est l'imagination : Pourquoi la conscience imagine-t-elle ? Qu'y a-t-il d'irréductible, dans cette faculté, à la perception ou à l'intellect ? Les analyses de Sartre font ici preuve d'une grande originalité, puisqu'elles se distinguent aussi bien des approches intellectualistes, qui opposent la pensée et l'image voire nient l'existence des images mentales (Alain), que des approches empiristes, qui voient dans l'image un écho affaibli de la perception (Hobbes ou Hume).

La position de Sartre permet en effet de poser un rapport rigoureux entre la pensée et l'image. Je peux certes, penser sans images, à partir de purs concepts, comme le fait le mathématicien ; il n'empêche que l'image n'est pas un simple support de la pensée, mais une pensée qui s'est matérialisée et s'est placée sur le plan de l'image. On peut même parler d'un jugement (d'une « assertion imageante », selon l'expression de Sartre) qui se déploie dans l'élément de l'image : si j'imagine un escalier recouvert d'un tapis avec des tringles de cuivre sur les marches de pierre, c'est que j'ai jugé que l'escalier était recouvert d'un tapis, ce qui correspond aussi à une « décision libre et spontanée » [25]. Imaginer est donc un acte bien plus complexe qu'on le pense habituellement.

L'image n'est en ce sens pas la reproduction d'un objet réel :

> *L'image*, au contraire, est une conscience qui vise à produire son objet : elle est donc constituée par une certaine façon de juger et de sentir dont nous ne prenons pas conscience en tant que telles mais que nous appréhendons *sur* l'objet intentionnel comme telle ou telle de ses qualités. [26]

Sartre résume cette conception du rôle de l'image en disant que la fonction de l'image est symbolique. Mais il donne à ce terme de *symbolique* une signification tout à fait particulière : il refuse en effet de faire de l'image une simple trace matérielle que l'on trouverait dans le cerveau ou dans l'inconscient, à laquelle on donnerait après coup un sens symbolique en l'utilisant pour désigner telle ou telle chose. Pour

24 Jean-Paul Sartre, *L'Imaginaire*, p. 181.

25 *Ibid.*, p. 188.

26 *Ibid.*

expliquer la fonction de l'image, Sartre s'inspire de certains psychologues, comme Auguste Flach, qui développent dans leur travaux la notion de schème symbolique. La réintégration de la notion de schème constitue à cet égard un élément important, puisque Sartre refusait encore dans *L'Imagination* cette notion, que ce soit sous sa forme kantienne ou sous la forme bergsonienne du « schème dynamique ».

Que faut-il entendre par schème symbolique ? Il ne s'agit pas simplement d'une image, qui viendrait aider à la compréhension d'un concept, en lui donnant un équivalent intuitif, mais d'une forme qui prétend résoudre un problème. C'est ainsi que le ruban apparaît comme un schème symbolique, parce qu'il est à même de figurer le processus circulaire de l'échange. Ou qu'un ouvrier frappant un mur avec un marteau représente sous une forme symbolique la thèse fichtéenne de la génération du non-moi par le moi. La notion de schème permet de bien comprendre pourquoi l'imagination n'est pas une faculté d'un autre genre que la pensée : le schème ne succède pas en effet, dans une division du travail psychologique, à l'effort d'intellection, mais il produit plutôt sous la forme d'un objet spatial le résultat de cet effort. Un schème symbolique n'a donc rien à voir avec une simple image d'illustration, comme le *David* de Michel-Ange, qui peut venir illustrer l'idée préconçue que nous avons de la Renaissance. On voit toute la différence de cette approche avec l'approche du schématisme transcendantal que propose Kant dans la *Critique de la raison pure* : chez Kant, le schème constitue une méthode – tantôt attribuée à l'imagination, tantôt attribuée à l'entendement [27] – pour fournir au concept une image. Mais dans la conception sartrienne du schème symbolique, la dualité de l'entendement et de la sensibilité disparaît : il faut se figurer la construction d'un schème et la compréhension imagée comme un seul et même processus.

Sartre ne fait pas pour autant de l'image quelque chose qui aurait la même dignité que la pensée. Philippe Cabestan va jusqu'à écrire que « la conception sartrienne s'inscrit dans une perspective platonicienne de l'image comme chute ou dégradation de l'intelligible. L'image nous donne la possibilité d'un mode de pensée ou de compréhension spécifique, mais inférieur » [28]. Il faut bien comprendre ici que le schème, bien loin d'aider l'intellection, la limite souvent, car sa fonction n'est pas tant de la rendre possible que de la présentifier, sous une forme spatiale. Comme le souligne Sartre, « la compréhension se réalise *en* image, mais non pas *par* l'image » [29]. L'image peut même aller jusqu'à me tromper : si

27 Voir sur ce point les commentaires très éclairants de Heidegger dans *Kant et le problème de la métaphysique*.

28 Philippe Cabestan, *L'Imaginaire*, Paris, Ellipses, 1999, p. 21.

29 Jean-Paul Sartre, *L'Imaginaire*, p. 201.

je me représente, par exemple, l'oppression grâce au schème symbolique d'un ressort que l'on comprime, j'en conclus que la force avec laquelle les opprimés se révolteront sera proportionnelle à celle qui s'exerce sur eux. Mais je ne fais alors que conforter mon préjugé selon lequel tout opprimé puise dans les forces qui l'oppriment l'énergie de sa révolte. Qu'on prenne, au lieu du ressort, le schème symbolique de l'organisme qui se dégrade, et l'on aura une toute autre compréhension de l'oppression.

Mais alors, si l'image nous persuade et nous égare, au lieu de favoriser l'intellection, quelle fonction peut-elle bien avoir dans la vie psychique ? La thèse de *L'Imaginaire* est nuancée : si l'image n'est pas simplement au service de l'intellect, comme le schème kantien, il serait tout autant absurde de voir dans l'image uniquement quelque chose qui vient nuire à la pensée, comme l'obstacle épistémologique de Bachelard. Les quelques remarques de Sartre sont ici décisives :

> La pensée prend la forme imagée lorsqu'elle veut être intuitive, lorsqu'elle veut fonder ses affirmations sur la vue d'un objet. En ce cas, elle tente de faire comparaître l'objet devant elle pour le *voir*, ou, mieux encore, pour le *posséder*. [30]

Nous avons déjà remarqué cette présence du vocabulaire de la décision et de la possession chez Sartre : il permet de rattacher l'imagination à un certain type de pensée, qui est la pensée magique, dont l'émotion constitue aussi un exemple [31]. De même que l'émotion peut faire disparaître magiquement un danger, de même l'imagination fait apparaître magiquement l'objet que l'on désire et que l'on veut posséder. L'imagination constitue en ce sens une infra-pensée, une pensée primitive qui crée son objet : comment alors définir celui-ci ?

### 2.4 La vie imaginaire et l'œuvre d'art

Dans la dernière partie de *L'Imaginaire*, Sartre revient sur la question la plus embarrassante pour les théories de l'imagination, y compris la sienne : si l'objet imaginaire est un objet irréel, comment se fait-il que celui-ci puisse se donner, dans l'hallucination ou le rêve, comme quelque chose de parfaitement réel, au point de provoquer même des réactions physiologiques ?

Pour le comprendre, il faut bien avoir conscience que, même si elle possède une certaine forme de présence, l'image n'a aucune réalité. Ce n'est pas seulement sa matière qui est irréelle, mais même ses déterminations de temps et d'espace : si Pierre m'apparaît dans sa chambre, celle-ci

30 *Ibid.*, p. 235.

31 Je me permets de renvoyer ici à mon édition de Jean-Paul Sartre, *Esquisse d'une théorie des émotions*, Paris, Hermann, 2010, Introduction, p. IX-CXIII.

n'est qu'un vague halo qui l'entoure, elle ne peut en aucun cas être située par rapport à mon espace réel. Sartre refuse en ce sens l'expression galvaudée de « monde imaginaire ». Un monde est une totalité synthétique, dans laquelle chaque chose est à sa place et entretient un rapport avec les autres ; or, l'objet irréel n'est ni suffisamment individué ni suffisamment inséré dans un milieu pour qu'on puisse affirmer qu'il fait monde avec les autres objets irréels.

Comment est-il alors possible que des objets irréels puissent produire des réactions tout à fait réelles, comme des vomissements dans le cas d'images répugnantes ? Il n'y a qu'une seule réponse possible : puisque les objets irréels ne sauraient agir directement sur moi, étant donné qu'ils sont totalement passifs, qu'ils n'ont ni cette lourdeur ni cette exigence propre aux objets réels, il faut bien que ce soit moi qui m'irréalise et leur donne cette force. C'est parce que le malade psychasthénique[32] se force lui-même à reproduire l'objet dont il a peur que l'obsession a sur lui un tel pouvoir. C'est parce que je constitue, par les attitudes de mon corps et par mon affectivité, le caractère répugnant de l'objet que je peux en arriver à vomir. Sartre tient ainsi à conserver la différence essentielle qui existe entre l'imaginaire et le réel : on ne saurait confondre un sentiment réel et un sentiment imaginaire, un amour vécu et un amour simplement mimé, dont le caractère schématique ne trompera personne. C'est encore et toujours la pauvreté essentielle de l'image qui apparaît ici.

Sartre doit alors répondre aux objections tirées des expériences de l'hallucination et du rêve. Il le fait à travers une même structure argumentative : il s'agit tout d'abord de refuser la confusion de l'imaginaire et du réel, qui renvoient à deux expériences irréductibles. « Le schizophrène sait fort bien que les objets dont il s'entoure sont irréels »[33], affirme Sartre. Puis on peut faire l'analogie entre le rêve, l'hallucination et l'obsession : de même que la crainte de l'obsession lui permet de se prolonger, de même la conscience endormie ou hallucinée, fascinée par sa spontanéité créatrice, se met à croire à ce qu'elle produit. Elle atteint ainsi un état que Sartre compare à une « transe » et qui la rend captive d'elle-même. À quoi s'ajoute le rôle de la mémoire, qui reconstruit *a posteriori* l'expérience. Mais comment se fait-il que la conscience puisse croire aux images du rêve, alors que celles-ci se donnent dans leur essence même comme des phénomènes irréels ? C'est que la conscience ne peut sortir, dans le rêve, de l'attitude imageante : le rêveur est pris dans le rêve, comme l'amateur de roman par l'histoire qu'il lit, captivé par son récit onirique, d'autant qu'il en est souvent lui-même l'acteur.

32 Rappelons que ce que la psychologie de l'époque appelle psychasthénie correspond à ce que Freud appelle névrose obsessionnelle.

33 Jean-Paul Sartre, *L'Imaginaire*, p. 285.

L'argument sceptique, repris par Descartes dans sa *Première méditation*, n'a donc aucun sens, selon Sartre : nous ne pouvons confondre la réalité avec cette fiction qu'est le rêve ; simplement, c'est une fiction envoûtante : « le rêve, ce n'est point la fiction prise pour la réalité, c'est l'odyssée d'une conscience vouée par elle-même, et non en dépit d'elle-même, à ne constituer qu'un monde irréel » [34].

Sartre n'intègre étonnamment pas d'analyse de l'œuvre d'art à sa réflexion sur la vie imaginaire, mais il lui consacre quelques pages dans sa conclusion. Sa thèse essentielle consiste à soutenir que « l'œuvre d'art est un irréel » [35]. Là aussi, l'auteur de *L'Imaginaire* distingue radicalement l'objet irréel qui est visé (Charles VIII, dans le portrait qui est fait de lui) et l'*analogon* réel à travers lequel il est visé, à savoir les taches de peinture sur la toile, le grain de la toile et le vernis qu'on a passé sur les couleurs. Sartre s'oppose ainsi à toute conception réaliste de l'œuvre d'art, qui voudrait en définir la spécificité par des propriétés objectives ou matérielles [36]. Ce qui nous trompe à cet égard, c'est le plaisir sensuel que peuvent nous donner certaines couleurs réelles, comme les rouges de Matisse. Mais ce qui nous plaît, c'est fondamentalement quelque chose qui n'existe pas, un objet irréel. Sartre y voit la cause du caractère désintéressé du plaisir esthétique : celui-ci ne tient pas à « quelque mystérieuse façon d'appréhender le réel » [37], comme le libre jeu des facultés dont parle Kant, mais bien plutôt au fait que l'objet esthétique est appréhendé par une conscience imageante, qui est indifférente à son existence. Il n'y a donc pas de monde imaginaire, pas même dans l'art : l'imaginaire est au contraire une manière de s'abstraire du monde. Sartre s'en souviendra lorsque, décrivant Flaubert dans *L'Idiot de la Famille*, il mettra au centre de son existence le choix de l'irréel, comme manière d'échapper au monde. Pour Sartre comme pour Malraux, l'art est un anti-destin.

### 2.5 Métaphysique de l'imaginaire : l'imaginaire comme ouverture à l'être de la conscience

L'approche phénoménologique de l'imagination proposée par Sartre dans *L'Imaginaire* ne se contente pas de décrire l'image, son mode d'existence et de donation à la conscience, mais elle ouvre à un questionnement ontologique qu'il reprendra, en le radicalisant, dans *L'Être et le Néant*. On peut même dire que c'est l'étude de l'imagination qui conduit

34 *Ibid.*, p. 339.

35 *Ibid.*, p. 362.

36 Une tentative de ce genre est proposée par Roger Pouivet dans son ouvrage *Qu'est-ce qu'une œuvre d'art ?*, Paris, Vrin, « Chemins philosophiques », 2007.

37 Jean-Paul Sartre, *L'Imaginaire*, p. 366.

Sartre vers la mise en évidence de la nature propre de la conscience. Il ne s'agit donc pas simplement de faire une étude transcendantale, de type kantien, afin de mettre en lumière les conditions de possibilité de l'attitude imageante, mais il faut se demander plus profondément ce que doit être une conscience pour imaginer. La question ne se pose évidemment pas si l'image est un contenu réel de la conscience. En revanche, si l'image est un irréel, alors le type d'existence d'une conscience capable d'imaginer doit être d'un type très particulier. Le problème devient alors le suivant : Que doit être une conscience pour poser des objets réels puis des objets imagés ?

Sartre rappelle qu'il y a deux conditions pour que la conscience puisse imaginer : il faut tout d'abord qu'elle puisse poser le monde dans sa totalité synthétique ; puis il lui faut poser l'objet imaginé comme hors d'atteinte par rapport à cet ensemble, et donc poser le monde comme un néant par rapport à l'image. Ces deux conditions n'en font en réalité qu'une : il faut que la conscience puisse poser une thèse d'irréalité, c'est-à-dire qu'elle puisse se rapporter à quelque chose qui n'est pas. Autrement dit, c'est la dimension néantisante de la conscience, sa capacité à nier d'un objet qu'il appartienne au réel, ou de nier le réel en tant qu'on pose l'objet, que nous révèle l'imagination. Or, et c'est là l'acquis essentiel de la conclusion de *L'Imaginaire*, toute création d'imaginaire serait impossible si la conscience était prise au milieu du monde, si elle n'était qu'une chose parmi les choses : elle serait alors seulement la courroie de transmission des différentes impulsions venues du monde ; et elle serait cantonnée à son environnement immédiat. Pour que la conscience puisse imaginer, il faut au contraire que la conscience échappe au déterminisme implacable qui régit le monde, et même les états psychologiques, si on les considère comme autant d'états de choses appartenant au monde. « En un mot, il faut qu'elle soit libre » [38].

La découverte de l'imagination ouvre, dans cette perspective, à la redéfinition de la conscience et de la liberté que Sartre développera, en 1943, dans son grand traité d'ontologie phénoménologique, *L'Être et le Néant*. La conscience, et de manière générale la « réalité humaine » [39], y seront définies par le rapport négatif qu'elles ont au monde et à elles-mêmes. Parce qu'elle peut le mettre à distance, notamment par l'imagination, la conscience n'appartient pas au monde, elle possède un mode d'être qui lui est propre, celui du *pour-soi* ; et elle se rapporte de manière négative à soi : elle n'est pas ce qu'elle est, et elle est ce qu'elle n'est pas. Ce qui implique encore une fois qu'elle est libre. La liberté sera également

38 *Ibid.*, p. 353.

39 Rappelons que « réalité humaine » est la traduction proposée par Henri Corbin du terme *Dasein* chez Heidegger : c'est le terme qu'utilise Sartre à chaque fois qu'il parle de la conscience en tant qu'existant.

définie de manière négative dans *L'Être et le Néant*, à partir de cette capacité néantisante, que l'imagination a permis de mettre en exergue : « cette possibilité pour la réalité humaine de sécréter un néant qui l'isole, Descartes, après les stoïciens, lui a donné un nom : c'est la *liberté* » [40], écrit Sartre dans une formule restée célèbre.

## Conclusion

L'approche phénoménologique de l'imagination, telle que la prend en charge Sartre de façon singulière, apparaît comme l'une des voies les mieux indiquées pour saisir la spécificité de l'imagination. Elle choisit en effet délibérément de s'installer au niveau de la description de l'image, sans rien préjuger de sa nature et sans présupposer une psychologie des facultés qui place généralement l'imagination dans une position secondaire : l'imagination y est une simple redondance de la sensibilité, ou une faculté au service de l'entendement. Partir de l'image, de son mode d'être, de son irréductible différence avec la perception, le concept ou le souvenir, déterminer le type d'intentionnalité de la conscience qu'elle mobilise comme la matière dont elle est constituée, c'est tout au contraire s'efforcer d'aller « aux choses mêmes » et de saisir l'imagination dans ce qu'elle a d'irréductiblement singulier.

Certes, on peut être déçu par la conception phénoménologique de Sartre, qui insiste sur la pauvreté essentielle de l'imagination et donne bien peu de place à ses productions : la perspective sartrienne étant de distinguer l'imagination de la perception, et de rectifier les erreurs de la tradition philosophique comme celles de la psychologie positive, elle soutient une conception essentiellement négative de l'imagination, qu'on peut considérer comme rendant bien peu justice à son caractère créateur. Bachelard reprochera d'ailleurs à Sartre de ne pas avoir vu que c'est la matière qui nous pousse à rêver et à imaginer :

> Les exemples des phénoménologues ne mettent pas assez en évidence les degrés de tension de l'intentionnalité ; ils restent trop formels, trop intellectuels ... Il faut à la fois une intention formelle, une intention dynamique et une intention matérielle pour comprendre l'objet dans sa force, dans sa résistance, dans sa matière, c'est-à-dire totalement » [41]

Et Bachelard de rêver d'un Roquentin, la lime à la main, qui aurait appris la force et la beauté d'une surface plane, oubliant par la même occasion que Sartre a consacré de longs développements à la qualité comme

40 Jean-Paul Sartre, *L'Être et le Néant*, Paris, Gallimard, « Tel », 2013, p. 59.

41 Gaston Bachelard, *L'Eau et les rêves*, Paris, José Corti, « Les Essais », 1965, p. 213-214.

révélatrice de l'être, et qu'il y fait l'éloge de « l'imagination matérielle » découverte par... Bachelard [42].

En définitive, l'approche phénoménologique de Sartre met en évidence dans l'imagination une faculté irréalisante dont on ne peut que constater la force. L'imaginaire est la preuve en acte que la liberté est inscrite au cœur de notre conscience. En nous permettant d'échapper au monde, elle rend certes possible la névrose de l'écrivain, son incapacité à s'adapter à ce qui est ; mais elle lui permet aussi de se rêver autre que soi et de devenir son propre créateur et le créateur de mondes. Sartre montrera ainsi, dans *L'Idiot de la famille*, toute la fécondité de l'imaginaire dans le rapport singulier qu'un individu entretient avec son environnement et avec sa propre constitution : la comédie que se joue Flaubert, enfant imaginaire, sera déjà un premier pas vers sa personnalisation [43]. Mieux : l'imaginaire rend possible la liberté comme source de valeur et comme responsabilité face au monde.

## Travaux cités

### Œuvres de Sartre

*L'Imagination* (1936), Paris, Puf, « Quadrige », 2007.

*Esquisse d'une théorie des émotions* (1939), Paris, Hermann, 2010.

*L'Imaginaire* (1940), Paris, Gallimard, « Folio essais », 1986.

*L'Être et le Néant* (1943), Paris, Gallimard, « Tel », 2013.

*Situations I* (1947), Paris, Gallimard, 2010.

### Autres ouvrages

Gaston Bachelard, *L'Eau et les rêves*, Paris, José Corti, « Les Essais », 1965.

Philippe Cabestan, *L'Imaginaire*, Paris, Ellipses, 1999.

Edmund Husserl, *Idées directrices pour une phénoménologie*, trad. Paul Ricœur, Paris, Gallimard, « Tel », 1985.

Emmanuel Levinas, *En découvrant l'existence avec Husserl et Heidegger*, Paris, Vrin, 1988.

Tetsuo Sawada, « Liberté et institution : sur la phénoménologie de l'*Einbildungskraft* dans la pensée de Marc Richir », dans *Bulletin d'analyse phénoménologique*, tome 13, fasc. 2, 2017.

42 Jean-Paul Sartre, *L'Être et le néant*, p. 646.

43 Jean-Paul Sartre, *L'Idiot de la famille*, tome I, Paris, Gallimard, 1988, p. 660-665.

# Chapitre 15

# L'imaginaire social chez Cornelius Castoriadis

par Arnaud Tomès

## Introduction

Les notions d'imaginaire collectif et d'imaginaire social sont de plus en plus utilisées par les philosophes, les historiens ou les sociologues qui s'efforcent de comprendre ce qui fait l'unité d'un groupe ou d'une nation : on ne compte plus les études sur l'imaginaire chrétien ou musulman, national ou postnational, antique ou moderne, etc. Pourtant, ce concept d'imaginaire, surtout lorsqu'il désigne quelque chose de social, apparaît comme un concept assez vague : de fait, cette notion est employée d'une manière très différente selon les auteurs et les traditions philosophiques. Un tel flou peut apparaître libérateur, comme le constate Jacques Le Goff dans la préface à la seconde édition de *L'Imaginaire médiéval*, car il permet à la notion d'imaginaire de « braver les frontières, d'échapper aux cloisonnements »[1]. Toutefois, l'imprécision du concept peut aussi conduire à en faire un usage trop vaste, comme en d'autres temps le terme de « mentalités », supposé tout expliquer[2].

Le problème tient à ce que la notion d'imaginaire constitue une « catégorie plastique », comme le remarque Jean-Jacques Wunenburger, qui renvoie à un « ensemble assez lâche de composants. Fantasme, souvenir, rêverie, rêve, croyance invérifiable, mythe, roman, fiction sont autant d'expressions de l'imaginaire d'un homme ou d'une culture »[3]. Cette notion peut cependant être pensée selon deux axes définitionnels :

(1) Le premier « désigne l'ensemble statique des contenus produits par une imagination (définie par ailleurs comme faculté) et qui tendent à acquérir une certaine autonomie, par répétition, par récurrence, pour

1 Jacques Le Goff, *L'imaginaire médiéval*, dans *Un autre Moyen Âge*, Paris, Gallimard, « Quarto »,1999, p. 443.

2 Voir à ce propos l'ouvrage de Geoffrey E. R. Lloyd, *Pour en finir avec les mentalités*, Paris, La Découverte, 1993.

3 Jean-Jacques Wunenburger, *L'Imaginaire*, Paris, Puf, 2003, p. 5.

former à la limite un ensemble cohérent »[4]. On peut, en ce sens, parler, comme Jacques Le Goff, de l'imaginaire médiéval, pour désigner l'ensemble des représentations qui sont le propre de cette époque[5]. Ce qui importe, c'est de bien comprendre qu'on entend ici par le terme d'*imaginaire* un ensemble de productions, qu'elles soient matérielles ou immatérielles : l'imaginaire est donc ici étudié en tant que résultat, dont il faut comprendre la logique et la singularité.

(2) Le second « désigne les groupements systémiques d'images en tant qu'ils comportent une sorte de principe d'auto-organisation, d'autopoïétique, permettant d'ouvrir sans cesse l'imaginaire à de l'innovation, à des transformations, à des recréations »[6]. Le propre de cette conception, c'est qu'elle intègre le travail de l'imagination ou en tout cas d'un principe, qui se trouve donc être à l'origine des productions imaginaires. Il ne s'agit donc pas seulement ici de considérer l'imaginaire comme un ensemble de productions, mais de les considérer dans leur relation à ce principe producteur.

L'intérêt d'une conception comme celle que propose Cornelius Castoriadis (1922-1997), en particulier dans son ouvrage majeur *L'Institution imaginaire de la société* (1975), tient à ce qu'il ne veut pas s'en tenir à la première conception, mais donne à la notion d'imaginaire un caractère bien plus radical, que l'on retrouve dans la seconde. Il s'agit, en effet, pour lui, de tenir compte de la double dimension de l'imaginaire institué et de l'imaginaire instituant, donc de l'imaginaire comme produit et de l'imaginaire comme force productrice. En somme, selon une formule de Castoriadis lui-même, un imaginaire « c'est, d'un côté, des structures données, des institutions et des œuvres "matérialisées", qu'elles soient matérielles ou non ; et d'un autre côté, *ce qui* structure, institue, matérialise »[7]. En outre, il s'agit de montrer que l'imaginaire est une force sociale, qu'elle n'est pas simplement l'imagination individuelle telle que l'histoire de la philosophie l'a toujours reconnue, mais une réalité plus fondamentale, qui nous permet de rendre raison de la cohérence et de la spécificité d'une société.

En quoi alors la conception que Castoriadis nous propose de l'imaginaire social nous permet-elle de dépasser le flou conceptuel qui est généralement attaché à cette notion ? Pourquoi sommes-nous, par ailleurs, tenus de faire une telle hypothèse, qui semble contraire à nos catégories de pensée ? Qu'apporte-t-elle réellement à notre connaissance et compréhension de ce que Castoriadis appelle, d'un seul mot, le social-

4 *Ibid.*, p. 12.

5 Jacques Le Goff, *Un autre Moyen Âge*, p. 423-442.

6 Jean-Jacques Wunenburger, *L'Imaginaire*, p. 13.

7 Cornelius Castoriadis, *L'Institution imaginaire de la société*, Paris, Éd. du Seuil, 1975 p. 148.

historique ? Pourquoi une approche rationaliste ou matérialiste de la société ne suffit-elle pas à nous en faire saisir la logique ?

Nous nous efforcerons de montrer, dans un premier temps, que la notion d'imaginaire social est incontournable afin de comprendre non seulement l'unité, mais aussi l'évolution des sociétés, ce qui suppose de reconnaître le caractère créateur d'un tel imaginaire. Puis nous nous efforcerons en un second temps de montrer les caractéristiques fondamentales de l'imaginaire social, dans sa dimension productrice et créatrice, avant de dégager plus précisément les implications politiques d'une telle hypothèse.

# 1 L'hypothèse de l'imaginaire social

## 1.1 Les limites des approches rationalistes de la société

C'est d'abord parce que la raison ne peut pas rendre totalement compte de la réalité sociale que Castoriadis est conduit à dépasser les conceptions rationalistes et fonctionnalistes du social pour mettre en lumière le rôle déterminant de l'élément imaginaire. Cette manière de penser le social, comme un ensemble de mécanismes régis par des lois, se trouve condensée dans l'approche que Marx et Engels proposent de la société [8]. Mais ce sont d'abord les limites de cette approche que Castoriadis va mettre en évidence, dans un très long article intitulé « Marxisme et théorie révolutionnaire », publié en 1964 et 1965 dans la revue *Socialisme ou barbarie*, puis repris comme première partie de *L'Institution imaginaire de la société*.

Castoriadis part du constat que les phénomènes prévus par la prétendue « science historique » marxiste ne se sont pas produits : sous les Trente glorieuses, loin de se paupériser, la classe ouvrière a vu ses conditions de vie s'améliorer ; le capitalisme a réussi à résister aux crises qui auraient dû l'emporter ; et les régimes qui se sont revendiqués du marxisme ne constituent en rien des sociétés plus justes, mais bien plutôt des monstres bureaucratiques. Or, il ne s'agit pas là de simples accidents de l'histoire, ou de dérives qui supposeraient qu'on en revienne à un marxisme orthodoxe. Selon Castoriadis, cette incapacité du marxisme à penser l'histoire comme émergence de la nouveauté manifeste non seulement l'échec de Marx, mais l'échec de toute théorie voulant, à la manière du marxisme, ramener l'histoire à un schéma rationnel : ce n'est donc pas seulement tel contenu précis de la doctrine de Marx qui est à remettre en cause, mais le type même de théorie que Marx et Engels défendent, à savoir un « rationalisme objectiviste » [9].

8 On en trouvera un fort bon résumé dans l'article d'Alexandre Feron et Yohann Douet, « Critique et science des sociétés humaines chez Marx et Engels » dans *Les Sciences Humaines*, Limoges, Lambert-Lucas, « Didac-Philo », 2022, p. 82-100.

9 Cornelius Castoriadis, *L'Institution imaginaire...*, p. 57.

Le marxisme constitue en effet une forme de rationalisme, parce qu'il affirme que tout s'est déroulé dans l'histoire selon des causes parfaitement accessibles à notre raison, qui se ramènent en dernière instance aux causes économiques, et parce qu'il prédit que, du jeu des lois immanentes à l'histoire surgira une société enfin réconciliée avec elle-même et donc « miraculeusement conforme à notre raison » [10]. Or, un tel rationalisme est un contresens philosophique, non seulement parce que Marx fait de la dimension économique la dimension fondamentale d'une société – alors qu'elle n'est séparée des autres sphères du social que dans les sociétés de type capitaliste –, mais surtout parce qu'il prétend qu'à partir de la saisie des causes des phénomènes sociaux et historiques, on pourra en épuiser la signification : le marxisme ne voit pas qu'il y a irréductibilité de la signification à la causation. Il néglige enfin l'aspect imaginaire de ces significations : tout en mettant parfois en avant le rôle de l'imaginaire, en parlant par exemple de « fétichisme de la marchandise », Marx prétend pouvoir découvrir les lois réelles de la société et ce qui en fait la substance, c'est-à-dire les rapports économiques.

Castoriadis ne se contente toutefois plus de critiquer le marxisme, dans *L'Institution imaginaire de la société*, mais il dénonce une vision beaucoup plus générale de la société, qu'il appelle la « vue économique-fonctionnelle », dont le fonctionnalisme de Bronislaw Malinowki ou le structuralisme de Claude Lévi-Strauss constituent des exemples. Cette vue veut expliquer l'existence des institutions sociales, ainsi que leurs caractéristiques, par la fonction qu'elles remplissent au sein d'une société, et notamment par leur capacité à répondre aux besoins des hommes. Or, le fonctionnalisme se trompe quand il postule qu'il existe des « besoins réels » qui préexisteraient à la société et qui seraient susceptibles d'en expliquer la structure : c'est tout au contraire la société qui suscite les besoins et leur donne forme, qui fait que tel aliment va être valorisé dans telle société là où il est interdit dans telle autre. Surtout, cette vue économique-fonctionnelle méconnaît la spécificité du symbolisme (au sens des systèmes de signes) dans la société :

> ou bien le symbolisme est vu comme un simple revêtement neutre, comme instrument parfaitement adéquat à l'expression d'un contenu préexistant, de la « vraie substance » des rapports sociaux [...] ou bien l'existence d'une logique propre du symbolisme est reconnue, mais cette logique est vue exclusivement comme l'insertion du symbolique dans un ordre rationnel qui impose ses conséquences, qu'on les ait voulues ou non. [11]

Or, pour Castoriadis, l'idée d'un contenu premier de la société, que le

10 *Ibid.*, p. 58.

11 *Ibid.*, p. 163.

symbolisme serait chargé d'exprimer, est absurde, que ce contenu soit biologique, économique ou spirituel. Dire, comme les marxistes, que le droit, par exemple, se contente d'exprimer l'infrastructure matérielle, et plus précisément les nécessités de l'économie, c'est oublier par exemple que le droit romain n'a acquis sa forme rationnelle que de manière très progressive et que ce qui importait à l'origine, dans ce droit, ce n'était pas le contenu de la transaction ni l'intention des parties prenantes, mais la forme rituelle que la transaction prenait : il fallait que certaines formules sacrées fussent prononcées. Le droit, même s'il remplit assurément une fonction dans la société, ne se réduit donc pas à celle-ci, et peut même continuer à exister lorsqu'il ne l'assure plus : Castoriadis affirme en ce sens que le symbolique suppose toujours l'imaginaire.

Il faut entendre par là que le symbolisme ne peut être dérivé ni de la réalité ni de la rationalité – même sous sa forme économique –, mais qu'il découle nécessairement de l'imaginaire, qu'il faut d'abord prendre au sens d'une capacité, celle de « voir dans une chose ce qu'elle n'est pas, de la voir autre qu'elle est »[12]. Une langue ne peut ainsi exister que s'il est possible à ses locuteurs de voir dans une série de phonèmes ou de lettres une signification ou un ensemble de significations. En outre, tout symbolisme suppose un « investissement initial du monde et de soi-même par la société, avec un sens qui n'est pas dicté par les facteurs réels, puisque c'est lui qui plutôt confère à ces facteurs réels telle importance et telle place dans l'univers que se constitue telle société »[13]. Le droit romain est par exemple indissociable d'une conception religieuse du monde, dans laquelle la parole a une relation privilégiée au sacré et une dimension performative : elle ne nous engage pas seulement vis-à-vis des hommes, mais également vis-à-vis des dieux. De sorte que les éléments rationnels de la vie sociale n'ont de sens et de fonction que parce qu'ils supposent un ensemble structuré et cohérent de significations imaginaires sur lequel ils s'appuient : les règles du droit, les conventions économiques, les codes moraux ou les impératifs de la religion romaine n'ont de sens qu'à partir de cet investissement premier de la vie sociale qui est d'ordre imaginaire.

Néanmoins, la notion d'imaginaire ne désigne pas seulement chez Castoriadis cet ensemble cohérent de significations sociales, mais plus radicalement ce par quoi le sens advient : dans cette perspective, la création historique est elle aussi indissociable de l'imaginaire.

## 1.2 Le rôle de l'imaginaire dans l'histoire

L'hypothèse de l'imaginaire n'est pas seulement nécessaire pour expliquer l'irréductibilité de la société à sa dimension économique-fonction-

12 *Ibid.*, p. 177

13 *Ibid.*, p. 179.

nelle, ou l'importance de la dimension symbolique dans la vie sociale. En effet, Castoriadis n'utilise pas uniquement le terme d'*imaginaire* pour désigner un ensemble de représentations formant une certaine unité, bref ce qu'on pourrait aussi appeler une *culture*, même si l'influence de l'anthropologie culturaliste a été déterminante dans son approche [14]. Il lui donne un sens à la fois plus rigoureux et plus profond en parlant d'imaginaire radical, au sens étymologique du terme (*radical* renvoyant à *radix*, en latin : la racine, l'origine) : l'imaginaire est aussi *ce par quoi* émergent de nouvelles significations au sein de l'histoire, et donc *ce par quoi* se modifient en permanence les sociétés. C'est en ce sens que l'imaginaire n'est pas seulement institué, mais instituant.

Le problème de Castoriadis s'enracine dans la reconnaissance d'une région ontologique originale, qui est celle du social-historique, c'est-à-dire de la société en tant qu'elle est nécessairement affectée par le temps et en tant qu'elle institue nécessairement son mode de temporalité. On peut en effet se poser des questions : « Comment et pourquoi y a-t-il altération temporelle d'une société ? En quoi est-elle altération ? Y a-t-il émergence du nouveau dans cette histoire, et que signifie-t-elle ? » [15] Or, de telles questions – qui conduisent à reconnaître une autre forme de temps que celle de la pensée héritée [16], un temps qui n'est pas seulement « image mobile de l'éternité », selon la formule du *Timée*, mais un temps qui implique la création et la destruction de formes – vont nous amener à réfuter là aussi les positions trop rationalistes de la métaphysique occidentale et à reconnaître la dimension de l'imaginaire radical.

Castoriadis insiste de façon critique sur le fait que les grandes philosophies de l'histoire se ramènent essentiellement à deux modèles :

(1) Le type physicaliste, qui « réduit, directement ou indirectement, immédiatement ou en dernière analyse, société et histoire à la nature » [17]. Cette nature est avant tout la nature biologique de l'homme, comme le montre le fonctionnalisme, qui dérive la société de la nécessité de satisfaire les besoins naturels, ou la pensée de Marx, qui voit dans l'histoire le lieu de la succession de modes de production, qui ne sont autres que les avatars des rapports entre l'homme et la nature.

14 On lira à ce propos l'article de Stéphane Vibert, « Imaginaire et culture : Castoriadis, lecteur de l'anthropologie sociale » dans Vincent Descombes et Florence Giust-Desprairies (dir.), *Imaginer l'autonomie*, Paris, Éd. du Seuil, 2021, p. 119-138.

15 Cornelius Castoriadis, *L'Institution imaginaire...*, p. 237.

16 Par « pensée héritée », Castoriadis entend l'ensemble de la tradition philosphique depuis Platon, en ce qu'elle se fonde sur certains postulats métaphysiques (ontologie unitaire, logique ensembliste-identitaire...).

17 *Ibid.*, p. 237.

(2) le type logiciste, qui rend compte de l'histoire par la répétition d'un certain nombre d'opérations logiques, qu'elles soient des opérations de la logique classique ou d'une logique dialectique. On peut classer dans le logicisme aussi bien la pensée structuraliste, qui rend compte de la totalité des sociétés par différentes combinaisons d'éléments identiques, que la pensée hégélienne, qui fait de l'histoire l'une des manifestations de l'Esprit : dans tous les cas, l'histoire se réduit aux lois de la pensée.

Pour Castoriadis, ces deux réponses à la question de l'altération temporelle des sociétés sont insuffisantes, soit parce qu'elles évacuent la nouveauté – réduite au produit nécessaire du développement des forces productives ou aux progrès de la Raison – soit parce que le nouveau

> est chaque fois construit par des opérations identitaires (fussent-elles appelées dialectiques) moyennant ce qui était déjà là ; la totalité du procès n'est que l'exposition des virtualités nécessairement réalisées d'un principe originaire, là depuis toujours et dans le toujours. [18]

Si nous voulons réellement penser la nouveauté comme telle, il faut accepter que de nouvelles formes, significations ou institutions émergent par *création*, moyennant l'imaginaire radical comme capacité de poser ou instituer ce qui n'est pas.

Castoriadis a parfaitement conscience que cette affirmation de la création, comme dimension essentielle de l'histoire, pose problème à la pensée héritée, incapable qu'elle est de se figurer quelque chose comme l'émergence d'une forme, et de sortir de ses schèmes logiques, notamment du principe de causalité. Pourtant, à bien y regarder, nous pouvons certes élucider les conditions de possibilité des phénomènes historiques, mais nous ne pouvons pas en dériver une forme historique, qu'il s'agisse de la démocratie grecque, de l'islam ou du capitalisme, de ses causes antécédentes. Certes, le capitalisme suppose une multitude de facteurs, aussi bien économiques, sociaux, techniques qu'idéologiques (l'éthique protestante) ou politiques (la constitution des États-nations), mais ce qui résulte de ces multiples causalités, c'est la création d'une forme spécifique parfaitement originale. Castoriadis n'hésite pas à en ce sens à dire que toute création est création *ex nihilo*, au sens où elle est fondamentalement arbitraire, imprévisible, même si elle ne se fait pas *in nihilo* (dans rien) ni *cum nihilo* (avec rien).

L'imaginaire ne désigne donc pas seulement ce qui, dans la réalité sociale, n'est ni réel ni rationnel, mais aussi ce par quoi il y a émergence de nouveauté, autrement dit l'imaginaire est aussi force créatrice, dynamique. En quoi consiste-t-elle alors ?

18 *Ibid.*, p. 241.

## 2 Les grandes caractéristiques de l'imaginaire

Il faut, selon Castoriadis, bien distinguer deux types d'imaginaires : l'imaginaire du sujet, au sens de la faculté psychologique que nous appelons généralement *imagination*, et l'imaginaire social. Ces deux modes d'être de l'imaginaire, s'ils partagent certaines caractéristiques – comme la créativité – n'ont en réalité rien de commun. Selon les formules du dernier chapitre de *L'Institution imaginaire de la société*, « l'imaginaire radical est comme social-historique et comme psyché/soma. Comme social-historique, il est fleuve ouvert du collectif anonyme ; comme psyché/soma, il est flux représentatif/affectif/intentionnel » [19]. On peut certes faire une analogie entre l'imagination individuelle du sujet et l'imaginaire social, puisqu'ils partagent les mêmes attributs : ce sont deux formes de l'imaginaire radical. Mais on ne peut pas ramener l'une à l'autre, ni dériver l'une de l'autre, puisque le social est irréductible au psychique et que le psychique est irréductible au social. Selon une thèse que Castoriadis ne cesse de rappeler, la psyché est d'abord radicalement asociale, ou autistique, elle n'est rien d'autre qu'une « monade psychique » [20], mue par des représentations fondamentalement privées, en particulier un fantasme de toute-puissance, celui d'être le tout ; ce n'est qu'à la suite d'un processus d'imposition des significations communes qu'elle se socialise, sur un modèle freudien et lacanien que Castoriadis expose dans le chapitre VI de *L'Institution imaginaire de la société*.

Ce qui caractérise le social, au contraire, c'est que les règles, les valeurs, les symboles qui le constituent sont rigoureusement anonymes, ils ne sont pas le produit d'une subjectivité, même transcendantale, mais de ce que Castoriadis appelle le « collectif anonyme », qui n'est autre que le pouvoir de la société elle-même. La société, en ce sens, n'est ni une conscience, ni un inconscient collectif : elle est une réalité *sui generis*, constituée à la fois par une organisation cohérente de significations imaginaires et par un écoulement permanent, qui tient au fait que l'imaginaire radical la travaille de manière souterraine et peut toujours faire émerger en elle de nouvelles significations.

Décrivons plus précisément ce qui caractérise ces deux formes de l'imaginaire.

### 2.1 L'imagination du sujet

On peut partir ici de ce qu'il y a de plus évident : l'imaginaire existe d'abord au niveau du sujet individuel, et plus précisément de ce que Castoriadis appelle psyché/soma, le psychisme étant indissociable du corps, puisqu'il en est, selon la thèse aristotélicienne, la forme, c'est-à-

19 *Ibid.*, p. 493.

20 *Ibid.*, p. 397-405.

dire ce qui lui donne son unité et sa signification. Le corps est vécu autant que fantasmé, comme le sait Castoriadis, qui était aussi psychanalyste : il a en ce sens une réalité psychique autant que matérielle.

Si l'imaginaire existe comme propriété du sujet, il faut réciproquement poser que le sujet existe avant tout comme un être imaginant. Castoriadis destitue à cet égard l'homme de ce qu'il pense être sa spécificité, à savoir la rationalité, pour mieux poser le primat de l'imagination. « L'homme n'est pas un animal raisonnable, comme l'affirme le vieux lieu commun. Il n'est pas non plus un animal malade. L'homme est un animal fou (qui commence par être fou et qui, aussi pour cela, devient ou peut devenir raisonnable) » [21]. On ne naît pas raisonnable, on le devient. Ce qui caractérise la psyché de l'enfant, c'est son caractère autistique : elle est littéralement une monade, « sans porte ni fenêtres », qui commence par n'avoir de monde qu'imaginaire, avant de progressivement s'en former une vision qu'elle peut partager avec les autres sujets, en intégrant les significations de sa société – à travers, notamment, le rôle fondamental du langage – et en substituant à ses représentations privées des représentations sociales, grâce à la capacité de sublimation de la psyché.

Ce primat de l'imaginaire sur le réel et sur le rationnel a été en grande partie inspiré par l'expérience que Castoriadis a pu faire de la psychanalyse. Ce que nous révèle en effet celle-ci, c'est le pouvoir de l'imaginaire et le caractère très superficiel de la rationalité : la *praxis* analytique confronte en permanence le sujet, lors de la cure, à ses fantasmes, par l'intermédiaire des associations libres ou de l'analyse des rêves. Castoriadis refuse de voir, à cet égard, contrairement à Freud – auquel il reproche, comme à Marx, sa fascination pour le modèle scientifique [22] – dans les fantasmes de simples souvenirs ou des éléments de perception, mais il y voit des créations psychiques qui mettent en jeu l'imaginaire radical. L'étude de l'inconscient nous montre que la psyché ne se contente pas d'enregistrer passivement des informations du monde sensible, mais qu'elle les organise et leur donne un sens qu'elles n'ont pas : le cheval, pour le petit Hans, n'est pas un cheval, mais le Père castrateur [23], de même que le Père œdipien tout-puissant n'est évidemment pas le père réel. Le concept de déni nous révèle que la réalité – en l'occurrence, la réalité de la différence sexuelle – n'est pas donnée, mais qu'elle doit d'abord être élaborée par l'inconscient pour ensuite être acceptée. Le principe de réalité n'est d'ailleurs lui-même qu'une étape

21 *Ibid.*, p. 404.

22 Voir sur ce point « Épilégomènes à une théorie de l'âme que l'on a pu considérer comme science », dans Cornelius Castoriadis, *Les Carrefours du labyrinthe*, Paris, Éd. du Seuil, 1978, p. 29-64.

23 Sigmund Freud, « Analyse d'une phobie chez un petit garçon de cinq ans », dans *Cinq psychanalyses*, Paris, Puf, 1999, p. 93-198.

secondaire, qui vient après le principe de plaisir : ce qui est premier, c'est la logique pulsionnelle, et les représentations qui sont liées aux pulsions, c'est-à-dire les représentations imaginaires.

Mais alors, comment se manifeste l'imagination au niveau du sujet, et plus précisément de ce que Castoriadis appelle le « pour-soi » ? Elle se manifeste avant tout comme mise en forme, représentation et constitution d'un monde propre. Par « pour-soi », rappelons que Castoriadis n'entend pas la conscience, mais une entité qui possède certains attributs spécifiques : finalité d'autoconservation ; autocentrisme (toute chose est rapportée et n'existe que par le pour-soi) ; et construction d'un monde spécifique. Il y a donc existence du pour-soi à un niveau très élémentaire, par exemple celui d'un système immunitaire qui sait déjà faire la différence entre ce qui est soi et ce qui n'est pas soi. Et c'est encore plus vrai au niveau de ces formes plus sophistiquées du pour-soi que sont la psyché, le sujet humain ou la société. L'imagination radicale est donc d'abord mise en forme des signaux donnés par l'environnement : « le monde ne contient pas des informations attendant d'être cueillies » [24], mais l'imagination du vivant informe le monde, en faisant par exemple advenir des couleurs là où il n'y a que des longueurs d'onde de la lumière. Mais cette mise en forme va également de pair avec une évaluation, qui connote positivement ou négativement les phénomènes : en ce sens, partout où il y a imagination, il y a représentation (image), affect et intention.

L'imagination du sujet possède par conséquent une dimension foncièrement active : c'est pourquoi Castoriadis la désigne par le terme allemand d'*Einbildungskraft*, qui suppose que le pouvoir d'imaginer est une activité de formation (*Bildung*, en allemand) et non un simple reflet du sensible, comme le terme *image* l'exprime en français. Aussi faut-il bien distinguer cette imagination première (ou imaginaire radical) de l'imagination seconde, qui se contente de combiner ou de reproduire ce qu'elle a déjà perçu. Cette activité de formation propre à l'imaginaire radical va jusqu'à la constitution d'un monde propre. Castoriadis reprend sur ce point les analyses du biologiste Jakob Von Uexküll, qui montrait déjà dans son ouvrage classique *Mondes animaux et monde humain* [25] comment le vivant faisait émerger du sens à partir des données de son environnement, loin de se contenter de réagir passivement à des *stimuli* : il y a ainsi un monde propre de la tique comme il y a un monde propre de l'homme. Mais toute société a également son monde propre, qui n'a que peu de choses à voir avec le monde réel : le monde grec était peuplé de nymphes et de dieux ; le monde moderne a aussi ses idoles et ses fantasmes, comme les drapeaux, les billets de banque…

24 Cornelius Castoriadis, *Le Monde morcelé*, Paris, Éd. du Seuil, 1990, p. 243.

25 Jakob von Uexküll, *Mondes animaux et monde humain*, Paris, Pocket, Agora, 2004.

L'imagination humaine, par différence avec l'imagination du simple vivant, se caractérise par la « défonctionnalisation des processus psychiques relativement au substrat (à la composante) biologique de l'être humain » [26]. Cela signifie que le psychisme humain est indépendant des fonctions biologiques propres à l'organisme. L'homme commence d'ailleurs par être totalement inadapté à son environnement réel, comme nous l'a bien montré l'exemple de l'enfant. Mais ce qui se conserve chez l'adulte, c'est l'autonomie de l'imagination par rapport à toute fin naturelle. Là où le vivant reste asservi à ses besoins naturels, le psychisme humain se caractérise par une spontanéité représentative qui n'est assignée à aucune fin. C'est pourquoi il y a, chez l'être humain, un primat du plaisir représentatif sur le plaisir d'organe : l'homme est le seul être dont le désir puisse être satisfait – par exemple, dans son activité onirique ou dans la lecture de romans – par de simples images, de simples représentations. Et il est le seul être dont le plaisir sexuel n'a rien à voir avec les exigences de la reproduction : la multitude des fantasmes sexuels – qui peuvent porter sur de simples bottines, comme dans le fétichisme – en témoigne.

Mais ce n'est pas dans la seule activité de fantasmatisation que se manifeste le pouvoir de l'imagination chez le sujet. Même des facultés supérieures, comme la pensée ou la délibération, supposent le pouvoir actif de l'imagination. Comme le souligne bien Castoriadis, la réflexivité, que l'on considère généralement comme la capacité propre de l'humain, suppose bien plus que la simple conscience de soi, elle suppose également la capacité imaginaire : c'est parce que l'être humain imagine qu'il peut poser comme une entité son propre processus de pensée, ou qu'il peut se rapporter à soi-même comme à un autre [27]. De même, la capacité d'agir de manière délibérée va bien au-delà de la faculté, pour un sujet, d'agir selon ce que lui présente la logique ou le simple calcul : il faut pouvoir faire entrer dans les mobiles ou les motifs de nos actes les résultats de notre activité réflexive. En somme, « la volonté ou activité délibérée est la dimension réfléchie de ce que nous sommes en tant qu'êtres imaginants, à savoir créateurs » [28]. Aristote parlait déjà, dans le traité *De l'Âme*, de *phantasia bouleutikê* [29] ; Castoriadis reprend cette intuition aristotélicienne et montre que l'imagination intervient dans l'intellect comme dans les activités créatrices de l'homme (art, technique, politique...).

26 Cornelius Castoriadis, *Le Monde morcelé*, p. 250.

27 *Ibid.*, p. 212.

28 *Ibid.*, p. 213.

29 Expression que l'on peut traduire par « imagination délibérative » (Aristote, *De anima*, 443a). On lira sur la conception aristotélicienne de l'imagination l'article de Castoriadis intitulé « La Découverte de l'imagination » dans *Domaines de l'homme*, Paris, Éd. du Seuil, 1986, p. 327-363.

## 2.2 L'imaginaire social

La thèse la plus originale de Castoriadis consiste cependant à poser l'existence d'un imaginaire social instituant. L'auteur de *L'Institution imaginaire de la société* a parfaitement conscience qu'il est difficile d'accepter une telle hypothèse, comme à chaque fois qu'il est question d'une faculté ou d'une puissance, « car nous ne connaissons jamais que des manifestations, des effets, des produits – mais pas ce dont ce sont les manifestations » [30].

La première difficulté tient à ce que cet imaginaire est un imaginaire social : il a donc la fragilité ontologique de toutes les réalités collectives. On peut en effet se demander si l'on n'est pas en train d'hypostasier une entité abstraite, qui n'a de réalité que dans notre esprit, ou de donner un sens collectif à ce qui ne relève que de l'individu. Et pourtant, souligne Castoriadis, on ne peut nier l'existence de cet imaginaire parce qu'il est présent partout dans la vie sociale, à travers les symboles, les signes ou les images qu'il mobilise, les valeurs qui le représentent, et même les objets et des individus qui l'incarnent : les billets de banque, les chefs d'entreprise, les valeurs de l'épargne ou de la consommation manifestent par exemple l'imaginaire capitaliste de notre époque.

La seconde difficulté tient à ce qu'il est un imaginaire instituant ou créateur, et pas seulement une totalité inerte. Se figurer cet imaginaire suppose de faire un effort intellectuel certain et de poser quelque chose qui ne ressemble pas aux entités dont la pensée héritée admet traditionnellement l'existence : les concepts, les objets et les sujets. Car une société, en tant qu'elle est indissociable d'un imaginaire instituant, n'est rien de tout cela. Elle correspond à ce que Castoriadis appelle un *magma* : « les significations imaginaires sociales dans une société donnée nous présentent un type d'organisation inconnu jusqu'ici dans d'autres domaines. J'appelle ce type un *magma*. Un magma « contient » des ensembles – et même un nombre indéfini d'ensembles – mais *n'est pas réductible* à des ensembles ou à des systèmes d'ensembles, aussi riches et complexes soient-ils » [31]. Une société est donc une organisation d'un type particulier : même si on peut y discerner des ensembles (des groupes, des classes sociales...), elle est toujours davantage que cela, parce qu'elle s'altère et se crée en permanence. Elle n'obéit en ce sens pas à la logique qui régit notre pensée, que Castoriadis appelle la logique ensembliste-identitaire [32], et notamment pas au principe de déterminité,

30 Cornelius Castoriadis, « Imagination, imaginaire, réflexion » dans *Fait et à faire*, Paris, Éd. du Seuil, 1997, p. 263.

31 Cornelius Castoriadis, « La création dans le social-historique », dans *Domaines de l'homme*, p. 231.

32 Par logique ensembliste-identitaire, on peut entendre une logique qui considère toute réalité comme un élément parfaitement déterminé, ou comme un

qui affirme qu'une réalité est parfaitement déterminée, donc concevable, pour peu qu'on soit capable d'en énoncer les attributs. Or, non seulement on ne peut décomposer une société en éléments, mais toutes les significations qui la composent renvoient nécessairement les unes aux autres.

Castoriadis insiste par conséquent sur l'extrême cohérence des sociétés, qui ne suppose pas seulement la juxtaposition de valeurs ou de normes, mais suppose entre elles une connexion étroite, au point de former une clôture informationnelle et axiologique. Si l'on veut décrire une société, il faut donc relier les différentes significations imaginaires de façon interne : c'est ainsi que le *paterfamilias* romain renvoie nécessairement à l'épouse romaine, le plébéien au patricien, tous devant être reliés aux lois de l'*urbs*, à la religion, au droit, bref à l'institution imaginaire de la société romaine dans sa totalité. C'est donc bien l'imaginaire qui sera la clé de compréhension de ce magma de significations que constitue une société. Castoriadis, tout en montrant le caractère extrêmement structuré de l'imaginaire, n'en revient cependant pas à une étude structurale, à la manière de celle que propose Claude Lévi-Strauss. Celle-ci s'arrête aux seules déterminations ensemblistes-identitaires du social et ramène les imaginaires à de simples combinatoires d'éléments dépourvus de sens : au contraire, l'imaginaire, au sens authentique du terme, traduit la manière dont la société investit le réel et lui donne sens, transforme le *chaos* originel (le Sans-Fond, l'Abîme [33]) en un *cosmos* pourvu de signification.

L'imaginaire instituant se manifeste essentiellement par la production de significations imaginaires sociales. Que faut-il entendre exactement par là ? Il s'agit de toutes les représentations, normes et idéaux que crée nécessairement une société afin de répondre aux trois questions qui sont pour elles fondamentales : Qui sommes-nous comme collectivité ? (autrement dit la question de ce qui fait l'identité d'une société) ; Où et dans quoi sommes-nous ? (autrement dit la question de ce qui, pour une société, constitue un monde) ; Que voulons-nous, que désirons-nous, qu'est-ce qui nous manque ? (autrement dit la question des idéaux d'une société). Nous ne pouvons par exemple que constater l'importance de la manière dont une société se nomme et définit son identité : toute société a besoin d'un pôle d'identification collective, qui prend depuis la modernité la forme de la nation. Or, il est évident qu'il ne s'agit pas de l'identification à quelque chose de réel : non seulement une nation se réfère à son histoire passée, mais ce passé est en grande partie mythifié, idéalisé,

ensemble, et qui réduit les relations logiques à des rapports d'inclusion, de réunion, etc. entre des ensembles.

33 Telles sont les traductions que Castoriadis propose du terme *Khaos* présent au début de la *Théogonie* d'Hésiode.

comme dans l'imaginaire national constitué en France par le Second Empire puis la Troisième République. Il n'empêche que « cet imaginaire de la nation s'avère plus solide que toutes les réalités, comme l'ont montré les deux guerres mondiales et la survie des nationalismes »[34]. Nous retrouvons ici l'idée si importante de Castoriadis selon laquelle l'imaginaire ne relève pas du fictif ou de la mystification : c'est tout au contraire l'imaginaire qui constitue notre réalité, qui lui donne sens et consistance.

On comprend donc pourquoi Castoriadis parle de ces significations comme de significations imaginaires. De telles significations ne peuvent en effet être fournies par la réalité, non seulement parce que, comme nous l'avons souligné, il est vain de chercher sous le symbolique la « substance » du social, mais aussi parce que chaque société institue ce qui, pour elle, est réel. Castoriadis aime citer cette formule de Marx, qui affirmait que « l'Apollon de Delphes était dans la vie des Grecs une puissance aussi réelle que n'importe quelle autre »[35]. La rationalité ne peut pas non plus être considérée comme étant à la source des significations sociales, y compris dans une société comme la nôtre, parce que la dimension strictement ensembliste-identitaire d'une société étant mise à part, ce que celle-ci considère comme rationnel ou raisonnable varie historiquement. Même notre société, qui prétend avoir atteint le sommet de la rationalité scientifique et économique, se fonde sur un imaginaire de la maîtrise et de l'accumulation en réalité complètement irrationnel. Comme l'écrit Castoriadis,

> la pseudo-rationalité moderne est une des formes historiques de l'imaginaire ; elle est arbitraire dans ses fins ultimes pour autant que celles-ci ne relèvent d'aucune raison, et elle est arbitraire lorsqu'elle se pose elle-même comme fin, en ne visant rien d'autre qu'une rationalisation formelle et vide.[36]

Cette hypothèse d'un imaginaire social présente de nombreux intérêts : il permet la constitution d'une nouvelle ontologie, fondée sur le refus de l'identification entre être et déterminité ; il autorise la promotion d'une nouvelle épistémologie, qui donne davantage de place à la créativité imaginaire en ce qui concerne l'élaboration des théories scientifiques et leur évolution historique ; enfin, il confère un rôle déterminant à l'imaginaire dans la constitution d'une politique tournée vers l'édification d'une société autonome : c'est ce dernier point que nous allons développer plus précisément.

34 Cornelius Castoriadis, *L'Institution imaginaire...*, p. 205.

35 *Ibid.*, p. 184.

36 *Ibid.*, p. 219.

# 3 Imaginaire et politique

## 3.1 L'institution imaginaire de la communauté politique

Le postulat d'un imaginaire social instituant permet de poser sur de nouveaux fondements les questions traditionnelles de la philosophie politique, et notamment et notamment celle de la constitution d'une société autonome.

La philosophie politique s'est toujours posé la question du fondement de la communauté politique. Pourquoi y a-t-il des sociétés, au sens d'organisations politiques ? Pourquoi l'ordre politique, celui de la loi et des institutions, vient-il se substituer à l'ordre naturel ? L'intérêt de l'hypothèse de l'imaginaire instituant, vient de ce qu'elle permet de dépasser les deux grandes réponses apportées à ces questions. La première réponse, présente chez Platon ou Aristote, fait de la société et de son ordre politique un prolongement de la nature. La seconde réponse, illustrée par les théories du contrat social, fait au contraire de la société politique un artefact fondé sur une décision commune des hommes.

Or, l'idée d'une institution imaginaire de la société interdit de dériver les institutions politiques de la nature. En effet, ce qui fait l'unité de la société, ce ne sont ni les besoins ni un prétendu ordre naturel, mais ce sont les significations imaginaires sociales : c'est parce que les Athéniens partagent un imaginaire commun – admirablement décrit dans l'oraison funèbre de Périclès reproduite dans *La Guerre du Péloponnèse* de Thucydide – qu'ils forment une même cité. Castoriadis, en insistant sur le fondement imaginaire de la société, permet ainsi de comprendre que l'invocation de la nature dans l'ordre politique est en réalité idéologique. Elle a pour fonction de justifier certaines institutions ou pratiques qui relèvent en réalité du *nomos* (de la convention), qu'il s'agisse de l'esclavage dans la cité grecque ou de la concurrence dans le capitalisme néolibéral. En légitimant ainsi leurs institutions, les sociétés évitent d'avoir à regarder en face le caractère arbitraire de ce qu'elles créent : elles occultent ainsi le chaos, le non-sens dont sont pourtant issues leurs significations imaginaires sociales.

Mais Castoriadis refuse tout autant la théorie artificialiste, qui fonde le lien social et politique sur un contrat par lequel les individus se seraient dessaisis de leur liberté naturelle pour se soumettre à l'État. Ce schème contractualiste se fonde sur l'idée absurde d'une antériorité des individus sur la société, alors même que l'individu n'existe que comme une réalité elle-même socialement instituée. De manière générale, l'idée même d'imaginaire social témoigne de l'irréductibilité du social à toute forme de coopération entre individus ou d'intersubjectivité : il existe, de fait, un « monde de significations imaginaires sociales dont aussi bien l'instauration que l'incroyable cohérence (l'homologie différenciée de ses parties comme leur synergie) dépassent inimaginablement tout ce que

« un ou plusieurs individus » pourraient jamais produire » [37]. On voit par exemple toute l'absurdité qu'il y aurait à imaginer qu'une coopération entre individus ait pu produire une langue.

La reconnaissance de l'existence d'un imaginaire instituant interdit enfin de prétendre poser un ordre politique comme valant universellement, parce qu'il serait rationnel : l'idée d'une société qui serait juste parce qu'elle serait ordonnée par ou sur la raison est une idée qui méconnaît la dimension imaginaire de sa propre fondation. Un tel rationalisme a pourtant bien des avatars, depuis Platon jusqu'aux théories plus récentes de Rawls ou de Habermas, qui affirment fonder rationnellement des règles de justice ou des formes de communication rendant possible une délibération démocratique. Pourtant, vouloir fonder rationnellement la valeur de la raison n'a strictement aucun sens, puisqu'un tel effort présuppose ce qu'il veut démontrer : il faut avoir conscience que la raison n'a de valeur que parce que nous la posons, parce que nous l'instituons imaginairement comme source fondamentale de toute légitimité. Ce qui n'enlève rien à sa nécessité, puisque cet imaginaire est le nôtre, puisque nous en héritons et qu'il nous constitue.

La reconnaissance de l'institution imaginaire de la communauté politique nous conduit donc à reconnaître que celle-ci est autocréation, qu'elle ne s'institue qu'à partir d'elle-même. Et elle nous pousse à nous poser les questions politiques essentielles : comment choisir de manière lucide et réfléchie nos institutions, au lieu de rester captifs de l'imaginaire institué ? Qu'est-ce qu'instituer une société ? Et pourquoi vouloir une société autonome ?

### 3.2 Imaginaire et autonomie

La thèse d'une auto-institution de la société permet d'ouvrir à ce qui constitue pour Castoriadis le seul problème politique véritablement sérieux, celui de savoir comment constituer une société politique autonome. Par société autonome, il faut entendre une société qui sait qu'elle est elle-même la source de ses normes et qui peut donc les interroger et les changer, comme la société démocratique de l'Athènes antique, dans laquelle le *demos* cesse de chercher un fondement sacré des lois et prend conscience qu'il en est l'auteur.

Dès lors, c'est la définition de la politique qui doit être modifiée : par politique, il faut entendre une « activité collective dont l'objet est l'institution de la société en tant que telle » [38], ou encore « l'activité lucide qui vise l'institution de la société par la société elle-même » [39]. La

37 Cornelius Castoriadis, *Le Monde morcelé*, p. 53.

38 Cornelius Castoriadis, *Domaines de l'homme*, p. 282.

39 Cornelius Castoriadis, *Ce qui fait la Grèce*, t. I, p. 274.

politique ne désigne donc pas une activité de lutte pour le pouvoir, ni un art de gouverner les affaires de l'État, mais son enjeu est bien plus grand : ce n'est autre que la capacité d'instituer une société, c'est-à-dire d'en discuter et d'en poser les normes explicitement. La politique, au sens authentique du terme, suppose en ce sens de délibérer d'une manière collective et informée de toutes les institutions, sans se poser *a priori* aucune limite.

C'est sur ce point que la politique pose un problème considérable : si une société autonome part du principe qu'elle doit pouvoir instituer l'ensemble des règles qu'elle s'impose, elle n'en rencontre pas moins une limite à travers un *infra-pouvoir radical*, que Castoriadis définit comme la « manifestation et dimension du pouvoir instituant de l'imaginaire radical » [40]. Cet infra-pouvoir radical possède trois caractéristiques : il n'est pas localisable dans une instance ou un individu, puisqu'il est le pouvoir de la société instituante dans son ensemble ; il est à la fois pouvoir de création et reprise du donné, sous la forme d'un héritage culturel ; enfin, il porte sur tous les domaines de la vie sociale : il concerne aussi bien la langue, la famille que les mœurs ou les idées. Il est donc bien plus difficile à repérer et à modifier que les pouvoirs qui se donnent explicitement comme tels dans une société. En ce sens, une partie fondamentale de la vie sociale semble échapper à la politique, celle qui relève du pouvoir de l'imaginaire instituant : il est évident, par exemple, qu'aucune institution politique ne peut maîtriser la créativité qui se déploie en permanence au sein d'une langue vivante. L'imaginaire étant social, il y aurait une illusion volontariste à penser pouvoir le contrôler intégralement : il échappe par définition aux individus, étant irréductible à la seule intersubjectivité.

La thèse de Castoriadis se révèle particulièrement radicale sur ce point : la politique, au sens authentique du terme – qui n'existe donc qu'au sein d'une société autonome – ne concerne pas seulement le pouvoir explicite (celui que l'on peut facilement décrire et localiser dans les assemblées ou les lieux de pouvoir), mais la capacité de s'approprier, dans la mesure du possible, l'infra-pouvoir instituant. Une société autonome ne se contente en effet pas de gérer les affaires communes : c'est l'ensemble de l'imaginaire social qu'elle interroge, et c'est un nouvel imaginaire qu'elle veut constituer.

C'est en ce sens que les Grecs furent les créateurs de la politique : dans la *polis* démocratique grecque, « une partie du pouvoir instituant a été explicitée et formalisée » [41], et le pouvoir législatif s'est emparé en droit de tous les sujets. C'est ce que nous retrouvons également dans les

40 Cornelius Castoriadis, *Le Monde morcelé*, p. 118.

41 *Ibid.*, p. 134.

différents mouvements d'émancipation modernes : le mouvement ouvrier, puis les mouvements des jeunes, des femmes, des minorités ethniques, ont ouvertement questionné les normes qui appartenaient à l'infra-pouvoir instituant et qui, en tant que telles, n'étaient pas discutées (par exemple les rôles dans la famille, la différence des sexes…). Certes, Castoriadis remarque que tout ce qui relève de l'institution imaginaire de la société ne peut être remis en question – sauf à concevoir la disparition du social lui-même –, mais il refuse de limiter la politique aux questions de stratégie, de prise ou de conservation du pouvoir explicite. En ce sens, il en appelle à une *praxis* révolutionnaire, capable de renverser l'ordre existant des choses et de « décoloniser l'imaginaire », selon la belle expression de Serge Latouche [42] : c'est seulement en remettant en question l'imaginaire de la maîtrise rationnelle de la nature et du développement économique que l'on pourra, par exemple, envisager une alternative sérieuse au capitalisme et réfléchir aux conditions de possibilité d'une société réellement démocratique et écologique.

## Conclusion

Castoriadis propose une conceptualisation très rigoureuse de la notion d'imaginaire social. Nous nous demandions en effet s'il n'y avait pas quelque chose d'excessivement flou dans l'utilisation de cette « catégorie plastique » d'imaginaire, qui désigne souvent des réalités collectives dont il est difficile de déterminer les contours. Certes, la catégorie d'imaginaire peut sembler, à première vue, avoir une fonction essentiellement polémique, puisqu'elle destitue les conceptions par trop rationalistes et fonctionnalistes du social. Toutefois, c'est la volonté de penser les sociétés dans ce qui fait leur spécificité, à savoir un édifice extraordinairement cohérent et en même temps contingent de significations imaginaires sociales, qui explique cette importance conférée par Castoriadis à l'imagination humaine. C'est aussi le désir de rendre raison de la créativité historique qui le conduit à considérer l'imaginaire comme productivité inépuisable.

Toutefois, la notion d'imaginaire social n'a pas seulement pour fonction de rendre compte de la capacité des sociétés à s'auto-altérer, ou à constituer un ordre qui leur est propre, mais elle a également une fonction politique : l'imaginaire est le lieu d'origine de toutes les normes, de toute validité et de toute légitimité. Il est en quelque sorte le pouvoir souverain, le véritable pouvoir instituant, celui qu'il faut s'approprier si nous sommes mus par un projet d'autonomie. Le caractère central de l'imaginaire montre ainsi à la fois la fragilité de nos sociétés – dont les significations sont bâties sur un non-sens fondamental –, mais également

42 Serge Latouche, *Décoloniser l'imaginaire. La Pensée créative contre l'économie de l'absurde*, Paris, Libre et solidaire, 2023.

leur capacité de s'auto-instituer, à devenir des sociétés autonomes, à condition qu'elles n'occultent pas cette puissance de l'imaginaire et permettent à tous les citoyens d'y participer.

## Travaux cités

### Œuvres de Castoriadis

*L'Institution imaginaire de la société*, Paris, Éd. du Seuil, 1975.

*Les Carrefours du labyrinthe*, Paris, Éd. du Seuil, 1978.

*Domaines de l'homme*, Paris, Éd. du Seuil, 1986.

*Le Monde morcelé*, Paris, Éd. du Seuil, 1990.

*Fait et à faire*, Paris, Éd. du Seuil, 1997 (en part. « Imagination, imaginaire, réflexion », p. 227-281).

*Ce qui fait la Grèce, tome I, D'Homère à Héraclite*, Paris, Éd. du Seuil, 2004.

### Sur l'œuvre de Castoriadis

Philippe Caumières et Arnaud Tomès, *Pour l'autonomie*, Paris, L'Échappée, 2017.

Vincent Descombes et Florence Giust-Desprairies (dir.), *Imaginer l'autonomie*, Paris, Éd. du Seuil, 2021.

Sophie Klimis, *Le penser en travail. Castoriadis et le labyrinthe de la création humaine*, Presses universitaires de Paris Nanterre, 2020.

Nicolas Poirier, *L'Ontologie politique de Castoriadis*, Paris, Payot, 2011.

Arnaud Tomès, *Castoriadis, l'imaginaire, le rationnel et le réel*, Paris, Démopolis, 2015.

### Autres ouvrages

Serge Latouche, *Décoloniser l'imaginaire. La pensée créative contre l'économie de l'absurde*, Paris, Libres et solidaires, 2023.

Jacques Le Goff, *L'imaginaire médiéval*, repris dans *Un autre Moyen Âge*, Paris, Gallimard, « Quarto »,1999.

Geoffrey E.R. Lloyd, *Pour en finir avec les mentalités*, Paris, La Découverte, 1993.

Jean-Jacques Wunenberger, *L'Imaginaire*, Paris, Puf, « Que sais-je ? », 2003.

# Bibliographie analytique


## 1 Études d'ensemble

Christophe Bouriau, *Qu'est-ce que l'imagination ?*, Paris, Vrin, « Chemins philosophiques », 2013.

Alain Cambier (dir.), *Les dons de l'image*, Paris, L'Harmattan, 2003.

Laurent Cournarie, *L'Imagination*, Paris, Armand Colin, 2016.

Philippe Choulet, *La représentation*, Paris, Atlande, 2020.

Gilbert Durand, *L'Imagination symbolique*, Paris, Puf, « Quadrige », 2003.

Cynthia Fleury (dir.), *Imagination, imaginaire, imaginal*, Paris, Puf, « Débats philosophiques », 2006.

Laurent Lavaud, *L'image*, Paris, GF, 1999.

Alexandre Schnell (dir.), *L'image*, Paris, Vrin, 2007.

Hélène Védrine, *Les grandes conceptions de l'imaginaire, de Platon à Sartre*, Paris, Le Livre de Poche, 1990.

Jean-Jacques Wunenburger, *L'Imagination*, Paris, Puf, coll. Que sais-je ?, 1991.

*L'Imaginaire*, Paris, Puf, coll. Que sais-je ?, 2016.

## 2 Ouvrages classiques de philosophie sur l'imagination (par ordre chronologique)

### Platon

*La République*, II, VI, VII et X, traduction P. Leroux, Paris, GF, 2004.

*Le Sophiste*, traduction N. Cordero, Paris, GF, 1993.

Pour les différents mythes platoniciens (*Phèdre*, *République* II et X, *Gorgias*, *Phédon*, etc.), lire Jean-François Pradeau, *Les mythes de Platon*, Paris, GF, 2004.

### Aristote

*De l'âme*, traduction J. Tricot, Paris, Vrin, 2010.

*Petits Traités d'histoire naturelle*, traduction P.-M. Morel, Paris, GF, 2000. (en part. *De la mémoire et de la réminiscence* ; *Des rêves*)

*L'homme de génie et la mélancolie* (*Problemata XXX, 1*), traduction J. Pigeaud, Paris, Rivages, 1988.

**Plotin**

*Traité 28*, dans *Traités 27-29*, *Sur les difficultés relatives à l'âme*, traduction Luc Brisson, Paris, GF, 2019.

*Traité 41*, *Sur la sensation et la mémoire*, dans *Traités 38-41*, traduction R. Dufour, L. Lavaud, F. Fronterotta, P.-M. Morel, Paris, GF, 2007.

**Thomas d'Aquin**, *Commentaire du Traité De l'âme* d'Aristote, Paris, Vrin, 2000.

**Michel de Montaigne**, *Les Essais*, éd. Villey-Saulnier, Puf, « Quadrige », 2004, en part. t. I, chap. 21, « De la force de l'imagination » et t. II, chap. 12, « Apologie de Raymond Sebond ».

**René Descartes**

*Règles pour la direction de l'esprit*, dans *Œuvres complètes*, I, Paris, Gallimard, « Tel », 2016.

*Méditations métaphysiques*, dans *Œuvres complètes*, IV, Paris, Gallimard, « Tel », 2018.

**Nicolas Malebranche**, *De l'imagination*, dans *De la Recherche de la vérité*, Livre II, Paris, Vrin, « Bibliothèque des textes philosophiques », 2016.

**Blaise Pascal**, *Pensées* et *Trois Discours sur la condition des Grands*, dans *Œuvres complètes*, éd. L. Lafuma, Éditions du Seuil, « L'intégrale », 1963.

**Baruch Spinoza**

*Éthique*, traduction Charles Appuhn, Paris, Flammarion, 1965, en part. Partie I, Appendice, Partie II et III et Préface Partie IV.

*Traité théologico-politique*, traduction Charles Appuhn, Paris, GF, 2022.

**David Hume**

*Traité de la nature humaine*, édition P. Saltel, Paris, GF, 1995.

*Enquête sur l'entendement humain*, Deuxième Section, traduction de G. Tanesse et M. David rev. par D. Deleule, Paris, Le Livre de Poche, 1999.

**Jean-Jacques Rousseau**

*Discours sur l'origine et les fondements de l'inégalité parmi les hommes*, Paris, GF, 2012.

*Émile* ou *De l'éducation*, Paris, GF, 2009.

*Julie ou La Nouvelle Héloïse*, Paris, GF, 2018.

**Emmanuel Kant**

*Anthropologie du point de vue pragmatique*, traduction Michel Foucault, Paris, Vrin, 1994.

*Critique de la raison pure*, traduction Alain Renaut, Paris, GF, 2017.

*Critique de la faculté de juger*, traduction Alain Renaut, Paris, GF, 2015.

**Johann Gottlieb Fichte**

*Principes de la doctrine de la science* dans *Œuvres de philosophie première*, traduction A. Philonenko, Paris, Vrin, 1990.

**Georg Wilhelm Friedrich Hegel**

*Encyclopédie des sciences philosophiques, Philosophie de l'esprit*, trad. B. Bourgeois, Paris, Vrin, 1994, en particulier § 457-458.

*Esthétique*, t. I, Introduction, « Subdivision du sujet », trad. C. Bénard, rev. et compl. par B. Timmermans et P. Zaccaria, Paris, Livre de Poche, 1997.

**Friedrich Nietzsche**

*La Naissance de la tragédie*

*Considérations inactuelles*, IV : « Richard Wagner à Bayreuth »

*Humain, trop humain*, I, chap. IV, « De l'âme des artistes et des écrivains » ; chap. IX. « L'homme avec lui-même »

*Humain, trop humain*, II, « Le voyageur et son ombre »

*Le Gai Savoir*, Livre V, « Nous qui sommes sans crainte »

*Ainsi parlait Zarathoustra*

*Par-delà bien et mal*, I^re^ Partie, « Des préjugés des philosophes » ; III^e^ Partie, « L'être religieux »

*Généalogie de la morale*

*Le Crépuscule des idoles*

*Le Cas Wagner*

*Nietzsche contre Wagner*

dans *Œuvres*, trad. H. Albert, P. Pütz, J. Lacoste et J. Le Rider, avec un index très précieux à la fin du vol. II, Paris, Robert Laffont, « Bouquins », 2 volumes, 1993.

**Henri Bergson**, *Matière et mémoire*, Paris, Puf, « Quadrige », 2012.

**Ernst Cassirer**

*La philosophie des formes symboliques*, t. I, *Le langage*, trad. par Ole Hansen-Love et Jean Lacoste ; t. II, *La pensée mythique*, trad. Jean Lacoste et t. III, *La phénoménologie de la connaissance*, trad. Claude Fronty, Paris, Éditions de Minuit, 1972.

*Liberté et forme, Œuvres XLV*, trad. Jean Carro, M. Wilman-Carro et J. Gaubert, Paris, Éditions du Cerf, 2001.

**Gaston Bachelard**

*Les Intuitions atomistiques, Essai de classification* (1933), Paris, Vrin, 2016.

« Le monde comme caprice et miniature » (1933), dans *Études*, Paris, Vrin, 1970.

*La Formation de l'esprit scientifique, Contribution à une psychanalyse de la connaissance objective*, Paris, Vrin, 1938.

*La Psychanalyse du feu*, Gallimard, 1937.

*Lautréamont*, Paris, José Corti, 1940.

*L'Eau et les rêves*, Paris, José Corti, 1942.

*L'Air et les songes*, Paris, José Corti, 1943.

*La Terre et les rêveries de la volonté*, Paris, José Corti, 1948.

*La Terre et les rêveries du repos*, Paris, José Corti, 1948.

*La Poétique de l'espace*, Paris, Puf, 1957.

*La Poétique de la rêverie*, Paris, Puf, 1960.

*La Flamme d'une chandelle*, Paris, Puf, 1961.

*Le Droit de rêver*, Paris, Puf, 1970.

**Ernst Bloch**, *L'esprit de l'utopie*, Paris, Gallimard, 1977.

**Gilbert Simondon**, *Imagination et invention* (1965-1966), Paris, Puf, 2014.

**Cornelius Castoriadis**

*L'Institution imaginaire de la société*, Paris, Éditions du Seuil, 1975.

*Les Carrefours du labyrinthe*, Paris, Éditions du Seuil, 1978.

*Domaines de l'homme*, Paris, Éditions du Seuil, 1986 (en part. l'article « L'imaginaire : la création dans le social-historique », p. 219-236).

*Le Monde morcelé*, Paris, Éditions du Seuil, 1990.

*Fait et à faire*, Paris, Éditions du Seuil, 1997 (en part. l'article « Imagination, imaginaire, réflexion », p. 227-281).

## 3 Psychologie de l'imagination

**Roger Caillois**

*L'incertitude qui vient des rêves*, Paris, Gallimard, 1956.

*La Pieuvre, Essai sur la logique de l'imaginaire*, Paris, La Table Ronde, 1973.

*Méduse et Cie*, Paris, Gallimard, 1960.

*La nécessité d'esprit* (1933), Paris, Gallimard, 1981.

**Michel Denis**, *Les Images mentales*, Paris, Puf, « Le Psychologue », 1979.

**Sigmund Freud**

*L'Interprétation des rêves*, traduction Jean-Pierre Lefebvre, Paris, Éditions du Seuil, 2010.

*Cinq psychanalyses*, Paris, Puf, 2008.

*Métapsychologie*, Paris, Flammarion, 2019.

**Jacques Lacan**

*Écrits I*, Paris, Éditions du Seuil, 1999, en part. « Le stade du miroir comme formateur de la fonction du Je », p. 92-99.

« Réponse au commentaire de Jean Hyppolite sur la *Verneinung* de Freud », p. 379-387.

*Le Séminaire* II. *Le moi dans la théorie de Freud et dans la technique de la psychanalyse*, Paris, Éditions du Seuil, 2015.

**Jean Piaget**

*La formation du symbole chez l'enfant. Imitation, jeu et rêve, image et représentation*, Neuchâtel, Delachaux et Niestlé, 1978 (sur Gallica).

*La représentation du monde chez l'enfant*, Paris, Puf, « Quadrige », 2013.

**Théodule Ribot**, *Essai sur l'imagination créatrice* (1900), Paris, L'Harmattan, 2007.

**Jean Starobinski**

« Jalons pour une histoire du concept d'imagination » ; « La maladie comme infortune de l'imagination » ; « L'imagination projective », dans *La Relation critique*, Paris, Gallimard, 1970.

*L'encre de la mélancolie*, Paris, Seuil, 1990.

**Donald Woods Winnicott**, *Jeu et réalité*, traduction Claude Monod et Jean-Bertrand Pontalis, Paris, Gallimard, 2002.

**Jean-Jacques Wunenberger**

(dir.) *Imaginaire et neurosciences*, Paris, Hermann, 2022.

*Philosophie des images*, Paris, Puf, 1997.

*La vie des images*, Presses universitaires de Strasbourg, 1995.

## 4 Anthropologie de l'imagination

**Roger Caillois**

*Approche de l'imaginaire*, Paris, Gallimard, 1974.

*Les jeux et les hommes, Le masque et le vertige*, Paris, Gallimard, 1967.

*L'homme et le sacré*, Paris, Gallimard, 1950.

*Le mythe et l'homme*, Paris, Gallimard, 1938.

*Le Champ des signes*, Paris, Hermann, 1978.

*Cohérences aventureuses. Esthétique généralisée. Au cœur du fantastique. La dissymétrie*, Paris, Gallimard, 1962, 1973.

**Henri Corbin**, *L'imagination créatrice dans le soufisme d'Ibn Arabi*, Paris, Entrelacs, 2006.

**Gilbert Durand**, *Les Structures anthropologiques de l'imaginaire. Introduction à l'archétypologie générale*, Paris, Dunod, 1993.

**Mircea Éliade**

*Le mythe et l'homme*, Paris, Gallimard, « Folio Essais », 1987.

*Méphistophélès et l'androgyne*, Paris, Gallimard, 1962.

**Cynthia Fleury**, *Métaphysique de l'imagination*, Paris, Folio Essais, 2020.

**Maurice Godelier**, *L'imaginé, l'imaginaire et le symbolique*, Paris, CNRS Éditions, 2015.

**André Leroi-Gourhan**, *Le Geste et la Parole*, 2 volumes, Paris, Albin Michel, 1991.

**Claude Lévi-Strauss**

*Mythologiques*, t. I : *Le cru et le cuit* ; t. II : *Du miel aux cendres* ; t. III : *L'origine des manières de table* ; t. IV : *L'homme nu*, Paris, Plon, 1967-1971.

*La pensée sauvage*, Paris, Plon, 1962.

**Pierre-Maxime Schuhl**, *L'imagination et le merveilleux. La pensée et l'action*, Paris, Flammarion, 1969.

## 5 Phénoménologie et herméneutique de l'imagination

**Annabelle Dufourcq**, *Merleau-Ponty : une ontologie de l'imaginaire*, s.l., Springer, 2012.

**Hans-Georg Gadamer**, *Vérité et méthode*, Paris, Éditions du Seuil, « Points », 2018.

**Martin Heidegger**, *Kant et le problème de la métaphysique*, Paris, Gallimard, « Tel », 2005.

**Edmund Husserl**

*Idées directrices pour une phénoménologie*, Paris, Gallimard, « Tel », 1985.

*Phantasia, conscience d'image, souvenir*, Grenoble, Jérôme Millon, « Krisis », 2002.

**Henri Maldiney**, *Regard, parole, espace*, Paris, Éditions du Cerf, 2012.

**Maurice Merleau-Ponty**

*Phénoménologie de la perception*, Paris, Gallimard, « Tel », 1994.

*Le Visible et l'invisible*, Paris, Gallimard, « Tel », 2003.

*L'Œil et l'esprit*, Paris, Gallimard, « Folio Essais », 1997.

**Marc Richir**, *Phénoménologie et institution symbolique. Phénomènes, temps et êtres II*, Grenoble, Jérôme Millon, « Krisis », 1988.

**Paul Ricœur**

*La Métaphore vive*, Paris, Éditions du Seuil, « L'ordre philosophique », 1975.

*Temps et récit t. I. L'intrigue et le récit historique ; t. II. La configuration dans le récit de fiction ; t. III. Le temps raconté*, Paris, Éditions du Seuil, « Points », 1983-1985.

**Jean-Paul Sartre**

*L'Imagination*, Paris, Puf, « Quadrige », 2007.

*L'Imaginaire*, Paris, Gallimard, « Folio Essais », 1986.

*Esquisse d'une théorie des émotions*, Paris, Hermann, 1939.

## 6 Imagination et esthétique

### 6.1 Littérature

**Honoré de Balzac**

*Le chef-d'œuvre inconnu*, Paris, GF, 1981.

*Louis Lambert, Les proscrits, Jésus Christ en Flandre*, Paris, Gallimard, « Folio », 1980.

*Séraphîta*, Paris, L'Harmattan, 1995.

**Charles Baudelaire**, « Salon de 1859, III et IV », dans *Œuvres complètes*, Paris, Robert Laffont, « Bouquins », 1980.

**André Breton**, *Manifestes du surréalisme,* Paris, Gallimard, 1979.

**Pedro Calderon de la Barca**, *La vie est un songe*, Paris, Aubier-Flammarion, 1976.

**Miguel de Cervantès**

*L'ingénieux hidalgo Don Quichotte de la Manche*, traduction A. Schulman, Paris, Éditions du Seuil, « Points », 2 vol., 1997.

« Le Licencié de verre », dans *Nouvelles exemplaires*, traduction Jean Cassou, Paris, Gallimard, « Folio », 1981.

**Jean Dubuffet**, *Asphyxiante culture*, Paris, Éditions de Minuit, 1968.

**Edgar Poe**, *Nouvelles histoires extraordinaires*, traduction de Charles Baudelaire, Paris, Le Livre de poche, 1972.

**Francis Ponge**, *Méthodes*, Paris, Gallimard, 1961.

**Stendhal**, *De l'amour* (1822), Paris, GF, 2014.

**Vincent Van Gogh**, *Correspondance complète*, 3 vol., Paris, Gallimard, 1960, réédition « Biblos », 1990.

**Oscar Wilde**, *Le portrait de Dorian Gray*, Paris, Le Livre de poche, 1967.

## 6.2 Théorie

**Jurgis Baltrusaitis**

*Anamorphoses, Les perspectives dépravées*, Paris, Flammarion, 1984.

*Aberrations, Les perspectives dépravées*, Paris, Flammarion, 1983.

*Réveils et prodiges : le gothique fantastique*, Paris, Armand Colin, 1960.

*Le Miroir : révélations, science-fiction et* fallacies, Paris, Elmayan et Éditions du Seuil, 1978.

**Roger Caillois**

*Babel et Vocabulaire esthétique*, Paris, Gallimard, 1946-1948.

*Approches de la poésie*, Paris, Gallimard, 1978.

*Œuvres*, Paris, Paris, Gallimard, « Quarto », 2008.

*Les Jeux et les hommes, le masque et le vertige*, Paris, Gallimard, 1967.

**Italo Calvino**, *La machine littérature*, Paris, Éditions du Seuil, 1993.

**Christian Chelebourg**, *L'imaginaire littéraire, des archétypes à la poétique du sujet*, Paris, Nathan Université, 2000.

**Jean-François Chevrier**, *L'hallucination artistique, de William Blake à Sigmar Polke*, Paris, L'Arachnéen, 2012.

**Eugenio d'Ors**, *Du baroque*, Paris, Gallimard, 1968.

**Mikel Dufrenne**, « L'imaginaire », dans *Esthétique et philosophie*, t. II, Paris, Klincksieck, 1976, p. 98-132.

**Umberto Eco**, *L'œuvre ouverte*, Paris, Points, 2015.

**Anton Ehrenzweig**, *L'ordre caché de l'art, Essai sur la psychologie de l'imagination artistique*, Paris, Gallimard, « Tel », 1974.

**Pierre Francastel**, *L'image, la vision et l'imagination, l'objet filmique et l'objet plastique*, Paris, Denoël-Gonthier, « Médiations », 1983.

**Ernst Hans Gombrich**

*L'art et l'illusion, psychologie de la représentation picturale* (1959), Paris, Gallimard, 1971.

*Ce que l'image nous dit, Entretien sur l'art et la science* (avec Didier Eribon), Paris, Adam Biro, 1991.

**Gustav-René Hocke**, *Labyrinthe de l'art fantastique* (*Die Welt als Labyrinth*, 1957), Paris, Denoël-Gonthier, 1967.

**Charles Mauron**, *Des métaphores obsédantes au mythe personnel : introduction à la psychocritique*, Paris, José Corti, 1995.

**Erwin Panofsky**

*La Perspective comme forme symbolique*, Paris, Éditions de Minuit, 1976.

(avec F. Saxl et R. Klibansky), *Saturne et la mélancolie*, Paris, Gallimard, 1989.

*Idea, Contribution à l'histoire du concept de l'ancienne théorie de l'art*, Paris, Gallimard, 1983.

**Georges Poulet**, *La pensée indéterminée*, Paris, Puf, 1985.

**Alain Roger**

*Nus et paysages, Essai sur la fonction de l'art*, Paris, Aubier, 1978.

*Art et anticipation*, Paris, Dominique Carré, 1997.

**Jean Rousset**, *Forme et signification : essais sur les structures littéraires de Corneille à Claudel*, Paris, José Corti, 1986.

**Jean Starobinski**, *La relation critique* (1970), Paris, Gallimard, « Tel », 2001.

**Paul Valéry**

*L'homme et la coquille*, Paris, Gallimard, 1937.

*Introduction à la méthode de Léonard de Vinci*, Paris, Gallimard, 1894.

*Œuvres*, Paris, Gallimard, « Bibliothèque de la Pléiade », 1957, 1960.

*Cahiers*, 2 tomes, Paris, Gallimard, « Bibliothèque de la Pléiade », 1973, 1974. Le tome II contient les rubriques suivantes : Art et esthétique, Poïétique, Poésie, Littérature, Poèmes et Petits Poèmes Abstraits (PPA).

## 7 L'imagination dans les sciences

### 7.1 Mathématiques et physique

**David Bessis**, *Mathematica*, Paris, Éditions du Seuil, 2022.

**Jacques Hadamard**, *Essai sur la psychologie de l'invention en mathématiques*, Paris, Gauthier-Villars, 1975.

**Gérard Holton**, *L'Imagination scientifique*, Paris, Gallimard, « Bibliothèque des sciences humaines », 1981.

**Arthur Miller**, *Intuitions de génie. Images et créativité dans les sciences et les arts*, Paris, Flammarion, 2000.

**Philippe Quéau**, *Éloge de la simulation*, Seyssel, Champ Vallon, 1986.

**Monique Sicard**, *L'année 1895, l'image écartelée entre voir et savoir*, Le Plessy-Robinson, Synthélabo, 1994.

### 7.2 Les sciences humaines

**Benedict Anderson**, *L'imaginaire national*, Paris, La Découverte, 2006.

**Alain Besançon**, *L'image interdite, une histoire intellectuelle de l'iconoclasme*, Paris, Fayard, 1994.

**Marcel Détienne et Jean-Pierre Vernant**, *Les ruses de l'intelligence, La Métis des Grecs*, Paris, Flammarion, 1974.

**Jacques Le Goff**, *L'Imaginaire médiéval*, Paris, Gallimard, « Bibliothèque des histoires », 1991.

**Charles W. Mills**, *L'imagination sociologique*, Paris, La Découverte, 2015.

**Raymond Ruyer**, *L'utopie et les utopies*, Paris, Puf, 1950.

**Christian Salmon**, *Storytelling, La machine à fabriquer des histoires et à formater les esprits*, Paris, La Découverte, 2007.

**Joël Thomas**, *Introduction aux méthodologies de l'imaginaire*, Paris, Ellipses, « Polis », 1998.

**Paul Veyne**, *Les Grecs ont-ils cru à leurs mythes ? Essai sur l'imagination constituante*, Paris, Éditions du Seuil, « Points », 2014.

## 8 Revues et numéros de revues

*Phantasia*, revue accessible en ligne sur POPUPS (U. Saint-Louis de Bruxelles). Ses numéros thématiques proposent de nombreux articles explorant les réflexions littéraires contemporaines sur l'imagination.

*Cahiers philosophiques,* n° 159, 2019, *Rêves et imaginations, approches antiques.*

*Les Cahiers philosophiques de Strasbourg,* n° 48, 2020, *L'imagination chez Descartes et ses contemporains.*

*Alter, revue de phénoménologie,* n° 4, 1996, *Espace et imagination.*

*Bulletin d'analyse phénoménologique* [Liège], t. 13, fasc. 2, 2017, *L'acte d'imagination, approches phénoménologiques.*

*Revue française d'éthique appliquée,* n° 12, 2021, *L'imagination. Pouvoirs et usages.*

*Sciences humaines,* n° 273, 2015, *Les pouvoirs de l'imaginaire.*

# Contributrices et contributeurs

**Marion Bet** est doctorante de philosophie et sciences sociales à l'EHESS, agrégée de Lettres modernes et diplômée d'Études politiques. Ses travaux portent sur la notion d'identité sociale ainsi que sur la philosophie de Montaigne.

**Philippe Choulet** est professeur honoraire de philosophie à Strasbourg et professeur de l'histoire de l'art et des médias à l'École Émile Cohl Lyon-Angoulême. Il a écrit de nombreux articles et ouvrages sur Nietzsche, parmi lesquels, avec Hélène Nancy, *Nietzsche, l'art et la vie*, aux Éditions du Félin, 1996. Publications récentes : *La Représentation*, Atlande, 2020 ; *Le Principe*, Atlande, 2022 ; *Méthodologie philosophique Tome 2*, Puf, 2019.

**Paula Galhardo Cépil** est docteure en philosophie et psychanalyste. Après des études de philosophie à l'ENS et à Paris I, elle a soutenu une thèse sur l'inconscient freudien chez Merleau-Ponty. Elle a ensuite effectué des recherches post-doctorales sur la thématique du regard à l'Université de São Paulo et à Paris VII. Elle a contribué à la collection « Didac-Philo » avec des articles sur Lacan, sur Merleau-Ponty et sur la question des rapports entre psychanalyse et sciences humaines.

**Vincent Geny** est professeur agrégé de philosophie, enseignant en classes préparatoires au lycée Louis Vincent et au lycée Louis de Cormontaigne de Metz. En thèse sur « Malebranche et l'expérience » à l'Université de Nantes, il a publié de nombreux articles sur Malebranche, en particulier dans la *Revue philosophique de la France et l'étranger*.

**Pierre Guenancia** est professeur émérite à l'Université de Bourgogne, spécialiste de la philosophie moderne à laquelle il a consacré de nombreux livres et articles, en particulier sur Descartes et Pascal, dont *Descartes et l'ordre politique* (Puf, 1983, rééd. Gallimard, 2012), *L'intelligence du sensible* (Gallimard 1998), *Lire Descartes* (Gallimard, 2000), *Divertissements pascaliens* (Hermann, 2011). Il est également l'auteur d'un essai philosophique : *Le regard de la pensée. Philosophie de la représentation* (Puf, 2009) et d'une *Histoire personnelle de la philosophie* en deux volumes (Puf, 2015 et 2018). À paraître : *L'homme sans moi. Essai sur l'identité*.

**Camille Guigon** est professeure agrégée de philosophie et docteure en histoire de la philosophie. Elle travaille sur la psychologie d'inspiration platonicienne, en particulier sur les modes d'incorporation de l'âme de Platon à Augustin. Elle a codirigé avec Pauline Rates la publication du numéro XXVII des *Études platoniciennes*, « Sur le retour de l'âme », paru en 2022.

**Jean-Pierre Guillot** est professeur de philosophie en classes préparatoires au Lycée Blaise Pascal de Clermont-Ferrand. Il a traduit, avec Gérard Colonna d'Istria, le livre de Roger D. Masters, *La Philosophie politique de Rousseau*, Lyon, ENS éditions, 2002. Et avec Gérard Colonna d'Istria, Roland Frapet, Jacques Dadet et Pierre Présumey, l'ouvrage de Martha Nussbaum, *La Fragilité du bien*, Paris, Éditions de l'Éclat, 2016.

**Jean-Louis Labarrière** est directeur honoraire de recherche au CNRS et membre du Centre Léon Robin de recherches sur la pensée ancienne, Paris-Sorbonne Université. Ouvrages : *Langage, vie politique et mouvement des animaux. Études aristotéliciennes*, Paris, Vrin, 2004. *La condition animale. Études sur Aristote et les stoïciens*, Paris, Vrin, 2006.

**Philippe Saltel** est professeur de philosophie morale à l'Université de Grenoble Alpes. Traducteur et commentateur de Hume, il consacre ses travaux d'une part à l'histoire de la philosophie morale, d'autre part à l'éthique clinique. Il a traduit le *Traité de la nature humaine*, de Hume, chez Garnier-Flammarion.

**Xenophon Tenezakis** est docteur en philosophie politique de l'Université Paris-Est-Créteil avec une thèse intitulée « Comment agir ensemble pour la démocratie en contexte néolibéral. Philosophie de l'action collective démocratique à partir de Sartre et Deleuze-Guattari ». Professeur agrégé de philosophie, il enseigne à Strasbourg. Ses domaines de recherche concernent la démocratie, l'ontologie sociale, l'écologie, la philosophie française contemporaine et la pensée politique de Spinoza.

**Arnaud Tomès** est professeur de philosophie en classes préparatoires à Strasbourg. Il est membre du Centre de recherches en philosophie allemande et contemporaine (Crephac), à l'université de Strasbourg, et du Centre Prospéro, à l'université Saint-Louis de Bruxelles. Il a écrit de nombreux articles et ouvrages sur Sartre, et a réalisé une nouvelle édition de *L'Esquisse d'une théorie des émotions* chez Hermann. Il a également publié *Castoriadis, l'imaginaire, le rationnel et le réel* (Demopolis, 2015) et, avec Philippe Caumières, *Pour l'autonomie : la philosophie politique de Castoriadis* (L'Échappée, 2018).

**Muriel van Vliet** est normalienne, agrégée et docteure en philosophie (*La forme selon Ernst Cassirer, de la morphologie au structuralisme*, P.U. de Rennes, 2011). Membre de l'équipe de recherche de l'UFR de philosophie de Rennes 1, elle enseigne en classes préparatoires à Saint-Brieuc et est chargée de cours à Rennes 1 et Rennes 2. Spécialiste d'esthétique et de philosophie allemande, elle a publié *L'anthropologie de l'art* aux éditions Apogée en 2023.

# Table des matières

Introduction
**L'imagination, faculté cardinale** .......... 11
par Philippe Choulet et Arnaud Tomès

1 L'extravagance de l'imagination .......... 11

2 Approche conceptuelle de l'imagination .......... 12

2.1 Les définitions de l'imagination .......... 12

2.2 Imagination, perception, mémoire et raison .......... 14

3 L'imagination, un universel de fait .......... 17

3.1 La reine des facultés .......... 17

3.2 Imagination et pensée .......... 19

3.3 Imagination et infini .......... 20

4 La raison des critiques de l'imagination .......... 21

4.1 Les critiques religieuses et philosophiques .......... 21

4.2 L'imagination comme refoulé de l'histoire de la philosophie .......... 24

5 Les deux régimes de l'imagination .......... 26

5.1 Le régime faible de l'imagination .......... 26

5.2 Le régime fort de l'imagination .......... 28

6 Plan de l'ouvrage .......... 30

## I Archéologie de l'imagination

1 **L'illusion est-elle toujours un mal ?**
**La *phantasia* dans les dialogues platoniciens** .......... 33
par Camille Guigon

Introduction .......... 33

1 Ontologie de l'illusion .......... 34

1.1 Le *phantasma* et la négation de l'être .......... 34

1.2 Le *phantasma*, fruit de l'intelligible .......... 36

2 *Phantasia* et tromperie .......... 37

3 Du bon usage de l'illusion .......... 39

Conclusion .......... 42

Travaux cités .......... 43

2 **Nature et fonction de la *phantasia* chez Aristote** ........ 44
par Jean-Louis Labarrière
Introduction ........ 44
1 La *phantasia* ouvre l'étude de la pensée ........ 46
2 La représentation phantasmatique ........ 50
3 De la nature (*ti esti*) et de la cause (*dia ti esti*) de la *phantasia*... ........ 52
4 Qu'on peut se fier aux traces ........ 54
Conclusion ........ 58
Travaux cités ........ 58

3 **L'imagination dans les *Essais* de Montaigne** ........ 59
par Marion Bet
Introduction ........ 59
1 L'imagination : un concept montaignien au cœur d'une anthropologie nouvelle ........ 60
1.1 Une définition sensorielle de l'homme : l'anti-rationalisme montaignien ........ 60
1.2 Destituer la volonté ........ 62
1.3 Le refus du dualisme âme - corps ........ 63
1.4 Naturaliser l'homme par l'imagination ........ 64
1.5 La socialisation de l'homme : l'imagination comme inconscient collectif ........ 66
2 L'imagination montaignienne : un concept central dans la construction et la démultiplication identitaires du sujet ........ 69
3 L'imagination dans les *Essais* de Montaigne : une faculté propice à l'élaboration d'une nouvelle éthique relationnelle et socialisée ........ 72
3.1 L'imagination comme faculté empathique et sociale ........ 72
3.2 L'introduction d'une éthique relationnelle ........ 73
Conclusion ........ 75
Travaux cités ........ 76

## II L'imagination face à la raison classique

4- **Descartes, l'imagination avec l'entendement** ............ 77
par Pierre Guenancia
Introduction ............ 77
1 Les figures géométriques : l'imagination avec l'entendement dans les *Regulæ* ............ 78
1.1 Le concept de figure ............ 81
1.2 Le concept de grandeur ............ 83
2 Imagination : la présence du corps dans l'esprit (« Sixième méditation ») ............ 86
3 Deux exemples de la relation dynamique entre l'imagination et l'entendement ............ 90
3.1 La lettre à Elisabeth du 24 mai 1645 ............ 91
3.2 La lettre à Chanut du 1er février 1647 ............ 94
Conclusion ............ 98
Travaux cités ............ 99

5 **Pascal, le double jeu de l'imagination** ............ 100
par Pierre Guenancia
Introduction ............ 100
1 L'imagination, « maîtresse d'erreur et de fausseté » ............ 101
2 Les cordes d'imagination ............ 106
3 Les figures ............ 109
Conclusion ............ 112
Travaux cités ............ 114

6 **Le pouvoir de l'imagination malebranchienne : comment « faire de nécessité vertu » ?** ............ 115
par Vincent Geny
Introduction ............ 115
1 Physiologie de l'imagination ............ 116
2 Psychologie et sociologie de l'imagination ............ 118
3 Les dangers et les utilités de l'imagination ............ 122

3.1 Les effets pervers de l'imagination ..... 122
3.2 Faire de nécessité vertu ..... 123
Conclusion ..... 125
Travaux cités ..... 125

7 **Imagination, servitude et liberté chez Spinoza** ..... 127
par Xenophon Tenezakis
Introduction ..... 127
1 Imagination et connaissance ..... 128
1.1 La nature de l'imagination ..... 128
1.2 Connaissance par imagination et connaissance adéquate ..... 131
2 Imagination, pratique et servitude ..... 134
2.1 L'imagination comme puissance de production d'images ..... 134
2.2 Imagination et superstition ..... 135
2.3 Combattre l'imagination par elle-même ..... 138
3 Imagination et liberté ..... 140
Conclusion ..... 144
Travaux cités ..... 144

III **Imagination, sensibilité et création aux XVIIIe et XIXe siècles**

8 **Hume : l'imagination comme révélatrice de la valeur du scepticisme** ..... 146
par Philippe Saltel
Introduction ..... 146
1 L'originalité de la pensée humienne de l'imagination ..... 147
1.1 Impressions et idées : une question de vivacité ..... 148
1.2 Impressions et idées : une question d'ordre ..... 149
2 L'esprit est imagination ..... 151
2.1 L'imagination, un pouvoir libre ? ..... 153
2.2 La liberté d'association des idées ..... 155
2.3 L'imagination, connue par ses effets ..... 156
2.4 Le cas particulier de la causalité ..... 158
3 La teneur du scepticisme humien ..... 159
3.1 Le sort plus complexe des impressions de réflexion : imagination et passions ..... 160

3.2 La sympathie, et son rôle dans la vie morale ..... 162
Conclusion ..... 166
Travaux cités ..... 166

9 **Une faculté pyromane : imagination et sensibilité chez Rousseau** ..... 167
par Jean-Pierre Guillot
Introduction ..... 167
1 De l'état de nature à l'état social : rôle et développement de l'imagination ..... 168
1.1 Imagination et pitié ..... 169
1.2 Imagination, passions, moralité ..... 171
2 Le rôle de l'imagination dans l'éducation ..... 175
2.1 Du bon usage de l'imagination ..... 175
2.2 Imagination et sexualité ..... 177
2.3 Amour de soi, amour-propre et imagination ..... 178
2.4 Le remède dans le mal ..... 181
Conclusion ..... 182
Travaux cités ..... 182

10 **Nietzche avec Kant : l'origine de la fabrique des formes. Schème et imagination** ..... 184
par Philippe Choulet
Introduction ..... 184
1 L'originalité kantienne à propos de l'imagination ..... 185
1.1 Le problème de l'imagination chez Kant ..... 185
1.2 Du constat de la reproduction à l'exigence de la synthèse ..... 187
1.3 Le schématisme transcendantal ..... 188
2 Nietzsche : un nouveau genre de schématisme ..... 191
2.1 La radicalité nietzschéenne ..... 191
2.2 Un schématisme sans sujet ni facultés ..... 192
2.3 Désillusion et pragmatisme vital ..... 195
2.4 Les conséquences : la suspension du ciel imaginaire des concepts idéalistes ..... 197
3 Un nouvel imaginaire ..... 198
3.1 Une expérience de la pensée ..... 198

3.2 L'épreuve de l'éternel retour ........ 199
Conclusion ........ 200
Travaux cités ........ 201

11 **L'imagination créatrice, de Kant et Hegel à l'approche morphologique de Cassirer** ........ 203
par Muriel Van Vliet
Introduction ........ 203
1 L'imagination créatrice dans la *Critique de la faculté de juger* de Kant ........ 204
1.1 L'imagination comme pont entre la sensibilité et l'entendement ........ 204
1.2 L'imagination comme création d'une autre nature à partir de la matière que lui donne la réalité effective ........ 206
1.3 La nature comme lieu d'émergence spontanée de formes et l'art comme œuvre du génie créateur de nouvelles règles ........ 208
2 La place de l'imagination créatrice par rapport à la mémoire dans la *Phénoménologie de l'Esprit* de Hegel ........ 210
2.1 Force d'intériorisation des images et imagination productrice de signes et de sens ........ 210
2.2 Par-delà le schématisme kantien ........ 213
2.3 La culture comme tâche à effectuer ........ 213
3 Le recours à l'imagination pour fonder les sciences de la culture : de Gœthe à Cassirer ........ 215
3.1 L'imagination « en vue du réel » : Gœthe et Humboldt ........ 215
3.2 Cassirer et l'individu comme second Prométhée ........ 219
Conclusion : pour une « société de l'invention » ........ 221
Travaux cités ........ 222

IV **De l'imagination à l'imaginaire : approches contemporaines**

12 **Rêve, rêverie, fantasme : de l'imagination en psychanalyse** ........ 224
par Paula Galhardo Cépil
Introduction ........ 224
1 Rêve et imagination ........ 225
1.1 Du latent au manifeste : le travail du rêve ........ 226
1.2 Qu'est-ce que rêver ? L'imagination hétéronome ........ 229

2 La puissance des images : de l'imagination à l'imaginaire lacanien ..... 231
2.1 Le stade du miroir : du pouvoir formateur de l'image ..... 232
2.2. Imaginaire et perception ..... 234
3 Du *Phantasieren* au fantasme : entre désir et réalité ..... 236
3.1 Des rêveries au fantasme ..... 236
3.2 Le fantasme comme formule : l'imagination, la réalité et le réel ..... 238
Travaux cités ..... 240

13 **Le triple esprit de l'imagination selon Bachelard** ..... 242
par Philippe Choulet
Introduction ..... 242
1 L'esprit extravagant de l'imaginaire préscientifique ..... 243
1.1 Les obstacles épistémologiques comme pharmakon de l'ignorance ..... 243
1.2 L'esprit rationnel de la rupture et de la rectification ..... 244
1.3 Les obstacles épistémologiques, preuves de l'imaginaire spontané ..... 245
2 La dialectique des modèles, de l'imaginaire spontané à l'imaginaire rationnel ..... 247
2.1 L'imaginaire chosiste de l'atome ..... 247
2.2 Le dépassement rationnel de l'impératif de la représentation ..... 248
2.3 Triomphe de l'imagination rationnelle dans les sciences ..... 249
3 L'esprit de l'imagination matérielle ..... 250
3.1 De la psychanalyse à la phénoménologie ..... 250
3.2 Logique de l'imagination matérielle en poésie ..... 254
3.3 La temporalité du lien de l'esprit aux éléments ..... 255
3.4 Qui rêve donc ? ..... 255
3.5 L'instruction de l'imagination matérielle ..... 257
Conclusion ..... 258
Travaux cités ..... 259

14 **Sartre et l'approche phénoménologique de l'imagination** ..... 261
par Arnaud Tomès
Introduction ..... 261
1 Le problème de l'image chez Sartre ..... 262

1.1 La question de l'image chez Sartre ........ 262
1.2 L'apport de la phénoménologie de Husserl ........ 264
1.2.1 La découverte de l'intentionnalité de la conscience ........ 264
1.2.2 Les apories des conceptions philosophiques et psychologiques de l'image ........ 265
1.2.3 Le rôle de la phénoménologie husserlienne et ses limites ........ 266
2 L'approche sartrienne de l'imaginaire ........ 268
2.1 Imaginer, percevoir, penser ........ 268
2.2 Les différents types d'images et l'image mentale ........ 269
2.3 Sens et fonction de l'image dans la vie psychique ........ 272
2.4 La vie imaginaire et l'œuvre d'art ........ 274
2.5 Métaphysique de l'imaginaire : l'imaginaire comme ouverture à l'être de la conscience ........ 276
Conclusion ........ 278
Travaux cités ........ 279

15 **L'imaginaire social chez Cornelius Castoriadis** ........ 280
par Arnaud Tomès
Introduction ........ 280
1 L'hypothèse de l'imaginaire social ........ 282
1.1 Les limites des approches rationalistes de la société ........ 282
1.2 Le rôle de l'imaginaire dans l'histoire ........ 284
2 Les grandes caractéristiques de l'imaginaire ........ 287
2.1 L'imagination du sujet ........ 287
2.2 L'imaginaire social ........ 291
3 Imaginaire et politique ........ 294
3.1 L'institution imaginaire de la communauté politique ........ 294
3.2 Imaginaire et autonomie ........ 295
Conclusion ........ 297
Travaux cités ........ 298

**Bibliographie analytique** ........ 299
par Philippe Choulet et Arnaud Tomès

**Contributrices et contributeurs** ........ 309

Imprimé en France par CPI
en janvier 2025

Dépôt légal : septembre 2023
N° d'impression : 182837